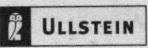

Das Buch

Justiz soll für Gerechtigkeit sorgen – ein hehres Ziel. Im Idealfall kämpfen Polizei, Staatsanwälte und Gerichte gegen Kriminalität und für die Sicherheit des Staates und seiner Bürger. Aber es gibt auch die Schattenseite der Staatsgewalt: Zu allen Zeiten und in allen Ländern gab und gibt es Fehlurteile, sei es aufgrund schlampiger Ermittlungen, juristischer Irrtümer oder gar bewusster Rechtsbeugung – stets mit ernsten, oft nicht wieder gutzumachenden Folgen. Hans-Dieter Otto hat in diesem Kompendium die spektakulärsten Justizirrtümer versammelt, bei denen Unschuldige jahrelang hinter Gittern landeten oder gar hingerichtet wurden, während Straftäter spät, nur unzureichend oder zuweilen auch gar nicht bestraft wurden. Und manchmal wird sogar in einem Verbrechen ermittelt, das gar nicht geschehen ist…

Ein Schwarzbuch des Justizversagens – spannend, empörend, schockierend.

Der Autor

Hans-Dieter Otto, geboren in Berlin, war nach juristischer Ausbildung in leitender Position in der Assekuranz tätig. In Hamburg leitete er als Prokurist eine Direktions-Schadenabteilung bei der HUK. Das Strafrecht ist sein juristisches Hobby. Er ist Autor mehrerer Bücher.

Hans-Dieter Otto

DAS LEXIKON DER JUSTIZIRRTÜMER

Skandalöse Fälle,
unschuldige Opfer,
hartnäckige Ermittler

Ullstein

Besuchen Sie uns im Internet:
www.ullstein-taschenbuch.de

Umwelthinweis:
Dieses Buch wurde auf chlor- und säurefreiem Papier gedruckt.

Ullstein Verlag
Ullstein ist ein Verlag des Verlagshauses Ullstein Heyne List GmbH & Co. KG.
Originalausgabe
1. Auflage August 2003
© 2003 by Ullstein Heyne List GmbH & Co. KG
Umschlaggestaltung: Thomas Jarzina, Köln
Titelabbildung: amana Germany GmbH (photonica), Hamburg
Gesetzt aus der Caslon
Satz: KompetenzCenter, Mönchengladbach
Druck und Bindearbeiten: Elsnerdruck, Berlin
Printed in Germany
ISBN 3-548-36453-5

Für André und Alexander

*Gewidmet
den Opfern
des irrenden Rechts-
und all jenen,
die dem wahren Recht
dienen.*

Inhalt

Justizirrtümer in Frankreich

Justizirrtümer in Großbritannien und Irland

Justizirrtümer in Italien

Justizirrtümer in Österreich

Allgemeine Irrtümer zum Strafrecht

Der griechische Philosoph Heraklit steht in Rhodos vor Gericht. »Ich bin unschuldig und völlig zu Unrecht angeklagt!«, sagt er zu den Richtern und erklärt ihnen seine Lage. Und am Ende seiner Verteidigungsrede ruft er ihnen zu: »Was immer ihr für ein Urteil fällt, es trifft mich nicht. Ihr steht vielmehr vor Gericht, nicht ich.«

Nach Epiktet

Doch die Strafe werden dann Fliederduft O

»Fiat iustitia, pereat mundus!«
Vorwort

»Gerechtigkeit herrsche, und sollte die Welt dabei zugrunde gehen!« Dieser Ausspruch des Kaisers Ferdinand I. von Habsburg (1503–1564) ist ein guter Leitgedanke für ein Buch, das sich mit Justizirrtümern befasst. Auch oder gerade, weil die über 160 authentischen Fälle, die es enthält, am Ende eher den Eindruck erwecken, dass es um die Gerechtigkeit auf unserem Erdball nicht so gut bestellt ist.

Die römische Göttin der Gerechtigkeit, Justitia, ist zum Symbol des Rechts und des Gerichtswesens geworden. Sie hält eine Waage in der Hand, die symbolisiert, dass sich Schuld und Strafe immer genau entsprechen sollen. Durch die Strafe werden dann Frieden und Ordnung wiederhergestellt. Das Ziel des Rechts ist der Friede. Am Ende des Prozesses ist der Balken der Waage wieder vollkommen waagerecht. Für viele Menschen ist der Gedanke der ausgleichenden Gerechtigkeit ein Trost. Es wäre schrecklich, sagte Immanuel Kant, glauben zu müssen, wir lebten in einer Welt, in der sich das Böse lohnt.

Justitia trägt aber auch eine Augenbinde. Sie soll ihre Unparteilichkeit und Unbeeinflussbarkeit verdeutlichen, nicht etwa, dass sie nichts sehen will oder nichts erkennen kann. Allerdings könnte man angesichts unzähliger Fehlurteile und Justizirrtümer in der Rechtsgeschichte von der Antike bis zur Neuzeit durchaus auf die Idee kommen, dass Justitia tatsächlich blind ist. »Auch die Gerechtigkeit trägt eine Binde und schließt die Augen jedem Blendwerk zu«, heißt es in Goethes *Torquato Tasso*.

Die Zahl der Fehlurteile im Strafprozess ist tatsächlich groß. Und ihre Dunkelziffer ist noch größer. Damit sind diejenigen Fälle gemeint, in denen der Justizirrtum nicht durch erfolgreiche Wiederaufnahmeverfahren oder sonstige Rechtsmittel oder Begnadigungen rechtskräftig festgestellt, sondern vielmehr nicht entdeckt und aufgerollt worden ist. Hinzu kommen noch die Justizirrtümer zugunsten des Beschuldigten, in denen das Ermittlungsverfahren eingestellt oder gar nicht erst eröffnet worden ist. Das gilt insbesondere für politische Prozesse, wo Schuldige sehr viel häufiger freigesprochen werden als im gewöhnlichen Strafprozess.

In seinem Brief an die Römer fordert der Apostel Paulus: »Überwinde das Böse mit Gutem!« Und Jesus Christus sagt in der Bergpredigt, ein Christ solle auch die andere Backe hinhalten, wenn er geschlagen werde. Daraus wurde der Standpunkt abgeleitet, jede Strafe sei heimliche Rache, die nicht sein dürfe. Deshalb müsse die Strafe abgeschafft werden. Der große deutsche Rechtsgelehrte Gustav Radbruch (1878–1949), Anfang der 20er Jahre auch Reichsjustizminister, hat das in der Tat gefordert. Ihm schwebten ein Strafgesetzbuch ohne Strafen vor und ein Strafvollzug, der nur die Besserung des Täters im Auge hat. Die Maßnahmen sollten nicht Strafe sein, sondern Heilung bringen. Die Strafe sei ein Überbleibsel aus dem Vergeltungsgedanken der Vorzeit. Radbruchs Rechtsphilosophie hat sich zwar nicht gänzlich durchgesetzt. Und in breiten Schichten der Bevölkerung stoßen derartige Gedanken auch auf Ablehnung. Dennoch spielt die Resozialisierung des Täters in unserem heutigen Strafrecht eine wichtige Rolle.

Die Anhänger strenger und harter Strafen berufen sich gern auf das Neue Testament. Die grausamen Strafen der christlichen Inquisition sind ein Beispiel dafür. Als vor rund 200 Jahren ein Mann, der ein Attentat auf den französischen König verübt hatte, auf einem öffentlichen Platz in Paris zwei Stunden lang zu Tode gefoltert wurde, hat das unter den Tausenden von Zuschauern wohl kaum einer als ungerecht empfunden. Und noch im 19. Jahrhundert wurde ein neunjähriges Mädchen in England zum Tode verurteilt, weil es ein Fenster eingeschlagen und für zwei Pence Farbe gestohlen hatte.

Bis in unsere Zeit hat sich die Auffassung erhalten, eine böse Tat könne nur mit Härte aus der Welt geschafft werden. In der Bundesrepublik ist die Todesstrafe durch Artikel 102 des Grundgesetzes abgeschafft. Doch es gibt nicht wenige Menschen, die das für falsch halten. In den USA ist die Todesstrafe seit 1976 in vielen Bundesstaaten wieder zulässig. Der dahinter stehende zentrale Gedanke ist die Abschreckung. Durch die Strafe soll nicht gerechte und verdiente Vergeltung geübt und ein vergangenes Verbrechen gesühnt, sondern ein künftiges verhindert werden. Dass dies der einzige Sinn der Strafe sei, hat schon Plato behauptet. Aber schreckt die Strafe nur diesen einen Täter ab, rückfällig zu werden, oder wird damit nicht allen Menschen gedroht? Wenn ein Strafrecht wirklich nur künftige Taten vermeiden will, müsste man konsequenterweise in den Fällen auf eine Bestrafung verzichten, wo der Täter gar keine Gelegenheit mehr hat, erneut straffällig zu werden. Dies würden die meisten Menschen allerdings kaum verstehen und als falsch ansehen. Nach dem Amtsmissbrauch des amerikanischen Präsidenten Richard Nixon in der Watergate-Affäre und seinem Rücktritt im Jahre 1974 waren die meisten Amerikaner sehr empört, als Präsident Ford eine Amnestie verkündete. Vielleicht war das Bedürfnis des Volkes nach einem ordentlichen Prozess und einer angemessenen Strafe, die ja auch Nixons frühere Mitarbeiter erhielten, deshalb so groß, weil der Gleichheitsgrundsatz verletzt schien.

Das *Lexikon der Justizirrtümer* erhebt keinen Anspruch auf Vollständigkeit. Es beschränkt sich mit Ausnahme des berühmten preußischen Prozesses gegen den Müller Arnold aus dem Jahre 1779 auf Fälle aus dem Strafrecht. Dieser Zivilprozess ist mit aufgenommen worden, weil es in ihm, wie im Strafrecht auch, um etwas vermeintlich Unerlaubtes geht und weil der Mythos vom gerechten und unfehlbaren König Friedrich II., der sich bis heute in der Volksmeinung gehalten hat, auf einem Irrtum beruht.

Es gibt viele Beispiele, in denen der Laie irrtümlich glaubt, etwas sei strafbar oder nicht strafbar. Ebenso gibt es Tatbestände oder Rechtsnormen, von denen viele eine völlig falsche Vorstellung haben. Einige solcher Beispiele sind am Schluss des Buches in einem besonderen Exkurs unter der Überschrift »Allgemeine Irrtümer zum Strafrecht« aufgeführt. Sie reihen sich alphabetisch nach Stichworten geordnet aneinander.

Die ersten einleitenden Worte zeigen schon, dass der Begriff »Justizirrtum« in diesem Buch weit gefasst ist. Er meint nicht nur Fehlurteile im engeren Sinn, sondern im Grunde jeden juristischen Missbrauch bis hin zur Rechtsbeugung und politischen Willkür. Sogar die Legislative, die Gesetzgebung, kann irren. In der Bundesrepublik ist das an einigen Straftatbeständen deutlich geworden. Eine gesetzliche Regelung kann von Anfang an fehlerhaft und rechtsungültig sein, weil sie zum Beispiel nicht mit der geltenden Verfassung vereinbar ist. Es kann aber auch sein, dass ein Straftatbestand erst im Laufe der Zeit verfassungswidrig geworden ist, weil sich die Auffassungen geändert haben. Oder dass die beabsichtigte Änderung selbst nicht verfassungskonform ist. Das geltende Recht sollte Ausdruck der Zeit und des Zeitgefühls sein, doch meistens hinkt es der Realität etwas hinterher.

Ein gutes Beispiel für die Unvereinbarkeit eines Straftatbestandes mit geltendem Verfassungsrecht ist die in § 218 StGB unter Strafe gestellte Schwangerschaftsunterbrechung. Im Jahr 1970 beginnen Frauen, sich für die ersatzlose Streichung des Abtreibungsparagraphen (§ 218 StGB) einzusetzen, der als Ausdruck staatlichen Gebärzwangs und Einschränkung des Selbstbestimmungsrechts der Frau verstanden wird. Jede Abtreibung soll zudem durch die Krankenkassen bezahlt werden. Demgegenüber stehen die Reformgegner, insbesondere die Kirche, die Abtreibung mit Mord gleichsetzen. Die gesetzgebende Körperschaft, der deutsche Bundestag, ist zerstritten. Die SPD/FDP-Regierungskoalition befürwortet die so genannte Fristenlösung. Sie sieht eine Straffreiheit für Abtreibung während der ersten drei Monate der Schwangerschaft bei vorhergehender Beratung vor. Die CDU/CSU-Opposition setzt sich dagegen für eine Indikationslösung ein, die den Schwangerschaftsabbruch grundsätzlich bestraft, allerdings vier die Abtreibung legalisierende Möglichkeiten einräumt: die medizinische, eugenische, ethische und soziale Indikation. Nach langer öffentlicher und parlamentarischer Diskussion entscheidet sich der Bundestag im Juni 1974 für eine Fristenlösung. Die Länder Bayern und Baden-Württemberg rufen daraufhin das Bundesverfassungsgericht an, das die beabsichtigte Gesetzänderung für verfassungswidrig hält und den Koalitionsbeschluss außer Kraft setzt. Nach Maßgabe der vom Bundesverfassungsgericht gemachten

Vorgaben wird am 21. Juni 1976 durch das 15. Strafrechtsänderungsgesetz die Indikationslösung im neuen § 218a StGB eingeführt. 16 Jahre später, am 26. Juni 1992, entscheidet sich nach erfolgter Wiedervereinigung beider deutscher Staaten die Mehrheit des Parlaments für einen fraktionsübergreifenden Gruppenantrag, der eine Fristenlösung vorsieht und dem auch Abgeordnete der CDU/CSU zustimmen. In den ersten zwölf Wochen soll, wie in der früheren DDR, eine Schwangerschaftsunterbrechung straffrei bleiben. Durch eine Zwangsberatung und soziale Maßnahmen soll jedoch die Entscheidung für ein Kind erleichtert werden. Erneut rufen Bayern und die Mehrheit der CDU/CSU-Bundestagsfraktion das Bundesverfassungsgericht an, um das Inkrafttreten der Neuregelung am 1. Januar 1993 zu verhindern. Und erneut verwirft das Bundesverfassungsgericht die vorgesehene Neuregelung, weil sie unvereinbar mit dem Recht des Ungeborenen auf Leben sei. Gleichzeitig gibt das Gericht Leitlinien für eine Übergangsregelung. Im Juni 1995 verabschiedet der Bundestag parteiübergreifend dann endlich die »Fristenlösung mit Beratungspflicht«. Die Abtreibung innerhalb von drei Monaten bleibt rechtswidrig, aber straflos. Ein Anspruch auf Leistungen aus der gesetzlichen Krankenversicherung besteht nicht.

Ein weiteres Beispiel für einen Straftatbestand, der durch einen Wandel der Zeitauffassung als falsch und fehlerhaft empfunden wurde, ist der § 175 StGB. Seit der Einführung unseres Strafgesetzbuches im Jahre 1871 stellte er jede Form der Homosexualität unter Strafe. Seit 1973 wurde dann nur noch die durch erwachsene Männer veranlasste Homosexualität an und von männlichen Personen unter 18 Jahren bestraft. Zum 31. 5. 1994 wurde der § 175 StGB gänzlich gestrichen. Homosexualität ist in der Bundesrepublik jetzt straffrei. Den strafrechtlichen Schutz Jugendlicher beiderlei Geschlechts unter 16 Jahren garantiert seitdem der neu gefasste § 182 StGB (Verführung).

Die Irrwege der Strafjustiz sind mannigfaltig. Sie betreffen auch Fälle, in denen durch mangelhafte psychologische Gutachten Straftäter früher entlassen werden und dann erneute Kapitalverbrechen begehen. Gerade in jüngster Zeit haben sich nicht nur in Deutschland derartige Justizskandale ereignet. Einige davon werden hier aufgegriffen und ebenso wiedergegeben wie andere Irrtümer im Strafvollzug oder im Verfahren der Ermittlungsbehörden. Zu jedem Fall wird kurz der Tathergang geschildert und der meist längere Weg zu einem endgültigen Urteil wiedergegeben. Die einzelnen Features sind von unterschiedlicher Länge. Da, wo die Irrtümer gut dokumentiert sind und genügend Material vorhanden ist, das auch Details nicht vorenthält, sind die Darstellungen umfangreicher. Sind dagegen insbesondere bei länger zurückliegenden Fällen verlässliche Quellen spärlich, ist der Umfang geringer. In jedem Fall halten sich die Darlegungen an Tatsachen.

Die wiedergegebenen, auf Kapitalverbrechen beschränkten Fälle betreffen rechtskräftig abgeschlossene Prozesse, in denen erst durch ein oder mehrere Wiederaufnahmeverfahren offenbar wird, dass ein Unschuldiger verurteilt worden ist. Nur in wenigen Ausnahmefällen sind auch Urteile unterer Instanzen angesprochen, die sich durch höchstrichterliche Revisionsentscheidungen als Fehlurteile herausgestellt haben. Für die Auswahl der Fälle ist ein weiteres Kriterium von Bedeutung. Es betrifft die Urteile, die nach damaliger Rechtsauffassung keine Fehlurteile waren, es aus heutiger Sicht aber sind. Richtschnur hierfür ist das heutige Wissen, mit dem wir zurückliegende Fälle aus früheren Zeiten heute als Fehlurteile einstufen müssen. Wir können nicht einfach sagen, damals war die Rechtslage so und deshalb ist die Entscheidung, auch wenn sie noch so willkürlich war, rechtens. Diese Wertung mag etwas problematisch sein. Deshalb wird in derartigen Fällen immer auch auf diesen Maßstab hingewiesen. Der heutige Erkenntnisstand ist als Messlatte angelegt worden. Deshalb ist zum Beispiel auch der Fall Peter Stumpp aus dem 16. Jahrhundert, mit dem die Reihe der Irrtümer beginnt, in dieser Sammlung enthalten, obwohl es das Prinzip der Schuldunfähigkeit zu dieser Zeit noch gar nicht gab. In einem Fall (»Der Reichsjustizminister und das ›Fehlurteil‹ von Essen«) ist es allerdings genau umgekehrt: Das Urteil wird nach damaliger nationalsozialistischer Rechtsauffassung als Fehlurteil angesehen, aus heutiger Sicht ist es das nicht.

Wegen der Vielzahl der Fälle aus aller Welt erschien eine alphabetische Aneinanderreihung nicht sinnvoll. Um eine gewisse Übersicht zu behalten, bot sich eine geographische Aufteilung nach Ländern an. Trotz der chronologischen Reihenfolge, die in diesen Komplexen gewählt wurde, stehen die einzelnen Fälle bunt nebeneinander und vermengen sich schillernd wie in einem Kaleidoskop. Es sind sogar Fälle aus Afrika, Australien, China und der ehemaligen Sowjetunion dabei. Die deutschen Fälle bilden einen Schwerpunkt und sind an den Anfang gestellt. Einen weiteren Schwerpunkt bildet die auffallend große Zahl der Fälle aus dem angloamerikanischen Rechtsraum. Möglicherweise ist die Gefahr von Justizirrtümern vor allem in den USA wegen des gänzlich anders gestalteten Strafverfahrensrechts besonders groß. Die Ursachen für Fehlurteile scheinen dennoch in allen Ländern dieselben zu sein. Sie werden in einem besonderen Kapitel am Schluss des Buches zusammengefasst.

Das Kramen in Justitias Rumpelkammer bringt auch Fälle aus der Antike und berühmte historische Prozesse ans Licht, die mit Fehlurteilen enden. Die Urteile gegen Sokrates und Jesus Christus gehören ebenso dazu wie die Justizmorde an Jeanne d'Arc, Anna Boleyn und Maria Stuart. Und auch politische Prozesse wie der gegen Adolf Hitler oder die »Aktion Steinbock« gegen vermeintliche Ulbricht-Attentäter sind nicht ausgespart.

»Es ist ein bedeutender tragischer Zug des Lebens, dass derjenige, der ein Verbrechen straft, dadurch meistens selbst zum Verbrecher wird«, schreibt Friedrich Hebbel 1838 in sein Tagebuch. Ein »Verbrecher«, der allerdings fast immer ungestraft davonkommt. Wenn der Richter fahrlässig irrt, hat das für ihn keine strafrechtlichen Folgen. Beugt er allerdings vorsätzlich das Recht, macht er sich strafbar. Auch von solchen Fällen handelt dieses Buch. Es berichtet von politischen Willkürprozessen und Terrorurteilen.

Dazu gehören auch die durch Folter erpressten Geständnisse während der Zeit der Inquisition und die Hexenprozesse, die zwischen dem 13. und 17. Jahrhundert Mitteleuropa wie eine Plage überschwemmen und Zehntausenden von Menschen das Leben kosten. Nirgendwo wurden mehr Hexen verbrannt als in Deutschland. Hier wurden nicht nur wie im kirchlichen Inquisitionsverfahren Abweichungen von dogmatischen Lehren und kirchlichen Riten bestraft, sondern auch alle Praktiken, die als Zauberei ausgelegt werden konnten, als Bund oder Pakt mit dem allgegenwärtigen Teufel und seinen Dämonen geahndet. Da Hexerei als ein »gemischtes Verbrechen« angesehen wurde, anders als das rein geistliche Verbrechen der Ketze-

rei, wurden die weltlichen Gerichte angerufen und einge-
spannt. Ihre Urteile und die vorausgehenden grausamen
Verfahren und Prozesspraktiken sind sämtlich nicht nur
als Justizirrtümer einzuordnen, sondern auch als unfassba-
re Ausgeburten der menschlichen Fantasie mit klar sexisti-
schen Merkmalen. Denn im Vordergrund der Verfolgungen standen Frauen. Im Jahr 1489 erschien von den
Dominikanern Johannis Institoris und Jakob Sprenger ein
Handbuch der Hexenverfolgung mit dem Titel *Malleus
Maleficarum*. Dieser »Hexenhammer« bildete 300 Jahre
lang die Grundlage für die Hexenverfolgung im Namen
Gottes. Schon die Denunziation galt als Schuldbeweis.
Entlastungszeugen oder gar ein Rechtsbeistand waren ausgeschlossen. Um die Wahrheit zu finden und die Namen
von Komplizen zu erpressen, wurde die Folter angewandt.
Sie war spezifisch ausgerichtet auf das weibliche Geschlecht, das mit dem Teufel Unzucht treibe und dadurch
erst den Dämonen Zugang zum Menschen verschaffe. Die
Hexenrichter entschieden schon nach äußerem Ansehen,
wer eine Hexe war und wer nicht. Auffallend viele junge
und hübsche Frauen waren darunter. Die Bestätigung
konnte fast immer durch die »peinliche Befragung« nach-
geliefert werden. Nachdem die entkleidete Frau zunächst
nach Hexenmalen abgesucht und am ganzen Körper rasiert worden war, »damit kein Zaubermittel verborgen bleibe«, wurden ihr die Folterwerkzeuge vorgeführt. Dann begann die Folter, die zu jeder einzelnen Frage fünf Grade
hatte. Alle Einzelheiten wurden in einem Folterprotokoll
festgehalten. Einige davon sind erhalten geblieben und geben ein genaues Bild darüber, welche entsetzlichen Qualen
die Frauen erleiden mussten. Viele starben schon während
der Tortur. Als mahnende Beispiele für diese abscheulichen Verirrungen der deutschen Justiz und der Kirche sind

besonders bekannt gewordene Verfahren in das Lexikon aufgenommen worden, die selbst nach den damaligen Bestimmungen Fehlurteile waren.

Auch einige Fälle aus der Schreckensherrschaft der Jakobiner während der Französischen Revolution sind enthalten. Ebenso dürfen die Terrorurteile des deutschen Volksgerichtshofs nicht fehlen. Sein Name steht für Unrecht, Willkür und viele Justizmorde unter der Herrschaft des Nationalsozialismus. Schon ein Jahr nach der Machtergreifung der Nazis wurde er 1934 für »Staatsverbrechen« gegründet. Den Höhepunkt erreichten die Terrorurteile des Volksgerichtshofs in den Prozessen gegen die Männer des 20. Juli 1944. Sein Präsident war seit August 1942 ein Mann, der ganz dem Bild des Regimes entsprach und dessen blutiger Name unauslöschlich mit den Unrechtstaten der NS-Diktatur verbunden ist: Roland Freisler. Er hatte sich 1925 der NSDAP angeschlossen, nachdem er zuvor Kommunist war. Seine radikale, herrische und zynische Verhandlungsführung hatte das Ziel, wie er selbst erklärte, den Angeklagten zu »atomisieren«. So unterwürfig er gegenüber Hitler war, so teuflisch und sarkastisch kostete er in seiner Prozessführung das Gefühl aus, Herr über Leben und Tod zu sein. Er hat unzählige Todesurteile gesprochen. Im Februar 1945 wurde er während eines Bombenangriffs im Gerichtssaal durch einen niederstürzenden Balken erschlagen. Die Tätigkeit des Volksgerichtshofs, die auch ohne Freisler weiterging, endete erst kurz vor Kriegsende.

Sind die Richter, die während der Zeit des Dritten Reichs das Recht gebeugt haben, später dafür zur Rechenschaft gezogen worden? Nach einem alten Sprichwort kann niemand in eigener Sache Richter sein. Offenbar gilt das auch für Richter, die über Justizverbrechen ihrer Kollegen urteilen müssen. Man könnte es auch so formulieren: Eine Krähe hackt der anderen kein Auge aus. Auch das wird in diesem Buch deutlich. In § 336 unseres Strafgesetzbuches heißt es schlicht und einfach: »Ein Richter, ein anderer Amtsträger oder ein Schiedsrichter, welcher sich bei der Leitung oder Entscheidung einer Rechtssache zugunsten oder zum Nachteil einer Partei einer Beugung des Rechts schuldig macht, wird mit Freiheitsstrafe von einem Jahr bis zu fünf Jahren bestraft.« Nun dürfte es eigentlich keinem Zweifel unterliegen, dass diese Vorschrift auf jene Richter zutrifft, die als angebliche Hüter des Rechts einem verbrecherischen Staat gedient und Schandurteile gefällt haben. Doch der Bundesgerichtshof (BGH) entschied schon 1956, dass der Vorsatz zur Rechtsbeugung sehr eng gefasst werden müsse und nur Fälle des direkten Vorsatzes in Betracht kommen, nicht aber solche mit nur bedingtem Vorsatz. Damit schieden alle Fälle aus, wo ein Richter nicht mit Wissen und Wollen das Recht beugte, sondern die Rechtsbeugung lediglich billigend in Kauf nahm. Einen direkten Vorsatz konnte man freilich kaum nachweisen. Durch diese inhaltliche Einschränkung des subjektiven Rechtsbeugungstatbestandes wurde ein befremdliches Richterprivileg geschaffen, das zu vielen Freisprüchen in Fällen von NS-Verbrechen geführt hat. Die Urteile des Volksgerichtshofs sind ungesühnt geblieben. Keiner der dort tätigen Berufsrichter oder Staatsanwälte wurde wegen Rechtsbeugung verurteilt, auch nicht Richter der Sondergerichte und der Kriegsgerichte. Sie waren weiterhin sogar in der Justiz tätig und konnten zuweilen auch in Staatsämtern Karriere machen. Lediglich im Anschluss an den Nürnberger Hauptkriegsverbrecherprozess haben die Alliierten auch Justizverbrecher zur Rechenschaft gezogen. Am 4. Dezember 1948 wurden der

Staatssekretär Franz Schlegelberger, der Verfasser der berüchtigten »Polenstrafrechtsordnung«, sowie die Sonderrichter Klemm, Oeschey und Rothaug (vgl. »Das Urteil von Nürnberg: Leo Katzenberger«) zu lebenslanger Haft verurteilt und sechs weitere Angeklagte zu Haftstrafen zwischen fünf und zehn Jahren. Aber alle kamen schon nach relativ kurzer Zeit wieder frei.

Diese Urteile des BGH, die im In- und Ausland stark kritisiert worden sind, können ohne weiteres als Fehlurteile bezeichnet werden. Der BGH hat dies später, nachdem er diese Rechtsprechung aufgegeben hatte, sogar selbst getan, zum Beispiel in seinem Urteil vom 16. November 1996. Es befasst sich zwar mit einem Fall der Rechtsbeugung durch einen Richter des Obersten Gerichts der DDR, der in mehreren Schauprozessen gegen wegen Spionage verhaftete und zum Teil aus Westberlin verschleppte Bürger für die Todesstrafe gestimmt hat. Das BGH-Urteil schließt aber die NS-Fälle ausdrücklich mit ein. Es ist schon eine beachtliche Besonderheit, dass das höchste deutsche Strafgericht seine eigene frühere Rechtsprechung in einem späteren Urteil ausdrücklich bedauert und als Justizirrtum deklariert. In dem Urteil heißt es wörtlich: »Hätte sich die Rechtsprechung schon damals bei der Prüfung richterlicher Verantwortung für Todesurteile an Kriterien orientiert, wie sie der 5. Senat in seiner heutigen Entscheidung für Recht erkennt, hätte eine Vielzahl ehemaliger NS-Richter strafrechtlich wegen Rechtsbeugung zur Verantwortung gezogen werden müssen. Darin, dass dies nicht geschehen ist, liegt ein folgenschweres Versagen bundesdeutscher Strafjustiz.«

Bis zu diesem Urteil hatte unser höchstes Strafgericht auch die Justizdelikte aus der Zeit der SED-Diktatur weitgehend straflos gelassen. Das gelang ihm durch eine unzulässige Umdeutung des objektiven Tatbestandes der Rechtsbeugung. Es sollten nämlich nur noch »krasse Willkürakte wie offensichtlich schwere Menschenrechtsverletzungen« den Tatbestand der Rechtsbeugung erfüllen, ein leichteres Unrecht bei der Leitung oder Entscheidung einer Rechtssache zum Vor- oder Nachteil einer Partei dagegen nicht. Eine merkwürdige Auffassung vom hohen Richteramt, wie die zahlreichen Kritiker dieser BGH-Judikatur, allen voran Professor Dr. Günter Spendel von der Universität Würzburg, feststellten. Weil diese Urteile keine vertretbare Gesetzesauslegung mehr sind, sondern eine unzulässige Gesetzesumdeutung, sind es Fehlurteile, an denen ein *Lexikon der Justizirrtümer* nicht vorbeigehen kann. Später hat das Bundesverfassungsgericht in einem Urteil vom 7. April 1998 bestätigt, bei der Beugung des Rechts durch DDR-Richter handele es sich um schweres kriminelles Unrecht, dessen Ahndung durch bundesdeutsche Gerichte mit dem Grundgesetz vereinbar sei.

Auf einige der zahlreichen politischen Terrorurteile der DDR, insbesondere in der Zeit des »Kalten Kriegs«, wird ebenfalls eingegangen. Der Justizterror auf dem Boden der DDR begann mit den sowjetischen Internierungslagern. Anfang 1950 waren hier immer noch rund 25 000 Gefangene inhaftiert. Am 17. Januar 1950 war im *Neuen Deutschland* zu lesen, die Lager würden nun aufgelöst und 3400 Personen, ohne Urteil inhaftiert, in das sächsische Zuchthaus Waldheim überführt. Dort sollte ihnen vor deutschen Gerichten der Prozess gemacht werden. Walter Ulbricht kündigte an: »Die Waldheimer Gefangenen sind unbedingte Feinde des Aufbaus und unter allen Umständen hoch zu verurteilen!« Die DDR-Führung wollte mit den Prozessen ihre Macht demonstrieren, gegenüber der

Sowjetunion und gegenüber den oppositionellen Kräften im eigenen Land. Was von April bis Juni 1950 unter dem Deckmantel des Antifaschismus in der DDR ablief, war blutiger Terror. Für das Waldheimer Verfahren wurden besonders linientreue Richter speziell ausgebildet. Die meisten Angeklagten waren nach dem Kriege lediglich wegen Mitgliedschaft in der NSDAP oder SS in die Internierungslager geraten. Viele von ihnen waren sicherlich nicht ohne Schuld, aber nun wurden sie zum Opfer einer rohen politischen und juristischen Willkür. Verteidiger wurden ihnen nicht zugestanden, Zeugen waren auch nicht zugelassen. In einem Geheimverfahren sprach das Gericht fast ausschließlich hohe Zuchthausstrafen aus und 23 Todesurteile. Bei zehn hohen Nazifunktionären und ehemaligen Kommandanten von Konzentrationslagern war der Prozess öffentlich. Die Waldheimer Verfahren markierten den Beginn einer brutalen Stalinisierung der ostdeutschen Justiz. Die Konfrontation von Ost und West und die ideologische Konkurrenz der Machtblöcke führten dazu, dass die DDR-Diktatur eine politische Rechtsprechung entwickelte, die auch die Todesstrafe als Mittel des Klassenkampfes einsetzte. Ähnlich wie unter dem menschenverachtenden nationalsozialistischen Regime wurde auch die SED-Diktatur durch willfährige Richter und Staatsanwälte gestützt, die die Todesstrafe durch grausame und überharte Urteile missbrauchten und denen es primär nicht um Gerechtigkeit, sondern um Abschreckung durch Vernichtung des Angeklagten ging. Die Todesstrafe wurde zum Zwecke des Staatswohls verhängt. Sie wurde erst am 17. Juli 1987 durch Beschluss des Staatsrats abgeschafft.

Justizirrtümer gehen uns sehr nahe. Sie kommen immer wieder vor. Und: Es kann jeden treffen! Jeder von uns kann plötzlich verhaftet und unschuldig verurteilt werden. Das Thema ist aktuell, interessant und lehrreich. »In der ganzen Geschichte der Menschheit ist kein Kapitel unterrichtender für Herz und Geist, als die Annalen seiner Verirrungen«, bekennt Friedrich Schiller in seiner Abhandlung *Der Verbrecher aus verlorener Ehre*. Er meint damit zwar das Verbrechen selbst. Aber seine Feststellung trifft sicher auch auf die Verirrungen zu, die im Zuge der Ahndungen der Verbrechen erfolgt sind und irgendwo auf der Welt täglich, ja fast stündlich neu erfolgen.

Vielleicht wird am Ende des Streifzugs durch die juristischen Irrgärten die Erkenntnis des indischen Dichters Rabindranath Tagore bleiben: »Wenn ihr eure Türen allen Irrtümern verschließt, schließt ihr die Wahrheit aus.« Sind Justizirrtümer unvermeidlich? Das sind sie keinesfalls. Es gibt keinen notwendigen Irrtum, was immer die Quelle dafür sein mag. Der Strafrichter hat kein Recht zu irren. Ihm bleibt die endgültige und moralische Verantwortung für den Schuldspruch. Irren mag menschlich sein. Doch wenn die Irrtümer des Menschen ihn eigentlich erst liebenswert machen, wie Goethe meinte, trifft das auf Richter ganz sicher nicht zu. So bleibt letztendlich wirklich nur die tröstende Hoffnung, von der schon Jesaja (32,17) in der Bibel spricht: »Der Gerechtigkeit Frucht wird Friede sein!«

Justizirrtümer in Deutschland

Der Menschenfresser Peter Stumpp
(1584–1589)

Einer der ersten Massenmörder, von dem in der deutschen Kriminalgeschichte berichtet wird, ist Peter Stumpp aus Bedburg bei Köln. In den Jahren 1584 bis 1589 vergewaltigt er mindestens 15 junge Frauen und Mädchen, darunter zwei Hochschwangere, köpft sie anschließend und isst ihr Fleisch. Als besondere Delikatesse verspeist er die Herzen der Leichen. Seine Geliebte Katherine Trompin und seine Tochter Beell helfen ihm bei den Morden. Auch mit seiner Tochter hat er regelmäßig Geschlechtsverkehr. Als sie ihm einen verkrüppelten Sohn gebiert, isst Stumpp den Säugling auf und preist dessen Gehirn als größten Leckerbissen des Mahls.

1589 glaubt eine Jagdgesellschaft mit Bluthunden in den Wäldern um Köln einen Wolf gestellt zu haben. Aber es ist Peter Stumpp, der sich nach Aussage der Beteiligten hinter einem Busch gerade in einen Menschen zurückverwandelt hat. Er wird angeklagt, seine Seele dem Teufel verkauft zu haben, um mit Hilfe eines Wolfsfellgürtels die Fähigkeit zu erlangen, sich in einen Werwolf zu verwandeln, wie es heißt. Auf dem Höhepunkt der Hexenverfolgung und Ketzerverbrennungen ist eine solche Anklage nicht unüblich. Im gleichen Jahr wird Peter Stumpp wegen Mordes, Häresie, Ketzerei und Zauberei verurteilt. Entsprechend dem Urteil reißt man ihm an den verschiedenen Plätzen seiner Verbrechen mit glühenden Zangen das Fleisch von den Knochen, bindet ihn aufs Rad und bricht ihm mit Knüppeln Arme und Beine. Dann köpft man ihn und verbrennt seine Leiche zu Asche. Seine Komplizinnen müssen die grausame Hinrichtung mit ansehen, bevor auch sie auf dem Scheiterhaufen sterben.

Nach damaliger Rechtspraxis stellt das Urteil im Fall Peter Stumpp keine Besonderheit dar. Doch aus heutiger Sicht muss es als Fehlurteil angesehen werden. Denn der Täter war eindeutig geisteskrank und deshalb gar nicht schuldfähig. Nach heutigen Maßstäben hätte er nicht verurteilt und hingerichtet werden dürfen, denn er war wegen seiner abnormen Störungen »unfähig, das Unrecht der Tat einzusehen«, wie es in § 20 unseres Strafgesetzbuchs heißt. Damals war der Begriff der Schuldunfähigkeit ebenso unbekannt wie geschlossene psychiatrische Anstalten, die es heute für derartige geisteskranke Täter in fast allen Ländern gibt.

Die standhafte Maria Holl (1594)

Das 1594 in Nördlingen gegen Maria Holl wegen Hexerei eingeleitete Verfahren ist einer der scheußlichsten Hexenprozesse, die je bekannt geworden sind. Entgegen der Vorschrift, nach der jemand nicht noch einmal der »peinlichen Befragung« unterzogen werden darf, wenn er alle fünf Grade der Tortur überstanden hat, ohne zu gestehen, wird Katharina Holl in grausamster Weise 56-mal bis zur Bewusstlosigkeit gefoltert. Sie widersteht allen Quälereien und ist damit in die Rechtsgeschichte eingegangen. Dieser Justizskandal schlägt hohe Wellen, dennoch bleibt er kein Einzelfall.

Was eine Frau in der Folterkammer an einem einzigen Tage erleiden muss, belegt ein Prozessprotokoll aus dem Jahr 1631: »Der Henker band sie an den Händen, zog sie auf die Streckleiter und schnürte sie an vielen Stellen. Da sie zudem schwanger war, wiederholte er die Tortur, goss ihr Branntwein auf den Kopf und zündete ihn an. Dann brannte er die Frau mit Schwefelfedern unter den Achseln und am Hals. Schließlich ließ er sie vier Stunden lang immer wieder am Seil von der Decke herabschnellen, einmal mit gebundenen Armen und Beinen, einmal ohne zusätzliche Fesseln. Dann wurde Branntwein auf den Rücken gegossen und angezündet. Darauf wurde sie erneut gestreckt, diesmal mit schweren Gewichten auf den einzelnen Zehen. Dann kam sie auf die Streckbank, wo sie der Folterknecht gegen ein dornenbesetztes Brett drückte. Ihre Füße wurden gebunden und, mit einem Gewicht von einem halben Zentner beschwert, nach unten gezogen. Dann schraubte man ihre Waden so fest in spanische Stiefel, bis das Blut aus den Zehen kam. Und wieder das Streckbrett, wieder die Streckleiter. Schließlich die Auspeitschung der Lenden, bis das Blut aus der Nierengegend schoss. Dann der Schraubstock, sechs Stunden.«

Und alles geschieht im Namen Gottes.

Katharina Henot und die Streitschrift von Friedrich Spee (1627)

In Köln ist die Patrizierwitwe Katharina Henot eine bekannte und einflussreiche Frau. Sie hat von ihrem Vater die Postmeisterei geerbt. Als der Graf von Taxis versucht, ein reichsweites Postwesen einzurichten, kommt es zu Schwierigkeiten. Die Postmeisterin besteht auf Beibehaltung der alten Familienrechte. Mutig leitet sie einen Prozess vor dem Reichskammergericht in Speyer ein. Ein anderer Postmeister neidet ihr ihre Erfolge und bringt eine Nonne dazu, zu behaupten, Katharina sei für die

Raupenplage des Clara-Klosters sowie für die Krankheit und den Tod mehrerer Menschen verantwortlich. Wie im Bamberger Fall Haan (siehe S. 43) ist es wiederum ein Konkurrent, der aus wirtschaftlichen Gründen durch eine Beschuldigung der Hexerei versucht, eine missliebige Person zu beseitigen.

Der Rat der Stadt Köln nimmt sich des Falles an und lässt die Postmeisterin festnehmen. Sie reicht ein Gesuch ein, sie gegen Kaution freizulassen. Es wird ebenso abgelehnt wie eine angemessene Verteidigung. Man foltert sie mehrfach in allen Graden, aber Katharina Henot gesteht nicht. Schwer krank und von der Folter verkrüppelt, wird sie am 16. Mai 1627 auf Melaten in Köln als Hexe verbrannt. Das ist selbst nach damaligen Rechtsgrundsätzen ein Fehlurteil. Zum einen durfte eine Angeklagte, die alle fünf Grade der Folter überstanden hatte, nicht nochmals der Befragung unterzogen werden. (In vielen Hexenprozessen hielt man sich allerdings nicht an diese Vorschrift.) Zum anderen musste eine Beschuldigte freigelassen werden, wenn ein Geständnis nicht erpresst werden konnte.

Der spektakuläre Fall löst in den folgenden Jahren eine Welle weiterer Verfolgungen aus, die erst abebbt, als Köln 1630 vom 30-jährigen Krieg bedroht wird. Ein Jahr später erscheint die *Cautio Criminalis*, eine scharfsinnige und leidenschaftliche Streitschrift des Jesuiten und Theologen Friedrich Spee von Langenfeld, mit der er durch aufrüttelnde Argumente die rechtlichen Bedenken gegen die Hexenprozesse formuliert. Er wendet sich vor allem gegen die willkürliche Handhabung der Folter, die Widerrechtlichkeit der Verfahren und die Praxis, das Gehalt von Richtern und Inquisitoren nach der Kopfzahl der Verurteilten festzusetzen. Damit bereitet er den Boden für eine juristische und theologische Aufklärung. Es dauert allerdings noch 150 Jahre, bis in Deutschland die letzten Scheiterhaufen verglühen. Seine Einschätzung der Hexenverfolgung fasst Spee mit der Feststellung zusammen: »Oft scheint mir der einzige Grund, warum wir nicht alle Hexen sind, der zu sein, dass wir nicht gefoltert worden sind. So ist es wahr, dass sich ein Inquisitor kürzlich gerühmt hat, auch den Papst, würde ihm dieser vorgeführt, zwingen zu können, als Hexer geständig zu werden.«

Die Tragödie der Familie Haan (1628)

Dr. Georg Haan ist seit 1611 Hochstiftskanzler in Bamberg, einer Hochburg der Hexenprozesse. Die Gunst des Fürstbischofs hat das ermöglicht. Der Posten des Kanzlers ist sehr einträglich. Haan geht ganz darin auf. Er setzt sich für Reformen ein. So will er auch die Hexenprozessordnung ändern und die Vorschriften des grausamen *Hexenhammers* lindern. Das kann allerdings nicht im Sinne des Hexenkommissars Ernst Vasold sein. Er sucht nach einer Möglichkeit, Haan loszuwerden und selbst das Amt des Kanzlers zu übernehmen. Er entsinnt sich, dass die Mutter von Haans Ehefrau einst als Hexe verbrannt worden ist. Das bringt ihn auf den Gedanken, nun auch Haans Frau Katharina sowie deren Tochter Katharina Röhm der Hexerei zu beschuldigen. Falsche Zeugen werden bestellt und bezichtigen beide Frauen der Buhlschaft mit dem Teufel.

Dr. Haan befürchtet Schlimmes und reist sofort nach Speyer zum Reichskammergericht, von dem er einen Schutzbrief für Frau und Tochter erhält. Aber zwischenzeitlich hat man in Bamberg beide Frauen derart gefoltert, dass sie alles gestanden haben, was die Richter wissen wollten. Am 22. Januar 1628 werden Katharina Haan und

Katharina Röhm sowie fünf weitere Angeklagte verurteilt. Nach einem »Gnadenzettel« sollen sie »erstlich mit dem Schwerd vom leben zum todt hingerichtet, alßdann mit Feuer zu Pulfer und Asche verbrent werden«. Als Georg Haan nach Bamberg zurückkommt, sind Frau und Tochter bereits tot.

Nun erklären die falschen Zeugen auf Betreiben Vasolds, sie hätten beobachtet, wie auch der Hochstiftskanzler Haan an Hexenversammlungen teilnahm. »Er hat eine Hostie vergraben und darauf getanzt!«, geben die Zeugen zu Protokoll. Außerdem sei er nach Speyer geflohen, um sich ein Mandat zu besorgen, mit dem er gegen den Fürstbischof und seine Bediensteten vorgehen will. Unter der Folter gesteht Haan alles, widerruft dann aber seine Aussagen. Er wird erneut gefoltert und widerruft den Widerruf. Am 14. Juli 1628 wird Dr. Georg Haan um halb fünf Uhr morgens vor einer schaulustigen Menge von 80 Personen enthauptet. Seine Leiche wird verbrannt. Wenige Monate später erleiden Haans Sohn und seine jüngere Tochter das gleiche Schicksal, nachdem die Folterknechte auch von ihnen Geständnisse erpresst hatten. Eine ganze Familie wird ausgelöscht, um missliebige Personen zu beseitigen. Der Hexenwahn machte auch vor hochrangigen Personen nicht Halt.

Die Selbstbezichtigung der Christina Plum (1629)

Die Kölner Bürger schütteln verwundert die Köpfe. Wie kann eine Frau sich nur selbst der Hexerei bezichtigen und sich damit freiwillig der Gefahr furchtbarer Folterungen und einer grausamen Hinrichtung aussetzen? Die 24-jährige Christina Plum tut dies und klagt sich selbst gegenüber verschiedenen Geistlichen der Hexerei an. Sie leiten ihre Aussage an die städtischen Behörden weiter. Zwei »Stimmmeister« sind für das Gemeinwohl und die öffentliche Sitte zuständig und auch für Anzeigen der Hexerei. Christina Plum wird vorgeladen und verhört. Seit wann sie denn Kontakt mit dem Teufel habe, wird sie gefragt. Sie habe das Hexen von der Postmeisterin Katharina Henot gelernt, antwortet sie. Einige Zeit nach deren Hinrichtung im Jahr 1627 habe sie dann selbst mit dem Teufel verkehrt und sehr oft an einem Hexensabbat teilgenommen. Auch manche hochgestellte Persönlichkeiten seien dabeigewesen. Einige Rats- und Domherren der Stadt habe sie genau erkannt und sogar den Erzbischof Ferdinand!

Die »Stimmmeister« sind verblüfft. Derartige Denunziationen hat es in Köln lange nicht gegeben. Angesichts der etwa neun Millionen Menschen, die zwischen 1480 und 1780 als Hexen und Zauberer in Mitteleuropa verbrannt worden sind, fallen die nur 24 in Köln erfolgten Hinrichtungen kaum ins Gewicht. Und nun ein Hexenfall solchen Ausmaßes, in den auch die Obrigkeiten verwickelt sind? Die »Stimmmeister« tragen die Sache dem Rat der Stadt Köln vor. Der ist ebenso erschrocken wie die »Stimmmeister« und beauftragt sie, dass die Frau »ganz ernstlich erinnert und angemahnet werden soll, keine unschuldigen Personen zu benennen oder zu verleumden, damit einer und ander ehrlicher Mann und Frau an seinem guten Namen, Ruf und Ehre in keinen ungleichen Verdacht gezogen werden«. Die »Stimmmeister« tun das gewissenhaft, aber Christina bleibt bei ihren Angaben. Daraufhin beschließt der Rat, sie dem Hohen Gericht zu überantworten, verfügt aber gleichzeitig, die in dem städtischen Vorverfahren erstellten Vernehmungsprotokolle mit allen Details und vielen Namen entgegen der üblichen Praxis dem Gericht nicht auszuhändigen. Die erzbischöflichen Richter schenken Christina Plum schon beim ersten Verhör keinen Glauben. Zu ungeheuerlich sind ihre Anschuldigungen. Sie wird freigelassen.

Der Kölner Dekan von St. Severin, Glimbach, gibt sich damit nicht zufrieden. Er sucht Christina Plum privat auf und lässt sich eine lange Liste von Kölner Zauberern und Hexen von ihr geben. Auf einem Hexentanz hätte ihr ein Jesuit Gewalt antun wollen, ergänzt sie ihren Bericht, »ein Mann so gelb von Bart und völlig von Angesicht«. Glimbach beauftragt sie, diesen Mann zu suchen, indem sie an den Beichtstühlen der Kölner Kirchen vorübergehen soll. Obwohl das Gericht ein Schweigegebot verhängt hat, teilt Christina die Namen der von ihr denunzierten Personen nun auch einigen Schöffen mit. Einige Namen verbreiten sich in der Stadt, die Unruhe wächst. Viele Bürger sind aufs Höchste erregt, es kommt zu öffentlichen Tumulten, angeheizt auch durch die schlechte Versorgungslage. Der Stadtrat muss etwas unternehmen und entschließt sich zu einem höchst ungewöhnlichen Schritt. Er lässt den von Christina Plum beschuldigten Personen die sie betreffenden Auszüge aus den Vernehmungsprotokollen zukommen. Unter den Beschuldigten befinden sich der Domherr Henot, der Stadtsyndikus Dr. Wissius, die Frau des Bürgermeisters Hardenroth, einige Schöffen und vor allem der Erzbischof höchstpersönlich und sein Weihbischof Gereon von Gutmann.

Nun wird Christina erneut verhaftet und vor Gericht gestellt. Einige Richter und Schöffen müssen im Lauf des Verfahrens wegen Befangenheit ausgeschlossen werden, weil sie selbst auf der Liste stehen. Man ruft alle Pfarrer auf, »die christliche Gemeinde zur Stärkung eines allgemein eifrigen Gebets zu ermahnen, damit der allmächtige Gott bei diesem Prozess seine göttliche Gnade erteilen wolle«. Christina wird in ihrer Zelle ständig von Priestern aufgesucht, die von ihr eine Vervollständigung der Listen haben wollen. Der Rat der Stadt sieht sich gezwungen, jeglichen Kontakt mit der Gefangenen zu verbieten. Wie kann man die leidige Sache aus der Welt schaffen? Man kann doch nicht die höchsten Würdenträger der Stadt der Hexerei anklagen! Nach den strengen Vorschriften des *Hexenhammers* müsste man das eigentlich tun. Doch das wäre eine Katastrophe für Köln. Einige Betroffene regen an, die Frau solange zu foltern, bis sie alle ihre Beschuldigungen widerruft. Aber ein solches Vorgehen wäre nicht legal. Kann man vielleicht ein Todesurteil gegen sie erwirken? Auch dafür gibt es keinen Grund.

Als man noch einmal alle Vernehmungsprotokolle durchsieht, fällt ein Passus auf, in dem Christina von einem Bündnis zwischen ihr und anderen Hexen gesprochen hat, das darauf ausgerichtet war, Unschuldige zu bezichtigen und die Justiz zu behindern, damit sie selbst weiterhin ungestraft dem Laster und der Zauberei frönen könnten. Damit habe sie ihr Interesse an der Verursachung eines Schadens zugegeben und könne verurteilt werden, erklärt ein Jurist. Diese Begründung macht das nun folgende Todesurteil zu einem Justizmord der besonders schrecklichen Art. »Es wird zu Recht erkannt«, heißt es darin, »dass gedachte, vor Gericht gestellte Malefiz-Person wegen eingestandener Absagung Gottes, wegen unterschiedlichen Missbrauchs des hochwürdigen heiligen Sakraments, weiter, weil sie mit dem Teufel, ihrem Buhlen, sich vermischt und mit allerlei Standes-Personen Hurerei begangen, an Menschen und Früchten Zauberei verübt, billigerweise auf einen Schlitten gesetzt und an sicheren Orten mit glühenden Zangen gezwickt, danach zum Galgenberg geführt und mit dem Feuer vom Leben zum Tod, ihr zur gebührenden Strafe, anderen aber zum abscheulichen Exempel, verurteilt und hingerichtet werden soll.«

Auf den Gedanken, dass die Frau offensichtlich geistig verwirrt war und deshalb zumindest aus heutiger Sicht gar nicht hätte verurteilt werden dürfen, ist niemand gekommen. So verwundert es auch kaum, dass Erzbischof Ferdinand von Köln gleich nach der Hinrichtung den Vorschlag macht, sämtliche Prozessakten und alle mit dem Verfahren in Zusammenhang stehenden Schriftstücke zu vernichten. Zweieinhalb Jahre diskutiert man darüber hin und her und kommt schließlich zu dem Kompromiss, das gesamte Material diebstahlssicher im Schöffenschrein zu vergraben.

»Schändliches Lumpenwerk« im Prozess gegen den Müller Arnold (1779)

Wir schreiben das Jahr 1779. Im preußischen Kreis Züllichau betreibt der Müller Arnold eine vom Grafen von Schmettau gepachtete Wassermühle an einem kleinen Fluss, der weiter oben auch durch das Grundstück des Landrats von Gersdorff fließt. Als der Landrat eines Tages aus diesem Fluss Wasser für einen neu angelegten Karpfenteich ableitet, behauptet Arnold, er könne nun nur noch wenige Tage im Jahr mahlen, weil es nicht mehr genug Wasser für den Antrieb der Mühle gebe. »Das macht mich arm«, sagt er. »Ich kann jetzt das Pachtgeld an den Grafen von Schmettau nicht mehr bezahlen. Daran trage ich keine Schuld.« Der Graf reicht Klage beim Küstriner Gericht ein, das den Müller Arnold zur Zahlung verurteilt. Auch jetzt zahlt der Müller nicht, so dass von Schmettau die Mühle versteigern will.

Arnold wendet sich an die nächsthöhere Instanz. Doch auch die entscheidet gegen ihn. Es sei doch immer noch genügend Wasser für die Mühle da, meinen die Richter. Arnold ist wütend und entschließt sich, an den preußischen König zu schreiben. Er schimpft auf die Richter und bezichtigt sie der Ungerechtigkeit und Gewalt. Friedrich, zu dieser Zeit von der Welt schon »der Große« genannt, ordnet eine administrative Untersuchung an und übergibt den Fall dem Kammergericht in Berlin zur Prüfung. Die Sache ist ihm nicht geheuer. Er glaubt, die Richter hätten den adligen Landrat und den Grafen von Schmettau begünstigt.

Das Kammergericht bestätigt jedoch nach gründlicher Untersuchung beide vorhergehenden Urteile. Dagegen gibt es kein Rechtsmittel mehr, der Rechtsweg ist zu Ende. Aber da ist noch der König, der von sich gesagt hat, er sei der erste Diener seines Staates. Er misstraut jedem und allem und möchte am liebsten alles selbst entscheiden in seinem Preußen. Wütend zerknüllt er das Urteil, das »im Namen des Königs« ergangen ist und dessen Gründe er nicht einmal liest. Er bestellt den Großkanzler Freiherr von Fürst zu sich und Rebeur, den Präsidenten des Kammergerichts, zusammen mit zwei seiner Räte, die am Urteil mitgewirkt haben.

»Das ist Lumpenwerk und ganz schändlich!«, beschimpft er sie und will vom Kammergerichtsrat Graun wissen, was von Schmettau ihnen für dieses Urteil bezahlt hat. Friedrich hält jeden Beamten in seinem Land für bestechlich. Als die Richter es wagen, gegen den König für das Urteil und für das Recht einzutreten, setzt er, außer sich vor Zorn, seinen Großkanzler ab und lässt die höchsten Richter seines Staates kurzerhand ins Gefängnis werfen. Dann erlässt er eine Kabinettsorder, mit der das Urteil aufgehoben wird. Zugleich ordnet der König an, dass von Gersdorff seinen Karpfenteich wieder zuschütten muss. Auch er wird seines Postens enthoben, ebenso wie der Präsident von Küstrin. Der Müller Arnold darf auf seine Mühle zurückkehren.

Friedrichs Eingreifen spricht sich bald in ganz Preußen und auch im Ausland herum. Ein gerechter König, der für die Schwachen eintritt, ihnen hilft und dafür sorgt, dass vor dem Richter alle gleich sind! Der Fall Arnold bringt fast für jeden Bürger im Lande die Überzeugung, dass der arme und kleine Mann in Preußen nicht hilflos und rechtlos ist und dass der König durch seine Tat ein großes Unrecht verhindert hat. Dieser Glaube wird fast zu einer Art Mythos.

Leider beruht er auf einem Irrtum, der sich bis heute in der Volksmeinung erhalten hat. Genau das Gegenteil ist der Fall: Friedrich ist völlig im Unrecht. Er hat weder erkannt, dass der Müller Arnold ein bekannter Lügner und Prozessierer war, noch hat er berücksichtigt, dass an demselben Bach unterhalb des Karpfenteichs eine weitere Mühle mit Wasserkraft betrieben wurde, eine Schneidemühle für ein Sägewerk. Der Besitzer hat dem Kammergericht bezeugt, dass die Wasserkraft durch den Teich nicht nachgelassen habe und er seinen Betrieb ohne Beeinträchtigungen weiterführen könne. Die Berliner Richter werden später auch rehabilitiert. Doch das ändert nichts mehr daran, dass es der König war, der einen Rechtsbruch beging und ein rechtmäßiges und richtiges Urteil des höchsten Gerichts seines Staates eigenmächtig und willkürlich aufhob.

Das falsche Indiz (1810 – 1814)

Vor dem Hause eines Bordellwirts in Hamburg wird um 1810 eine männliche Leiche gefunden. Sie weist schwere Verletzungen und Wunden auf, die darauf hindeuten, dass der Mann erstochen worden ist. Die Behörden ordnen eine sofortige Hausdurchsuchung an. Im Keller stößt man auf ein blutiges Beil. Der zuständige Kriminalbeamte glaubt sofort, dies sei die Tatwaffe, sie müsse dem Eigentümer des Bordells gehören, er hätte sie hier versteckt. Doch der Eigentümer und seine Ehefrau beteuern, dieses Beil noch nie vorher gesehen zu haben. Und sie könnten sich auch nicht erklären, wie es dahin gekommen sei.

Aber ist dieses Beil nicht ein derart starkes Indiz, dass es gar keine andere Möglichkeit gibt, als aus dem Fundort im Keller des Bordells den Schluss zu ziehen, die Eheleute seien die Mörder? Die Ankläger sehen das so. Und sie haben auch ein passendes Motiv zur Hand: Habgier. Der Mann und die Frau beteuern ihre Unschuld. Andere Beweismittel liegen nicht vor. Gibt es vielleicht Entlastungszeugen, die bestätigen könnten, dass sie dieses Beil im Hause der Angeklagten ebenfalls noch nie gesehen haben? Man bemüht sich gar nicht erst um sie, denn der Fall scheint klar. Ein Hamburger Geschworenengericht hält das Ehepaar für schuldig und verurteilt es wegen gemeinschaftlichen Mordes zum Tode. Die Richter unterstellen einfach, dass beide die Tat zusammen begangen haben. Sie werden hingerichtet.

Einige Jahre danach wird durch Zufall der wahre Mörder entdeckt. Er gibt zu, dass er den Ermordeten nachts vor dem Bordell angefallen und mit einem Beil erschlagen hat. Aus dem Geständnis geht auch hervor, wie die blutige Tatwaffe in den Keller gekommen ist: Der Täter hat sie gleich nach dem Mord durch das offene Fenster geworfen.

Justine und das falsche Geständnis (1813–1827)

In einem kleinen Dorf in Sachsen brennt am 14. Juni 1813 ein Wohnhaus bis auf die Grundmauern ab. Alles sieht nach Brandstiftung aus. Man vermutet, dass die gerade 15 Jahre alte Justine Heller den Brand gelegt hat. Eingeschüchtert durch die Verhöre legt das einfältige Mädchen ein Geständnis ab. Daraufhin spricht der »Königliche Sächsische Schöppenstuhl zu Leipzig« am 24. Februar 1814 folgendes Urteil: Tod durch Verbrennen. Die Juristenfakultät in Leipzig ändert es in der zweiten Instanz auf zehn Jahre Zuchthaus ab.

Justine Heller sitzt diese Strafe ab. 1827 reicht sie ein Restitutionsgesuch ein, in dem sie Personen benennt, die bezeugen können, dass sie sich zur Tatzeit gar nicht in dem Dorf aufgehalten hat. Das Oberlandesgericht Naumburg spricht die nun erwachsene Justine Heller am 10. Dezember 1827 nachträglich frei. Eine Entschädigung erhält sie nicht. So etwas ist in der damaligen Rechtsordnung noch nicht vorgesehen. Zudem hat ihr falsches Geständnis natürlich erheblich zu ihrer Inhaftierung beigetragen.

Der rätselhafte Fall Kaspar Hauser (1828–2002)

Der 26. Mai 1828, ein Pfingstmontag, bleibt den Nürnbergern lange im Gedächtnis. Denn an diesem Tag geschieht in Nürnberg etwas, was zum »schönsten Krimi aller Zeiten« wird, wie Golo Mann den Fall genannt hat. Gegen 17 Uhr nachmittags bewegt sich eine ungelenke, tollpatschige Figur vom Bärleinhuterberg hinunter auf den Unschlittplatz zu. Die Menschen, denen der Mann begegnet, sprechen ihn an. Doch er wiederholt immer wieder nur den Satz: »Ä sechtene Reutä möchte i wähn wie mei Vottä wähn is.« Das heißt auf gut Deutsch: »Ein solcher Reiter möchte ich werden, wie es mein Vater gewesen ist.« Um seinen Hals hängt ein Brief, der an »Tit. Hl. Wohlgebohner Rittmeister bey der 4ten Esgataron bey 6ten Schwolische Regiment in Nierberg« adressiert ist. Mit den Schwolischen sind die Dragoner gemeint. In dem Brief steht in fehlerhaftem Deutsch, dass der Knabe seinem König treu dienen möchte und dass der Absender ihn seit 1812 keinen Schritt aus dem Haus gelassen hat. Dem Brief ist ein weiteres Schreiben beigefügt, der so genannte »Mägdlein-Zettel«. Darin steht: »Das Kind ist schon getauft sie Heist Kaspar in Schreibname misen sie im selber geben das Kind möchten Sie auf Zihen sein Vater ist ein Schwolische gewesen wen er 17 Jahre alt ist so schicken sie im nach Nirnberg zu 6ten Schwolische Begiment da ist auch sein Vater gewesen ich bitte um die erzikung bis 17 Jahre gebohren ist er im 30 April 1812 im Jaher ich bin ein armes Mägdlein ich kann das Kind nicht ernehren sein Vater ist gestorben.«

Der seltsame Jüngling will nichts anderes zu sich nehmen als Wasser und Brot. Man legt ihm Papier und Feder hin und er schreibt: »Kaspar Hauser«. Man bringt ihn auf die Nürnberger Burg in eine Gefängniszelle. Ein Arzt untersucht ihn und stellt schwere Abnormitäten am Becken und an den Beinen fest. Das veranlasst den Arzt zu der Schlussfolgerung: »Kaspar muss viele Jahre hindurch ununterbrochen in sitzender Stellung zugebracht haben. Aber er ist weder verrückt noch blödsinnig.«

Die Kunde von dem geheimnisvollen Findling macht schnell die Runde in Nürnberg. Neugierige Menschen bestaunen ihn in seinem Turm wie ein wildes Tier. Da trifft ein anonymer Hinweis aus Baden ein: Kaspar Hauser sei der 1812 geborene und angeblich kurz danach verstorbene Sohn des Großherzogs Karl und seiner Frau Stéphanie de Beauharnais, einer Adoptivtochter Napoleons. Berühmte Juristen der Zeit beginnen sich für den Fall zu interessieren, vor allem Anselm von Feuerbach, bayerischer Gerichtspräsident und Begründer des modernen Strafrechts. Er befreit Kaspar aus dem Polizeigewahrsam und übergibt ihn dem Professor Daumer, der ihn an normale Kost gewöhnt und Malen und Schach lehrt. »Kaspar Hauser ist das Opfer eines allergreulichsten Verbrechens geworden«, sagt Feuerbach und schreibt ein Buch über den Fall. Zugleich richtet er geheime Briefe an die bayerischen Majestäten, in denen es heißt: »Kaspar Hauser ist das eheliche Kind fürstlicher Eltern, welches hinweggeschafft worden ist, um andern, denen er im Wege stand, die Sukzession zu eröffnen. Der Täter ist – die Feder sträubt sich, diesen Gedanken niederzuschreiben – das Haus Baden … Unser rätselhafter Findling ist ein vertauschter, ausgewechselter und dann auf die Seite geschaffter Prinz des Großherzogs Carl von Baden und Stéphanies, folglich keine geringere Person als der nunmehrige echte Großherzog von Baden selbst.«

Die Sensation ist perfekt. Dieser Kronprinz ist der letzte männliche Nachkomme des alten Geschlechts der Zähringer, bei dessen Tod die Thronfolge auf die Söhne der Reichsgräfin Karoline Luise von Hochberg übergehen würde. Hat die ehrgeizige Gräfin deshalb den gerade geborenen Kronprinzen mit dem drei Tage älteren, aber im Sterben liegenden Kind Johann Blochmann vertauscht, dem Sohn eines ihrer Diener? Und hat sie den wahren Prinzen dann abgeschoben und von 1817 bis 1828 auf Schloss Pilsach bei Nürnberg in einem kleinen Kerker gefangen gehalten?

Die Geschichte geht durch halb Europa. Großherzogin Stéphanie reist an, um ihren vermeintlichen Sohn zu sehen, und fällt in Ohnmacht, als sie ihm gegenübersteht: Er sieht ihrem inzwischen verstorbenen Vater frappierend ähnlich. Auch ihre mitgereisten Töchter sind überzeugt, dass das ihr Bruder sei.

Aber erstaunlicherweise werden keine amtlichen Ermittlungen eingeleitet, um den Fall zu klären. Das ändert sich erst, als am 14. Dezember 1833, kurz nach 16 Uhr, im Ansbacher Hofgarten allem Anschein nach ein Mordanschlag auf Kaspar Hauser verübt wird. Kaspar schleppt sich, aus einer Wunde in der Brust blutend, nach Hause und stammelt etwas von »Mann«, »Messer« und einem »Beutel«. Ein schwarz gekleideter Mann habe ihm einen Beutel überreicht und ihn dann niedergestochen. Tatsächlich findet die Polizei am Tatort einen Beutel aus lila Samt mit einem Zettel darin. Darauf steht in Spiegelschrift: »Abzugeben. Hauser wird es euch ganz genau erzählen können, wie ich aussehe und woher ich bin. Den Hauser die Mühe zu ersparen, will ich es euch selber sagen, woher ich komme – Ich komme von – der Baierischen Gränze – Am Flusse – Ich will euch sogar noch den Namen sagen: M.L.Ö.«

Drei Tage später, am 17. Dezember 1833, stirbt Kaspar Hauser an seinen Verletzungen. Vier Ärzte obduzieren seine Leiche. Drei von ihnen bescheinigen einen Stoß von einer fremden Hand, einer hält auch eine Selbstverletzung für möglich. Im Schlossgarten wird die mutmaßliche Tatwaffe gefunden, ein zweischneidiger Dolch. Man errichtet am Tatort einen Gedenkstein mit der Inschrift: »Hic occultus occulto occisus est«, was auf Deutsch heißt: »Hier wurde ein Unbekannter auf unbekannte Weise getötet.«

Mehr Indizien als den Dolch und den Zettel gibt es nicht. Die Ansbacher Polizei nimmt Ermittlungen auf und konzentriert sich auf einen Tatverdächtigen, Major Heinrich Hennenhofer. Auf der Straße wird ihm »Mörder! Mörder!« nachgerufen, aber die Tat kann ihm nicht nachgewiesen werden. Der bayerische König Ludwig I. setzt sogar 10 000 Gulden als Belohnung für die Ergreifung des Täters aus und beauftragt seine Geheimpolizei, am Badischen Hof herumzuspionieren. Aber auch das bringt keinen Erfolg.

Der Fall bleibt ungeklärt und auch die Frage, warum Kaspar Hauser ausgesetzt und später augenscheinlich ermordet wurde. Und die Menschen glauben weiterhin der Behauptung Feuerbachs, er sei ein Sohn der Großherzogin Stéphanie. Im November 1996 scheint sich der »schönste Krimi aller Zeiten« in Wohlgefallen aufzulösen. Das Hamburger Nachrichtenmagazin *Der Spiegel* organisiert eine DNS-Frequenzanalyse. Aus Blutresten auf Hausers Hose gewinnt man im rechtsmedizinischen Institut der Universität München eine geringe Erbmasse und vergleicht sie mit der DNS zweier Nachfahren des Großherzogs Karl-Friedrich von Baden. Das Ergebnis, zu dem auch ein zweites Gutachten des Dienstes für Forensische Forschung im britischen Innenministerium kommt: Die beiden Vergleichspersonen sind nicht mit Kaspar Hauser verwandt.

Die Legende scheint entschlüsselt, ein über Jahre anhaltender Irrtum endlich korrigiert. Der *Spiegel* verkündet, Kaspar Hauser sei kein Spross des Badener Hauses und auch kein Symbol für die Willkürherrschaft des Adels. Er habe auch niemals im Kerker gesessen, wie der Karlsruher Neurologe Günter Hesse nachgewiesen hat. Eine derart lange Dunkelhaft hätte viel schwerere Defekte und Deformationen nach sich ziehen müssen. Kaspar Hauser sei aber 1828 mit frischem Teint und ohne Vitamin- und Eiweißmangelschäden oder sonstige Entzugserscheinungen aufgetaucht. Seine Missbildungen seien auf ein Hautleiden mit Muskel- und Hirnanomalien zurückzuführen, eine Erbkrankheit, die sich über viele Generationen vor allem in Tirol nachweisen lässt. Und eben von dort, so die neue Ansicht, stammt Hauser auch. Tirol war damals von bayerischen Soldaten besetzt, unter anderem vom 6. Regiment, den »Schwolischen«. Er sei das arme und kranke Kind eines Besatzungssoldaten, das 1818 nach Bayern zurückgeschickt worden sei. Und er sei auch nicht ermordet worden, sondern habe sich während eines auf sein Hirnleiden zurückgehenden Anfalls selbst mit dem Dolch getötet.

Nicht wenige Wissenschaftler, die sich eingehend mit dem Fall beschäftigt haben, haben den *Spiegel* und die von ihm beauftragten Institute immer wieder auf Widersprüche in der neuen Argumentationsweise hingewiesen. Und es stellte sich die Frage: Warum hatte das Adelshaus eigentlich so viel Angst vor Kaspar Hauser?

Im August 2002 entlarvt ein umfangreicher Bericht des deutsch-französischen Fernsehkanals *arte* die *Spiegel*-Untersuchung als falsch. Neue Untersuchungen ergeben, dass Hauser mit allerhöchster Wahrscheinlichkeit doch der rechtmäßige Großherzog von Baden war. Viele Lücken in der Argumentation des *Spiegel* werden aufgedeckt. Endlich fügt sich ein klares Bild der Geschehnisse um Kaspar Hauser zusammen, in dem die modernste Naturwissenschaft endlich das beweist, was Historiker in langjähriger Arbeit bereits zutage gefördert hatten: Kaspar Hauser kann als Spross des adligen Herrscherhauses von Baden angesehen werden.

Friedrich Berger und der fatale Aberglaube (1834–1844)

Am 5. September 1834 wird in einem Wald in Pommern ein grauenhafter Mord entdeckt. Unter einem Gebüsch liegt die verstümmelte Leiche des Hirten Meier, eines dickleibigen, verarmten Mannes von 68 Jahren. Der Schädel ist eingeschlagen und die Pulsadern sind aufgeschnitten, der Greis ist völlig ausgeblutet. Aus seinem Bauch ist ein handtellergroßes Stück Fett fein säuberlich herausgeschnitten worden. Es ist ebenso verschwunden wie der Tabaksbeutel und der Feuerstahl. Vom Mörder fehlt jede Spur.

Im Februar 1836 bezichtigt die Tagelöhnerfrau Wilhelmine Berger ihren wegen mehrerer kleiner Diebstähle vorbestraften Mann Friedrich der Tat, angeblich weil sie befürchtet, er werde sie eines Tages ebenso totschlagen wie den Hirten Meier. Friedrich Berger, der weder schreiben noch lesen kann, wird verhaftet und leugnet im Verhör elf Tage lang. Dann gesteht er, den Mord am 4. September 1834 aus Aberglauben begangen zu haben. »Wenn man so genannte Diebeslichter während eines Diebstahls anzündet, aus Menschenfett gefertigte Kerzen«, erklärt er, »verhindern sie das Aufwachen des Bestohlenen und der Diebstahl muss dann gelingen. Meine Frau hat mich dazu angestiftet, solche Diebeslichter zu besorgen, und als

Opfer den alten Meier vorgeschlagen.« Berger schildert die Schnitte an der Leiche in allen Einzelheiten. Die Form für die Herstellung der Kerzen habe er sich von einer Nachbarin geholt, die das auch bestätigt. Das Fett gerann allerdings nicht, so dass die Diebeslichter nie fertig wurden.

Berger wiederholt zweimal das Geständnis und seine Frau gibt zu, von allem gewusst zu haben. Sie werden beide zusammen ins Gerichtsgefängnis überführt und widerrufen kurz darauf. Berger gibt an, er habe das falsche Geständnis nur abgelegt, um angenehmere Haftbedingungen zu erhalten. »Auf meinem Strohlager im Dorfgefängnis hat es von Ungeziefer nur so gewimmelt, das habe ich nicht länger ertragen können.« Und seine Frau sagt: »Aus Hass auf meinen Mann habe ich mir alles nur ausgedacht, weil er mich kurz davor so heftig durchgeprügelt hatte.« Berger benennt einen Schiffer als Zeugen, mit dem er zur Tatzeit auf Fahrt gewesen sein will. Aber es stellt sich heraus, dass er erst nach dem Mordtage mit ihm unterwegs gewesen ist.

Die Gerichtsverhandlung gegen Berger ist nicht öffentlich. Sie findet auch ohne Geschworene statt. (Die gibt es zu dieser Zeit in Preußen noch nicht. Geschworenengerichte werden erst nach der Revolution von 1848 eingeführt.) Der »Kriminalsenat des Obergerichts erkennt für Recht, dass der Inquisit Friedrich Berger wegen Mordes mit dem Rade von oben herab vom Leben zum Tode zu bringen sei«. Ein Gnadengesuch wird abgelehnt, die Strafe allerdings in Tod durch das Beil umgewandelt. Die Hinrichtung wird auf den 21. März 1838, acht Uhr morgens, festgesetzt. Das Abendmahl wird Berger verweigert. In der Nacht vor der Hinrichtung bittet er dann noch einmal um ein Verhör. »Ich habe den Hirten bereits ermordet aufgefunden und dann den Gedanken an die Diebeslichter bekommen«, gibt er zu Protokoll. »Deshalb habe ich ein Stück Fett aus der Leiche geschnitten. Mein früheres Geständnis ist nicht aus freien Stücken erfolgt. Man hat mich sehr gequält und schlimmer als einen Hund behandelt. Jetzt habe ich meinen Frieden mit Gott gemacht. Meine Frau möchte ich allerdings nicht mehr sehen. Ich vergebe ihr von Herzen.« Seine letzten Worte vor der Hinrichtung sind: »Gott, vor dem ich in wenigen Augenblicken stehen werde, weiß, dass ich unschuldig bin. Aber die Sonne wird an den Tag bringen, wer es getan hat!«

So geschieht es tatsächlich. Als sechs Jahre später ein Matrose wegen Doppelmordes hingerichtet wird, bekennt er kurz davor auch den Mord an dem Hirten Meier, mit dem er in Streit geraten war. Den ledernen Tabaksbeutel und den Feuerstahl findet man unter seinen Sachen. Die Tochter des Hirten erkennt beide Gegenstände als die ihres Vaters wieder. Friedrich Berger ist unschuldig hingerichtet worden. Eine Wiederaufnahme des Verfahrens hat nie stattgefunden.

»Strafe des Rades« für Jochim Hinrich Ramcke (1837–1843)

In dem in der Nähe von Pinneberg gelegenen Dorf Halstenbeck ereignet sich in der Nacht vom 13. zum 14. Juli 1837 ein schrecklicher Mord. Ein Mann ist in das Haus der Witwe Ladiges eingedrungen und hat die Frau in ihrem Bett überfallen und mit mehreren Beilhieben lebensgefährlich verletzt. Sie überlebt zwar, aber die ebenfalls im Bett ihrer Mutter schlafende dreijährige Tochter wird tödlich getroffen. Der Mörder steckt das Haus an und brennt es völlig nieder.

Als mutmaßlicher Täter gerät schon früh der Bauer Jochim Hinrich Ramcke in Verdacht. Man nimmt ihn fest und wirft ihm vor, den Mord aus Habgier unter Beihilfe seiner Frau und seines Schwagers begangen zu haben. Die Untersuchung wird sehr gründlich geführt. Volle vier Jahre sitzt Ramcke in Untersuchungshaft. Das Untersuchungsprotokoll umfasst 1052 eng beschriebene Seiten. Das Schleswig-Holsteinische-Lauenburgische Oberappellationsgericht verurteilt Ramcke schließlich zur »Strafe des Rades«, empfiehlt aber zugleich, die Strafe in Enthauptung umzuwandeln. Der dänische König kommt dem am 6. Mai 1842 nach. (Schleswig-Holstein gehörte damals zu Dänemark.)

Während der Voruntersuchung hat es Anzeichen dafür gegeben, dass Ramcke geistig verwirrt ist. Er sprach manchmal völlig sinnlose Worte und Sätze und geriet einige Male in Raserei. Doch zwei ärztliche Gutachten erklären, Ramcke simuliere nur. Deshalb wird beschlossen, das Urteil am 1. September 1842 zu vollstrecken. Der Verurteilte ist schon auf dem Weg zum Richtplatz, als ein Stafettenreiter mit einem königlichen Schreiben herangaloppiert, in dem angeordnet wird, die Exekution aufzuschieben. Dem liegt nicht etwa ein Gnadengesuch Ramckes zugrunde, sondern der Aufschub ist auf das Eingreifen eines Privatmannes zurückzuführen, der den Fall mit großem Interesse verfolgt hat.

Dieser Mann ist der Dragonerrittmeister a. D. Dr. iur. Peter von Kobbe. Als Privatgelehrter befasst er sich mit kriminalistischen Forschungen und Justizirrtümern. Er liest die veröffentlichte Verteidigungsschrift im Fall Ramcke und kommt zu der Überzeugung, dass Ramcke nicht schuldig ist. Beobachtungen während des Prozesses, insbesondere während der Urteilsverlesung, bestärken ihn in seiner Meinung, dass der Angeklagte nicht normal sei. Kobbe hält ihn für wahnsinnig. Deshalb reicht er ein Gnadengesuch ein, dem der König im letzten Moment stattgibt, verbunden mit der Order, ein Pinneberger Gericht soll Ramckes Benehmen kurz vor, bei und nach der Führung zum Richtplatz prüfen.

Nun finden umfangreiche Untersuchungen statt. Kobbe verfasst weitere Eingaben an das Oberkriminalgericht und die medizinische Fakultät in Kiel und erhält sogar eine Audienz beim König. Die Öffentlichkeit wird auf den Fall aufmerksam, die Presse nimmt sich des Falles an. Das Oberkriminalgericht fordert ein medizinisches Gutachten über Ramckes Geisteszustand von der Universität Kiel an. Drei Ärzte beobachten Ramcke in seinem Pinneberger Gefängnis. Sie kommen zu folgendem Ergebnis: »Er simuliert zwar, aber letzte Zweifel lassen sich nicht ausschließen, dass dies krankhaft ist.«

Jetzt reicht Ramckes Bruder ein Gnadengesuch ein. Das Oberappellationsgericht empfiehlt einstimmig, es abzulehnen. Doch der König entscheidet anders. Ramcke wird durch Reskript vom 13. Juni 1843 zu lebenslänglichem Zuchthaus begnadigt und in die Strafanstalt Glückstadt gebracht.

Inzwischen ist der Fall Ramcke in weiten Teilen Europas bekannt geworden und die Diskussion über die Rechtmäßigkeit des Urteils will kein Ende nehmen. Die Ärzte der Strafanstalt Glückstadt sind einhellig der Meinung, dass Ramcke nicht zurechnungsfähig sei. Ein Gutachten der Irrenanstalt Schleswig bestätigt diese Einschätzung, indem es feststellt, Ramcke sei »von einer ererbten Gemütskrankheit befallen, die in unheilbare Verwirrtheit ausartete«.

Das ist das letzte Wort im Fall Ramcke. Der geisteskranke Mann hätte nie verurteilt werden dürfen, auch nach dem damaligen gemeinrechtlichen Strafrecht nicht. Seine Unzurechnungsfähigkeit schließt die Schuld aus. Nur das beherzte Eingreifen eines Außenstehenden hat noch größeres Unrecht verhindert.

Der Fall Busse und Ziegenmeyer (1854–1856)

Das verträumte Dorf Eldagsen nahe Hannover hat 1854 nur wenige Einwohner. Einer davon ist der Steuereinnehmer Hartmann. Am 16. Februar isst er mit seiner Frau Charlotte und der Magd Auguste in der Wohnstube seines Hauses zu Abend. Gegen sieben Uhr geht er zum Kaufmann Meyer, um Geld einzuwechseln. Als er um etwa halb zehn wieder ins Haus geht, hören die Nachbarn ihn um Hilfe rufen. Sie eilen herbei und finden beide Frauen mit eingeschlagenem Schädel und durchschnittener Kehle in einer Blutlache im Wohnzimmer liegen. Die Leichen sind schon kalt und starr, der Mord muss also schon einige Stunden zurückliegen. Aus dem aufgebrochenen Schrank fehlen Geld und Schmuck. Das Haus füllt sich mit allerlei Schaulustigen.

Noch in der Nacht nehmen der Bürgermeister und der Polizeidiener Hausdurchsuchungen bei allen Personen vor, die in Eldagsen übel beleumdet sind. Darunter sind auch der wegen Diebstahls vorbestrafte Maurergeselle Busse, ein schwarzhaariger junger Mann mit buschigen Brauen und dunklen stechenden Augen, und der verarmte und tief verschuldete Bäcker Ziegenmeyer. Beide hat man in letzter Zeit häufig zusammen gesehen. Aber die Durchsuchungen fördern nichts Verdächtiges zutage. Schon am nächsten Tag werden die Verhöre durch den

Polizeikontrolleur Herrmann aus Hannover fortgesetzt. Ohne Ergebnis, denn Busse und Ziegenmeyer haben ein lückenloses Alibi. Beide tragen noch dieselben Anzüge wie zur Zeit der Tat, man findet nicht die geringsten Blutflecke oder Spuren daran. Der zuständige Amtsrichter hebt die Haftbefehle wieder auf.

Doch in Eldagsen ist man von der Schuld der beiden überzeugt. Um die um ihre Sicherheit besorgten Bürger zu beruhigen, stellt der Bürgermeister noch einen Hilfspolizisten namens Wild ein, einen ehemaligen Steinbrecher, der sich schon lange um einen Gemeindeposten beworben hat. Die Staatsanwaltschaft Hannover setzt eine Belohnung von 100 Talern für jeden aus, der zur Ergreifung des Täters beiträgt. Kurz darauf erklärt der Hilfspolizist Wild gegenüber dem Bürgermeister, er habe Busse und Ziegenmeyer zur Tatzeit am Tatort gesehen. Und da Wild einen guten Ruf in Eldagsen hat, glaubt man ihm auch, als er wenig später seine Aussage ergänzt. »Ich habe in der Nacht nach dem Mord unter Ziegenmeyers Schlafzimmerfenster gelauscht und gehört, wie er seiner Frau den Mord gestand. Er hat die Magd getötet und Busse die Ehefrau.« Ziegenmeyers Frau bestreitet ein solches Gespräch, doch seine vierjährige Tochter gibt an, ihr Vater habe an diesem Abend über 100 Taler auf den Tisch geschüttet und erzählt, er und Busse hätten die Frauen getötet.

Daraufhin werden Busse und Ziegenmeyer erneut verhaftet. Der vorsichtige Oberstaatsanwalt beantragt allerdings die Einstellung des Verfahrens. Die Aussage eines vierjährigen Kindes sei nicht von Gewicht, erklärt er, zudem sei der Hilfspolizist Wild mit seinen Angaben erst sehr spät und stückweise hervorgetreten, außerdem hätten die Beschuldigten ein gutes Alibi. Aber das Schwurgericht Hannover sieht das anders und beginnt am 7. Dezember mit der Verhandlung. Unter den Geschworenen sind drei Juristen, der Sprecher ist ein ehemaliger Staatsanwalt. Sie prüfen noch einmal gründlich alle Verdachtsmomente, auch die gegen den Ehemann Hartmann. Doch auch sein Alibi durch den Kaufmann Meyer ist hieb- und stichfest. Keiner will es gewesen sein, aber einer muss der Raubmörder sein.

In der Anklageschrift steht, Ziegenmeyer habe bei der Besichtigung der Leichen in Hartmanns Haus ganz genau hingesehen und sich dadurch besonders verdächtig gemacht. Und dass auch Busse sich verdächtig gemacht habe, weil er nicht zum Tatort gegangen sei. Die Geschworenen verurteilen nach längerer Beratung beide zum Tode. Ziegenmeyer erhängt sich in der Nacht darauf in seiner Zelle. Für jeden in Eldagsen ist das ein nachträgliches Eingeständnis seiner Schuld und man schüttelt erstaunt die Köpfe, als Busse zu lebenslänglicher Kerkerstrafe begnadigt wird.

Im September 1855 werden im Dorf Weetzen bei Hannover ein betagter Rittmeister und seine junge Frau nachts in ihrem Haus durch Beilhiebe schwer verletzt. Die Opfer überleben, der Täter muss ohne Beute fliehen. Polizeikontrolleur Herrmann fällt sofort die Ähnlichkeit beider Verbrechen auf. Beide Male wurden die Schläge mit der stumpfen Seite einer Axt gegen die Köpfe zweier Menschen geführt. Der Verdacht richtet sich gegen den Knecht Bruns, den das Ehepaar vor einiger Zeit als Hausmeister entlassen hat. Bruns gibt an, zur Tatzeit bei seinen Eltern in Eldagsen gewesen zu sein. Herrmann sucht die Eltern auf und legt die Tatwaffe unbemerkt in eine Zimmerecke. Als er fragt, wem denn die Axt da gehöre, sagen beide: »Uns natürlich!« Bruns wird verhaftet. Herrmann weist ihm nach, dass er sein Schlafzimmer in der Tatnacht heimlich verlassen hat. Er behauptet, nur bei seiner Braut gewesen zu sein. Als Herrmann diese Braut trifft, entdeckt er, dass sie die Ohrringe der ermordeten Frau Hartmann trägt. Und in ihrer Kammer findet er den gesamten geraubten Schmuck. Bruns gesteht nach anfänglichem Leugnen beide Doppelmorde. Das Schwurgericht Hannover verurteilt ihn zum Tode. Am 15. September 1856 erfolgt die Wiederaufnahme des Verfahrens gegen Busse. Er wird freigesprochen. Der Hilfspolizist Wild erhält wegen Meineids acht Jahre Zuchthaus. Bruns wird am 28. November 1856 auf einem Hügel bei Hildesheim enthauptet.

Albert Ziethen und der Barbierlehrling (1883 – 1903)

Albert Ziethen betreibt in Elberfeld ein Barbiergeschäft. Die Ehe mit seiner Frau Maria ist unglücklich. Es kommt häufig zu Streitigkeiten, die nicht selten zu Misshandlungen der Ehefrau führen. Er hat eine Geliebte, die er auch am 25. Oktober 1883 in Köln besucht. Als er nach 23 Uhr in seine Wohnung zurückkehrt, weckt er das Dienstmädchen und sagt ihr, dass seine Frau mit eingeschlagenem Schädel im Erdgeschoss liege, er habe sie gerade dort gefunden. Das Mädchen solle August wecken und holen. Der Lehrling August Wilhelm schläft oben in der Bodenkammer. Er antwortet auf das Klopfen, als ob er aus tiefem Schlaf erwacht.

Maria Ziethen liegt in einer Blutlache. Der untere Teil der Beine ist entblößt, die Röcke sind bis über die Knie hinaufgeschoben. Ziethen läuft jammernd umher und befiehlt Wilhelm vergeblich, einen Arzt zu rufen. Der

Lehrling hat nur eine Hose an, so dass Ziethen selbst losläuft, um einen Arzt zu holen.

Die sterbende Frau Ziethen wird im Krankenhaus vom Polizeikommissar Gottschalk vernommen, obwohl sie kaum vernehmungsfähig ist. Sie bezeichnet ihren Mann als den Täter und macht unterschiedliche Angaben darüber, womit und an welcher Stelle ihres Körpers er sie getroffen hat. Von dem Tatwerkzeug, einem Holzhammer, der sich im Vorflur in einer Tischschublade befand, spricht sie nicht. Sie wird vom Untersuchungsrichter vereidigt, aber er weist sie nicht auf ihr Zeugnisverweigerungsrecht hin. Am 30. Oktober stirbt sie.

Ziethen und Wilhelm werden verhaftet. Beide werden angeklagt, beide bestreiten jede Schuld. Wilhelm, der von Zeugen als lügenhaft und sittlich verkommen geschildert wird, behauptet zunächst, von der Tat nichts zu wissen, bezichtigt dann aber Ziethen, als er erfährt, dass er von diesem beschuldigt wird. Er schildert in allen Einzelheiten, wie nach Ziethens Rückkehr ein Streit zwischen dem Ehepaar entstanden sei, in dessen Verlauf Ziethen seine Frau durch fünf Hammerschläge auf den Kopf erschlagen habe. Das Schwurgericht Elberfeld spricht ihn nach sechs Verhandlungstagen am 2. Februar 1884 frei und verurteilt Ziethen wegen Mordes zum Tode. Im überfüllten Zuschauerraum bricht frenetischer Jubel aus. Die vom Verteidiger eingelegte Revision wird verworfen. Kurz darauf wird Ziethen zu lebenslänglichem Zuchthaus begnadigt.

Die Öffentlichkeit diskutiert den Fall heftig, er macht Schlagzeilen in der Presse. Viele Leute glauben, dass nicht Ziethen, sondern Wilhelm den Mord begangen hat. Versierte Berliner Kriminalbeamte werden hinzugezogen, die August Wilhelm noch einmal vernehmen. In der Nacht vom 9. auf den 10. Juni legt er ein umfassendes Geständnis ab und wiederholt es am nächsten Tage vor dem Amtsgericht. »Ich hatte etwas getrunken«, bekennt er. »Da bekam ich Lust, mit Maria Ziethen intim zu verkehren. Die Frau hat mich erregt. Aber sie wollte sich nicht freiwillig hingeben. Deshalb habe ich sie mit dem Hammer erschlagen und anschließend missbraucht.«

Niemand ist in dem Verfahren auf die Idee gekommen, die Röcke auf Samenerguss zu untersuchen, obwohl sie bis über die Knie aufgeschlagen waren. Am 16. Juli wiederholt Wilhelm sein Geständnis vor dem Untersuchungsrichter, widerruft es dann aber drei Tage später. Am 15. August gesteht er die Tat erneut, widerruft dann am 30. August aber auch dieses Geständnis. Das Landgericht Elberfeld gibt dem Wiederaufnahmeantrag Ziethens statt, das Oberlandesgericht Köln hebt den Beschluss jedoch auf und weist den Antrag zurück. Es erklärt lapidar: »Wegen der Schwankungen in der Aussage Wilhelms ist durch sein Geständnis ein dringender Verdacht gegen ihn nicht geschaffen worden.« Wilhelm wird aus der Haft entlassen und verschwindet.

Damit ist Ziethens Schicksal besiegelt. Drei weitere Wiederaufnahmeanträge in den Jahren 1893, 1897 und 1900 werden zurückgewiesen. Man verteidigt das erste Schwurgerichtsurteil wie ein Heiligtum. Ziethen wird schwer krank und stirbt 1903 im Zuchthaus nach 20-jähriger Haft.

Jahrzehntelang hat dieser Fall die öffentliche Meinung in ganz Deutschland beschäftigt. Viele namhafte Juristen, Politiker und Journalisten, darunter auch Karl Liebknecht und der Bismarck-Anhänger Maximilian Harden, setzen sich vergeblich für Ziethens Rehabilitierung ein. Das Volk sammelt für einen »Ziethen-Fonds«. Noch heute gilt der Fall Ziethen als klassischer Beleg für ein Fehlurteil und auch für das hartnäckige Bemühen des Justizsystems, am einmal gefällten Spruch festzuhalten und alle Wiederaufnahmeanträge zu Fall zu bringen.

Die Tötung eines Menschen, den es nie gab (1893/1894)

Auguste N. hat ihrem Mann bereits fünf Kinder geboren, vier davon sind allerdings bereits kurz nach der Geburt an Unterernährung verstorben. Am 23. März 1893 erscheint die Vermieterin, bei der die Eheleute zur Untermiete wohnen, bei der Polizei und gibt an, Auguste habe kürzlich ein Kind zur Welt gebracht und es kurz darauf getötet. Als Auguste von einem Gendarm verhört wird, gesteht sie, am 15. Dezember 1892 einen Knaben geboren zu haben. »Ich habe die Nabelschnur mit einer Schere durchtrennt«, gibt sie zu Protokoll. »Dann habe ich das Baby in einem plötzlichen Entschluss mit dem Kopf nach unten in einen mit Wasser gefüllten Eimer gesteckt. Es hat geschrien und im Wasser noch zirka zehn Minuten gezappelt. Ich habe das tote Kind in einen hohen Milchtopf getan und ihn bis Anfang März unter das Ehebett gestellt. Als die Leiche zu stinken anfing, habe ich sie in einer Scheune vergraben.«

Man stellt Nachforschungen an, findet an der angegebenen Stelle aber keine Leiche. Vielleicht hat sie ein Hund ausgegraben und fortgetragen, nimmt der ermittelnde Polizist an. Oder das Hochwasser hat sie fortgespült. Er vernimmt auch den Ehemann. Er bestreitet, etwas von Augustes Schwangerschaft gewusst zu haben. Auguste wird festgenommen und am 24. März 1893 dem Haftrichter vorgeführt. Vor ihm und auch vor dem Untersuchungsrichter wiederholt sie ihr Geständnis und begründet ihre Tat damit, dass sie kein Geld und keine Nahrung für das Kind gehabt habe.

Die Staatsanwaltschaft erhebt Anklage wegen Mordes und schon am 27. Juni 1893 findet die Hauptverhandlung vor dem Schwurgericht Xanten statt. Nur vier Zeugen sind geladen: der Ehemann, das Vermieterehepaar und der Gendarm. Einziges Beweisstück ist der Wassereimer, in dem laut Anklage das Kind den Tod gefunden hat. Auguste wiederholt ihr Geständnis. Die Vermieterin sagt aus, sie habe starken Verwesungsgeruch in dem Zimmer wahrgenommen. Der Ehemann will davon nichts bemerkt haben. Selbst der Verteidiger ist von der Schuld seiner Mandantin überzeugt und plädiert nicht auf Freispruch, sondern auf Verurteilung wegen Totschlags mit mildernden Umständen. Das Schwurgericht verurteilt Auguste wegen Mordes zum Tode. Ihre Revision wird im August 1893 verworfen. Das Todesurteil ist rechtskräftig.

Schon zwei Tage nach der Verurteilung beantragt der Verteidiger eine Wiederaufnahme des Verfahrens mit der Begründung, Auguste habe sich zum Zeitpunkt der Tat in einem Zustand krankhafter Geistestätigkeit befunden. Die Strafkammer erklärt am 28. August 1893 das Gesuch für zulässig und ordnet neue Beweiserhebungen an. Zeugen werden ausfindig gemacht, die bestätigen, Auguste habe schon vor 15 Jahren Anzeichen einer Geistesstörung gezeigt. Ein Vormundschaftsrichter bekräftigt dies mit der Aussage, er sei 1881 zu der Überzeugung gekommen, Auguste sei nicht geschäftsfähig, weshalb er einen Pfleger für sie bestellt habe. Daraufhin beschließt die Strafkammer, die Verurteilte zur Vorbereitung eines ausführlichen Gutachtens über ihren Geisteszustand in eine öffentliche Irrenanstalt einzuweisen. Dort wird sie sechs Wochen lang beobachtet und untersucht.

Der Leiter erklärt in seinem Gutachten, Auguste habe ihm gegenüber den Mord bestritten und angegeben, sie sei überhaupt nicht schwanger gewesen. »Das ist glaubhaft«, stellt er fest. »Sie hielt sich nur für schwanger. Derartige Scheinschwangerschaften kommen durchaus vor, es kann sogar objektive Anzeichen einer Schwangerschaft bei Nichtschwangeren geben. Aber selbst wenn die Frau schwanger war, ist nicht auszuschließen, dass die Frucht abgestorben und abgegangen ist. ... Ihr Geständnis bei den Verhören und in der Gerichtsverhandlung hat sie nach ihren Angaben nur abgegeben, weil sie jedes Mal verängstigt gewesen war. ... Deshalb ist ihr Geständnis vollkommen wertlos. ... Ich komme zu folgendem Ergebnis: Es ist sehr zweifelhaft, dass die Verurteilte die Tat überhaupt begangen hat. Sollte das aber doch der Fall gewesen sein, war die freie Willensbestimmung durch die vorhandene Geistesstörung zur Tatzeit ausgeschlossen.«

Aufgrund dieser klaren und profunden Feststellung ordnet die Strafkammer am 24. März 1894 die Wiederaufnahme des Verfahrens vor dem Schwurgericht an. Die Staatsanwaltschaft legt Beschwerde ein. Das Oberlandesgericht beschließt, ein Obergutachten vom Königlichen Medizinalkollegium der Provinz einzuholen. Als auch dieses Gutachten Auguste für unzurechnungsfähig erklärt, kommt es am 18. Dezember 1894 zur erneuten Hauptverhandlung vor dem Schwurgericht. Auguste beteuert in ihrem Schlusswort, sie habe kein Kind geboren und auch kein Kind beiseite geschafft. Die Glaubwürdigkeit ihres Geständnisses und auch ihr Vorleben sei nicht ausreichend geprüft worden, befindet das Gericht und spricht Auguste N. frei. Sie wird sofort aus der Haft entlassen und erhält ein Jahr später für die 21 Monate unschuldig verbüßte Haft eine Entschädigung in Höhe von 200 Mark.

Suggestive Beeinflussung im Fall Berchtold (1896)

Auch die Medien können einen Strafprozess beeinflussen und zu einem Fehlurteil beitragen, wie das folgende Beispiel zeigt. Der Fall Berchtold ereignet sich zur Kaiserzeit 1896 in München und bewegt die Öffentlichkeit außerordentlich. Berchtold ist des Raubmordes an drei Frauen angeklagt. Man wirft ihm vor, sich durch den Vorwand, er müsse die Heizung überprüfen und eventuell reparieren, Einlass in die Wohnungen verschafft zu haben. Noch bevor die Staatsanwaltschaft ihre Ermittlungen beendet hat, erscheint in den *Münchener Neuesten Nachrichten* ein verhängnisvoller Artikel, der in der Feststellung gipfelt, es könne nicht den geringsten Zweifel geben, dass Berchtold der Mörder sei. Ein paar Indizien hat die Staatsanwaltschaft zwar zusammengetragen, aber sie sind kaum schlüssig. Die Schuld Berchtolds ist keinesfalls bewiesen.

Eine Reihe von Frauen gibt an, bei ihnen habe ebenfalls ein dem Berchtold ähnlich sehender Mann mit dem gleichen Trick in die Wohnung einzudringen versucht. Unter dem Druck der öffentlichen Meinung verurteilen die Geschworenen Berchtold zum Tode, obwohl sich während der 14-tägigen Hauptverhandlung sieben Personen mit der Behauptung gemeldet haben, sie hätten die Tat begangen. Berchtold, der seine Unschuld immer wieder beteuert, wird zu lebenslangem Zuchthaus begnadigt. Er sitzt über 50 Jahre im Gefängnis und stirbt dort. Seine flehentlichen Bitten, ihn im Gnadenwege aus der Haft zu entlassen, ist nicht stattgegeben worden.

Hermann Kämpf: Der Fall der Landstreicher (1908–1910)

In Holzminden an der Weser wird am 11. Juli 1908 ein alter, unbekannter Mann in einer Scheune erschlagen aufgefunden. Zeugen haben beobachtet, wie er zusammen mit dem Schlosser Hermann Kämpf und dem geistig zurückgebliebenen Landstreicher Robert Müller, der mit Kämpf schon einige Zeit umherzieht, in der Scheune übernachtete. Daraufhin werden Kämpf und Müller verhaftet.

Kämpf sagt bei der Vernehmung: »Der Alte stürzte sich plötzlich mit einer Keule auf mich und forderte meine Stiefel. Ich habe mich gewehrt. Müller hat dem Alten dann mehrere Schläge auf den Kopf gegeben.« Das bestätigt Müller zunächst, erklärt aber dann, dass Kämpf am Nachmittag vor der Tat in der Herberge den Plan entwickelt hätte, dem Alten, der immer in der Scheune schlief, sein Geld abzunehmen. Sie hätten das in der Nacht dann auch versucht, der Alte sei jedoch erwacht. Da hätte ihn Kämpf erschlagen. Kämpf bestreitet diese Darstellung energisch und benennt den ebenfalls umherziehenden Arbeiter Wilhelm Haake als Zeugen dafür, dass er ihn noch am Abend vor der Tat im Beisein Müllers in der Herberge eingeladen habe, mit ihm und Müller in der Scheune zu nächtigen und am nächsten Morgen weiterzuwandern.

Kämpf und Müller werden vor dem Schwurgericht Braunschweig des Mordes angeklagt. Der Vorsitzende lehnt es ab, den Zeugen Haake zu laden, weil sein Aufenthalt nicht zu ermitteln sei. Die Geschworenen verurteilen Kämpf, der in dem Verfahren einen brutalen und unsympathischen Eindruck gemacht hat, zum Tode und Müller, der während der Verhandlung die Tat zugegeben hat, unter Anrechnung mildernder Umstände wegen Totschlags und Diebstahls zu fünf Jahren und einem Monat Gefängnis. Das Urteil erregt nicht nur in Juristenkreisen größtes Aufsehen. Der geständige Mörder wird milde behandelt, Kämpf dagegen trotz seines Bestreitens als der Haupttäter angesehen.

Die Revision beim Reichsgericht bleibt erfolglos. Kämpfs Verteidiger, Dr. Robert aus Braunschweig, beantragt gleich darauf die Wiederaufnahme des Verfahrens und stützt sich dabei auf die Aussage des Zeugen Haake, der, wie er vorträgt, wahrscheinlich in den heimatlichen Herbergen von Lippstadt, Paderborn oder Soest zu finden sei. Die zweite Strafkammer des Landgerichts Braunschweig lehnt den Antrag mit der Begründung ab, es sei nicht ihre Aufgabe, den Aufenthalt eines Zeugen ausfindig zu machen. »Die Beweisanträge müssen so gestellt werden«, heißt es da, »dass die Beweise ohne weiteres erhoben werden können. Außerdem haben das persönliche Auftreten Kämpfs, sein durch Zeugen geschildertes Verhalten und seine Vorstrafen ihn ohne weiteres als bösartigen und hartnäckigen Verbrecher erscheinen lassen, der der ihm zur Last gelegten Straftat sehr wohl fähig ist.« Das Oberlandesgericht Braunschweig gibt der darauf folgenden Beschwerde jedoch statt, auch insoweit, als »der Versuch zu machen ist, den derzeitigen Aufenthalt des Haake festzustellen«. Aber das Landgericht lehnt die Wiederaufnahme mit der Begründung ab, der Zeuge sei trotz eingehender Ermittlungen nirgendwo aufzufinden. Diesmal weist auch das Oberlandesgericht Braunschweig die Beschwerde zurück.

Doch der Verteidiger lässt nicht locker. Sein erneutes Wiederaufnahmegesuch stützt er jetzt auf die geistige Minderwertigkeit und völlige Unglaubwürdigkeit des

Mitangeklagten Müller. Ende des Jahres wird Kämpf zu lebenslänglich Zuchthaus begnadigt. 14 Tage darauf tritt ein Glücksfall ein. Der lang gesuchte Zeuge Haake erscheint plötzlich, wie vom Himmel gesandt, in Dr. Roberts Büro und bestätigt in Gegenwart von Zeugen die Angaben Kämpfs in vollem Umfang. Er wiederholt seine Aussage auch vor der Strafkammer, die dennoch die Wiederaufnahme erneut und endgültig ablehnt.

Das Oberlandesgericht hebt diesen Beschluss allerdings auf und ordnet am 22. März 1910 eine neue Schwurgerichtsverhandlung an. Das Todesurteil wird in diesem neuen Verfahren aufgehoben. Die Geschworenen sprechen Kämpf des Totschlags und Diebstahls schuldig und verurteilen ihn zu zehn Jahren und einem Monat Zuchthaus unter voller Anrechnung der langen Untersuchungshaft.

Ein jahrelanger Kampf mit zwölf Wiederaufnahmeanträgen und sechs sofortigen Beschwerden hat endlich zum Erfolg geführt und den Nachweis erbracht, dass Kämpf kein Mörder ist.

Der Fall Lorenz Rettenbeck
(1918–1934)

Lorenz Rettenbeck ist Bauer. Er lebt mit seiner Frau zusammen in einem kleinen Dorf in Niederbayern. Die Ehe der Rettenbecks ist nicht glücklich. Ständig gibt es Streit. Die Hauptursache dafür ist das Verhältnis, das Rettenbeck mit der Haushälterin Anna Nöbauer hat. Sie wohnt zusammen mit ihrer zwölfjährigen Tochter im Haus des Ehepaares. Rettenbeck schläft regelmäßig mit ihr. Ihm ist bewusst, dass Anna Nöbauer ihn gern heiraten und selbst Bäuerin werden will.

Am 1. Dezember 1918 schickt Rettenbeck seine Frau in das Nachbardorf. Sie soll einen von ihr selbst gefertigten Korb verkaufen. Um fünf Uhr nachmittags macht sie sich wieder auf den Heimweg, der durch einen Wald führt. Hier wird sie um halb sechs Uhr durch einen Schuss in die Schläfe getötet. Mehrere Zeugen haben diesen Schuss gehört. Sie hat noch alles Geld bei sich und auch Spuren eines Sexualverbrechens werden nicht gefunden. Der Verdacht fällt sofort auf den Ehemann Lorenz Rettenbeck. Schon am folgenden Tag wird er verhaftet. Er bestreitet die Tat und gibt an, er habe am Mordtag den ganzen Nachmittag sein Haus nicht verlassen, Anna Nöbauer und ihre Tochter bestätigen dies und versichern, weitere Personen seien nicht im Haus gewesen.

Einige Tage darauf gibt ein Zeuge an, er habe gesehen, wie an jenem Nachmittag ein Soldat in feldgrauer Uniform in Rettenbecks Stube saß. Bei einer nochmaligen Vernehmung räumt Anna ein, dies sei Georg Schikaneder gewesen, ein Verwandter von ihr. Es stellt sich heraus, dass er das Haus ungefähr um fünf Uhr verlassen hat, um durch den Wald zur Eisenbahnstation zu gehen, genau an der Stelle vorbei, an der Frau Rettenbeck ermordet wurde. Zu dieser Zeit fährt überhaupt kein Zug. Dennoch wird kein Verfahren gegen Schikaneder eingeleitet. Und das gegen Anna Nöbauer wegen mutmaßlicher Anstiftung stellt man ein.

Gegen Lorenz Rettenbeck kommt es am 24. Juni 1919 zu einer Schwurgerichtsverhandlung vor dem Landgericht Straubing. Drei Zeugen haben beobachtet, wie ein Mann gegen fünf Uhr Rettenbecks Haus verließ. Zwei davon sind Knaben. Sie sagen aus, es sei Rettenbeck gewesen, genau hätten sie ihn allerdings wegen der schon einsetzenden Dämmerung nicht erkannt. Eine Frau, die aus dem Fenster geschaut hat, erklärt, dass das ein anderer Mann gewesen sein müsse, denn der Rettenbeck hätte eine andere Gangart. Schikaneder wird als Zeuge vernommen und vereidigt. Er bestreitet jede Schuld. Die Geschworenen verurteilen Lorenz Rettenbeck zum Tode. Kurz darauf wird er zu lebenslänglich Zuchthaus begnadigt.

Da die Vereidigung Schikaneders als Mitverdächtigen gesetzwidrig war, bietet eine Revision gute Aussichten auf Erfolg. Der Verteidiger nimmt sie jedoch zurück und reicht stattdessen ein Wiederaufnahmegesuch ein, das auch sofort für zulässig erklärt wird. Neue Ermittlungen werden angestellt, die fast 1000 Seiten Akten füllen. Gegen den Beschluss, mit dem die Strafkammer das Gesuch für begründet erklärt hat, legt die Staatsanwaltschaft Beschwerde ein. Das Bayerische Oberste Landesgericht weist am 27. April 1920 den Wiederaufnahmeantrag zurück, ohne die neuen Ermittlungen zu beachten. Damit ist Rettenbecks Schicksal besiegelt.

Nach neun Jahren Haft schreibt er einen Brief an den bekannten Strafverteidiger Dr. Max Hirschberg mit der Bitte, ihn zu retten. Er sei unschuldig, beteuert er. Der Anwalt reicht ein neues Wiederaufnahmegesuch ein, das aber in zwei Instanzen erneut abgelehnt wird. Nun greift Dr. Hirschberg zur letzten Möglichkeit: Er erstattet in eigenem Namen Anzeige gegen Schikaneder wegen Mordes. Aufgrund der vorgebrachten neuen Tatsachen und Beweise erhebt die Staatsanwaltschaft tatsächlich Anklage gegen Schikaneder. Aber die Strafkammer will das Hauptverfahren nicht eröffnen, »weil eine Überführung nicht zu erwarten ist«. Das Bayerische Oberste Landesgericht erkennt jedoch einen dringenden Mordverdacht und erklärt gleichzeitig einen neuen Wiederaufnahmeantrag im Verfahren Rettenbeck für zulässig.

Die Strafkammer spricht Rettenbeck ohne neue Hauptverhandlung durch Beschluss vom 6. Juli 1934 frei. Sie stellt fest, er könne die Tat nicht begangen haben, weil er sein Haus zur Tatzeit nicht verlassen habe. Ein Beweis für die Täterschaft des Schikaneder und die Anstiftung durch Anna Nöbauer könne allerdings nach so langer Zeit nicht mehr erbracht werden. Gegen beide wird kein Verfahren eingeleitet. Lorenz Rettenbeck kommt frei, nachdem er 15 Jahre unschuldig im Zuchthaus gesessen hat. Er erhält eine Entschädigung aus der Staatskasse.

Die Urteile für die Mörder von Rosa Luxemburg und Karl Liebknecht (1918/1919)

Ende 1918 unternehmen die Anhänger des 1916 von Rosa Luxemburg und Karl Liebknecht gegründeten kommunistischen Spartakusbundes in Berlin einen gewaltsamen Aufstand, bei dem es zahlreiche Tote und Verwundete gibt. Der blutige Versuch einer Revolution bricht schon nach kurzer Zeit unter dem Feuer der einmarschierenden Freikorpssoldaten zusammen und die kommunistischen Führer müssen untertauchen. Aber sie werden denunziert und am 15. Januar von Soldaten in ihrem Versteck in Berlin-Wilmersdorf festgenommen. Nur Wilhelm Pieck, der spätere Vorsitzende der SED und bis 1960 Präsident der DDR, kann entkommen. Rosa Luxemburg wird mit Gewehrkolben geschlagen, in ein Auto gezerrt und während der Fahrt erschossen. Sie sei von einer erregten Volksmenge gelyncht worden, heißt es offiziell. Ihre Leiche wird in den Landwehrkanal geworfen und erst Monate später gefunden. Die Berliner singen das Spottlied »Es schwimmt eine Leiche im Landwehrkanal«. Karl Liebknecht wird in den Tiergarten gefahren und dort am

Neuen Teich ebenfalls erschossen – »auf der Flucht«, verbreiten seine Mörder.

Die kriegsgerichtliche Verhandlung gegen die Täter dauert vom 8. bis 14. Mai 1919. Der Husar Runge, der beide mehrmals schlug, wird nur wegen versuchten Totschlags zu zwei Jahren Gefängnis verurteilt. Er richtet einige Jahre später eine Bittschrift an Hitler und erhält eine hohe Entschädigung mit der Begründung, er habe in Staatsnotwehr gehandelt. Den Oberleutnant Vogel, der den tödlichen Schuss auf Liebknecht abgab, erklärt das Gericht für nicht überführt. Es verurteilt ihn nur wegen Begünstigung zu zwei Jahren und vier Monaten Gefängnis. Er wird von seinen Kameraden aus dem Gefängnis befreit und flieht ins Ausland. Alle übrigen Angeklagten werden freigesprochen. Man gibt den Morden den Anschein standrechtlicher Erschießungen und der *Vorwärts*, das Parteiblatt der Sozialdemokraten, stellt Rosa Luxemburg und Karl Liebknecht als Bürgerkriegshetzer und Opfer ihrer eigenen blutigen Terrorakte dar.

Mit diesen Fehlurteilen wird der politische Mord von Rechtsradikalen zum ersten Mal in der Geschichte Deutschlands als politische Waffe anerkannt und auch von einem beträchtlichen Teil des Volkes gebilligt.

Milde Strafen für rechtsradikale Mörder (1919–1921)

In der Zeit der Weimarer Republik geschehen in Deutschland insbesondere in den Jahren 1919 bis 1921 einige Morde an bekannten Politikern. Die außerordentlich milden Strafen gegen die aus radikalen rechtsgerichteten Kreisen stammenden Mörder gehen als politische Fehlurteile in die deutsche Rechtsgeschichte ein.

Der sozialistische Politiker und Publizist Kurt Eisner proklamiert am 7. November 1918 in München den republikanischen »Freistaat Bayern«, eine Räterepublik nach sowjetischem Vorbild. Eisner hat sich wiederholt zur deutschen Kriegsschuld bekannt und die Novemberrevolution in München organisiert und angeführt. Er wird bayerischer Ministerpräsident. Als er sich am 21. Februar 1919 zur Eröffnung des Landtages begeben will, wird er am helllichten Tag von dem 22-jährigen nationalistischen Studenten Graf Arco-Valley erschossen. Der Mörder wird überwältigt und schwer verletzt ins Gefängnis gebracht. Im bayerischen Landtag kommt es daraufhin zu Schießereien zwischen revolutionären Soldaten und Abgeordneten.

Der Prozess, der vor dem Volksgericht München gegen Arco-Valley beginnt, ist ein rein politischer Prozess. Er wird zwar wegen Mordes zum Tode verurteilt, aber das Urteil rühmt seine ehrenhafte Gesinnung so eindringlich, dass das Justizministerium ihn sofort begnadigt und nicht etwa, wie sonst üblich, zu lebenslangem Zuchthaus, sondern zu Festungshaft. Diese Ehrenhaft ermöglicht es ihm, tagsüber als Praktikant auf einem der Festung benachbarten Gut zu arbeiten. Nach ein paar Jahren wird er völlig begnadigt und bekommt nach kurzer Zeit einen sehr gut bezahlten Posten in der Flugzeugindustrie. Man erklärt ihn zum Helden und Patrioten.

Am 9. Juni 1921 ereignet sich ein weiterer Mord. Der Vorsitzende der Unabhängigen Sozialdemokratischen Partei Deutschlands (USPD), Kurt Gareis, wird von einem Angehörigen der rechtsradikalen Organisation Consul ermordet. Der Mörder, ein Mann namens Schwesinger, wird verhaftet, nach 14 Monaten Untersuchungshaft jedoch ohne Gerichtsverhandlung wieder freigelassen.

Der Zentrumsabgeordnete und ehemalige Reichsfinanzminister Matthias Erzberger geht am 26. August 1921 in seinem Urlaubsort Kniebis bei Bad Griesbach in Baden spazieren. Er hat sich vor allem durch die Unterzeichnung des Waffenstillstandsvertrages vom November 1918 Feinde gemacht. Deshalb ist am 26. Januar 1920 schon einmal ein Attentat auf ihn verübt worden, bei dem Erzberger aber nur an der Schulter verletzt wurde. Dem Täter, Fähnrich Oltwig von Hirschfeld, billigte man »vaterländisches Interesse« zu. Er wurde lediglich mit 18 Monaten Gefängnis bestraft.

Diesmal jedoch ist das Attentat erfolgreich. Erzberger wird tödlich getroffen, sein Begleiter schwer verletzt. Die beiden Täter, der 28-jährige Kaufmann Heinrich Schulz und Heinrich Tillessen, gehören ebenfalls der rechtsradikalen Organisation Consul an. Reichspräsident Friedrich Ebert verhängt nach diesem Mord den Ausnahmezustand. Die beiden Mörder fliehen nach der Tat zurück nach München und werden dort von ihren Komplizen und Drahtziehern, die über gute Verbindungen zum Münchener Polizeipräsidenten Ernst Pöhner verfügen, mit falschen Pässen versorgt. Es gelingt ihnen, sich in Ungarn in Sicherheit zu bringen. Eine strafrechtliche Verfolgung unterbleibt, die Mörder werden nie verurteilt.

Die misslungene Abtreibung im Fall Otto Götz (1919–1926)

Kurz nach dem Ersten Weltkrieg lernt der 21-jährige Mechaniker Otto Götz in Augsburg die Köchin Maria kennen. Sie verlieben sich ineinander und beschließen zu heiraten. Bereits im August 1919 wird Maria schwanger. Da sie kein voreheliches Kind haben möchte, fordert sie ihren

Verlobten auf, eine Abtreibung an ihr vorzunehmen. Götz befragt einen Sanitätssergeanten. Der empfiehlt ihm Zyankali und Ferrozyankali als Abtreibungsmittel, beides verdünnt mit Kaffee. Götz kauft in München bei einem Drogisten zehn Gramm Zyankali und gibt seinen richtigen Namen an, obwohl er einen falschen Ausweis bei sich hat, den er für den von ihm betriebenen Schleichhandel benötigt. In einer Apotheke kauft er Ferrozyankali und vermischt beide Gifte mit 50 Gramm schwarzem Kaffee. Dann mietet er unter seinem richtigen Namen in einem Gasthaus in Augsburg ein Zimmer. Bevor er mit Maria dort übernachtet, treffen sie in der Wirtsstube einen Bekannten, der aber bald wieder geht, weil er die Verliebten nicht stören will. Sie gehen tanzen.

Am nächsten Morgen, dem 8. September 1919, verdünnt Götz den vorbereiteten Gifttrank mit Limonade und Kaffee. Maria trinkt die Hälfte und bittet danach um ein Glas Wasser, weil sie sich sofort unwohl fühlt. Sie bekommt Atembeschwerden und Krämpfe und kann nicht mehr sprechen. In Panik verlässt Götz das Zimmer, um eine Hebamme zu holen, kehrt aber bald wieder um. Als er sieht, dass Maria bereits im Todeskampf liegt, rennt er kopflos davon und fährt nach München, Ulm und Stuttgart. Dort vertraut er einem Freund an, er habe an seiner Braut eine Abtreibung vorgenommen, die tödlich verlaufen sei. Der Freund geht zur Polizei und Götz wird auf der Straße verhaftet.

Vor dem Volksgericht Augsburg wird Götz wegen Mordes angeklagt. Er bestreitet, dass er Maria töten wollte, sagt jedoch während der Verhandlung mehrfach die Unwahrheit und verschweigt zunächst, dass ihm ein Sanitäter das Abtreibungsmittel empfohlen hat. Als dieser als Zeuge vernommen wird, leugnet er alles ab. In der Hauptverhandlung vernimmt das Gericht einen Apotheker als Sachverständigen, der bekundet, Zyankali sei als Abtreibungsmittel völlig unbekannt. Wie er in einem Buch gelesen habe, werde es nur zu Mord oder Selbstmord verwendet. Weitere Sachverständige werden nicht gehört. Obwohl das Brautpaar sich sehr liebte, sieht die Staatsanwaltschaft ein Motiv für eine vorsätzliche Tötung darin, dass Götz sich von seiner Braut eine wertlose Uhr hat geben lassen. Er habe sie ermordet, um die Uhr behalten zu können, begründet der Staatsanwalt seine Anklage, der spätere Reichsjustizminister Dr. Emminger, der leidenschaftlich für die Todesstrafe eintritt und die Schwurgerichte durch eine Notverordnung abschafft. Am 5. Dezember 1919 verurteilt das Volksgericht Augsburg den Angeklagten wegen Mordes an seiner Braut Maria zum Tode. Die Strafe wird im April 1920 im Gnadenweg zu lebenslänglich Zuchthaus umgewandelt.

Nachdem Otto Götz sechs Jahre im Zuchthaus gesessen hat, schreibt er dem bekannten Strafverteidiger Dr. Max Hirschberg einen Brief und beteuert darin seine Unschuld. Ein daraufhin von Hirschberg angestrengtes Wiederaufnahmeverfahren wird in beiden Instanzen zurückgewiesen. Ein zweites ist im Februar 1926 erfolgreich. Zwei als Sachverständige geladene gerichtsmedizinische Professoren bestätigen, dass zur Abtreibung alle Arten von Gift verwendet werden, besonders von unkundigen Personen. Dabei sei ein tödlicher Ausgang gar nicht so selten. Von der wertlosen Uhr ist überhaupt keine Rede mehr. Das Volksgericht Augsburg hebt nach umfangreichen Ermittlungen das erste Urteil auf und verurteilt Götz, da ein Tötungsmotiv nicht ersichtlich ist, wegen versuchter Abtreibung in Tateinheit mit fahrlässiger Tötung zu drei Jahren Gefängnis. Die Strafe wird für verbüßt erklärt und Götz erhält für die Jahre, die er unschuldig im Zuchthaus verbracht hat, eine Entschädigung aus der Staatskasse.

Beihilfe zur Selbsttötung (1921)

Der 40-jährige, verheiratete A. und seine 20-jährige Geliebte B. haben beschlossen, gemeinsam durch Gasvergiftung aus dem Leben zu scheiden. B. verstopft die Tür- und Fensterritzen mit feuchten Tüchern, A. verschließt die Tür und öffnet anschließend alle Gashähne. Dann legen sich beide auf die Couch, um den Tod zu erwarten. Sie werden jedoch durch einen Freund, der sie besuchen will, entdeckt. A. kann gerettet werden, seine Geliebte B. ist tot. Hat der Mann sich strafbar gemacht?

Der Fall ereignete sich Anfang der 20er Jahre. Der Mann wurde wegen Tötung auf Verlangen angeklagt. Eine Freiheitsstrafe bis zu fünf Jahren ist nach § 216 StGB rechtens, wenn jemand durch das ausdrückliche und ernstliche Verlangen des Getöteten zur Tötung bestimmt worden ist. Der Prozess durchlief alle Instanzen. Das Reichsgericht hielt 1921 eine Strafbarkeit nach § 216 StGB für gegeben. Aus heutiger Sicht handelt es sich bei dieser Entscheidung um ein Fehlurteil. Der Bundesgerichtshof hat in ähnlichen Fällen anders entschieden. Der Geliebten B. war nach dem Öffnen der Gashähne durch A. die volle Freiheit verblieben, sich der Wirkung des Gases zu entziehen oder sie zu beenden. Deshalb wäre A. nach heutiger Auffassung nicht zu bestrafen. Es liegt beiderseits nur eine nicht strafbare Beihilfe zur Selbsttötung vor.

Der Beleidigungsprozess des Reichspräsidenten Friedrich Ebert (1922–1924)

Als Reichspräsident Friedrich Ebert im Juni 1922 in München weilt, beschimpft ihn ein gewisser Dr. Emil Ganßer, ein Hitleranhänger, als Landesverräter. Er bezieht sich auf Eberts Beteiligung am Munitionsarbeiterstreik von 1918. Ebert stellt daraufhin Strafantrag, nimmt ihn aber zurück, als er vom Amtsgericht München zur nochmaligen, nach § 49 der Strafprozessordnung gar nicht zulässigen Vernehmung geladen wird, obwohl er bereits als Zeuge unter Eid ausgesagt hat. Nun veröffentlicht der Redakteur F. E. Rothardt in der *Mitteldeutschen Presse* einen offenen Brief Ganßers, der Ebert vorwirft, er habe den Vorwurf des Landesverrats auf sich sitzen lassen. Unter der Überschrift »Eine bittere Pille für Fritze Ebert« setzt Rothardt folgende Worte hinzu: »Ob Ebert die Pille verschluckt oder ob er es doch mit seiner Person als Reichspräsident vereinbart und vor dem Gericht in München erscheint? Beweisen Sie doch, Herr Ebert, dass Sie kein Landesverräter sind! Wegen der roten Badehose, die man zu Ihrem Empfang in München benutzt, brauchen Sie keine Bange zu haben.«

Als Ebert nun Strafantrag gegen Rothardt wegen Beleidigung und übler Nachrede stellt, erklärt dieser, er könne den Vorwurf des Landesverrats nicht aufrechterhalten. Dennoch setzt die Strafkammer Magdeburg unter dem Vorsitz des Landgerichtsdirektors Bewersdorff das Verfahren fort, um dem Angeklagten die Möglichkeit einzuräumen, den Wahrheitsbeweis seiner Behauptung doch noch zu führen. Ihm wird gestattet, das gesamte Verhalten Eberts ohne jede zeitliche Begrenzung unter Beweis zu stellen.

Am 23. Dezember 1924 ergeht das Urteil. Rothardt wird nur wegen formeller Beleidigung nach § 185 StGB zu drei Monaten Gefängnis verurteilt, wegen übler Nachrede entsprechend § 186 StGB aber freigesprochen. Dieser Freispruch wird damit begründet, Ebert habe nach Auffassung des Gerichts durch seine Beteiligung am Munitionsarbeiterstreik tatsächlich Landesverrat begangen, so dass der Wahrheitsbeweis der Behauptung erbracht sei. Bewersdorff wird später von mehreren Zeugen beschuldigt, er habe vor der Verhandlung erklärt, »der Sattlergeselle da oben« müsse ganz schnell verschwinden, es müsse ganz scharf rechts regiert werden. Auf eine Anfrage des Justizministers bestreitet er diese Äußerungen nicht. Er erklärt nur, er könne sich nicht daran erinnern.

Dieses politische Fehlurteil hat dem Ansehen der deutschen Justiz im In- und Ausland schwer geschadet. Ganz offensichtlich war der Schutz der Ehre des Reichspräsidenten einem Richter anvertraut, der ihn und die Weimarer Republik hasste und der sein Richteramt dazu missbrauchte, Ebert zum Rücktritt zu zwingen. Ebert wollte das auch tatsächlich tun und konnte nur mit Mühe davon abgehalten werden. Er fühlte sich durch das Urteil schwer verletzt.

Johann Pfeuffer und das verschluckte Gebiss (1923–1925)

Der Maurer Johann Pfeuffer ist verheiratet und hat sechs Kinder. Er unterhält ein Liebesverhältnis zu der ledigen Fabrikarbeiterin Babette, die ein Kind von ihm erwartet. Beide wollen es nicht haben. Deshalb beschließen sie eine Abtreibung. Im Juni 1923 findet man Babettes Leiche in einem Wald nahe des Ortes. Bei der Obduktion wird in der Gebärmutter ein Fötus festgestellt sowie im Gaumenschlund ein künstliches Gebiss. Der Gerichtsmediziner erklärt in seinem Gutachten, es habe die Luftröhre versperrt und zum Erstickungstod geführt. Johann Pfeuffer stellt sich selbst dem Gericht und gibt an, Babette habe ihn am Vortag in den Wald bestellt und dort mit einem Gummischlauch einen Abtreibungsversuch an sich vorgenommen. Danach sei sie umgesunken und nach einigen gurgelnden Lauten reglos liegen geblieben. Er habe geglaubt, sie wolle ihn zum Besten halten. Doch als er am nächsten Morgen zu der Stelle zurückgekehrt sei, habe er zu seinem Entsetzen gesehen, dass Babette tot sei.

Vor dem Volksgericht Bamberg beantragt die Staatsanwaltschaft die Todesstrafe für Johann Pfeuffer wegen Mordes. Er habe seine Geliebte loswerden wollen, sie bei einem Geschlechtsakt mit einem Taschentuch geknebelt und dabei das künstliche Gebiss den Schlund hintergestoßen, begründet der Staatsanwalt die Anklage. Eine unbewiesene These, zumal die chemisch-bakteriologische Untersuchung des besagten Tuchs negativ verlaufen ist. Nach kurzer Verhandlung ohne weitere Sachverständige erkennt das Gericht auf Totschlag und verurteilt den Angeklagten zur Höchststrafe von 15 Jahren Zuchthaus.

Aus Angst vor schwerer Strafe hatte Pfeuffer geleugnet, die Abtreibung selbst vorgenommen zu haben. In einem Brief aus der Haft an den bekannten Strafverteidiger Dr. Max Hirschberg räumt er das jetzt ein. Ein von Hirschberg 1925 eingereichtes Gesuch auf Wiederaufnahme des Verfahrens wird von der Strafkammer zurückgewiesen. Das Bayerische Oberste Landesgericht gibt der Beschwerde mit dem Hinweis statt, es komme auch ein Abtreibungsversuch mit fahrlässiger Tötung in Betracht. Doch die Strafkammer hält hartnäckig an dem gerichtsmedizinischen Gutachten und der zweifelhaften These vom Erstickungstod fest. Sie verwirft den Wiederaufnahmeantrag erneut als unbegründet, obwohl in dem Sektionsprotokoll verschiedene schwarze Blutaustritte an der Gebärmutter vermerkt worden sind sowie braunrötliche Verfärbungen aus getrocknetem Blut an dem Rock der Toten zwischen den Schenkeln. Niemand hat diese Feststellungen beachtet. Das Bayerische Oberste Landesgericht gibt einer Beschwerde wiederum statt und ordnet eine neue Hauptverhandlung an.

Erst jetzt werden weitere Sachverständige gehört. Sie erklären, das Bild eines Erstickungstodes liege keineswegs vor. Der Angeklagte habe vielmehr bei dem Abtreibungsversuch eine Vene verletzt und unabsichtlich Luft hineingepumpt, wodurch eine sofort zum Tode führende Luftembolie eingetreten sei. Das spontane Verschlucken von künstlichen Gebissen komme durchaus häufig vor. Das Gebiss der Verstorbenen habe sich sehr wahrscheinlich nach dem Tode beim Transport der Leiche gelöst und in den Schlund verlagert.

Dem schließt sich das Gericht mit der Begründung an, Babette habe selbst die Abtreibung gewollt, weshalb gar kein Grund zu einer vorsätzlichen Tötung bestanden habe. Es hebt das frühere Urteil auf, erkennt auf versuchte Abtreibung und fahrlässige Tötung und erklärt die Strafe von vier Jahren Gefängnis für verbüßt. Johann Pfeuffer darf das Zuchthaus sofort als freier Mann verlassen.

Leutnant Eckermann und die »Staatsnotwehr« (1923–1929)

Im Jahr 1923 stellt sich der Leutnant a. D. Eckermann für die Schwarze Reichswehr zur Verfügung und führt in

Berlin-Spandau ein »Arbeitskommando« zum Putsch gegen die verfassungsgemäße Regierung. Ende Dezember meldet sich ein Mann namens Beyer in seinem Büro, den Eckermann nach einer kurzen Unterhaltung für einen Spion hält. Er lässt ihn verhaften und streng bewachen. Dann gibt er, ohne weitere Nachforschungen anzustellen, am 14. Dezember 1923 dem Feldwebel Bolt den Befehl, ihn zu liquidieren. Bolt fügt sich aus Furcht, selbst ermordet zu werden, lässt sich von Eckermann 100 Mark geben und tötet Beyer durch einen Kopfschuss. Dann vergräbt er die Leiche mit Hilfe zweier Kameraden. Doch sie wird etwas später entdeckt und Bolt wird festgenommen. Am 1. Dezember 1925 verurteilt ihn das Schwurgericht Schwerin zum Tode. Es folgt eine Begnadigung zu lebenslänglichem Zuchthaus. Durch eine Amnestie ermäßigt sich die Strafe auf siebeneinhalb Jahre Gefängnis und 1929 wird Bolt vollständig begnadigt und in die Freiheit entlassen.

Der nach Amerika geflüchtete Eckermann wird jahrelang wegen Mittäterschaft bzw. Anstiftung zum Mord steckbrieflich gesucht. 1928 nimmt man ihn in Guatemala fest und liefert ihn an Deutschland aus. Das Schwurgericht Schwerin stellt in einem Fehlurteil vom 27. September 1929 fest, Eckermann habe in »Staatsnotwehr« gehandelt. Es beruft sich auf verschiedene Entscheidungen des Reichsgerichts, in denen der Begriff des »übergesetzlichen Notstands« entwickelt und festgestellt worden ist, dass in außerordentlich schwierigen Situationen der Mord aus Vaterlandsliebe zum einzigen Mittel zur Behebung des Notstands und der Verteidigung der Staatsinteressen werden kann. Das Schwurgericht Schwerin erklärt, Notwehrhandlungen eines Einzelnen seien straflos, wenn die Lebensinteressen des Staates gefährdet seien. Es unterstellt ohne jede Beweiserhebung, dass Beyer ein Spion gewesen ist und dass Eckermann den drohenden Verrat durch seine Tat habe verhindern wollen. »Zumindest hat er irrtümlich geglaubt, er handele in Notwehr, was fahrlässig gewesen ist«, heißt es in dem Urteil. »Deshalb ist er nur wegen fahrlässiger Tötung zu verurteilen.« Da sie aber aus politischen Motiven begangen wurde, fällt sie unter das Amnestiegesetz von 1928. Das Schwurgericht Schwerin stellt das Verfahren ein. Eckermann wird sofort aus der Haft entlassen.

»Warte, warte nur ein Weilchen …«: Fritz Haarmann (1924/1925)

Die Wartesäle des Hauptbahnhofs Hannover sind in den Jahren nach dem Ersten Weltkrieg voll von Strichjungen und jugendlichen Ausreißern zwischen 15 und 21 Jahren. Genau das richtige Alter für einen 40-jährigen Mann, der sich hier seine Opfer aussucht, um sie mit der Aussicht auf etwas Essen und eine Bleibe für die Nacht zu sich nach Hause in seine Mansardenwohnung zu locken. Er ist schwul, wurde von seinem älteren Bruder wiederholt sexuell missbraucht und leidet auch jetzt noch unter Bettnässen. Seine Leistungen in der Schule waren so schlecht, dass er sie frühzeitig verließ und danach noch nicht einmal eine Anstellung in der elterlichen Zigarrenfabrik bekam. Ein Militärarzt hat ihm »Nervenschwäche« bescheinigt. Die Berufsunfähigkeitsrente reicht nicht zum Leben, also verdient er durch Handel mit Fleisch und gebrauchten Kleidungsstücken noch etwas Geld dazu.

Die Rede ist von Fritz Haarmann. Mit 24 nachgewiesenen Morden hat er eine traurige Berühmtheit erlangt. In den 20er Jahren reimt der Volksmund einen damals sehr bekannten Schlager um: »Warte, warte nur ein Weilchen, bald kommt Haarmann auch zu dir, mit dem kleinen Hackebeilchen macht er Schabefleisch aus dir.« Und in den Notzeiten, in denen viele Menschen hungern, kursiert in Berlin der Slogan: »Bei mir Haarmann! Braut auf der Stulle!«

Im Jahr 1918 tötet Haarmann zum ersten Mal. Im sexuellen Rausch beißt er dem 17-jährigen Herumtreiber Friedel Rothe die Kehle durch und zerstückelt anschließend die Leiche. Als die Polizei auf der Suche nach dem vermissten Jugendlichen auch in die Wohnung Haarmanns eindringt, liegt der abgetrennte Kopf hinter dem Ofen in der Ecke. Aber die Polizei entdeckt ihn nicht.

Für sie ist der Mann kein Unbekannter. Er ist wegen Diebstahl, Betrug und homosexueller Unzucht vorbestraft und hat viele Jahre in Zuchthäusern und Besserungsanstalten verbracht. Wegen seiner Verbindungen zum Milieu setzt sie ihn sogar als Spitzel ein, ohne zu wissen, dass sie mit einem der größten Massenmörder der deutschen Kriminalgeschichte zusammenarbeitet.

Immer mehr »Puppenjungs« nimmt Haarmann zu sich in die Wohnung, um mit ihnen zu masturbieren und oralen Sex zu haben. Seine sexuelle Lust gipfelt darin, den Opfern wie ein Vampir in die Halsschlagader oder den Kehlkopf zu beißen. Mit einem Beil und einem Küchenmesser zerlegt er anschließend die Leichen. Einige Nachbarn beschweren sich über das ständige Hacken und Klopfen in seiner Wohnung und beobachten ihn dabei, wie er häufig mit vollen Eimern über den Hof zu den Toiletten geht. Die größeren Knochen und die Schädel trägt er in einer Aktentasche zur nahe gelegenen Leine und wirft sie ins Wasser. Einige Male verkauft er auch das Fleisch seiner Opfer, wie später behauptet wird. Als bei der Hannoveraner Polizei immer mehr Vermisstenanzeigen eingehen und im Frühjahr 1924 Menschenschädel am Leine-Ufer angespült werden, wächst die Unruhe in der Bevölkerung.

Kriminalinspektor Hermann Lange bittet einen Gerichtsmediziner, die Knochenfunde zu untersuchen. Als dieser feststellt, dass es sich durchweg um die Schädel sehr junger Männer handelt, die mit einem scharfen Instrument vom Körper abgetrennt wurden, wird klar, dass man es offenbar mit einem Serienmörder, vermutlich aus dem homosexuellen Umfeld, zu tun hat. Nun kommt auch Fritz Haarmann auf die Liste der Verdächtigen. Lange lässt ihn beschatten, kann ihm aber nichts nachweisen. Doch Haarmann sorgt selbst dafür, dass man ihn festnimmt. Im Juni 1924 erscheint er mit dem 15-jährigen Fürsorgezögling Kurt Fromm auf der Wache und bittet die Polizei, den Jungen zu verhaften, da er falsche Papiere bei sich habe. Als Fromm behauptet, von Haarmann mit einem Messer bedroht worden zu sein, werden beide festgenommen. Haarmann wird verhört und gesteht bereitwillig zunächst sieben Morde.

Der Prozess gegen ihn beginnt am 4. Dezember 1924 vor dem Landgericht Hannover. Nach 15-tägiger Verhandlung wird er wegen Mordes in 24 Fällen zum Tode verurteilt. Vermutlich hat er noch viel mehr Morde begangen, sie können ihm jedoch nicht nachgewiesen werden. Die Frage, ob er überhaupt schuldfähig ist, spielt in dem Verfahren keine Rolle. Haarmann verspeist mit großem Appetit seine letzte Mahlzeit: Brot, Schinken und drei Harzer Käse. Am 15. April 1925 wird er um sechs Uhr früh im Hof des Landgerichts zur dort errichteten Guillotine geführt und geköpft.

Sein Kopf kann noch heute im Gerichtsmedizinischen Institut in Göttingen betrachtet werden. Untersuchungen seines Hirns erbrachten eine eindeutige Anomalie. Haarmann war hochgradig schizophren und damit nicht zurechnungsfähig. Er hätte nicht verurteilt und hingerichtet werden dürfen, sondern in die geschlossene Psychiatrie überführt werden müssen, so wie das heutzutage mit geisteskranken Straftätern geschieht. Da es 1924 den § 51 im Strafgesetzbuch bereits gab, stellt sich das Urteil im Fall Haarmann als Fehlurteil dar.

Der Prozess gegen Adolf Hitler (1924)

Seit 1920 scheint der Aufstieg Hitlers und seiner rechtsgerichteten Partei NSDAP unaufhaltsam. Am 9. November 1923 wird in München ein Putschversuch mit dem Ziel unternommen, die bayerische Regierung zu stürzen. Sturmtrupps der SA besetzen das Kriegsministerium und es gelingt auch, den Münchener Bürgermeister zu verhaften. Aber beim Marsch auf die Feldherrnhalle am Odeonsplatz bricht der Trupp im Kugelhagel der Polizei zusammen. 14 Nationalsozialisten werden getötet. Hitler flieht und wird zwei Tage später verhaftet und in die Festung Landsberg am Lech eingeliefert. Er gibt seine Sache verloren, denkt an Selbstmord und glaubt, man würde ihn erschießen. Doch als er erfährt, dass ein ordentliches Gerichtsverfahren gegen ihn bevorsteht, gewinnt er seine Zuversicht zurück. Er wittert die große Chance, durch dramatische Auftritte vor Gericht das Publikum und die Öffentlichkeit zu gewinnen. Die Anklage gegen ihn und seine Mitstreiter, darunter Ludendorff, Röhm und Frick, lautet auf Hochverrat. Das Strafgesetzbuch der Weimarer Republik sieht dafür hohe Strafen vor.

Als der Hochverratsprozess am 24. Februar 1924 vor dem Münchener Volksgericht beginnt, bekennt Hitler sich offen zu seinen Absichten, den Staat zu stürzen. Aber den Vorwurf des Hochverrats weist er weit von sich. »Es gibt keinen Hochverrat bei einer Handlung, die sich gegen den Landesverrat von 1918 wendet«, sagt er vor Gericht. »Ich fühle mich nicht als Hochverräter, sondern als Deutscher, der das Beste wollte für sein Volk.« Geschickt vertauscht er die Rolle des Angeklagten mit der des Anklägers und rechtfertigt sein Verhalten als vaterländische und historische Pflicht. Seine Beleidigungen und Kampfansagen gegen die »Novemberverbrecher« werden zwar vom Vorsitzenden Richter, dem Oberlandesgerichtsrat Neidhardt, gerügt, doch das Publikum begleitet sie mit stürmischen Beifallsbekundungen. Mehrfach wird Hitler ermahnt, sich in seinen selbstverherrlichenden Äußerungen zu mäßigen. Indem er die alleinige Verantwortung für den gescheiterten Putschversuch beansprucht, drängt er sich nach vorn und wird zum Mittelpunkt des Prozesses. Aus dem Fiasko wird ein Triumph. »Mögen Sie uns tausendmal schuldig sprechen«, ruft er in seinem Schlusswort den Richtern zu, »die Göttin des ewigen Gerichts der Geschichte wird lächelnd den Antrag des Staatsanwaltes und das Urteil des Gerichts zerreißen; denn sie spricht uns frei.«

Der Vorsitzende hat große Mühe, die drei Laienrichter überhaupt zu einem Schuldspruch zu veranlassen. Erst als er versichert, Hitler würde mit Gewissheit vorzeitig begnadigt, kann er sie dazu bewegen, der Mindeststrafe von fünf Jahren Festungshaft zuzustimmen. General Ludendorff wird sogar freigesprochen. Das Gericht bescheinigt ihm aufgrund eines Rechtsgutachtens des Berliner Professors Kohlrausch, dass er nicht das Bewusstsein gehabt hat, dass ein Staatsstreich vorlag.

Die Zuschauer im Gerichtssaal bejubeln die Urteile und

rufen laut »Bravo!«. Blumen werden ausgestreut und Hitler muss sich an einem Fenster des Gerichtsgebäudes der begeisterten Menge zeigen. Angesichts der klaren Fakten und der schweren Folgen der Tat ist der Urteilsspruch ein derart mildes Urteil, dass man es als eindeutiges Fehlurteil bezeichnen muss. Es beugt sich dem politischen Druck und erwähnt in der Begründung den »rein vaterländischen Geist und edelsten Willen« der Angeklagten. Der Staat hat eine Niederlage erlitten, die Strafjustiz zeigt schwere Verfallserscheinungen. Der Vorsitzende Neidhardt geht so weit, dass er die hochverräterische »Patentlösung« der Putschisten, die in der Abschaffung der Weimarer Verfassung und der Errichtung der Diktatur von drei Männern ohne Parlament bestehen soll, als die »praktischste, einfachste und richtigste Lösung« bezeichnet.

Obwohl das Gesetz zwingend vorsieht, einen straffälligen Ausländer, der Hitler als Österreicher ja ist, auszuweisen, macht das Gericht davon keinen Gebrauch, weil Hitler »so deutsch denke und fühle«. Das Gericht stellt ihm nach Verbüßung von sechs Monaten Haft eine Bewährungsfrist in Aussicht, die auch sofort bewilligt wird, obwohl Hitler in der Verhandlung fortwährend versicherte, er werde seine hochverräterischen Aktivitäten fortsetzen. Der Erste Staatsanwalt Dr. Stenglein legt gegen die Bewilligung der Bewährungsfrist Beschwerde ein. Der bayerische Justizminister Dr. Gürtner, der später Hitlers Reichsjustizminister wird, weist jedoch den Staatsanwalt an, die Beschwerde zurückzunehmen. Das ist nach der bayerischen Verfassung ein klarer verfassungswidriger Eingriff in die Rechtspflege. Hitler wird bereits am 6. Dezember 1924 aus der Festungshaft entlassen.

Elf Gerichte im Fall Josef Jakubowski
(1925–1928)

In dem kleinen Dorf Palingen, südöstlich von Lübeck in der Ratzeburger Heide gelegen, lebt Anfang der 20er Jahre die ärmliche, siebenköpfige Familie Nogens in einem Haus am Dorfrand. Der Vater ist gestorben und so muss Mutter Nogens, die tagsüber arbeitet, sehen, wie sie mit der Kinderschar klarkommt. Sie gilt bei den Nachbarn als sittlich verkommen und mannstoll und soll, so wird behauptet, auch geschlechtlichen Verkehr mit ihren erwachsenen Söhnen haben. Der älteste Sohn August muss 1924 ins Gefängnis, weil er sich an der neunjährigen Schwester Gertrud vergangen hat, und auch der zweite Sohn Wilhelm sitzt häufig im Knast und ist bereits zehn Mal vorbestraft. Die hübsche Tochter Ida hat zwei uneheliche Kinder und entwickelt sich zur Dorfdirne. Fritz treibt sich meist herum und der jüngste Sohn Hannes ist schwachsinnig.

Der Knecht Josef Jakubowski, ein ehemaliger polnischer Kriegsgefangener und der deutschen Sprache kaum mächtig, verliebt sich in Ida und will sie heiraten. Er adoptiert ihren unehelichen Sohn Ewald. Und als Ida plötzlich an einer Lungenentzündung stirbt, zahlt er freiwillig monatlich 15 Mark Unterstützung, die Hälfte seines Knechtlohns. Die verwaisten Kinder leben dennoch nur unzureichend versorgt von Mutter Nogens, die als Vormund fungiert.

Plötzlich ist der kleine Ewald verschwunden. Zwei Wochen später wird er von einem Jäger in einem Kaninchenloch tot aufgefunden. Er ist erwürgt worden. Der Verdacht fällt sofort auf Jakubowski, da er ein Interesse an der Beseitigung des Kindes haben könnte. Der Knecht hat kein einwandfreies Alibi und ist wegen Diebstahls vorbestraft. Er kommt in Untersuchungshaft und erhält schon wenige Wochen später die Anklageschrift wegen Mordes. In der Schwurgerichtsverhandlung unter dem Vorsitz des Landgerichtspräsidenten von Buchka, die ohne Dolmetscher stattfindet, sagt der Angeklagte: »Ich unschuldig. Ich nix getan!« Aber niemand glaubt ihm und Mutter Nogens und ihre vier Söhne belasten ihn schwer. Sogar der schwachsinnige Hannes wird als Zeuge vernommen.

Die sechs Geschworenen, zwei Kleinbauern und vier Handwerksmeister, verurteilen Jakubowski am 26. März 1925 zum Tode. Ein Geschworener, der von der Schuld Jakubowskis nicht überzeugt ist, sagt später, die drei Berufsrichter hätten auf ihn eingewirkt und er habe erst für das Todesurteil gestimmt, nachdem sie versichert hätten, der Angeklagte werde zweifellos begnadigt werden. Die eingelegte Revision wird vom Reichsgericht zurückgewiesen. Das Ministerium von Mecklenburg-Strelitz lehnt eine Begnadigung ab, da sich nur einer der drei Fachrichter dafür ausgesprochen hat. Nach deutschem Recht wird kein Mörder hingerichtet, der nur aufgrund von Indizien verurteilt worden ist. Aber in der Strafanstalt trifft man Vorbereitungen für die Hinrichtung. Im Gefängnis sind alle, vom Anstaltsleiter über den Pfarrer bis zu den Wärtern und Mithäftlingen von Jakubowskis Unschuld überzeugt. Als er eines Tages zur Arbeit in der Scheune der Anstalt geführt wird, sind die Aufseher plötzlich verschwunden und seine Mitgefangenen sagen: »Los, lauf! Mach, dass du fortkommst!« Aber er flieht nicht und erwidert ruhig, er habe nichts angestellt und laufe daher auch nicht davon. Am 15. Februar 1926 wird er auf dem Richtblock enthauptet.

Der Fall wird im Landtag zum Streitpunkt unter den politischen Parteien. Das Parlament missbilligt das Verhalten des Ministeriums. Aber dann gerät der Fall beinahe in Vergessenheit. Erst 1928 greift die deutsche Presse ihn wieder auf und kritisiert das Urteil. Der zuständige Minister sieht sich gezwungen, eine erneute Untersuchung des Falles anzuordnen. Er beauftragt damit den Leiter des mecklenburgischen Kriminalamts, Regierungsrat Steuding, und den berühmten Kriminalisten Professor von Hentig. Beide beginnen mit Nachforschungen über die Familie Nogens. August Nogens und ein anderer Knecht aus dem Dorf namens Blöcker geben zu, Jakubowski zu Unrecht verdächtigt und einen Meineid geschworen zu haben. Sie gestehen, an dem Mord beteiligt gewesen zu sein. Ein erneuter Wiederaufnahmeantrag hat unter dem Druck der Öffentlichkeit Erfolg.

In einer Schwurgerichtsverhandlung mit neuen Richtern und einem anderen Staatsanwalt wird August Nogens wegen Mordes zum Tode verurteilt. Fritz Nogens, Mutter Nogens und der Knecht Blöcker erhalten wegen Beihilfe und Meineid lange Gefängnisstrafen. Der hingerichtete Josef Jakubowski wird allerdings nicht freigesprochen. Das Urteil erwähnt ausdrücklich, dass ein Tatverdacht gegen ihn bestehen bleibt. Die Verurteilten behaupteten, er habe sie zur Tat angestiftet. Bis in die 30er Jahre hinein wird vergeblich versucht, in einem Wiederaufnahmeverfahren einen Freispruch zu erreichen. Der Fall hat nach und nach elf Gerichte beschäftigt, drei Schwurgerichte, dreimal das Landgericht, zweimal das Oberlandesgericht und dreimal das Reichsgericht. Die Justiz setzte den Bemühungen, einen Irrtum zu korrigieren, starken Widerstand entgegen.

Franz Friese und der Mord ohne Leiche (1926)

In den Goldenen Zwanzigern unterliegen die Dortmunder Ermittlungsbehörden einem Irrtum, wie er nicht alle Tage vorkommt. Der Fall nimmt bis heute in den Kriminalarchiven eine Sonderstellung ein.

Am 1. November 1926 betritt ein 27-jähriger Mann einen Gasthof in der Dortmunder Leuthardstraße, um dort zu übernachten. Er gibt sich als Geschäftsführer Franz Friese aus Herne aus. Als sich am nächsten Morgen im Zimmer 9 nichts rührt und das Zimmermädchen vergeblich klopft, öffnet der Wirt die Tür mit einem Zweitschlüssel und prallt entsetzt zurück. Bett, Fenster und Wände sind mit Blut bespritzt, den Fußboden bedeckt eine große Blutlache. Aber das Zimmer ist leer.

Die Mordkommission rückt an. Kriminaldirektor Friedrich Hermann und der Gerichtsarzt kommen zu dem Ergebnis, dass hier ein Mord passiert sein muss. Ein Mensch, der so viel Blut verloren hat, kann sich nicht mehr allein fortbewegen. Wahrscheinlich ist dem Opfer die Kehle durchgeschnitten worden. Vor dem Hotelfenster findet man auf der Straße ein aufgeklapptes, blutiges Rasiermesser. Aber es gibt keine Leiche. Niemand vom Hotelpersonal hat etwas gesehen oder gehört. Der Hausdiener berichtet von einem Gespräch, das er mit Friese geführt hat, bevor dieser nach oben zum Schlafen ging. Friese sei nach zwölf Jahren von seiner Firma entlassen worden und hätte eine Abfindung von 6000 Mark erhalten. Mit denen hätte er sich an einem günstigen Geschäft beteiligt. Doch er sei einem Betrüger aufgesessen, der ihn um all sein Geld gebracht hätte. Er würde den Kerl umbringen, wenn er ihn erwische.

Kriminaldirektor Hermann kombiniert: Franz Friese trifft seinen betrügerischen Geschäftspartner in der Stadt und droht ihm mit einer Strafanzeige. Der Mann folgt Friese heimlich, dringt unbemerkt ins Hotel ein und bringt Friese in Zimmer 9 um. Anschließend wäscht er sich die Hände im Waschbecken, wie die Spuren eindeutig beweisen. Das klingt logisch und die Ermittlungen nach Frieses Mörder laufen an. Doch wie hatte der Mörder die Leiche aus dem Zimmer geschafft? Hermann grübelt und grübelt und beschließt, zunächst einmal herauszufinden, mit wem Franz Friese seine letzten Stunden verbracht hat. Deshalb fährt er nach Herne zu Frieses Angehörigen, um vielleicht hier einige Hinweise zu bekommen.

Als er an der Tür klingelt und ein bleicher junger Mann mit dicken Verbänden an beiden Handgelenken öffnet, fährt Kriminaldirektor Hermann der Schreck in alle Glieder. »Ja, ich bin Franz Friese«, sagt der Mann mit zitternder Stimme.

Im Verhör kommt heraus, dass Friese in seiner Firma Geld unterschlagen hat. Als die Sache aufzufliegen droht, will er sich das Leben nehmen. Er fährt nach Dortmund, mietet sich in dem Zimmer ein und schneidet sich in der Nacht die Pulsadern auf. Das Rasiermesser wirft er aus dem Fenster. Damit das Blut schneller strömt, wedelt er mit den Armen. Dann fällt er bewusstlos zu Boden. Doch er hat die Pulsadern verfehlt. Als er am nächsten Morgen erwacht, sieht er den voll gespritzten Raum und bekommt es mit der Angst. Er besitzt kein Geld, um den Schaden bezahlen zu können. So entschließt er sich zur Flucht. Mühsam schleppt er sich hinaus und fährt mit der Bahn nach Hause, wo ihn ein Arzt verbindet.

Hermann hört sich das alles ruhig an und lässt die Geschichte überprüfen. Warum soll er Friese nicht glauben?

Doch der Gerichtsarzt ist noch immer von einem Mord überzeugt. Und da Friese noch lebt, kann nur er der Täter sein. Er habe seinen Geschäftspartner ins Hotel gelockt, meint er, und ihm dort in Zimmer 9 die Kehle durchgeschnitten. Dann habe er die Leiche beseitigt und sich oberflächliche Verletzungen zugefügt. Dass Mörder und Opfer dieselbe Blutgruppe besitzen, komme in der Kriminalistik häufiger vor. Franz Friese müsse sofort verhaftet und des Mordes angeklagt werden.

Aber wieder fehlt die Leiche. Es findet sich auch kein Hinweis auf den mysteriösen Geschäftspartner. Niemand, der in Frage kommt, wird vermisst. Vielleicht hat der Hausdiener aus reiner Wichtigtuerei die Geschichte erfunden. Das behauptet Friese jedenfalls bei den Vernehmungen. Er hat tatsächlich Geld unterschlagen, wie die Recherchen ergeben. Kriminaldirektor Hermann ringt sich dazu durch, ihm zu glauben. Bereits im November 1926 stellt er das Ermittlungsverfahren ein.

Martyrium für die Gebrüder Saß (1929 – 1935)

In der Verbrecherwelt sind Geldschrankknacker schon immer hoch angesehen, denn diese körperlich schwere Arbeit verlangt genaue Planung und besonderes handwerkliches Können. Die 20er Jahre des vorigen Jahrhunderts sind die Blütezeit für diese Spezialisten, wenngleich nicht immer alle Versuche, schwere Tresore zu öffnen, erfolgreich verlaufen. Im Jahr 1928 missglückt in Berlin gleich eine ganze Reihe von Bankeinbrüchen. Aber im Januar 1929 ereignet sich einer, der als einer der größten und spektakulärsten in die deutsche Kriminalgeschichte eingegangen ist.

Aus dem mit einer hochwertigen Sicherheitslegierung versehenen Panzerschrank der Berliner Disconto-Gesellschaft am Wittenbergplatz sind am 28. Januar 1929 Goldbarren, Bargeld, Schmuck und Wertpapiere in Höhe von etwa einer Million Goldmark verschwunden. Extra-Blätter verkünden schon am nächsten Tag: »Der größte Bankraub des Jahrhunderts!« Die Täter haben vom Keller des Nachbargebäudes aus einen Gang durch die Wand auf die Straße gestemmt, einen drei Meter langen Tunnel unter dem Bürgersteig gegraben und dabei einen massiven Lichtschacht und einen betonierten Entlüftungsgraben durchbrochen. Dann wurde der Ventilator des Tresors aus der Verankerung gerissen. Durch dieses Loch krochen die Räuber in den Panzerschrank und öffneten die einzelnen Schließfächer mit einer hochmodernen und teuren Sauerstoffschweißapparatur, die sie am Tatort zurückließen. Der beste Einbruchspezialist des Berliner Polizeipräsidiums, Kommissar Trettin, übernimmt die Ermittlungen. Doch sie führen zu keinem Ergebnis. Die Täter haben keinerlei Spuren hinterlassen.

Da hilft ein Zufall. Ein aufmerksamer Buchhändler, der oft und gern Kriminalromane liest, meldet sich bei der Polizei mit der Aussage, zwei junge Männer hätten vor einiger Zeit bei ihm das *Börsenhandbuch* von Salinger gekauft, vermutlich um sich für den großen »Bruch« schlau zu machen. Trettin zeigt ihm die Fotos der einschlägig vorbestraften Ganoven und der Mann deutet ohne Zögern auf die Bilder der Brüder Erich und Franz Saß. Eine sofort bei ihnen durchgeführte Hausdurchsuchung in der Birkenstraße fördert das *Börsenhandbuch* sowie ein goldenes Zwanzigmarkstück, einen wertvollen amerikanischen Golddollar und ein paar Gummihandschuhe zutage. Der Untersuchungsrichter erlässt Haftbefehl und die Gebrüder

Saß werden Tag und Nacht verhört. Doch auf alle Fragen haben sie eine glaubhafte Antwort parat. Die mageren »Beweise« reichen für eine Anklageerhebung nicht aus. Der Staatsanwalt muss die Brüder wieder freilassen.

Sie werden wochenlang ohne Erfolg beschattet. Mehrere Jahre lassen sie sich nichts zu Schulden kommen. Im Juli 1933 reisen sie per Schiff nach Kopenhagen. Kurz darauf ereignen sich dort mehrere große Bankeinbrüche. In Dänemark gibt es keine »Schränker« von diesem Format, also werden alle bekannten ausländischen Spezialisten überprüft. Im Hotelzimmer der Gebrüder Saß findet man einen Teil der Beute. Im Juli 1934 werden sie zu einer Strafe von je vier Jahren Zuchthaus verurteilt und an Nazideutschland ausgeliefert.

Justizirrtümer und Fehlurteile gibt es in der Karriere der Saß-Brüder bis dahin nicht, sie folgen erst jetzt. In den Kellern der Gestapo werden beide so lange gefoltert, bis sie auch den Millionenraub vom Wittenbergplatz eingestehen. Obwohl ein derart erpresstes Geständnis ohne Wert ist und die Frage unbeantwortet bleibt, warum sie trotz der großen Beute weitere Einbrüche begingen, verurteilt das Berliner Landgericht in einem reinen Schauprozess Franz Saß zu 13 und Erich Saß zu 11 Jahren Zuchthaus. Wenige Wochen später fährt sie ein schwarzer Wagen in eine Kiesgrube, wo sie von SS-Leuten umgebracht werden. Der Reichsführer der SS persönlich, Heinrich Himmler, lässt verlauten, die Gebrüder Saß seien bei einem Fluchtversuch erschossen worden.

Der »doofe Bruno« (1932–1944)

Endlich hat Mathilde Rolland, 23 Jahre alt und sehr hübsch, in der Friedelsstraße in Berlin-Neukölln ein Zimmer mieten können, das ihren Vorstellungen entspricht. Seit zwei Tagen wohnt sie darin und sie möchte das Ereignis ein wenig feiern. Am Abend des 22. Februar 1932 trifft sie sich mit ihrem Freund, einem großen, schlanken Mann mit glatt nach hinten gekämmten blonden Haaren. Am nächsten Morgen wird Mathilde in ihrem Zimmer tot aufgefunden. Sie liegt zwischen Sofa und Tisch auf dem Fußboden, der Gürtel ihres Kleides ist um den Hals geknotet und ein Klaviertastenschoner steckt als Knebel in ihrem Mund. Ihr Kleid ist über die Schenkel hochgeschoben, ihr Slip heruntergezogen bis auf die Knöchel. Die Mordkommission setzt eine Belohnung von 1000 Reichsmark aus für die Ergreifung des Täters. Aber er bleibt ebenso verschwunden wie der von Zeugen beobachtete blonde Freund der Ermordeten.

In den nächsten Jahren geschehen in Berlin und im Berliner Umland weitere Sexualmorde. Das ist den neuen Machthabern ein Dorn im Auge, denn sie rühmen sich damit, im NS-Staat würde es so gut wie keine Verbrechen mehr geben. Und nun beunruhigt ein unheimlicher Serienkiller die Bevölkerung. Als sich Anfang 1943 in einem Wäldchen bei Köpenick ein weiterer Sexualmord ereignet, gerät der 35-jährige Bruno Lüdke aus Köpenick in das Visier der Fahnder. Der geistig zurückgebliebene Hilfsarbeiter ist der Polizei kein Unbekannter, er gilt als harmloser »Doofer«. Vor zwei Jahren hat er während der Dämmerung Kaninchen gestohlen. Er treibt sich ständig in den Wäldern bei Köpenick herum und ist auch schon wegen sexueller Belästigung aufgefallen. Kriminalhauptkommissar Heinz Franz vom Reichssicherheitshauptamt der SS lässt den »doofen Bruno« trotz der Bedenken seiner Fachkollegen am 18. März 1943 unter Mordverdacht verhaften.

Die ersten Vernehmungen bringen gar nichts. Doch als sie in den nächsten Tagen und Wochen wiederholt und ununterbrochen bis in die tiefe Nacht fortgeführt werden, fängt Lüdke plötzlich an zu erzählen. Er gesteht 53 bisher ungeklärte Sexualmorde. In einem Fall führt er die Ermittler zu einem Ort in den Köpenicker Wäldern, wo vor einiger Zeit tatsächlich eine Frauenleiche entdeckt worden war. Das Interesse, das ihm von den Vernehmern entgegengebracht wird, freut ihn, und er beginnt, sich seiner vielen Morde zu rühmen. Freiwillig und grinsend gesteht er weitere 30 Morde. Am Ende sind es 84 Frauen, die er in den Jahren 1932 bis 1943 ermordet haben will, alles keine Lustmorde im eigentlichen Sinn.

Doch die Widersprüche in seinen Aussagen sind so haarsträubend, dass SS-Kommissar Franz alles tut, um einen Prozess vor dem Volksgerichtshof zu umgehen. Selbst der NS-Justiz erscheinen die Ermittlungsergebnisse zu dubios. Auch im Fall der Mathilde Rolland bestehen Zweifel an Lüdkes Täterschaft. Er entspricht ganz und gar nicht der Beschreibung des Freundes, der zuletzt mit der Frau auf ihrem Zimmer zusammen war und sehr wahrscheinlich der Täter ist. Nach den Erkenntnissen der neueren Forschung steht ziemlich sicher fest, dass der »doofe Bruno« nie der Mörder war, zu dem ihn die NS-Propaganda gemacht hat. Vermutlich ist er ein Opfer der Vernehmungsmethoden der Gestapo geworden, die mit den erfundenen Geständnissen einen ganzen Haufen unaufgeklärter Sexualmorde zu den Akten legen kann. Hätte er tatsächlich 84 Morde begangen, wäre er der größte Massenmörder der deutschen Kriminalgeschichte und rangierte noch vor solch bestialischen Serienkillern wie Fritz Haarmann, Peter Kürten, Carl Großmann, Friedrich Schumann und dem Menschenfresser »Papa« Karl Denke.

Obwohl es nie zu einem Strafprozess gegen Lüdke kommt, ist sein Fall berühmt geworden. Sein Schicksal wurde sogar verfilmt (*Nachts, wenn der Teufel kam* mit Mario Adorf in der Hauptrolle).

Am 10. Dezember 1943 wird Bruno Lüdke aus »Sicherheitsgründen« nach Wien in das Kriminalmedizinische Zentralinstitut der Sicherheitspolizei beim Reichskriminalamt überführt. Hier findet die Geschichte des »doofen Bruno« durch einen Justizmord ihr Ende: Er wird am 8. April 1944 durch eine Giftinjektion umgebracht.

Irrtümer und Lügen im Reichstagsbrandprozess (1933–1967)

Am Abend des 27. Februar 1933 schlagen hohe Flammen aus der Kuppel des Berliner Reichstags. 15 Feuerlöschzüge rücken aus und Reichsminister Göring gibt Großalarm für die gesamte preußische Polizei. Als er sowie Hitler und Goebbels an der Brandstelle eintreffen, steht es für sie bereits fest: »Das ist das Signal zum kommunistischen Aufstand!« Der Reichstagsbrand passt ihnen gut ins Konzept. Hitler, erst seit vier Wochen als Reichskanzler im Amt, starrt erregt in die Flammen und schreit: »Es gibt jetzt kein Erbarmen; wer sich uns in den Weg stellt, wird niedergemacht. Das deutsche Volk wird für Milde kein Verständnis haben. Jeder kommunistische Funktionär wird erschossen, wo er angetroffen wird. Die kommunistischen Abgeordneten müssen noch in dieser Nacht aufgehängt werden!«

Tatsächlich werden noch in der Nacht etwa 4000 Funktionäre vor allem der KPD sowie gleichzeitig einige missliebige Schriftsteller, Ärzte und Rechtsanwälte festgenommen, darunter auch Carl von Ossietzky und Egon

Erwin Kisch. Und schon am Vormittag des folgenden Tages erscheint Hitler beim Reichspräsidenten Hindenburg und legt ihm eine vorbereitete Notverordnung vor, mit der sämtliche wichtigen Grundrechte außer Kraft gesetzt werden. Außerdem wird der Anwendungsbereich der Todesstrafe erheblich erweitert, zum Beispiel auch auf Brandstiftung und Hochverrat. Diese »Verordnung des Reichspräsidenten zum Schutz von Volk und Staat« wird schon am 28. Februar 1933 im Reichsgesetzblatt Nr. 17 verkündet. Sie schafft, mehr noch als das wenige Wochen später erlassene Ermächtigungsgesetz, die entscheidende Rechtsgrundlage der nationalsozialistischen Gewaltherrschaft und ersetzt den Rechtsstaat durch einen permanenten Ausnahmezustand.

Die Nationalsozialisten bleiben jeden Beweis für ihre These schuldig, die Kommunisten hätten den Brand gelegt. Kurz darauf veröffentlichen die Kommunisten in Paris unter Leitung von Willi Münzenberg ein Braunbuch, in dem sie mit gefälschten Dokumenten nachzuweisen versuchen, die Nazis hätten den Reichstag selbst angezündet. Beide Behauptungen haben sich mit erstaunlicher Hartnäckigkeit im Volksbewusstsein erhalten, obwohl keine davon stimmt.

Der Alleintäter ist der 23-jährige arbeitslose und in die Obdachlosenwelt ultralinker Sektierer geratene Holländer Marinus van der Lubbe. Nachdem er mit vier Paketen Kohleanzünder das Feuer im Reichstag entfacht hat, wird er kurz nach der Tat von zwei Polizisten im Gebäude gestellt und verhaftet. Er gibt die Tat sofort zu, doch fast niemand will ihm glauben, dass er den Brand allein gelegt hat. Am 21. September 1933 beginnt vor dem IV. Strafsenat des Reichsgerichts in Leipzig unter dem Vorsitz des Präsidenten Wilhelm Bünger der Prozess gegen »van der

Lubbe und Genossen«. Göring und Goebbels versuchen als Zeugen zwar, den Prozess in einen Kreuzzug gegen den Kommunismus umzumünzen. Aber sie erleben eine große Blamage. Die vier mitangeklagten Kommunisten-führer Torgler, Dimitroff, Popoff und Taneff werden am 23. Dezember 1933 aus Mangel an Beweisen freigesprochen, nach Auffassung der Nationalsozialisten ein glattes Fehlurteil. Van der Lubbe, bis in die Verhandlung hinein sieben Monate lang gefesselt, ist vor dem Reichsgericht nur noch ein Wrack. Gebrochen und fassungslos darüber, wie schnell er in ungeheuerliche geschichtliche Zusammenhänge geraten ist, bleibt er standhaft dabei, alles ganz allein gemacht zu haben. Göring hat nach dem Krieg offen zugegeben, dass das stimmte.

Die Freisprüche sind keine Fehlurteile, wohl aber das Todesurteil gegen van der Lubbe. Schon deshalb, weil das Verfahren auf der Unrechtsbasis der »Reichstagsbrandverordnung« geführt wird, die erst nach der Tat erlassen worden ist und rückwirkend für »aufrührerische Brandstifter« die Todesstrafe bestimmte. Nach den Grundsätzen der Rechtsstaatlichkeit darf man nur nach dem Gesetz bestraft werden, das zum Tatzeitpunkt gültig ist. Mit diesem Terrorurteil und der am 10. Januar 1934 erfolgten Hinrichtung van der Lubbes durch das Fallbeil ist aus der reaktionären Justiz der Weimarer Republik die willfährige braune Justiz geworden, die das Recht beugt und sich später dazu hergibt, Menschen wegen Rassenschande zum Tode zu verurteilen.

Von denen, die unter Hitler richten, ist nach dem Krieg kaum einer rechtskräftig verurteilt worden. Der Vorsatz der Rechtsbeugung ließ sich nicht nachweisen. Doch das Urteil gegen Marinus van der Lubbe wird 1967 auf acht Jahre Zuchthaus wegen menschengefährdender Brandstiftung herabgesetzt. Die aberkannten bürgerlichen Rechte werden ihm wieder eingeräumt.

Die SS-Morde von Innsbruck (1938/1939)

Die von den Nationalsozialisten in der Nacht vom 9. zum 10. November 1938 organisierten Judenpogrome sind unter dem Begriff »Kristallnacht« in die Geschichte eingegangen. Überall in Deutschland und Österreich gehen Schaufensterscheiben jüdischer Geschäfte zu Bruch, brennen Synagogen, werden Juden ermordet. Auch in Innsbruck kommt es in dieser Nacht zu Ausschreitungen.

Auf Befehl des SS-Oberführers Feil werden aus bewährten und besonders zuverlässigen SS-Männern zwei Rollkommandos gebildet, deren Führung der SS-Hauptsturmführer Hans Aichinger und der SS-Untersturmführer Walter Hopfgartner übernehmen. Aichinger soll die Aktion gegen die in der Gensbacherstraße 5 wohnenden Juden Graubart und Bauer leiten, Hopfgartner die gegen den Vorsteher der Israelitischen Kultusgemeinde Berger. Sie sollen zunächst eine Durchsuchung nach Waffen vornehmen und beim geringsten Anschein von Widerstand diesen mit allen Mitteln brechen.

Aichinger lässt die Wohnungen von Graubart und Bauer durchsuchen und die Juden aus ihren Schlafzimmern herausholen, während die Frauen dort bleiben müssen. Aichinger tritt auf Graubart zu, der nach seiner späteren Darstellung die Hände gehoben und geschimpft haben soll. Daraufhin sticht Aichinger dem Juden mit seinem Dolch in die Seite. Ein anderer SS-Mann versetzt ihm einen tödlichen Schlag auf den Kopf. Danach geht Aichinger in die untere Etage des Hauses und stößt Bauer seinen Dolch in die Brust und schlägt ihm mehrmals über den Kopf. Bauer stirbt auf dem Transport in die Klinik.

Zur gleichen Zeit holt Untersturmführer Hopfgartner den Juden Berger aus der Wohnung und fährt ihn in seinem Kraftwagen zu einer abgelegenen Stelle. Dort lässt er ihn aussteigen. Berger merkt, was ihm bevorsteht, und ruft laut um Hilfe. Daraufhin drückt ihn Hopfgartner zu Boden und schlägt ihm mit einem großen Stein zweimal über den Hinterkopf. Dann wirft er die Leiche über die Böschung in den Inn.

Den beiden Mördern geschieht nichts. Nachdem sie ihrem Abschnittsführer über das Geschehen Meldung gemacht haben, werden sie zwar vor ein Parteigericht gestellt. Aber das Oberste Parteigericht stellt durch Beschluss vom 9. Februar 1939 das Verfahren gegen sie ein. In der Begründung heißt es, ein ausdrücklicher Tötungsbefehl sei von SS-Oberführer Feil zwar nicht erteilt worden. Er habe aber eingeräumt, »dass die Angeschuldigten aus seinen Worten den Schluss hätten ziehen müssen und auch ziehen sollen, dass es bei der Durchführung der Vergeltungsmaßnahme auf das Leben eines Juden nicht ankomme. Ausdrücklich hat er ihnen gesagt, dass ihnen nichts geschehen wird, ganz gleichgültig wie die Aktionen ausgingen.«

Die Morde bleiben ungesühnt. Weder gegen Feil noch gegen seine beiden Untergebenen wird strafrechtlich ermittelt. SS-Männer unterstehen einer Sondergerichtsbarkeit, die das Legalitätsprinzip der Staatsanwaltschaft durchbricht. Juristisch erschreckend und als klarer Justizirrtum zu werten ist vielmehr, dass auch nach dem Krieg gegen die Beteiligten, soweit sie überlebt haben, nach heutigem Kenntnisstand keine Verfahren eingeleitet worden sind.

Ewald Schlitt und die entrechteten Richter (1942)

Unter Hitlers Herrschaft gibt es unzählige Fehlurteile und Justizmorde. Ein berühmt gewordenes Beispiel dafür ist der Fall Ewald Schlitt.

Der 24-jährige gläubige Katholik Ewald Schlitt lernt die zwei Jahre ältere Gertrud kennen und verliebt sich in sie. Sie ist arm und entstammt einer Arbeiterfamilie mit zwölf Kindern. Schlitt holt sie nach Wilhelmshaven, wo er auf der Marinewerft arbeitet, und heiratet sie 1937. Das Sakrament der Ehe ist ihm heilig. Gertrud hat gelobt, sie sei noch unberührt. Aber vier Wochen nach der Eheschließung erkrankt sie an einer lang verschleppten Gonorrhö, einer Infektion, die durch Geschlechtsverkehr übertragen wird. Für Schlitt bricht eine Welt zusammen. Seine Frau hat ihn belogen und betrogen, zudem kann sie entgegen ihren Versicherungen weder kochen noch haushalten. Die Wohnung ist ständig verschmutzt und Schlitt muss fast alle Hausarbeiten selbst übernehmen, vor und nach seiner Arbeit. Er neigt zu Jähzorn, beschimpft seine Frau und beginnt sie zu schlagen. Sie gebärt drei Kinder, vernachlässigt sie aber, und Schlitt misshandelt sie deswegen oft und zunehmend härter.

Am 27. Juni 1940 erfolgt ein Bombenangriff auf Wilhelmshaven. Alle rennen in den Luftschutzkeller, nur die Schlitts nicht. Als Nachbarn sie holen wollen, sitzt Gertrud mit einem blutunterlaufenen Auge und blauen Flecken am ganzen Körper am Boden und schreit: »Die Kinder sind tot! Wo ist mein Mann?« Aber die Kinder leben und Schlitt sagt: »Meine Frau ist irre geworden!« Am Abend hat sie Schlitt gebeichtet, sie habe Lebensmittelkarten gefälscht und mit einem anderen Mann geschlafen.

Darüber geriet Schlitt so in Wut, dass er sie mit einem Teppichklopfer schlug. Gertrud wird in eine Heil- und Pflegeanstalt eingewiesen und stirbt dort wenig später an einem infektiösen Darmkatarrh.

Ein Jahr später wird Schlitt angezeigt, verhaftet und 1942 vor dem Landgericht Oldenburg wegen schwerer Körperverletzung angeklagt. Der Psychiater der Heilanstalt, nicht etwa ein Internist, erklärt, ohne die Misshandlungen hätte Gertrud die Darminfektion zweifellos überstanden. Daraufhin wird die Anklage auf schwere Körperverletzung mit Todesfolge erweitert. Schlitt wird zu fünf Jahren Zuchthaus verurteilt. Ein hartes Urteil, selbst zu dieser Zeit. Aber der eigentliche Justizskandal folgt erst jetzt.

Hitler liest, was in der *Berliner Nachtausgabe* über den Fall berichtet wird. Er ist außer sich und schimpft über die volksfremde Justiz und die reaktionäre Richterschaft. Ein Gewaltverbrecher wie Schlitt gehe auf Staatskosten für fünf Jahre in einen sicheren Bau, während Hunderttausende von anständigen Menschen an der Front ihr Leben einsetzen für ihre Frauen und Kinder! Er ruft die Staatssekretäre Dr. Schlegelberger und Freisler zu sich (der Reichsminister Dr. Gürtner ist gerade verstorben) und droht ihnen, er werde die gesamte Rechtsprechung und Strafverfolgung Heinrich Himmler anvertrauen, wenn dieses Urteil nicht revidiert werde. Und Reichspropagandaminister Goebbels fügt frei und offen hinzu: »Im Kriege geht es nicht so sehr darum, ob ein Urteil gerecht oder ungerecht ist, sondern um die Frage seiner Zweckmäßigkeit. Es ist nicht vom Gesetz auszugehen, sondern von dem Entschluss: Der Mann muss weg!«

Freisler gibt Hitler und Goebbels Recht und zieht den höchsten deutschen Richter zu Rate, den Reichsgerichtspräsidenten Bumke. Dieser rät zu einem »außerordentlichen Einspruch«. Nur zwei Wochen nach dem Oldenburger Urteil, am 31. März 1942, wird vor dem »Besonderen Strafsenat des Reichsgerichts« in Leipzig unter dem Vorsitz von Bumke erneut gegen Schlitt verhandelt. Das Oldenburger Urteil wird überhaupt nicht erwähnt, Schlitts Verteidiger wird nicht geladen. Die Anklage wird nun gestützt auf Hitlers »Verordnung gegen Gewaltverbrecher vom 5. Dezember 1939«, deren Anwendung das Landgericht Oldenburg ausdrücklich abgelehnt hat. Man biegt die Sache so hin, dass die Misshandlungen für den Tod Gertruds ursächlich sind. Und um eine »schwere Gewalttat« im Sinne der Verordnung nachzuweisen, wird aus dem Teppichklopfer ein »gefährliches Mittel« gemacht. Das Urteil schließt mit den Worten: »So hat sich der Angeklagte … in seinem Wesen als Gewaltverbrecher erwiesen, der nach dem gesunden Volksempfinden aus der Volksgemeinschaft, die in ihrem Lebenskampf durch solch grausige Taten nicht erschüttert und seelisch belastet werden darf, auszumerzen ist.« Schon zwei Tage später, am 2. April 1942, wird Schlitt hingerichtet.

Nun hat Hitler seinen Präzedenzfall und kann durchführen, was er schon lange vorhat. In der Sitzung des Reichstags vom 26. April 1942 schreit er beifallsumbraust: »Ich erwarte, dass die deutsche Justiz versteht, dass nicht die Nation ihretwegen, sondern dass sie der Nation wegen da ist … Ich habe, um nur ein Beispiel zu erwähnen, kein Verständnis dafür, dass ein Verbrecher, der im Jahre 1937 heiratet und seine Frau so lange misshandelt, bis sie endlich geistesgestört wird und an den Folgen einer letzten Misshandlung stirbt, zu fünf Jahren Zuchthaus verurteilt wird … Ich werde von jetzt ab in diesen Fällen eingreifen und Richter, die ersichtlich das Gebot der Stunde nicht erkennen, ihres Amtes entheben!«

Im Anschluss an diese Rede fasst der Reichstag einen entsprechenden Beschluss. Zum ersten Mal in der Geschichte der zivilisierten Welt werden Richter ohne Rechtsweg absetzbar.

Das Urteil von Nürnberg: Leo Katzenberger (1942)

Aus der Reihe der vielen Terror- und Fehlurteile der NS-Justiz hat das Urteil von Nürnberg gegen den jüdischen Unternehmer Leo Katzenberger nach dem Krieg besondere Anteilnahme und Beachtung gefunden. Der Fall wurde schon 1961 von dem amerikanischen Regisseur Stanley Kramer in dem Film *Das Urteil von Nürnberg* aufgegriffen, Christiane Kohl hat ein Buch darüber geschrieben (*Der Jude und das Mädchen*), das 2002 wiederum den Stoff für einen weiteren Film lieferte (*Leo und Claire* mit Michael Degen als Leo Katzenberger).

Leo Katzenberger ist 1932 ein angesehener und einflussreicher jüdischer Bürger in Nürnberg. Der 60-Jährige ist verheiratet mit seiner Frau Claire, leitet einen Schuhgroßhandel mit mehreren Filialen und besitzt mehrere Häuser. Außerdem ist er stellvertretender, später erster Vorsitzender der jüdischen Kultusgemeinde. 1932 vermietet er eine Wohnung an die junge, hübsche Fotografin Irene Scheffler, die Tochter eines Geschäftsfreundes von Katzenberger, der er bei ihrem beruflichen Anfang in Nürnberg behilflich ist. Zwischen beiden entspinnt sich ein freundschaftliches Verhältnis, aber – zumindest nach ihrer eigenen Aussage – keine Liebesbeziehung.

Die übrigen Mieter des Hauses, in dem Irene ihren Fotoladen eröffnet, beobachten die Zuneigung zwischen dem jüdischen Geschäftsmann und der jungen Frau argwöhnisch. Gerüchte kommen auf. Irene wird mit »Judenmädchen stinken« beschimpft, ihr Vater von NS-Schergen zusammengeschlagen.

Während des Krieges – Irene Scheffler hat bereits 1939 den deutschen Handelsvertreter Seiler geheiratet, betreibt jedoch weiterhin ihr Fotoatelier in Katzenbergers Wohnhaus – stattet Leo Katzenberger ihr einen abendlichen Besuch ab. Damit verstößt er gegen die nächtliche Ausgangssperre. Er wird von Nachbarn denunziert und verhaftet. Vor einem Sondergericht in Nürnberg unter dem Vorsitz des Landgerichtsdirektors Oswald Rothaug wird er angeklagt: erstens wegen Verstoßes gegen das »Gesetz zum Schutz des deutschen Blutes und der deutschen Ehre« von 1935 – dieses Gesetz bestraft den sexuellen Kontakt zwischen Juden und Deutschblütigen mit bis zu 15 Jahren Zuchthaus –, zweitens wegen Verstoßes gegen die »Verordnung gegen Volksschädlinge« von 1939, der mit der Todesstrafe geahndet werden kann.

Vor allem aufgrund der Verdächtigungen der Nachbarn – die sich aus Beobachtungen speisen wie jene, Katzenberger und Irene Seiler hätten sich manchmal zugewinkt –, aber ohne jeden konkreten Beweis kommt das Gericht zu der Überzeugung, Katzenberger habe wiederholt mit Irene Seiler außereichelichen Verkehr gehabt. Durch Geldgeschenke und Stundung der Miete habe er sie von sich abhängig gemacht und es sich dadurch ermöglicht, sich ihr geschlechtlich zu nähern. Zudem habe Katzenberger die kriegsbedingten Zustände (den Ausfall von Kontrollmaßnahmen, die Abwesenheit des zum Militärdienst eingezogenen Ehemanns) für sein rassenschänderisches Verhältnis zu Irene Seiler ausgenutzt. Sowohl Katzenberger als auch Irene Seiler widersprechen dem, aber ihren Aussagen wird kein Glaube geschenkt. Irene Seiler wird auf-

grund ihrer eidlichen Aussage, es habe keinerlei geschlecht-
liche Annäherungen zwischen ihr und Katzenberger gegeben, wegen Meineides angeklagt und zu zwei Jahren
Zuchthaus verurteilt.

Im März 1942 wird Leo Katzenberger in einem Schauprozess zum Tode verurteilt. Der *Stürmer*, das propagan-
distische Wochenblatt des Antisemiten Julius Streicher,
kommentiert das Urteil mit der Schlagzeile: »Tod dem
Rasseschänder!« Streicher hatte bereits 1934 im *Stürmer*
das Verbot der »Rassenschande« gefordert. Am 2. Juni
1942 wird Leo Katzenberger im Gefängnis München-
Stadelheim durch das Fallbeil hingerichtet.

Schon allein die Tatsache, dass wegen eines solchen
Tatbestandes die Todesstrafe verhängt wurde, macht das
Urteil aus heutiger Sicht zu einem Justizmord. Außerdem
fehlte jeder Beweis dafür, dass es zwischen dem Angeklagten und seiner Freundin überhaupt zu sexuellen Kontakten gekommen ist. Der Vorsitzende Richter Oswald
Rothaug wird 1947 im Nürnberger Juristenprozess zu lebenslanger Haft verurteilt; die Haftstrafe wird 1954 auf
20 Jahre verkürzt. Ende 1958 wird Rothaug endgültig begnadigt. Noch 1961 erkennt die Nürnberger Justiz (unter
den Verfassern des entsprechenden Kommentars: Hans
Globke, damals Chef des Bundeskanzleramts) in einem
Rechtsbeugungsverfahren gegen die am Urteil beteiligten
Richter kein Anzeichen einer strafbaren Handlung. Insgesamt erfahren alle drei Richter eine ebenso nachsichti-
ge juristische Behandlung wie viele ihrer Kollegen, die in
der NS-Zeit reihenweise Unrechtsurteile gefällt haben.
Erst 1983 wird das Urteil gegen Leo Katzenberger aufgehoben.

Der Reichsjustizminister und das »Fehlurteil« von Essen (1942)

Das nachfolgende Geschehen betrifft ein Verfahren, in dem der Fall eintritt, dass nach damaligem Recht in einem Richterspruch ein Fehlurteil gesehen wird, das aus heutiger Sicht keines ist.

1942 hetzt der Gastwirt Möhle in Essen seine beiden Hunde auf Kinder, weil sie seiner Aufforderung nicht nachgekommen sind, sein Anwesen zu verlassen. Ein fünfjähriger Knabe wird so sehr zerbissen, dass ihm ein Bein amputiert werden muss. Die Eltern zeigen den Mann an. Er wird vor Gericht gestellt und die Staatsanwaltschaft fordert eine Strafe von zweieinhalb Jahren Zuchthaus. Die Strafkammer des Landgerichts Essen bleibt jedoch unter dem beantragten Strafmaß und verurteilt Möhle wegen gefährlicher Körperverletzung nur zu anderthalb Jahren Gefängnis.

Das Urteil missfällt den nationalsozialistischen Machthabern, es ist ihnen zu milde. Hitler selbst kritisiert das Urteil scharf und verlangt eine Änderung. Wer Hunde auf Kinder hetzt und ihren Tod in Kauf nimmt, ist in seinen Augen ein Verbrecher, der in der deutschen Volksgemeinschaft nichts mehr zu suchen hat. Nach 1933 hat die Staatsführung die Strafmaße generell verschärft und Tatbestände, bei denen die Todesstrafe vorgesehen ist, von drei auf schließlich 46 gegen Ende des Krieges ausgeweitet. Unter Hitlers Herrschaft haben die Strafgerichte, auch Sondergerichte und der Volksgerichtshof, etwa 17 000 Todesurteile ausgesprochen. (Besonders drakonisch waren die »Volksschädlingsverordnung« und die »Polenstrafrechtsverordnung«, nach denen selbst bei Bagatelldelikten die Todesstrafe drohte. So hat zum Beispiel das

Sondergericht Essen am 24. April 1943 einen Polen, der während Instandsetzungsarbeiten in einem bombengeschädigten Haus einen Pullover und einen Schal stahl, zum Tode verurteilt.)

Im Fall Möhle erwirkt der Reichsjustizminister Otto Thierack höchstpersönlich durch eine Revision beim Reichsgericht eine erneute Verhandlung beim Landgericht Essen. Aber die Strafkammer beweist außerordentlichen Mut und bleibt in ihrem erneuten Urteil vom 31. Oktober 1942 im Strafmaß sogar noch unter dem ersten Urteil. Möhle erhält nur ein Jahr Gefängnis. Ein skandalöses Fehlurteil in den Augen der Machthaber, aus heutiger Sicht jedoch eine bemerkenswerte Ausnahme in der Rechtsprechung einer pervertierten Justiz.

Thierack schäumt vor Wut und richtet am 3. November 1942 ein gleich lautendes Schreiben an Bormann und den Reichsminister und Chef der Reichskanzlei Lammers. Thierack hätte zwar die Möglichkeit, erneut Revision gegen das Urteil einzulegen, hält das jedoch nicht mehr für zweckmäßig. Stattdessen verlangt er Sondervollmachten. Er besitzt zwar schon die weitgehende Ermächtigung, »eine nationalsozialistische Rechtspflege aufzubauen und alle dafür erforderlichen Maßnahmen zu treffen, und kann hierbei von bestehendem Recht abweichen«. Diese Vollmacht geht ihm aber nicht weit genug. Er möchte eine Vollmacht des Führers, mit der er nach der von ihm vorgeschlagenen Ernennung zum »Obersten Reichsrichter« jede vor einem Gericht anhängige Rechtssache aufgrund der Gesetze endgültig entscheiden kann, also auch die Sache Möhle. Er will auf diese Weise den Fall als Oberster Richter vor dem Landgericht Essen nochmals selbst verhandeln. »Ich würde hierbei«, schreibt er an Bormann und Lammers, »sämtliche Richter des Landgerichts Essen zur

Teilnahme als Zuhörer veranlassen, darunter auch die Richter, die bisher die beiden Urteile gesprochen haben.« Über etwaige Maßnahmen gegen diese Richter werde er noch gesondert berichten, heißt es am Ende des Briefes.

Ob die Richter wegen ihres Urteils gemaßregelt worden sind, ist nicht bekannt. Offenbar erlangte das »Fehlurteil« gegen Möhle jedoch Rechtskraft. Denn Thierack hat die erwünschte Generalvollmacht nie erhalten. Der Vorschlag ging Hitler zu weit. Damit hätte sein Reichsjustizminister eine Machtfülle erhalten, die seine eigene als Führer des Reiches mit letzter Entscheidungskompetenz in allen Angelegenheiten zu untergraben drohte.

Die Prozesse gegen die »Weiße Rose« (1943)

»Der Tag der Abrechnung ist gekommen … Freiheit und Ehre! Zehn lange Jahre haben Hitler und seine Genossen die beiden herrlichen deutschen Worte bis zum Ekel ausgequetscht, abgedroschen, verdreht, wie es nur Dilettanten vermögen, die die höchsten Werte einer Nation vor die Säue werfen …«

Die Studenten der Münchener Ludwig-Maximilians-Universität, die am Morgen des 18. Februar 1943 diesen Text eines Flugblattes lesen, trauen ihren Augen kaum und halten den Atem an. Es ist der gleiche Tag, an dem der Propagandaminister Goebbels in Berlin seine Sportpalastrede hält und vor einer fanatisierten Menschenmenge den totalen Krieg verkündet. Der Schock der gerade bekannt gewordenen Stalingrad-Tragödie sitzt tief. Die Geschwister Hans und Sophie Scholl ziehen daraus ganz andere Schlüsse. Wie schon in früheren Flugblättern rufen sie zum Widerstand gegen das Regime auf. »Im Namen des ganzen deutschen Volkes fordern wir vom Staat Adolf Hitlers die persönliche Freiheit ... zurück, um die er uns in der erbärmlichsten Weise betrogen ... Es gibt für uns nur eine Parole: Kampf gegen die Partei ... Es gilt der Kampf jedes einzelnen von uns um unsere Zukunft, unsere Freiheit und Ehre ...« Sie verteilen die Flugblätter in Gängen und Hörsälen und werfen den Rest vom obersten Stockwerk in den Lichthof.

Die »Weiße Rose« – mit diesem ethischen Reinheitssymbol sind alle Flugblätter überschrieben, die seit 1942 von der Widerstandsgruppe verteilt werden. Der Medizinstudent Hans Scholl, vordem ein begeisterter und gläubiger Anhänger des Systems, hat in München gleichgesinnte Freunde um sich geschart: Christoph Probst, Willi Graf und Alexander Schmorell. Sophie Scholl stößt mit 21 dazu, nachdem sie ihren Arbeits- und Kriegshilfsdienst abgeleistet hat. Sie beginnt ein Biologie- und Philosophiestudium und ist die einzige Frau in der Gruppe. Ihr Professor ist der Schweizer Kurt Huber. Er wird zum geistigen Mentor und Freund der verschwiegenen und verschworenen kleinen Schar. Nachdem sie ihre Semesterferien auf Verbandsplätzen an der Ostfront verbracht haben, nehmen die Studenten im Herbst 1942 ihre Aktivitäten wieder auf. In der Münchener Ludwigstraße schreiben sie mit schwer tilgbarer Farbe 70-mal den Aufruf »Nieder mit Hitler« an die Häuserfronten. Ein selbstmörderisches Unternehmen, die Gestapo ist ihnen schon auf den Fersen.

Ebenso gefährlich ist die Flugblattaktion vom 18. Februar 1943. Der Hausmeister hat alles beobachtet und die Geschwister Scholl erkannt. Er verschließt alle Türen der Universität und ruft die Geheimpolizei herbei. Hans und Sophie Scholl sitzen in der Falle und werden verhaftet.

Man transportiert sie ins Wittelsbacher Palais, die Residenz der Gestapo. Verhör folgt auf Verhör. Christoph Probst wird ebenfalls verhaftet, aber die weiteren Namen bleiben vorerst geheim. Schon vier Tage später stehen die drei vor dem Volksgerichtshof. Der Präsident Roland Freisler reist extra aus Berlin an, ein Zeichen dafür, wie gefährlich den Machthabern die »Weiße Rose« erscheint. Das Todesurteil gegen die Angeklagten steht von vornherein fest. Die Geschwister Scholl und Christoph Probst stehen zu ihren Taten und werden in einem Schnellverfahren zum Tode verurteilt und kurz darauf hingerichtet. Wenige Monate später erleiden Graf, Schmorell und Professor Huber das gleiche Schicksal.

Die Prozesse des 20. Juli 1944 (1944/1945)

In Berlin weiß am 20. Juli 1944 zunächst niemand genau, was eigentlich geschehen ist. Die Stadt ist voller Gerüchte. Panzer fahren durch das Zentrum und Soldaten des Wachregiments Tiergarten umzingeln das Oberkommando des Heeres in der Bendlerstraße und die Stadtkommandantur Unter den Linden. Dann wird es bekannt: Ein Sprengstoffattentat des Obersten Graf Stauffenberg hat die Holzbaracke, in der Hitler in seinem Führerhauptquartier »Wolfsschanze« in Ostpreußen seine Lagebesprechung abgehalten hat, fast vollständig zerstört. Eine Aktentasche, in der sich eine Bombe mit Zeitzünder befand, ist unter den kurzen Kartentisch gestellt worden.

Als die Bombe explodiert und Fensterkreuze und Lattenreste durch die Luft geschleudert werden, befinden sich 24 Personen im Besprechungsraum. Sie werden alle zu Boden geschleudert, auch Hitler, der sich gerade weit über den Tisch gebeugt hat, um eine Stellung auf der Landkarte zu studieren. Mehrere Offiziere werden getötet oder schwer verwundet. Aber Hitler ist, durch den dicken Holzuntersatz des schweren Eichentisches geschützt, mit zerfetzter Kleidung, einem Schock und einigen kleinen Verletzungen davongekommen. Das »Unternehmen Walküre« ist gescheitert. Hitler versucht, das Attentat als das Werk einer kleinen Verschwörerclique hinzustellen. In Wahrheit steht aber das ganze »andere Deutschland« dahinter. Sofort beginnt eine ausgedehnte Fahndung nach den Verschwörern. In der ersten Welle kommt es in ganz Deutschland zu weit über 2000 Verhaftungen und 400 Todesurteilen.

Fast alle Verschwörer werden, soweit sie nicht Selbstmord begehen, von der Gestapo gefasst. Nach brutalen Verhören mit Misshandlungen und Folter beginnen schon am 7. August 1944 vor dem Volksgerichtshof die ersten Prozesse gegen die Attentäter. Im großen, mit Hakenkreuzfahnen dekorierten Saal des Berliner Kammergerichts stehen acht Männer, darunter auch hohe Offiziere, vor ihren Anklägern: Witzleben, Hoepner, Stieff, Hase, Bernadis, Klausing, Yorck und Hagen. Um sie schon äußerlich zu entwürdigen, führt man sie in schäbiger Kleidung vor, Hoepner in einer alten Strickjacke und Witzleben sogar ohne Hosenträger. Der Schauprozess ist eine reine Farce, das Todesurteil steht schon vorher fest. Hitler hat befohlen, die Verräter »wie Schlachtvieh aufzuhängen«.

Der Präsident des Volksgerichtshofs, Roland Freisler, von dem sein Vorgänger Thierack behauptete, er wäre geisteskrank, eröffnet im roten Talar unter der Hitlerbüste den Prozess mit der Feststellung, das Gericht habe »über die ungeheuerlichste Anklage zu befinden, die in der Geschichte des deutschen Volkes je erhoben worden ist«. Er beschimpft die Beschuldigten als »Verbrecher«, »Lumpen«, »Verräter« und »Charakterschweine«, spricht empört vom »Mordbuben Stauffenberg« und unterdrückt herrisch und voller Sarkasmus alle Versuche der Angeklagten, sich zu ihren Motiven zu äußern. Es gibt zwar Pflichtverteidiger, aber die sitzen weit entfernt und schlagen sich meist offen auf die Seite der Anklage. Schon einen Tag später, am 8. August, wird das Urteil verkündet: Tod durch den Strang.

Noch am Nachmittag werden die Verurteilten zur Hinrichtungsstätte Plötzensee überführt. Geistlicher Beistand wird ihnen versagt. In Zuchthauskleidung und Holzschuhen betreten sie in grellem Scheinwerferlicht einzeln und vor laufender Kamera den Hinrichtungsraum. Die Henker legen ihnen eine kurze, dünne Schlinge um den Hals, nehmen ihnen die Handschellen ab, entkleiden sie bis zur Hüfte, lassen sie behutsam in die Schlingen fallen und ziehen ihnen noch während des qualvollen Todeskampfes die Hosen runter. Sie werden nicht einfach gehängt, sondern »garrottiert«, langsam erdrosselt. Die Kamera läuft während der ganzen Zeit, vom ersten Aufbäumen bis zu den letzten Zuckungen. Die Filme, in denen alles aufgezeichnet ist, liegen schon wenige Stunden später auf Hitlers Schreibtisch. Er kann sich an den Bildern der Erhängten nicht satt sehen. Seine exzessive Rachsucht kennt keine Grenzen und trifft auch in Form von Sippenhaft die entfernten Familienangehörigen der Verdächtigen. Eine riesige Verhaftungswelle rollt durch das Land. Tausende werden eingekerkert, verhört und misshandelt. Manche Leute werden nur deshalb verhaftet und zum Tode verurteilt, weil sie »Schade« gesagt haben im Sinne von »Schade, dass es nicht geklappt hat!«

Schon am 10. August 1944 folgt die nächste Verhandlung gegen weitere Hauptbeteiligte des »Unternehmens

Walküre«, dann geht es Schlag auf Schlag. Im September steht auch Carl Goerdeler vor dem Volksgerichtshof. Mehr und mehr zeigt sich das ganze Ausmaß der Verschwörung, die nicht nur, wie Hitler gesagt hat, die Machenschaft einer »ganz kleinen Clique ehrgeiziger Offiziere« ist. Die Prozesse ziehen sich bis zum Januar 1945 hin und noch kurz vor Kriegsende erfolgen Hinrichtungen. Dann findet der größte Justizmord der deutschen Geschichte endlich sein Ende.

Oberleutnant Erich Wentzel und die »Verbrecher von Borkum« (1944–1948)

Am 4. August 1944 fliegt ein beschädigter amerikanischer Fortress-II-Bomber auf die Nordseeinsel Borkum zu, um im Dünen- und Strandgelände eine Notlandung zu versuchen. Sieben Besatzungsmitglieder überleben die Bruchlandung und werden gefangen genommen. Der Inselkommandant erteilt Oberleutnant Wentzel den Befehl, die amerikanischen Flieger zu verhören. Danach sollen sie zum Seefliegerhorst abtransportiert und dort dem Luftwaffenkommando zum Weitertransport auf das Festland übergeben werden. Sieben deutsche Marinesoldaten unter Führung eines Feldwebels bewachen den Transport mit geschultertem Gewehr. Die Gefangenen müssen auf dem Weg zum anderen Ende der Insel die Hände hochhalten. Wentzel und der Feldwebel gehen am Ende des Zuges. Als die ersten Hotels erreicht werden, verlässt Wentzel den Zug und fährt auf einem Fahrrad Richtung Bahnhof davon. Es ist ein heißer Sommertag, zahlreiche Badegäste säumen den Weg und begleiten die US-Flieger mit feindseligen Blicken. Plötzlich stürzen sich aus einer Gruppe, in der sich auch der Borkumer Bürgermeister befindet, einige Zivilisten auf die Gefangenen und schlagen auf sie ein. Auch die Wachmannschaften beteiligen sich daran. Wentzel hört das Geschrei, kehrt um und sorgt dafür, dass erste Hilfe geleistet wird und der Transport weitermarschieren kann. Ein Flieger ist so verletzt, dass er auf einer Liege fortgetragen werden muss.

Als der Trupp am Russenlager vorbeikommt, hat der Gefreite Langer gerade Wachdienst. Er hat bei Bombenangriffen auf Hamburg seine Frau und seine drei Kinder verloren und wird beim Anblick der Flieger von solchen Hassgefühlen überfallen, dass er sich seine Dienstpistole greift und den Gefangenen hinterherrennt. Am Rathaus holt er sie ein. Er richtet seine Waffe auf den verletzten Soldaten auf der Trage und tötet ihn durch einen Kopfschuss. Anschließend erschießt er alle anderen Gefangenen ebenfalls, niemand hindert ihn daran. In einem berüchtigten Erlass hat Goebbels allen Wachmannschaften untersagt, Übergriffe der Bevölkerung gegen abgeschossene feindliche Flieger mit Waffengewalt zu verhindern. Der Gefreite Langer geht zum Lager zurück und macht dort seinem Vorgesetzten Meldung. Sein Geständnis wird protokolliert, er unterschreibt es noch am gleichen Tag. Langer wird einer Bewährungseinheit zugeteilt und fällt im Februar 1945 an der Westfront.

Die Wachsoldaten des Transports machen allerdings eine andere Aussage. Um ihr Versagen zu vertuschen und sich auf den Goebbels-Erlass berufen zu können, behaupten sie, die Zivilisten hätten die Flieger erschlagen. Darauf greift der amerikanische CIC – die Abwehrorganisation des Heeres, zuständig auch für Morde an US-Bürgern – bei seinen Ermittlungen nach dem Krieg zurück. Am 26. Mai 1945 wird der Bürgermeister von Borkum, ein fanatischer Hitleranhänger, zur englischen Militärregierung bestellt, weil bei ihr eine Anzeige eingegangen ist, in der der Bürgermeister als Haupttäter bezeichnet wird. Nach Eintreffen der CIC-Beamten werden am 12. Juni vier Männer des Begleitkommandos verhaftet, kurz darauf auch Erich Wentzel. Bei den Verhören werden sie geschlagen und getreten. Während eines Spießrutenlaufens am 16. und 17. Juni durch eine 500 Meter lange Gasse erhalten sie zahlreiche Hieb- und Stichverletzungen. Dann werden sie per LKW ins Moorlager Esterwegen bei Emden transportiert, wo sie in ungeheizten Dunkelzellen in Einzelhaft kommen. Am 22. August wird auch der Feldwebel verhaftet, der den Transport geführt hat. Ende Januar 1946 werden die Gefangenen ins Militärgefängnis Ludwigsburg bei Stuttgart verlegt.

Im Prozess gegen die »Verbrecher von Borkum« vor einem Militärgericht in Ludwigsburg, der zwei Wochen später beginnt, ist die Zielrichtung der amerikanischen Ankläger von Anfang an klar: Da der siebenfache Mörder nicht mehr lebt, müssen andere Schuldbeweise her. Es geht weniger um Schuld und Sühne als vielmehr um demonstrative Rache. Die Anklage lautet auf Ermordung von sieben kriegsgefangenen Fliegern auf der Insel Borkum. Angeklagt sind insgesamt 15 Deutsche. Der Vertreter der Anklage, Captain John A. May, fordert am 20. März 1946 in seinem Plädoyer, das mit zügellosen Beschimpfungen vermischt ist, für sieben Angeklagte, darunter auch Erich Wentzel und der Bürgermeister, die Todesstrafe. Die 15 deutschen Verteidiger erhalten die Anklageschrift erst, als sie zum ersten Mal zu ihren Klienten in die Zellen gebracht werden. Sie sind so kurzfristig berufen worden, dass sie keine Zeit finden, sich auf den Prozess vorzubereiten. Während des sechs Wochen dauernden Verfahrens mit täglichen siebenstündigen Verhandlungen kommen die deutschen Verteidiger kaum zu Wort. Eine Aussprache unter vier Augen mit ihren Klienten wird ihnen kein einziges Mal gestattet. Die ebenfalls bestellten drei amerikanischen Pflichtverteidiger vermeiden es, sich mit den deutschen Anwälten zu beraten. Sie sind ebenso wenig Ziviljuristen wie die Richter und der Ankläger, alle sind Soldaten. Wentzel wird im Kreuzverhör gefragt, ob er nicht die moralische Pflicht gehabt habe, den Gefangenen zu helfen. »Jawohl!«, antwortet er, »ich habe ja auch …« Weiter kommt er nicht, der Ankläger unterbricht ihn schroff und hindert ihn an einer ausführlichen Darstellung. Die Angeklagten dürfen sich nur kurz und meistens nur mit »Ja« oder »Nein« äußern. Für die Schlussplädoyers, die die deutschen Verteidiger in englischer Sprache halten müssen, werden ihnen ganze zehn Minuten zugestanden. Wentzels Verteidiger fordert einen Freispruch wegen erwiesener Unschuld.

Die Wachmannschaft, die sich durch ihre ersten Aussagen schon vor der deutschen Militärgerichtsbarkeit gerettet hat, liefert während des Prozesses ihren Vorgesetzten ans Messer, indem sie ihm die Morde anlastet. Möglicherweise sind die vier Männer durch Misshandlungen während der Verhöre zu dieser Aussage gezwungen worden. Einige Antworten sind gefälscht oder falsch übersetzt. Die vier kommen mit vier, fünf, sechs und elf Jahren Gefängnis davon, während der Feldwebel zum Tode durch den Strang verurteilt wird. Das gleiche Schicksal erleiden Wentzel und der Bürgermeister sowie zwei weitere Angeklagte. Einmal wird lebenslängliches Gefängnis verhängt, des Weiteren 25, 20 und 18 Jahre Gefängnis. Ein Angeklagter wird freigesprochen.

Die Verurteilten werden nach Landsberg am Lech in die dortige Strafanstalt verbracht. Sie ist als Hinrichtungsstätte für in Kriegsverbrecherprozessen zum Tode Verurteilte vorgesehen. Dort muss auch Erich Wentzel das rote Hemd anziehen, in dem alle Delinquenten hingerichtet werden. Aber seine Hinrichtung wird mehrmals aufgeschoben. Seine Frau, sein Bruder und sein Verteidiger sowie hohe Würdenträger der evangelischen und katholischen Kirche und auch die Presse kämpfen gegen das skandalöse Fehlurteil und reichen zahlreiche Petitionen ein, auch an General Lucius D. Clay, den Militärgouverneur der amerikanischen Besatzungszone und Mitglied des Alliierten Kontrollrats. Doch Clay antwortet darauf nicht einmal. Dennoch schöpfen Wentzels Angehörige Hoffnung. Denn der US-Richter Simpson, der sich mit dem Fall befasst hat, erklärt öffentlich, dass der Borkum-Prozess einer eingehenden Prüfung bedürfe, die zu einer Änderung des Urteils führen müsse. Im Fall Wentzel scheine ein Freispruch möglich. Und ein anderer US-Richter äußert sich zweifelnd und besorgt: »Der Ruf des amerikanischen Volkes steht auf dem Spiel!« Der Fall Wentzel kommt bis vor das Oberste Bundesgericht der USA. Aber es erklärt sich als nicht zuständig.

Nachdem die anderen vier zum Tode verurteilten Männer längst hingerichtet worden sind, steht auch der unschuldige Erich Wentzel am frühen Morgen des 3. Dezember 1948 in Landsberg im roten Hemd unter dem Galgen. Bevor die Klappe fällt, sagt er, die Schlinge schon um den Hals: »Was meinen Kindern mitgegeben werden soll, ist das Bewusstsein der menschlichen Unzulänglichkeit und die Notwendigkeit, unablässig an der Verbesserung der Gemeinschaft der Menschen zu arbeiten.« Zu einer nachträglichen Aufhebung des Urteils und einer Rehabilitation des Verurteilten ist es nie gekommen.

Wilhelm Lang und die drei Männer hinter dem Birnbaum (1946–1953)

Einer der ersten großen, spektakulären Mordprozesse der deutschen Nachkriegszeit ist der Fall Wilhelm Lang. Er beginnt am 2. Februar 1946, gegen halb acht Uhr abends. Es ist dunkel und regnet in Strömen. In Gemmingen, einem Dorf zwischen Heilbronn und Karlsruhe, steht der Bauer Ottmar Maag in der Scheune seines Bauernhofes an der Rübenmaschine. Die Witwe Anna Renner hilft ihm. Im angrenzenden Stall arbeitet der Knecht Wilhelm Lang. In der Küche sitzt die 36-jährige Ehefrau Erika Maag an der Nähmaschine. Ihre Gehilfin Hanni spült Geschirr. Da fällt ein Schuss – ein Lockschuss, wie später deutlich werden soll. Aus dem Deichselloch an der zu den Feldern hinführenden Rückseite der Scheune fällt ein Strohsack nach innen herunter. Der Bauer sieht es, greift sich eine Mistgabel, öffnet das große Scheunentor und stürzt in den Hof. Die beiden Frauen in der Küche öffnen das Fenster und beobachten, wie Maag um die Scheunenecke herum zu den Feldern läuft, zusammen mit dem Knecht Lang, mit dem er an der Scheunenecke zusammengetroffen ist. Dann hören sie drei weitere Schüsse. Kurz darauf schleift Lang den schwer verletzten Bauern in die Stube. Drei Männer, sagt er, hätten draußen hinter dem großen, dicken Birnbaum neben dem Feldweg gestanden und auf den Bauern geschossen. Ottmar Maag stirbt eine Woche später im Krankenhaus.

Der Polizeikommissar Jakob Mühling trifft bald ein, versäumt es aber in der Nacht, den Tatort zu sichern. Er vermutet einen Racheakt von Fremdarbeitern aus der Kriegszeit. Drei unbekannte Polen haben sich häufig in der Nähe des Hofes gezeigt, Stallfenster eingeschlagen und versucht, Schweine zu stehlen. Aber die drei Männer sind nicht ausfindig zu machen. Mühling konzentriert sich auf die Vernehmung von Wilhelm Lang. Denn vom Bauern Maag hat er bei der Vernehmung im Krankenhaus erfahren, der Arzt hätte ihm gesagt, die Schüsse seien von hinten gekommen. Fremde Männer habe er nicht gesehen, gibt Maag an, und da Wilhelm Lang immer hinter ihm gegangen sei, könne Lang der Täter sein. Maag wisse ja von Langs Liebesverhältnis mit seiner Frau. Lang habe deshalb auch ein Motiv, er habe Maag beseitigen wollen, damit er künftig ganz ungestört mit seiner Frau schlafen könne.

Auf diese Aussagen Maags hin wird Lang verhaftet. Er bestreitet die Tat heftig und beteuert, er sei immer schräg vor Maag gegangen. Da es an Beweisen fehlt, stellt die Staatsanwaltschaft Heidelberg das Verfahren ein. Lang kommt wieder frei.

Etwa ein Jahr später erscheint der Kriminalkommissar Götz aus Karlsruhe, der inzwischen weitere Ermittlungen angestellt hat, und verhaftet Lang erneut. Im August 1947 wird Lang die Mordanklage zugestellt. Das Motiv für die Tat sieht die Staatsanwaltschaft in der Liebe zur Bäuerin und der Habgier nach dem Hof. »Deshalb hat Lang den Bauern, der ihn gekündigt hatte, beseitigen wollen«, heißt es darin. »Die drei Unbekannten hinter dem Birnbaum und auch die Überfälle hat Lang erfunden, um im Dorf die Meinung zu verbreiten, man trachte Maag nach dem Leben. Fußspuren am Birnbaum sind nicht gefunden worden. Lang hat die Tat mit Maags Kleinkaliber-Pistole begangen.« Aber sie wurde nach der Tat nicht gefunden. Und Lang behauptet, sie sei nur eine Schreckschusspistole gewesen.

Die Verhandlung findet am 17. und 18. Oktober 1947

vor einer Strafkammer des Landgerichts Heidelberg statt. Der Staatsanwalt fordert die Todesstrafe, die es zu dieser Zeit noch gibt. (Sie wird erst 1949 durch das Grundgesetz abgeschafft.) Da die Beweisaufnahme die Darstellung der Anklagebehörde bestätigt, wird Wilhelm Lang zu lebenslänglichem Zuchthaus verurteilt.

Die Verteidigung legt Revision ein. Ihr wird stattgegeben, weil der Antrag auf einen Lokalaugenschein abgelehnt worden war. Die Sache wird an dieselbe Heidelberger Strafkammer zurückverwiesen. Am 3. Juni 1948, also über zwei Jahre nach der Tat, verhandelt sie erneut. Der Lokaltermin am Feldweg endet mit einer Überraschung. Frau Maag hat vor einiger Zeit den vom Tatort neun Meter entfernten Birnbaum abholzen und den Zaun dahinter entfernen lassen. So bringt die Tatrekonstruktion keine neuen Erkenntnisse. Das Gericht glaubt Lang nicht, dass er aus dem Stall kam, denn dann hätten ihn die Zeuginnen am Küchenfenster sehen müssen. Lang wird erneut verurteilt, wieder zu lebenslänglicher Haft. Die Revision wird diesmal verworfen, der Rechtsweg ist ausgeschöpft.

Anfang 1949 übernimmt der Heidelberger Strafverteidiger Dr. Ernst Schwander den Fall. Mit Hilfe von Privatdetektiven stellt er neue Ermittlungen an und macht Nachbarn ausfindig, die nicht nur die Schüsse gehört haben, sondern auch Schritte mehrerer, schnell und in schweren Stiefeln den Feldweg entlangflüchtender Menschen. Doch der eingereichte Wiederaufnahmeantrag wird in zwei Instanzen verworfen. Presse und Rundfunk nehmen sich des Falles an und äußern Zweifel an der Schuld von Wilhelm Lang. Einem erneuten Wiederaufnahmeantrag wird 1953 stattgegeben.

Am 17. September 1953 findet vor dem Schwurgericht Heidelberg die neue Verhandlung statt. Der Vorsitzende ist jetzt ein anderer Richter, Landgerichtsdirektor Dr. Munziger. Er führt die Verhandlung fair und unvoreingenommen. Es stellt sich heraus, dass der Kriminalsekretär Götz, der die zur Anklage führenden Ermittlungen geleitet und die einseitig belastenden Protokolle angefertigt hat, an Schizophrenie leidet. Alles, was er ermittelt und aufgeschrieben hat, ist damit null und nichtig. Sämtliche Zeugen werden erneut vernommen und vereidigt. Und am 23. September 1953 wird das Urteil über Wilhelm Lang verkündet: »Freispruch wegen Mangels an begründetem Verdacht.«

Lang erhält für die sieben unschuldig verbüßten Zuchthausjahre eine Entschädigung. Die Staatsanwaltschaft verzichtet auf Revision. Nach der Urteilsverkündung springen Zuschauer auf die Bänke und werfen jubelnd ihre Hüte in die Luft aus Freude darüber, dass Wilhelm Lang nun endlich Recht geschehen ist.

Die wahren Täter werden nie ermittelt. Der Mord bleibt ungesühnt.

Eva Maria Mariotti und der Tod der reichen Witwe (1946–1974)

Die reiche Witwe Marie Moser wird am 30. Juni 1946 in ihrem Mietshaus im Loogenstieg in Hamburg ermordet aufgefunden. Einige Monate zuvor hat sie die hübsche Eva Maria Mariotti kennen gelernt, die 1945 von Prag in die Hansestadt übergesiedelt ist und gelegentlich in der Wohnung der Witwe übernachtet. 1946 wird der junge Tscheche Erich Sterba ihr Liebhaber. Er begleitet sie dann und wann bei den Besuchen im Loogenstieg. Am 28. Juni, zwei Tage vor Entdeckung der Leiche, verlässt Eva Maria Mariotti Hamburg und begibt sich unter verschiedenen Namen über Frankfurt, München und Paris nach Südamerika, wo sie ab 1951 lebt.

Erich Sterba wird schon im November 1946 aufgrund eines internationalen Haftbefehls in der Tschechoslowakei festgenommen. Während der Verhöre gesteht er, Marie Moser getötet zu haben, dazu aber von Eva Maria Mariotti angestiftet worden zu sein. Im November 1950 wird er in seiner Heimat zu 25 Jahren Haft verurteilt, wovon er 12 Jahre verbüßt. 1962 wird er mit einigen Auflagen entlassen. Auch Mariotti wird aufgrund eines deutschen Auslieferungsersuchens 1960 in Brasilien verhaftet und am 9. Dezember 1961 in die Bundesrepublik überführt. Nach fast dreijähriger Zeit in Untersuchungshaft beginnt am 3. Juli 1963 vor dem Schwurgericht Hamburg das Verfahren gegen sie. Ihr Verteidiger ist der 31-jährige Dr. Bernhard Servatius. »Ich habe mit dem Mord nichts zu tun«, sagt sie und bleibt auch dabei, als Sterba als Zeuge gegen sie aussagt. Die Geschworenen sind sich über die Schuldfrage nicht einig. Deshalb wird das Verfahren ausgesetzt. Die Staatsanwaltschaft wird ersucht, die Tat weiter aufzuklären. Mariotti bleibt weiterhin in Haft.

Im März 1964 wird der Prozess unter dem Vorsitz von Landgerichtsdirektor Ehrhardt wieder aufgenommen. 47 Zeugen werden gehört und auch erneut Sterba. »Frau Moser hat im Zimmer ihres Untermieters auf dem Harmonium gespielt«, erklärt er. »Da hat mich Eva Mariotti aufgefordert, die Witwe von hinten mit einem Stuhlbein zu erschlagen.« Sie sei aber nicht tot gewesen, sondern erstickt, nachdem Mariotti sie geknebelt habe. Die Leiche sei dann auf dem Bauch über den Flur in die Küche geschleift worden. Diesmal sind sich die Geschworenen einig. Sie verurteilen Eva Maria Mariotti am 12. März 1964 wegen gemeinschaftlichen Mordes in Tateinheit mit besonders schwerem Raub unter Aberkennung der bürgerlichen Ehrenrechte zu lebenslänglichem Zuchthaus. Da die Urteilsgründe ein Protokoll erwähnen, das während der Verhandlung nicht verlesen worden ist, hebt der 5. Senat des Bundesgerichtshofs am 22. Dezember 1964 wegen dieses rein formalen Fehlers im Revisionsverfahren das Urteil auf.

In dem ein Vierteljahr später beginnenden neuen Prozess erklärt der Verteidiger, die Angeklagte werde nun von ihrem Schweigerecht Gebrauch machen. Der neue Vorsitzende des Schwurgerichts, Landgerichtsdirektor Heinrich Backen, setzt einen Ortstermin in der Mordwohnung an, die nun einem japanischen Geschäftsmann gehört. Die Besichtigung ergibt, dass der Flur 20 Meter lang und sehr schmal und eng ist. Bei einem derart langen Schleifweg hätte die Leiche auffällige Schleifspuren zeigen müssen. Sie wies aber keine auf. Außerdem ändert Sterba ständig die Schilderung des angeblichen Tathergangs. Mit seinen acht verschiedenen Versionen ist er nicht mehr glaubwürdig. Als am 20. Verhandlungstag die Beweisaufnahme geschlossen wird und Oberstaatsanwalt Hellge sein Plädoyer hält, sagt er: »Wenn die Angeklagte unschuldig ist, wie sie behauptet, warum unterstützt sie dann das Gericht nicht bei der Aufklärung dieses komplizierten Mordfalles?« Und zur Angeklagten gewandt fährt er fort: »Wann hat je ein Täter, der unter so schwerem Verdacht stand, sich nur mit einem kargen ›Nein‹ verteidigt? Wie kann er einfach sagen: ›Bitte weist mir die Tat nach‹?« Als er am 7. Juli 1965 sein Plädoyer fortsetzen will, erscheint Generalstaatsanwalt Ernst Buchholz im Straßenanzug im Gerichtssaal und bittet um das Wort. »Jeder Angeklagte hat ohne Gefahr und ohne Risiko das Recht, vor Gericht zu schweigen«, sagt er. Wenn er schweige und daraus auf seine

Schuld geschlossen werde, sei dies ein Prozessverstoß. »Wenn Sie auch nur die geringsten Zweifel haben«, sagt er zu den Geschworenen, »dann müssen Sie die Angeklagte freisprechen und dürfen sich auch nicht dadurch beeindrucken lassen, dass sie schon einmal verurteilt worden ist.«

Das ist ein einmaliger Vorgang in der Rechtsgeschichte der Bundesrepublik; eine derartige Belehrung durch einen nicht am Verfahren beteiligten obersten Ankläger hat es noch nicht gegeben. Der Vorsitzende unterbricht die Verhandlung. Als sie nach etwa einer Stunde fortgesetzt wird, beantragt Oberstaatsanwalt Hellge dennoch eine lebenslängliche Zuchthausstrafe. Aber im Urteil vom 14. Juli 1965 wird Eva Maria Mariotti freigesprochen, weil Sterbas Darstellung in wesentlichen Punkten widerlegt sei. Die Staatsanwaltschaft verzichtet auf Rechtsmittel. Der Bundesanwalt Dr. Kohlhaas erklärt öffentlich, dass er sich der Auffassung des Hamburger Generalstaatsanwalts nicht anschließen könne. Erst 1974 erklärt der Bundesgerichtshof in einem Urteil ausdrücklich, dass aus dem Schweigen eines Angeklagten keine nachteiligen Schlüsse gezogen werden dürfen. Eva Maria Mariotti lässt sich nach dem Freispruch auf Gran Canaria nieder, wo sie einen Keramikladen eröffnet. Dort ist sie auch gestorben.

Johann Lettenbauer und der Mord an Tochter und Enkel (1947–1965)

Zwei Jahre nach dem Zweiten Weltkrieg wird dem 65-jährigen Rentner Johann Lettenbauer vorgeworfen, seine 24-jährige Tochter und seinen zweijährigen Enkel »aus niederen Beweggründen« erschlagen zu haben. Das rein auf Indizien gestützte Verfahren endet mit einem Fehlurteil. Lettenbauer wird, obwohl er seine Unschuld stets beteuert und zwingende Beweise nicht vorliegen, wegen Mordes zu lebenslänglichem Zuchthaus verurteilt.

Johann Lettenbauer hat alle Hoffnung aufgegeben, je wieder freizukommen. Es gibt keine »neuen Beweismittel« für ein Wiederaufnahmeverfahren. Der Doppelmord scheint gesühnt. Der alte Mann hofft nur noch auf seinen baldigen Tod. Aber der will nicht kommen. Jahr für Jahr verbringt Lettenbauer in seiner Zelle. Er wird 70 und dann 80. Im Frühjahr 1965 geschieht für ihn ein Wunder: Ein Kraftfahrer gesteht plötzlich die Tat. Er habe die Frau und das Kind erschlagen, weil sie ihn beim Stehlen erwischt hätten, bekennt er gegenüber den verblüfften Vernehmungsbeamten. In einem sofort eingeleiteten Wiederaufnahmeverfahren wird Lettenbauer wegen erwiesener Unschuld freigesprochen. Er war 18 Jahre unschuldig in Haft und ist ein Greis, als er im Alter von 83 Jahren endlich entlassen wird.

Die Kasseler Sonderrichter (1950)

Am 20. April 1943 verhängt das Sondergericht Kassel gegen den 29-jährigen ungarischen Diplomingenieur Werner Holländer ein Todesurteil wegen »Rassenschande«. Das nationalsozialistische »Blutschutzgesetz« sieht zwar für dieses Vergehen nur eine Zuchthausstrafe vor, die Sonderrichter Fritz Hassencamp und Edmund Keßler stufen den Angeklagten jedoch als »gefährlichen Gewohnheitsverbrecher« ein. Das ermöglicht es ihnen, zum »Schutz der Volksgemeinschaft« die Todesstrafe auszusprechen. Im Urteil heißt es: »Es ist nach deutschem Rechtsempfinden ein Gebot gerechter Sühne, dass der Angeklagte, der während

eines Krieges Deutschlands mit den Anhängern des Welt-
judentums die deutsche Rassenehre in den Schmutz zu
treten wagte, vernichtet wird.« Ein Fehlurteil, nicht nur
wegen des extremen Strafmaßes.

Sieben Jahre später stehen Hassencamp und Keßler wegen dieses Urteils in Kassel selbst vor Gericht. Die Anklage lautet auf Rechtsbeugung. Das Landgericht bescheinigt
in seiner Entscheidung vom 28. Juni 1950 allerdings
zunächst dem Sonderrichter Keßler, der das Urteil vom
20. April 1943 verfasst hat, er sei »der wohl befähigtste Jurist in Kassel« gewesen, der möglicherweise gewünscht habe, »eine besondere juristische Leistung zu vollbringen«.
Und dann folgt die Erkenntnis: »Die Gesetze, die damals
galten, waren verbindlich für die Gerichte, ihre Anwendung kann für sich noch keine Rechtsbeugung darstellen.
Holländer ist einmal der Rassenschande in vier Fällen für
schuldig befunden worden. Die Anwendung des Blut-
schutzgesetzes ist damals ohne Zweifel zu Recht erfolgt.«

Das Landgericht spricht beide Sonderrichter frei, da ihnen eine vorsätzliche Rechtsbeugung nicht nachzuweisen
sei. Nach der Verkündung des Urteils entsteht im Gerichtssaal eine derart große Unruhe, dass der Vorsitzende
Richter androht, den Saal durch die Polizei räumen zu
lassen. Die Staatsanwaltschaft legt Rechtsmittel ein. Aber
auch in letzter Instanz werden Hassencamp und Keßler
freigesprochen.

Hans Hetzel und der »Kälberstrick-Prozess« (1953–1969)

Hans Hetzel, gelernter Metzgergeselle mit Abitur und
längere Zeit im familieneigenen Gasthof der Mutter beschäftigt, ist seit kurzem als Vertreter für amerikanische

Billardtische tätig. Am Dienstag, dem 1. September 1953, einem sonnigen, heißen Tag, ist er am frühen Nachmittag mit seinem Pkw beruflich nach Freiburg unterwegs. Als er an einem Bahnübergang halten muss und dort eine etwa 25-jährige zierliche Frau mit kurz gelockten, tizianroten Haaren stehen sieht, die ihm zuwinkt, fragt er sie, ob er sie mitnehmen kann. Sie willigt sofort ein, ohne zu sagen, wohin sie eigentlich will.

Während der Fahrt erfährt er, dass sie in einem Flüchtlingslager im Schwarzwald lebt, nachdem sie vor einiger Zeit zusammen mit ihrem Ehemann, einem Ingenieur, aus Ostberlin geflohen ist. Ihre beiden Kinder haben sie dort gelassen. Sie sei hier häufig per Anhalter unterwegs, sagt sie, auf der Suche nach Arbeit.

Erst jetzt bemerkt Hans Hetzel, dass sie keine Strümpfe anhat und Pumps trägt. Schnell merkt er, dass sie einem sexuellen Abenteuer nicht abgeneigt ist. Er lädt sie zum Abendessen ein und schlägt danach vor, in einen Feldweg einzubiegen. Sie willigt ein.

Über das, was nun folgt, gibt es nur die Angaben von Hans Hetzel selbst, die er später im Prozess gemacht hat. Nachdem sie sich geküsst haben, zieht die Frau sich aus. Sie ist schnell erregt und zieht ihn zu sich hinunter ins Gras. Der Geschlechtsakt ist wild und ungestüm. Dann gehen sie zurück zum Auto und rauchen eine Zigarette. Die Frau ist jedoch noch nicht befriedigt und verlangt nach weiteren Zärtlichkeiten. Sie hebt ihre rechte Brust zu seinem Mund und fordert ihn auf, daran zu saugen und dann hineinzubeißen. Hetzel spürt, wie sie ihm den Rücken zerkratzt und in seinen Hals beißt. Er nimmt sie anschließend von hinten, umfasst dabei mit der einen Hand ihre Hüfte und mit der anderen ihren Hals.

Zwei Tage später, am Abend des 3. September 1953, findet ein Jagdaufseher bei einem Pirschgang die Leiche einer nackten Frau mit tizianroten Haaren in einem Brombeergestrüpp an der Böschung der Bundesstraße 15. Nicht weit davon, fast an derselben Stelle, sind 1949 und 1952 ebenfalls unbekleidete Frauenleichen gefunden worden. Die Suche nach dem so genannten Autobahnmörder ist bisher erfolglos geblieben. Die Kriminalpolizei Freiburg stellt sofort fest, dass auch in diesem Fall Fund- und Tatort nicht übereinstimmen. Eine schnell aus der Stadt herbeigeholte Fotografin macht Farbfotos von der Leiche. Der Polizeibericht vermerkt Würgemerkmale an Hals und Genick, Kratz- und Bissspuren an der rechten Brust und ein blutunterlaufenes linkes Auge.

Schon am nächsten Tag erfolgt die Autopsie durch den zuständigen Amtsarzt und einen hinzugezogenen wissenschaftlichen Assistenten des Pathologischen Instituts der Universität Freiburg. Die Gutachter stellen außer einer versuchten Abtreibung zahlreiche Spuren äußerer Gewaltanwendung am Körper der Verstorbenen fest, die den Schluss zulassen, dass in einer hochgradigen sexuellen Erregung vorgegangen worden ist. Am Ende kommt das vorläufige Gutachten zu dem Ergebnis, »dass der Tod offenbar durch Herzversagen eingetreten ist, erklärlich aus der durchgemachten multiplen Misshandlung sowie dem entkräfteten Zustand nach unvollkommener Abtreibung«. Im endgültigen Obduktionsbericht wird dann ausgeführt, dass die am Körper der Toten entdeckten Verletzungen nach ihrer Schwere in keiner Weise ausreichen, um den plötzlichen Tod erklären zu können. Aufgrund der erhobenen Befunde sei eine gewaltsame Erstickung als Todesursache mit Sicherheit auszuschließen.

Am 5. September 1953 erscheint der Ehemann der

Getöteten bei der Polizei und meldet seine Frau als vermisst. Er identifiziert die Leiche und erklärt, seine Frau sei des Öfteren über Nacht weggeblieben. Sie habe ein recht leichtsinniges Leben geführt, so dass ihm schon mehrmals der Verdacht gekommen sei, sie betrüge ihn mit anderen Männern. Die Mordkommission der Freiburger Kriminalpolizei hat die Ermittlungen aufgenommen und die Staatsanwaltschaft hat für Hinweise, die zur Ermittlung des Täters führen könnten, eine Belohnung in Höhe von 500 Mark ausgesetzt.

Am Montag, dem 7. September 1953, erscheint noch ein anderer Mann bei der Polizei. Es ist Hans Hetzel. Aber er räumt zunächst nur ein, dass er die Frau mitgenommen, an der Landstraße wieder abgesetzt und ihr ihre Handtasche für seine Frau abgekauft hat. Jeden sexuellen Kontakt bestreitet er. Bei den weiteren Verhören gibt er dann zu Protokoll, der Körper der Frau habe beim Koitus plötzlich jede Spannung verloren und sei unter seinen Händen bewegungslos zusammengesackt. »Wir haben uns geliebt«, sagt er, »und dann war sie plötzlich tot.« Er habe sein Ohr auf ihre Brust gelegt und keinen Herzschlag mehr gehört. Dann habe er Wiederbelebungsversuche angestellt. Statt sofort zur Polizei oder einem Arzt zu fahren, habe er die Leiche auf dem Rücksitz seines Autos ins Ried gebracht und am Straßenrand die Böschung hinuntergleiten lassen. »Das ist die Wahrheit«, beteuert er. »Ich habe sie nicht umgebracht.« Tod auf dem Höhepunkt der Lust, Sterben beim Orgasmus? Die Vernehmungsbeamten nehmen ihm das nicht ab. Hetzel wird verhaftet und gesteht schließlich in den folgenden endlosen Verhören, die Frau sei unter seiner tätlichen Einwirkung, allerdings ohne seinen Vorsatz, gestorben. Er erklärt, er müsse ihr wohl die Luft abgestellt haben. Dieses

Geständnis widerruft er kurz darauf wieder mit der Behauptung, es sei erpresst worden. Der Oberstaatsanwalt habe ihn bei den Vernehmungen fertig gemacht und nicht einmal ausreden lassen, die Aussagen seien in dieser Form nicht von ihm. Dennoch erhebt die Staatsanwaltschaft Anklage gegen ihn. Der Oberstaatsanwalt hält es sogar für möglich, dass Hetzel der seit drei Jahren gesuchte Autobahnmörder ist. Doch dafür gibt es keine Beweise. Deshalb plädiert er zunächst auch nur auf Körperverletzung mit Todesfolge.

Aber dann nimmt der Prozess eine unerwartete, entscheidende Wendung. Der Ordinarius des Instituts für Gerichtliche Medizin der Universität Münster, Professor Ponsold, eine international anerkannte Kapazität, kommt in dem von der Staatsanwaltschaft eingeholten Gutachten anhand der Fotografien des Opfers zu dem Ergebnis, dass die Frau durch einen Kälberstrick oder einen ähnlichen Gegenstand erdrosselt worden sei. Die vermeintliche Mordwaffe wird allerdings nie gefunden. Der Gutachter mutmaßt, der Angeklagte habe der Frau möglicherweise zunächst ins Gesicht und auf die Nase geschlagen, worauf sie wohl versucht habe zu fliehen. Hetzel sei dann wahrscheinlich hinterhergerannt und habe ihr auf den Kopf geschlagen. Nach diesen Schlägen sei sie zusammengesunken, worauf er ihr die Schlinge um den Hals gelegt und kräftig zugezogen habe. Nachdem er sie dann umgedreht, gänzlich entkleidet und ihr in den Bauch und die rechte Brust gebissen habe, habe er anschließend noch während des drei bis acht Minuten dauernden Todeskampfes und vielleicht noch nach dem Tod Verkehr mit ihr ausgeübt. Hetzel beteuert erneut seine Unschuld. Er unterbricht den Gutachter während seines Vortrags zweimal, was ihm eine Rüge des Gerichts einbringt und seine

Lage eher noch verschlechtert. Die Stimmung im Gerichtssaal kippt völlig um, alle halten ihn plötzlich für schuldig, auch die Presse lässt diese Tendenz erkennen.

Jetzt macht Hetzels Verteidiger, ein in Strafsachen nicht sehr erfahrener Anwalt, einen nachhaltigen Kunstfehler. Er verlangt zwar in einem sofortigen Beweisantrag ein weiteres Gutachten, begründet das aber nur damit, dass sich im Hinblick auf die Schwere der Verantwortung die Sicherung der Beweisgrundlage durch ein weiteres Gutachten empfehle. Ponsold gibt daraufhin zu Protokoll, dass er seiner Begutachtung sicher sei und keiner Hilfe durch andere Sachverständige bedürfe. Das Gericht berät eine Stunde über den Antrag und lehnt ihn dann ab, weil er sachlich nicht genügend begründet sei. Es zeichnet sich ab, dass das Schwurgericht den Argumenten des erfahrenen Münsteraner Pathologen folgen wird, da er als Koryphäe gilt. Der Verteidiger versäumt es, auf durchaus vorhandene Widersprüche in Ponsolds eigenen Aussagen hinzuweisen.

Im Schlussplädoyer lässt der Oberstaatsanwalt kein gutes Haar an dem Angeklagten, der während der Rede in Tränen ausbricht. Nur er allein weiß, was sich an jenem Abend des 1. September 1953 wirklich abgespielt hat. »Hetzel steht mit dem Töten in näherem Verhältnis«, führt der Oberstaatsanwalt aus. »Hetzel ist ein Sadist. Im Hintergrund schlummert bei ihm die Bestie, die das Opfer verschlingt, wenn es willfährig geworden ist.« Es gelingt ihm, die sechs Geschworenen von der Schuld des Angeklagten zu überzeugen. Als der Landgerichtspräsident, zugleich Vorsitzender des Schwurgerichts, am 17. Januar 1955 das Urteil verkündet, steht es fest: Lebenslängliches Zuchthaus für Hans Hetzel. Alles spräche dafür, begründet der Vorsitzende das Urteil, dass Hetzel sein Opfer langsam zu

Tode gebracht hat, wobei er es bestialisch misshandelt, missbraucht und sich an ihren Leiden sexuell erregt habe. Das entspräche ganz der Persönlichkeit des Angeklagten, denn er sei ein roher und brutaler Mensch, der zu sadistischen Handlungen neige.

Noch im selben Monat wird Hetzel in eine Einzelzelle des Gefängnisses Bruchsal gesperrt. Entsetzt gibt seine Mutter den »perversen Sohn« auf und seine Frau lässt sich von ihm scheiden. Der Mensch Hetzel beginnt gänzlich zu verkümmern. Sein Verteidiger besucht ihn nur wenige Male, und dann, nachdem er ihm mitgeteilt hat, dass der Bundesgerichtshof die von ihm eingelegte Revision verworfen hat, noch seltener. Dann gelingt es ihm, zwei neue Gutachter zu gewinnen. Einer ist immerhin Vorstand des Instituts für Gerichtliche Medizin der Universitätsklinik Wien. Ein Lustmord sei medizinisch nicht nachgewiesen, schreibt dieser in seinem Gutachten, wohl aber ein Sexualakt mit tödlichem Ausgang, nach vorherigem Brechen des Widerstands durch Schläge und Würgen. Ein tödliches Würgen könne nach der Aktenlage nicht mit der erforderlichen Sicherheit behauptet werden. Das ist immerhin etwas und der Verteidiger macht seinem Mandanten Hoffnung, dass der Antrag auf Zulassung der Wiederaufnahme des Verfahrens bei der zuständigen Strafkammer II des Landgerichts Erfolg haben werde. Aber der Antrag wird als unzulässig verworfen. Die neuen Sachverständigen, heißt es in der Begründung, verfügten nicht über Forschungsmittel, die denen des Professor Ponsold überlegen seien. Neue Tatsachen im Sinne des § 359 Strafprozessordnung seien nicht vorgebracht worden. Der Verteidiger legt sofortige Beschwerde ein und bittet die Gutachter um Ergänzung. Am 12. Dezember 1962 verwirft das Oberlandesgericht Karlsruhe jedoch die Beschwerde. Hetzel erhält einen Brief seines Verteidigers, in dem er ihm mitteilt, er wisse nun nicht, was er noch weiter für ihn tun könne. Alle Rechtsmittel seien jetzt ausgeschöpft. Verzweifelt schreibt Hetzel an Professor Ponsold in Münster, er möge ihn doch nicht im Zuchthaus umkommen lassen, er sei unschuldig. Ponsold findet den Brief uninteressant und legt ihn zu den Akten.

Nach zwei Jahren Untersuchungshaft und neun Jahren Zuchthaus in Bruchsal wird Hans Hetzel Anfang 1964 in eine andere Zelle verlegt und hat wieder mehr Kontakt mit anderen Menschen. Kurz darauf gibt ihm ein Lehrer der Anstalt die Adresse des Vorsitzenden der »Deutschen Liga für Menschenrechte« mit der Empfehlung, sich doch einmal an diesen Mann zu wenden. Es handelt sich um den Schriftsteller Frank Arnau, der insbesondere durch seine Kriminalromane bekannt geworden ist. »Wenn Sie nicht nur aus Wichtigtuerei gegen die Justiz wetteifern«, schreibt Hetzel ihm in einem Brief, »sondern wirklich etwas zugunsten eines unschuldig verurteilten Menschen tun wollen, so nehmen Sie sich meiner an.«

Am Silvestertag des Jahres 1965 wendet sich Arnau schriftlich an Dr. Fritz Gross, einen in Fachkreisen sehr geschätzten Strafverteidiger aus Frankfurt am Main, der unter anderem im Fall Maria Rohrbach ein Wiederaufnahmeverfahren erreicht hat. Anfang Februar 1966 erhält Hetzel im Gefängnis Besuch von Gross. Er hat sich die Unterlagen angesehen und ist erstaunt darüber, dass es ein Gutachter zum ersten Mal in der Kriminalgeschichte gewagt hat, nur anhand von nicht sonderlich scharfen, auf das Format 18 mal 24 vergrößerten Fotos quasi in einer Art Ferndiagnose zu urteilen und die Todesursache entgegen den Feststellungen des Obduktionsberichts genau festzulegen. Und er sieht auch Widersprüche in Ponsolds

Aussagen, der noch während des Prozesses 1955 in einem Interview mit einer medizinischen Fachzeitschrift erklärt hat, der eindeutige Strickabdruck auf den Fotos sei ein so gewöhnlicher und alltäglicher Befund, wie er bei Tausenden von Fällen zu beobachten sei. Dann aber äußert er sich nur ein Jahr später in dem Sammelband *Die Polizei und ihre Aufgaben*, er müsse sich schämen, dass er nach langem Brüten über den Bildern erst am zweiten Tag die Abdrücke eines Strickes entdeckt habe und dass ihm dann mit einem Schlage klar gewesen sei, was er bereits vermutete. Also doch eine spontane Eingebung und kein Alltagsbefund? Außerdem sind die Fotos nach dem Transport der Toten über mehr als 30 Kilometer gemacht worden und nachdem die Frau einen Abhang hinunter in ein Gebüsch gestoßen worden ist. Könnten die festgestellten Spuren am Körper nicht auch dabei entstanden sein? Im Gerichtsurteil, dass Fritz Gross genau studiert hat, steht dagegen: »Mit geradezu erstaunlicher Sicherheit sagte Professor Ponsold aus Münster, dass es sich bei der Tötung nur um Mord durch Erdrosseln gehandelt haben könne. Der vom Sachverständigen angenommene Tatverlauf entspricht nach der Überzeugung des Gerichts im Wesentlichen der Wahrheit.«

Dr. Fritz Gross übernimmt den Fall und stellt am 3. Juli 1966 beim Vorsitzenden der Ersten Großen Strafkammer des zuständigen Landgerichts einen Antrag auf Wiederaufnahme des Verfahrens gegen Hans Hetzel. Er stützt seinen Antrag auf drei neue medizinische Gutachten und die Aussagen von vier Sachverständigen für wissenschaftliche Fotografie. Nun gibt es insgesamt bereits elf Gutachten international anerkannter Fachleute, die Ponsolds Feststellungen widerlegen. Aber der Antrag wird mit der Begründung zurückgewiesen, die Strafkammer erkenne für die Frage, worauf die an der Leiche zu sehenden Spuren zurückzuführen seien, Professor Ponsold die überlegene Sachkenntnis zu. Aber mit der Frage, ob es auch Blutergüsse geben kann, wenn jemand bereits gestorben ist, haben sich weder Ponsold noch die Strafkammer auseinander gesetzt. Dr. Gross gibt nicht auf. Zunächst einmal verstärkt er die Pressearbeit, um auf den seiner Ansicht nach vorliegenden Justizirrtum hinzuweisen. Im November 1966 erscheint im *Spiegel* eine mehrseitige Reportage über den Fall. Und in der Münchener *Abendzeitung* wettert Frank Arnau unter der Überschrift »Vor einer Wende im Fall Hetzel« über die Fehler der Justiz und das jammervolle Schicksal des Verurteilten. Die Deutsche Gesellschaft für Gerichtliche und Soziale Medizin beauftragt eine Kommission aus fünf deutschen Universitätsprofessoren, den Fall Hetzel zu untersuchen. Aber im September 1967 stellt sich die Kommission einhellig hinter ihr Mitglied Professor Ponsold und stellt fest, dass das Opfer ohne ein massives Strangulieren nicht gestorben wäre. Dr. Gross hofft nun, dass das Oberlandesgericht Karlsruhe seiner Beschwerde gegen die Ablehnung des Wiederaufnahmeantrags stattgibt, aber sie wird zurückgewiesen. Es genüge nicht, dass andere Beweise angeboten würden, die andere Feststellungen als möglich erscheinen lassen, heißt es in der Begründung. Solche Beweise müssten vielmehr unvereinbar mit dem Urteil sein, was jedoch bei keinem der beigebrachten neuen Gutachten der Fall sei.

Nun hat Dr. Gross nur noch eine Hoffnung. Es gibt eine international anerkannte Kapazität auf dem Gebiet der postmortalen Blutungen: Professor Otto Prokop von der Charité Berlin. Den könnte er um die Erstellung eines Gutachtens bitten. Die Sache hat nur einen Haken: Der Mann sitzt in Ostberlin, wo er einen Lehrstuhl für Gerichtliche Medizin an der Humboldt-Universität innehat. Dr. Gross fährt nach Ostberlin und schildert Prokop den Fall. Der hält das Gutachten von Ponsold für falsch und ist bereit, im Fall Hetzel tätig zu werden. Der Gerichtsmediziner will zur Frage von möglichen Blutungen am Hals eines Toten entsprechende Versuche an Leichen durchführen. Prokop erhält sogar eine Ausreisegenehmigung von der DDR für den Fall, dass er in einem Wiederaufnahmeverfahren vor einem Gericht der Bundesrepublik sein Gutachten erläutern muss. Als Gross es dann tatsächlich in den Händen hält, ist das Ergebnis klar und eindeutig: Blutungen unter der Haut können auch noch mehrere Stunden nach dem Tod durch Gewalteinwirkung bei Leichen verursacht werden. Die Frau wurde so oft bewegt, dass sämtliche Spuren an ihrem Körper nach dem Tode eingetreten sein können. Die Fotos der Leiche gäben nicht den geringsten Hinweis darauf, dass die Frau mit einem Kälberstrick oder einem strickähnlichen Werkzeug erdrosselt worden sei. Und Todesfälle beim Beischlaf seien keineswegs ungewöhnlich.

Dr. Gross fertigt sofort einen neuen Wiederaufnahmeantrag an und reicht ihn mit Datum vom 24. Juni 1968 beim zuständigen Gericht ein. Hinsichtlich des fraglichen Beweiswerts der Fundortfotografien hat er auch noch zwei Schweizer Experten um ein Gutachten gebeten. Ein Professor von der Eidgenössischen Technischen Hochschule Zürich hat einen Auswertungsautomaten für Fotos entwickelt, der das Unterscheidungsvermögen des menschlichen Auges deutlich übertrifft. Hans Hetzel, der inzwischen im Gefängnis einen Fernkurs in Betriebswirtschaftslehre gemacht hat, wartet in seiner Zelle ungeduldig und voller Hoffnung auf eine Entscheidung. Warum braucht das Gericht so lange? Ein weiteres volles

Jahr vergeht. Dann teilt ihm Gross am 30. April 1969 telefonisch mit, dass das Landgericht die Wiederaufnahme des Verfahrens und eine sofortige Vollstreckungshemmung angeordnet hat. Das bedeutet: Hans Hetzel, nun 48 Jahre alt, ist nach 16 Jahren ununterbrochener Haft endlich frei und kann das Gefängnis sofort verlassen! Im Fernsehen wird gezeigt, wie sein Verteidiger ihn vom Gefängnis abholt. Als ein Reporter ihn fragt, was er während seines Freiheitsentzuges am meisten vermisst habe, antwortet Hetzel: »Das Recht!«

Aber das Verfahren selbst lässt noch auf sich warten. Ende Oktober 1969 schickt Professor Ponsold sein Gutachten aus dem ersten Prozess mit einer Stellungnahme an die *Frankfurter Allgemeine Zeitung*, in der er ausführlich erläutert, warum die Zulassung eines Wiederaufnahmeverfahrens aufgrund der angeblichen Erkenntnisse von Professor Prokop aus der DDR ein kapitaler Fehler sei. Aber die Tendenz der Presse geht nun vor allem seit den ausführlichen Reportagen von Gerhard Mauz im *Spiegel* fast einhellig dahin, dass im Fall Hetzel ein schrecklicher Justizirrtum schleunigst korrigiert werden müsse. Auch Frank Arnau schreibt in einer Illustrierten, mit dem Bild der nackten Toten im Brombeergesträuch auf einer Doppelseite, dass der Fall Hans Hetzel in der bewegten Geschichte der deutschen Schwurgerichtsprozesse eine Sonderstellung einnehme. Der Schuldspruch sei für jeden objektiven Beobachter von Anfang an unhaltbar gewesen. Und Gross sagt in einem Interview, sein Mandant sei ein Symbol für die Risiken einer unflexiblen Justiz. Er hoffe, dass ihm nun endlich Gerechtigkeit widerfahre.

Als das Wiederaufnahmeverfahren im November 1969 tatsächlich beginnt, ist auch Professor Ponsold aus Münster unter den Zuschauern im Gerichtssaal. Alle Zeugen werden noch einmal gehört, auch der Oberstaatsanwalt aus dem ersten Verfahren, der nach wie vor glaubt, dass Hetzel ein Mörder ist. Als die Gutachter an die Reihe kommen, verteilt Ponsold an einen Teil der Prozessbeteiligten eine von ihm ausgearbeitete Dokumentation, um sie in seinem Sinne zu beeinflussen. Aber das Gericht folgt den Aussagen der neuen Gutachter, vor allem den eindeutigen Feststellungen von Professor Prokop, der sein Gutachten erläutert und anhand von Dia-Aufnahmen, die er von den angestellten Leichenversuchen gemacht hat, überzeugend darlegt, dass die Spuren am Körper der Toten sehr wahrscheinlich postmortal durch den Transport der Leiche entstanden sind. Die Leiche sei im Brombeergesträuch auf Ästen zu liegen gekommen, wie die Aufnahmen beweisen. Die Aufliegestelle könne durchaus Y-förmig wie bei einer Astgabel gewesen sein und die würgeähnlichen Merkmale am Hals der Toten erklären. Außerdem sei laut Obduktionsbericht der Herzmuskel der Frau entzündet gewesen. Der Intimverkehr habe sie hochgradig erregt und ihren Kreislauf stark belastet, zudem sei sie durch den im 3. Monat erfolgten unvollkommenen Schwangerschaftsabbruch zusätzlich geschwächt gewesen. Deshalb sei es durchaus plausibel, dass das vorgeschädigte Herz beim Beischlaf versagt habe. Entsprechende Todesfälle seien schon seit dem 17. Jahrhundert bekannt. Es gäbe keine beweiskräftigen Befunde für einen gewaltsamen Angriff auf die lebende Frau.

Der Oberstaatsanwalt plädiert angesichts dieser Sachlage auf Freispruch. Dr. Gross schließt sich ihm an und beantragt, das am 17. Januar 1955 gefällte Schwurgerichtsurteil aufzuheben und die Kosten des Verfahrens der Staatskasse aufzuerlegen. Nach den Plädoyers erklärt Professor Ponsold gegenüber der Presse: »Otto Prokop hat ein Gefälligkeitsgutachten erstellt!« Daraufhin stellt Dr. Gross im Auftrag des Ostberliner Gerichtsmediziners Strafantrag wegen Verleumdung. Im Schlusswort sagt Hans Hetzel, er bitte das Gericht, ihm das Recht zu geben, auf das er 16 Jahre habe warten müssen. Die Kammer berät sieben Stunden. Dann steht es fest: Der Angeklagte wird im Namen des Volkes freigesprochen. Das Urteil von 1955 wird ebenso aufgehoben wie die Aberkennung der bürgerlichen Ehrenrechte. Über die zu leistende Entschädigung für die zu Unrecht erlittene Haft werde ein besonderer Bescheid ergehen. Das Verfahren habe gezeigt, wo mögliche Lücken des Rechtssystems liegen. Am Schluss drückt der Vorsitzende gegenüber Hans Hetzel sein Bedauern aus für das erlittene Unrecht. Und Rechtsanwalt Gross äußert nach dem Prozess, er habe eine Flut von Bittschriften aus deutschen Strafanstalten bekommen. »Wenn nur ein Bruchteil dieser Hilferufe begründet ist, dann kann man nicht mehr schlafen. Dann packt einen das Grauen.«

Todesurteil für geflohenen DDR-Spion (1954/1955)

Anfang 1955 wird der Kaufmann T. vor dem Bezirksgericht Cottbus wegen gegen den Staat gerichteter Verbrechen nach Artikel 6 II der damaligen DDR-Verfassung angeklagt. Man wirft ihm vor, seit 1950 Mitglied der Vereinigung politischer Ostflüchtlinge und später Verbindungsmann zur Deutschen Freiheitsliga gewesen zu sein. Er habe 1951 auf Grenzbahnhöfen zum Ostsektor Berlins westliche Tageszeitungen und andere ›Hetzschriften‹ verteilt und sei auch dafür verantwortlich, dass monatlich mehrere tausend ›Hetzflugblätter‹ in der DDR abgesetzt worden seien, heißt es in der Anklageschrift. Man beschuldigt ihn außerdem geheimdienstlicher Aktivitäten vom Frühjahr 1951 bis zu seiner Inhaftierung im Sommer 1954. »Bis 1952 hat er Spionageaufträge und Kurierdienste für den französischen Geheimdienst ausgeführt. So hat er während der ›Weltspiele der Jugend und Studenten‹ die Namen französischer Teilnehmer festgestellt und Informationen über die FDJ und das Schulsystem in der DDR geliefert, wozu auch die Besorgung sämtlicher Schulbücher gehörte. Dann hat er 1951 im Auftrag des Abwehrdienstes der britischen Rheinarmee ein Spionagenetz in der DDR aufgebaut. Zweimal monatlich ist er mit einem britischen Flugzeug nach Westdeutschland gebracht worden, um dem britischen Geheimdienstoffizier, dem er unterstellt war, zu berichten und neue Anweisungen zu empfangen. Als Hauptagent der ›Organisation Gehlen‹ hat er anschließend Berichte über Objekte der sowjetischen Militäreinheiten und der kasernierten Volkspolizei geliefert und seit 1953 für den amerikanischen Geheimdienst 120 Berichte über Flugplätze und verkehrstechnische Einrichtungen erstellt, für die er jeweils 40 Westmark erhielt. Auch für den dänischen Geheimdienst und das Westberliner ›Landesamt für Verfassungsschutz‹ hat er gearbeitet und Informationsmaterial über finanzwirtschaftliche Angelegenheiten und landwirtschaftliche Produktionsgenossenschaften übermittelt.«

Das Bezirksgericht Cottbus verurteilt T. am 3. März 1955 zum Tode. Damit werden dessen Spionagetätigkeiten, die die Staatssicherheit der DDR nicht wesentlich beeinträchtigten, mit schweren Kapitalverbrechen gleichgestellt. Seine Berufung wird vom Obersten Gericht der DDR durch Urteil vom 1. April 1955 zurückgewiesen. Das Politbüro des Zentralkomitees der SED hat die kurz darauf erfolgte Hinrichtung vorab gebilligt. Der Einwand T.'s, seine Tätigkeit sei am Ort der Handlung (Westberlin) nicht mit Strafe bedroht gewesen, wird »als unerhörte Anmaßung« bezeichnet. Das Urteil bescheinigt ihm »ganz ungeheuerliche Verbrechen, die sich unmittelbar gegen den Bestand des ersten deutschen Arbeiter- und Bauernstaates und des gesamten Weltfriedenslagers richteten. Er hat in kaum zu überbietender Intensität Verbrechen in einem Ausmaß begangen, die aufgrund ihres Charakters einen beispiellosen Grad an Gesellschaftsgefährlichkeit aufwiesen.« Und der Vorsitzende fügt persönlich den Satz ein: »Vor Elementen wie dem Angeklagten kann sich die friedliebende Menschheit nur durch deren Austilgung wirksam schützen.« Ähnliche Vokabeln haben kaum 15 Jahre zuvor auch Hitler und Goebbels benutzt.

Diese im Einklang mit der Staatsführung der DDR geübte »Blutjustiz«, bei der es nicht Gerechtigkeit, sondern um Abschreckung und die Vernichtung des Angeklagten ging, mag nach DDR-Recht kein Fehlurteil gewesen sein. Es ist aber eins nach einer demokratischen Rechtsauffassung. In seinem Urteil vom 16. November 1995 hat der 5. Strafsenat des BGH dies so gesehen. In Abkehr von seiner früheren Rechtsprechung hat er entschieden, dass die DDR-Richter, die an diesem Schauprozess mitgewirkt haben, sich nach bundesdeutschem Recht des Totschlags und der Rechtsbeugung strafbar gemacht haben.

Otto John – einmal DDR hin und zurück (1955 – 1958)

Otto John wird im Dezember 1950 zum kommissarischen Leiter des Bundesamtes für Verfassungsschutz berufen und 1952 zu dessen Präsident ernannt. Im Juli 1954 trifft er sich in Westberlin mit seinem Freund, dem prominenten Arzt Dr. Wolfgang Wohlgemuth, der eine vornehme Praxis am Kurfürstendamm hat. Von da aus fahren beide mit einem Auto in den Ostsektor der Stadt. Seit diesem Zeitpunkt bleibt John für einige Zeit auf geheimnisvolle Weise verschwunden. Es kann nie ganz geklärt werden, ob man ihn entführt oder ob er sich als Widerständler der NS-Zeit freiwillig in die DDR abgesetzt hat. Jedenfalls taucht er wenig später als politischer Flüchtling in Ostberlin auf und beginnt, die Politik der Regierung Adenauer scharf anzugreifen und zu verurteilen.

Dann ereignet sich im Dezember 1955 eine politische Sensation ersten Ranges: Otto John kehrt in die Bundesrepublik zurück. Seine Schilderung ist abenteuerlich. Er behauptet, unter Drogeneinfluss von seinem Freund Dr. Wohlgemuth in die DDR verschleppt worden zu sein. John wird sofort verhaftet und der Generalbundesanwalt Dr. Güde erhebt Anklage. Im November 1956 beginnt vor dem Bundesgerichtshof in Karlsruhe der Prozess gegen ihn wegen Hochverrats. Das Verfahren erregt über die Grenzen des Landes hinaus größte Aufmerksamkeit. In der Öffentlichkeit sind die Meinungen geteilt. Die einen erwarten für einen Verrat dieses Ausmaßes die Höchststrafe, die anderen einen Freispruch wegen erwiesener Unschuld oder zumindest aus Mangel an Beweisen. Beide Lager irren sich. Heraus kommt ein zweifelhafter Kompromiss. John wird nicht wegen eines konkreten Verrats von Staatsgeheimnissen verurteilt, sondern wegen landesverräterischer Fälschung in Tateinheit mit landesverräterischer Konspiration, und erhält vier Jahre Zuchthaus, nachdem es ihm nicht gelang, die These von der Entführung zu beweisen. Schon Mitte 1958 wird er, nach

Ablehnung mehrerer Wiederaufnahmeanträge, vom damaligen Bundespräsidenten Theodor Heuss begnadigt.

Im November 1968 öffnet Moskau die Archive und gibt Dokumente frei, die beweisen sollen, dass John freiwillig übertrat. In dem Material befindet sich auch ein Dokument über Günther Nollau, damals Oberregierungsrat im Bundesamt für Verfassungsschutz. Es handelt sich um eine detaillierte Charakteristik seiner Person mit Details, wie sie nur Nollau und John bekannt sein konnten. Nollau identifiziert das Dokument als echt. Er bestätigt und begründet diese Behauptung in dem 1985 erschienenen Buch *Die lautlose Macht*. Damit ist die Schutzbehauptung Johns widerlegt, er habe dem sowjetischen Geheimdienst keine Angaben über Angehörige des Bundesamtes für Verfassungsschutz gemacht. Der Freispruch von der Anklage wegen Verrats von Staatsgeheimnissen ist zu Unrecht erfolgt. Gleichzeitig haben die in den 90er Jahren gesichteten Stasi-Akten Johns Entführungsthese keineswegs gestützt. Statt dessen liefern sie Hinweise auf seine Kooperationsbereitschaft gegenüber der DDR. Trotzdem kämpft John bis zuletzt um seine Rehabilitation, zumal sich ehemalige KGB-Agenten mit der Behauptung zu Wort melden, John sei seinerzeit in die DDR entführt oder zumindest gegen seinen Willen dort festgehalten worden. Der letzte Wiederaufnahmeantrag wird 1995 abgelehnt. John stirbt 1997 in Innsbruck.

Maria Rohrbach und der Kopf im Küchenofen (1957–1964)

Am Samstag, dem 13. April 1957, entdecken spielende Kinder im Aasee in Münster ein angeschwemmtes, verschnürtes Paket. Der herbeigerufene Stadtgärtner findet

154

darin den furchtbar verstümmelten, kopflosen Oberkörper einer nackten männlichen Leiche. Gleich darauf sucht die Kriminalpolizei den ganzen See ab, aber ohne Erfolg. Anderthalb Stunden später finden zwei Jungen in der Aa bei Wienburg in einem weiteren Paket den Unterkörper ohne Beine. Schon am nächsten Tag kann Oberkommissar Jochum bekannt geben, dass es sich bei dem Toten um den 46-jährigen Anstreicher Hermann Rohrbach aus Münster handelt. Auf dem Gürtel, mit dem eins der Pakete verschürt war, steht der Name Rohrbach. Da es in der Stadt nur zwei Adressen mit diesem Namen gibt, ist die Ehefrau Maria Rohrbach schnell ermittelt. »Ja«, sagt sie, »das ist der Gürtel meines Mannes. Ich erkenne ihn wieder.« Ihr Mann sei wie immer zur Arbeit gegangen. »Anschließend wollte er zusammen mit einem anderen Mann noch Nebenarbeiten durchführen, bei einem Bauern, glaube ich. Ich weiß aber nicht wo. Am Wochenende wollte er wieder zurück sein.«

Die Beamten finden die Reaktion der kleinen, fast zierlich erscheinenden 28-jährigen Frau auf die Nachricht vom Tode ihres Mannes ungewöhnlich. Außer einem weinerlichen »Nein, nein!« bringt sie nichts hervor. Sie schreit weder auf, noch bricht sie zusammen und fragt auch nicht, wie ihr Mann gestorben ist. Es entsteht, wie Staatsanwalt Rosendahl später formuliert, ein Verdacht auf den ersten Blick. Auch als sie mit den Leichenteilen konfrontiert wird, reagiert sie seltsam. Sie erklärt, ihr Mann habe öfters sein Bett voll gemacht. »Deshalb fällt es mir gar nicht schwer, dass er nicht mehr ist.« Maria Rohrbach wird schon einen Tag später vorläufig festgenommen. Am Montag, dem 15. April, erlässt der Haftrichter einen Haftbefehl gegen sie wegen dringenden Mordverdachts. Die Kriminalpolizei verfolgt keine andere Spur, obwohl die Inhaftierte jede Schuld bestreitet.

Man stellt schnell fest, dass sie es mit der ehelichen Treue nicht so genau genommen hat. Unter ihren Liebhabern ist im letzten halben Jahr auch der englische Sergeant Donald Ryan. In ihrem Wohnzimmer steht ein großes Foto von ihm. Marias Lebenslauf passt zu dem Bild, das sich die Beamten bei den manchmal von zehn Uhr morgens bis zwei Uhr nachts dauernden Verhören gemacht haben. Im Alter von neun Jahren wird sie von ihrem Stiefvater sexuell missbraucht. Im Fürsorgeheim, in das sie daraufhin eingewiesen wird, zeigt sie Anzeichen beginnender Verwahrlosung. Während ihrer nachfolgenden Arbeit als Hausmädchen bei mehreren Familien begeht sie mehrere kleine Diebstähle. Die 1950 geschlossene Ehe mit dem 16 Jahre älteren, in der Nazi-Zeit wegen »angeborenen Schwachsinns« zwangssterilisierten Hermann Rohrbach ist eine reine Zweckgemeinschaft. Er muss ihr seinen gesamten Lohn abliefern. Sie verheimlicht ihm ihre zahlreichen Männerbekanntschaften nicht. Das wird auch nicht anders, als 1953 der Sohn Norbert geboren wird. Maria demütigt ihren Mann und nennt ihn »doofer Freier«, »gutmütiger Trottel« oder »dummer Hund«. Fraglos hat, wie der *Spiegel* (26/1961) in einem Bericht schreibt, »die lebenslustige, abgebrühte, mehrfach vorbestrafte Maria Rohrbach keine Vergangenheit, wie sie in der Bischofsstadt Münster Beifall hätte finden können«.

Zudem ist sie erst eine Woche vor Entdeckung der grausigen Tat wegen Unterschlagung zu drei Wochen Haft verurteilt worden, wozu die belastenden Aussagen ihres Ehemannes wesentlich beigetragen haben. Noch im Gerichtssaal hat sie geäußert, ihr Mann werde »das noch zu spüren bekommen«. Außerdem sei er homosexuell. Sein Intimfreund Erich Böhle ist drei Wochen zuvor ohne Kopf aus dem Kanal gefischt worden. Die Wasserschutzpolizei habe dies, sagt Maria Rohrbach während der Verhöre, als Unfall abgehakt, bei dem der Kopf in eine Schiffsschraube geraten sei. Die Vernehmungsbeamten wollen das jedoch gar nicht hören. Sie warten auf Marias Geständnis. Und als sie während eines Verhörs einen Nervenzusammenbruch erleidet, scheint es unmittelbar bevorzustehen.

Aber Maria Rohrbach gesteht nicht. Deshalb müssen Indizien herhalten, doch die sind dünn. Es gibt weder Zeugen noch Spuren in der Wohnung, die auf eine Zerstückelung des Ehemannes hinweisen. Am 16. April werden zwar in einem Seitenkanal der Aa in einem weiteren Paket beide Beine von Hermann Rohrbach gefunden. Aber der Kopf bleibt verschwunden. Die Staatsanwaltschaft beauftragt daher zwei anerkannte Gerichtsmediziner, den Dozenten Dr. Sachs und den Chef des Gerichtsmedizinischen Instituts der Universität Münster, Professor Ponsold, der 1955 im Mordprozess gegen Hans Hetzel als Gutachter zu völlig falschen Feststellungen und Schlussfolgerungen gekommen ist. Sie entdecken in Rohrbachs Überresten Anzeichen für eine »leichte oder mittlere, möglicherweise auch tödliche Schlafmittelvergiftung«. Er habe Veronal in großer Menge eingenommen, stellt Ponsold fest. Blutiger Schleim in der Luftröhre deute ferner auf stumpfe Gewalt gegen den Kopf hin. Eine Blutspur hinter der Wohnzimmercouch sei auf eine Körperblutung des Getöteten zurückzuführen und nicht, wie die Ehefrau ausgesagt hat, auf Nasenbluten, denn die dafür typischen Schleimhautzellen fehlen.

Aus diesen Angaben der Gerichtsmediziner entwickelt die Staatsanwaltschaft die These, Hermann Rohrbach sei zunächst mit Veronal in eine komaähnliche Bewusstlosigkeit versetzt und dann auf der Couch erschlagen worden.

Doch irgendwelche blutbefleckten Textilien oder sonstige Spuren des Gemetzels sind in der Wohnung nicht zu finden. Ist vielleicht der Kohleofen in der Küche die Ursache dafür? Nun wird eine weitere Kapazität hinzugezogen, Professor Specht, der Leiter der kriminaltechnischen Abteilung des Bayerischen Landeskriminalamts. Er erhält Rußproben von verschiedenen Stellen des Herdes und des Ofenrohres zur Untersuchung und stellt in komplizierten Untersuchungen und mit Hilfe von Ultraschallmessungen tatsächlich fest, dass der Küchenherd kurz vor Marias Verhaftung »übermäßig erhitzt« worden sei und »tierische oder menschliche Körperteile« verbrannt worden seien, die stark kochsalzhaltig gewesen wären, wie etwa die Gehirnflüssigkeit eines Menschen. Außerdem seien bei dieser Verbrennung Quecksilber und Silber frei geworden, Stoffe, die in Amalgamplomben enthalten sind. Ferner sei ein »Sammelsurium« von Textilien, ein Kissen sowie eine Bürste oder ein Schrubber mitverbrannt worden.

Deutlicher können die Hinweise, wo der fehlende Kopf und die blutbefleckten Textilien geblieben sind, nicht sein. Und unaufgefordert liefert Professor Specht noch ein weiteres Indiz, einen versuchten Giftmord. Aus dem in den verschiedenen Rußschichten entdeckten Thalliumsulfat, einem Gift, folgert er, bei dem letzten großen Herdfeuer sei thalliumhaltiges Material »in erheblichem Umfang« verbrannt worden. Da er auch in ihm zugesandten Körperproben Hermann Rohrbachs Thallium findet, ist für ihn klar, dass dem Mann zunächst kleine Dosen und dann kurz vor seinem Tod größere Mengen verabreicht worden sind, und zwar in Form des handelsüblichen Rattengifts Celiopaste. Es sei ihm zusammen mit Malvenblütentee eingeflößt worden, erklärt der Professor. Um Missbrauch zu vermeiden, ist dieses Rattengift mit einer tiefblauen

Schutzfarbe ausgestattet. Im ebenfalls tiefblau-violetten Malvenblütentee kann es nicht auffallen. Und da ein Mitarbeiter im Darminhalt des Toten auch einige »Sternhaare« entdeckt hat, wie sie auch bei Malven vorkommen, ist die Sache für die Staatsanwaltschaft nun klar. Das vorhandene Material reicht nach ihrer Auffassung für eine Anklageerhebung aus, obwohl sich im rohrbachschen Haushalt weder Celiopaste noch Malvenblütentee finden und auch niemand ausfindig gemacht werden kann, der Maria Rohrbach dieses Rattengift verkauft hat. Sie wird angeklagt, in der Nacht vom 9. zum 10. April 1957 Hermann Rohrbach aus niedrigen Beweggründen heimtückisch getötet zu haben, »indem sie ihrem schlaftrunkenen Ehemann durch Schläge mit einem schweren Gegenstand den Schädel zertrümmerte, die Leiche zerstückelte und in Decken verpackt in den Aasee und in die Aa warf, nachdem sie bis zu diesem Zeitpunkt durch monatelanges Beibringen von Thallium seinen Tod herbeizuführen bestrebt war«.

Der Prozess gegen sie beginnt im März 1958 vor dem Schwurgericht Münster unter dem Vorsitz von Landgerichtsdirektor Dr. Henkamp. Neun Männer, drei Berufsrichter und sechs Geschworene, sitzen über eine Frau zu Gericht, die weinend und in sich zusammengesunken auf der Anklagebank sitzt und immer wieder beteuert: »Ich bin unschuldig!« Professor Specht erläutert drei Stunden lang sein Gutachten. Am Schluss sagt er: »Die Ergebnisse sind geeignet, den dringenden Verdacht zu rechtfertigen, dass im Küchenherd der Rohrbach-Wohnung zumindest versucht worden ist, den Schädel Hermann Rohrbachs zu verbrennen.« Specht hat auch die Blutspuren unter den Dielen untersucht und festgestellt, dass sie »von einem Thallium-Vergifteten stammen, bei dem es sich aufgrund anderer festgestellter Spurenelemente, unter anderem Titan, Barium, Kobalt, Zink, Nickel, Blei, um einen Maler oder Anstreicher handelt, weil dieser in seinem Beruf mit diesen Elementen, die in Farben und Lacken enthalten sind, in Berührung kommt«. Und Dr. Sachs fügt hinzu: »Ich bin überzeugt, dass bei Hermann Rohrbach innerhalb der nächsten vier Wochen der Tod durch Thallium-Vergiftung eingetreten wäre, wenn nicht eine radikalere Todesursache mit der Vergiftung konkurrierend gewesen wäre. Bei Hermann Rohrbach hat sich die häufige Verhaltensweise von Giftmördern bestätigt: Der Täter verliert zum Schluss die Geduld und greift zu radikaleren Mitteln.«

Staatsanwalt Rosendahl sagt in seinem Schlussplädoyer, Hermann Rohrbach sei für die »triebhafte, egozentrische Frau nur ein lästiges Anhängsel« gewesen. Man wisse zwar nichts über die Art des Tathergangs, aber er lasse sich doch rekonstruieren. Maria Rohrbach bricht in heftiges Weinen aus und erleidet einen Zusammenbruch. Ihr Verteidiger, Dr. Fritz Gross aus Frankfurt, beantragt Freispruch, weil es sich bei den von der Anklage zusammengetragenen Indizien weniger um Tatsachen als vielmehr um Vermutungen, Wahrscheinlichkeitstheorien und Unterstellungen handele.

Am 18. April 1958 wird Maria Rohrbach zu lebenslangem Zuchthaus und Aberkennung der bürgerlichen Ehrenrechte auf Lebenszeit verurteilt. »Zwar bestreitet die Angeklagte den Sachverhalt«, erläutert der Vorsitzende Dr. Henkamp die Urteilsgründe, »sie ist indessen nach dem Ergebnis der Hauptverhandlung überführt, ihren Mann allein getötet und die Leiche zerstückelt und beseitigt zu haben.« Die Behauptung der Angeklagten, der Täter müsse in den Kreisen von Homosexuellen zu finden sein, könne nur als Schutzbehauptung gewertet werden. »Dagegen deuten die Indizien in einer so großen Menge, wie sie selten bei einem Indizienprozess auftreten, allein auf die Angeklagte als Täterin hin.« Sie sei nervlich, psychisch und physisch der Tat auch gewachsen gewesen. Und dann formuliert Dr. Henkamp den Satz: »Die Art der Tötung, besonders die Zerstückelung und die primitive Art der Ablegung der Leichenteile, ist für eine Frau charakteristisch.« Der Verteidiger legt sofort Revision gegen das Urteil ein. Sie wird aber vom Bundesgerichtshof verworfen.

Maria Rohrbach sitzt bereits über zwei Jahren in Haft, als in dem ungewöhnlich heißen und trockenen Sommer des Jahres 1959 in einem mit Wasser gefüllten Bombentrichter, dessen Wasserspiegel um mehr als einen Meter abgesunken ist, ein menschlicher, zum Teil noch behaarter Kopf entdeckt wird. Kurz darauf steht es fest: Es ist der Kopf von Hermann Rohrbach. Die Staatsanwaltschaft bemüht sich sofort zu erklären, dass die Urteilsfeststellungen im Fall Maria Rohrbach durch den Fund nicht in Frage gestellt würden. Denn im Urteil stehe nicht, dass Frau Rohrbach den Kopf verbrannt, sondern lediglich, dass sie den Kopf fortgeschafft und versteckt habe. Dennoch beantragt Dr. Gross am 15. August 1960 die Wiederaufnahme des Verfahrens. Sein Schriftsatz umfasst 144 Seiten. Ihm sind mehrere Gutachten beigefügt, die feststellen, jeder Ruß sei thalliumhaltig und der Körper jedes Menschen weise Thallium auf. Ende Oktober legt Gross die Analysen von über 100 Rußproben aus münsterschen Häusern vor, aus Lokomotiven, dem Landgericht Münster und sogar aus dem Kamin von Professor Specht. Alle enthalten Thallium, zum Teil sogar erheblich mehr als im Rohrbach-Herd gefunden wurde. Außerdem legt der Verteidiger dar, man käme zu völlig falschen Ergebnissen, wenn man von einem Befund an einer Stelle des mensch-

lichen Körpers auf den Gesamtgehalt eines Organs Rück-
schlüsse ziehe, denn Thallium lagere sich genau wie andere Metalle immer nur an einer Stelle im Organ ab. Daraufhin gibt die Strafkammer II des Landgerichts
Münster dem Wiederaufnahmeantrag statt. Der neue
Rohrbach-Prozess beginnt am 3. Mai 1961.

Durch die neuen Gutachten wird klar, dass der Thal-
liumgehalt im Rohrbach-Ofen durchaus normal gewesen
ist und dass Professor Specht in seiner Untersuchung offenbar den Eisengehalt mitgemessen hat. Eisen und Thallium haben im Spektrum die gleiche grüne Farbe. Professor Kraut vom Max-Planck-Institut in Dortmund kommt
zu dem Ergebnis, die Befunde seien keinesfalls beweis-
kräftig dafür, dass im Herd menschliche Substanzen verbrannt worden sind. Fett, Kochsalz, Phosphat und Spuren
von Aminosäuren können ebenso gut aus der Verbrennung
von Speiseresten entstanden sein. Professor Specht behauptet daraufhin, er hätte niemals erklärt, der Kopf sei
im Küchenherd verbrannt worden. Ein fadenscheiniger
Rückzieher angesichts der Formulierungen in seinem
Gutachten, dem vollends der Boden entzogen wird, als
Professor Schratz vom Botanischen Institut der Universität Münster dem Gericht erklärt, ein einziger Teelöffel
Malvenblütentee enthalte 300 000 Pollenkörner. »Von
Malvenblüten zu sprechen, ohne ein einziges, unbedingt
nachweisbares Pollenkorn gesehen zu haben, lässt nur auf
völlige Unkenntnis in pharmakognostischer Begutach-
tung oder aber auf eine verantwortungslose kriminalisti-
sche Voreingenommenheit des Gutachters schließen.«
Professor Kaiser vom Dortmunder Institut für Spektro-
chemie stimmt dem zu, indem er sagt, das Gutachten von
Professor Specht enthalte so viele Fehler, verrate so viele
Unterlassungen und Unwissenheit, stehe in solchem Kon-

trast zu den grundlegenden wissenschaftlichen Regeln und verstoße mit seinen Irrtümern gegen jede klare wissenschaftliche Erkenntnis, dass es »in den Augen der ernsthaften Wissenschaft keinerlei Beweiskraft besitzt«.

Dann weist Dr. Schreiber vom Bundeskriminalamt in seinem Gutachten nach, dass Thallium allgegenwärtig ist. Er schließt eine chronische oder akute Thalliumvergiftung Hermann Rohrbachs aus. Es fehle zudem an den in jedem toxikologischen Lehrbuch nachlesbaren typischen Symptomen wie zum Beispiel totalem Haarausfall. Auch Professor Ponsold aus Münster revidiert sein erstes Gutachten und kommt nun zu dem Ergebnis, eine Schlafmittelvergiftung müsse angesichts des geringen Veronalgehalts im Urin verneint werden. Geradezu peinlich wird schließlich die Situation, als Professor Jan van Calker am 21. Verhandlungstag kopfschüttelnd zu Professor Specht sagt: »Haben Sie denn wirklich nicht bemerkt, dass es sich um gestrichene und lackierte Bretter handelt? Zusammen mit dem Blut ist auch Farbe abgekratzt worden – und diese Mischung haben Sie dann als Malerblut analysiert?«

Angesichts derart offenkundiger Fehler und horrender Irrtümer im ersten Verfahren ist bald klar, dass Maria Rohrbach einem skandalösen Justizirrtum zum Opfer gefallen ist. Im Wiederaufnahmeverfahren wird sie »mangels Beweises« freigesprochen. Sie hat vier Jahre unschuldig im Gefängnis gesessen. Die bayerischen Generalstaatsanwälte erhalten vom Justizminister die Anweisung, alle rechtskräftig abgeschlossenen Verfahren zu überprüfen, in denen aufgrund von Gutachten von Professor Specht geurteilt worden ist. Daraufhin gibt Specht seine Tätigkeit als Gerichtsgutachter auf. Der Vorsitzende Richter des ersten Rohrbach-Prozesses, Landgerichtsdirektor Dr. Henkamp, wird 1961 vom Straf- zum Handelsrecht versetzt. In einer Illustrierten erscheinen die »Rohrbach-Memoiren« und das ZDF dreht einen Film über Maria Rohrbach, wofür sie insgesamt 30 000 DM erhält. Nach einem kurzen Klosteraufenthalt beginnt sie ein neues Leben. Als sie in einem Krefelder Stahlwerk als Kantinenkellnerin arbeitet, lernt sie dort den Kaufmann Steinwegs kennen und heiratet ihn.

Aber damit ist der spektakuläre Fall noch nicht zu Ende. Steinwegs erklärt am 4. September 1964 vor der Krefelder Polizei, seine Frau habe ihm den Mord an ihrem ersten Mann gestanden. Auch an ihm habe sie mit einem Kissen und einem spitzen Absatz Mordversuche vorgenommen. Zum Beweis dafür legt er ein Tagebuch vor. Er habe die Scheidung beantragt, sagt er. Aber die Polizei glaubt ihm nicht. Sie nimmt an, er wolle sich mit diesen Anschuldigungen nur seiner Verpflichtung zu Unterhaltszahlungen entziehen. Der tatsächliche Mörder von Hermann Rohrbach wird nie gefunden.

»Old Schwurhand« Friedrich Zimmermann (1959 – 1961)

Im Jahr 1959 gibt es in Deutschlands südlichstem Bundesland noch die Bayernpartei. Sie ist dem damaligen Generalsekretär CSU-Generalsekretär Friedrich Zimmermann ein Dorn im Auge. Er bringt einen Korruptionsprozess gegen führende Politiker der Bayernpartei in Gang. Sie werden beschuldigt, im Zusammenhang mit der Vergabe von Spielbanken-Konzessionen Gelder angenommen zu haben. Als sie hohe Gefängnisstrafen erhalten, bedeutet das das politische Aus für die unliebsame Konkurrenz.

Es stellt sich jedoch heraus, dass Friedrich Zimmermann in diesem Spielbanken-Prozess unter Eid die Unwahrheit gesagt hat. Er wird 1960 vor der Fünften Großen Strafkammer des Landgerichts München I wegen doppelten Meineids angeklagt. Der Staatsanwalt fordert für ihn zwei Jahre Zuchthaus, lebenslängliche Eidesunfähigkeit und den Verlust der bürgerlichen Ehrenrechte für drei Jahre. Doch das Gericht begnügt sich mit einer Strafe von vier Monaten Gefängnis auf Bewährung wegen fahrlässigen Falscheids. Zimmermann legt Revision ein. Er stützt sie auf ein ärztliches Gutachten, das ihm bescheinigt, dass er zur Zeit der Aussage gegen die Politiker der Bayernpartei unter einer Überfunktion der Schilddrüse litt, die zu einer Unterzuckerung des Blutes und deshalb zu verminderter geistiger Leistungsfähigkeit geführt habe. Das Gericht billigt ihm tatsächlich den § 51 StGB zu und spricht ihn 1961 frei.

Ein zweifelhaftes, offensichtlich politisches Urteil, das dem späteren Bundesinnenminister in der Öffentlichkeit den Spitznamen »Old Schwurhand« einbringt. Dagegen will Zimmermann sich verwahren. Er klagt vor dem Amtsgericht Starnberg. Aber das Gericht entscheidet, dass er durchaus so genannt werden darf. Der Ausdruck bedeute, dass »die so bezeichnete Person schon öfters geschworen hat oder die Hand gern zum Schwur erhebt, wobei die zugrunde liegenden Aussagen vielleicht in mancher Hinsicht bedenklich sind«.

Fehlurteil im Fall Vera Brühne?
(1960–1979)

Zu den bekanntesten und umstrittensten Mordprozessen in der Geschichte der Bundesrepublik zählt der Fall Vera Brühne. Er wurde sogar verfilmt. Bis heute sind die Stimmen nicht verstummt, die in dem Prozess einen Justizskandal und in dem Urteil ein Fehlurteil sehen.

Am 19. April 1960 werden der Münchener Arzt Dr. Otto Praun und dessen Haushälterin Elfriede Kloo in Pöcking am Starnberger See erschossen aufgefunden. Die Staatsanwaltschaft beschuldigt Vera Brühne und ihren Freund Johann Ferbach, die Tat begangen zu haben. Im Juni 1962 werden sie des Mordes für schuldig befunden und zu lebenslanger Haft verurteilt. Der Prozess dauert fünf Wochen und erregt in der Öffentlichkeit großes Aufsehen. Sympathien und Antipathien für die attraktive blonde Frau sind geteilt. Sie war die Geliebte des Arztes und geriet in Verdacht, weil der Getötete sie testamentarisch als Grundstückserbin bedacht hat. Die Staatsanwaltschaft sieht in hemmungsloser Geld- und Habgier das Motiv für die Mordtat. Doch es gibt nur Indizien, die zum Teil sehr vage sind. Vera Brühne beteuert immer wieder ihre Unschuld, auch ihre letzten Worte vor Gericht sind: »Ich bin unschuldig!«

Johann Ferbach stirbt 1970 im Gefängnis. Der damalige bayerische Ministerpräsident Alfons Goppel lehnt 1975 eine Gnadengesuch Vera Brühnes ab. Ende 1979 wird die inzwischen 69-Jährige nach 17 Jahren Haft vom neuen Ministerpräsidenten Franz Josef Strauß begnadigt. Bis zu ihrem Tod im Jahr 2001 bleibt der Verdacht bestehen, die Ermordeten seien das Opfer von Waffenschiebern im Dienste bundesdeutscher Nachrichtendienste geworden.

Der Irrtum der Bundesanwaltschaft in der »Spiegel-Affäre« (1962 – 1965)

Am 10. Oktober 1962 erscheint im Nachrichtenmagazin *Der Spiegel* ein Artikel unter der Überschrift »Bedingt abwehrbereit«. Nach Ansicht des Bundesverteidigungsministeriums und der Bundesanwaltschaft enthält er geheime Informationen. Friedrich August Freiherr von der Heydte, ein Parteifreund des damaligen Verteidigungsministers Franz Josef Strauß, erstattet Anzeige gegen den *Spiegel* wegen Landesverrat und landesverräterischer Fälschung. Einen Tag zuvor ist von der Heydte auf Befürwortung von Strauß zum Brigadegeneral befördert worden. Im Auftrag des Generalbundesanwalts durchsuchen am 26. Oktober 1962 acht Beamte der Sicherungsgruppe Bonn die Redaktionsräume der Zeitschrift, beschlagnahmen Unterlagen und geben die Redaktion erst nach vier Wochen und nach Durchsicht von etwa 20 Millionen Unterlagen wieder frei. Der *Spiegel*-Herausgeber Rudolf Augstein und weitere leitende Redakteure werden unter dem Verdacht des Landesverrats verhaftet. Der stellvertretende Chefredakteur und Militärexperte Conrad Ahlers, der den Artikel geschrieben hat, wird auf Betreiben von Strauß in seinem spanischen Urlaubsort Torremolinos festgenommen.

Im In- und Ausland wird das Vorgehen der Polizei als ein Verstoß gegen die Pressefreiheit gewertet. Viele Journalisten sehen darin einen Racheakt von Franz Josef Strauß, der vom *Spiegel* oft scharf kritisiert und unter Beschuss genommen worden ist. Vor dem Bundestag bestreitet Strauß einen Racheakt. »Ich habe mit der Sache nichts zu tun!« Als der Minister sich aber immer mehr in widersprüchliche Aussagen über seine Beteiligung an der Aktion verstrickt und immer deutlicher wird, dass er Parlament und Öffentlichkeit wissentlich belogen und getäuscht hat, muss er am 30. November 1962 zurücktreten. Die FDP droht andernfalls mit dem Ende der Koalition. Am 11. Dezember 1962 wird Strauß aus seinem Ministerposten entlassen.

Der eingeleitete Landesverratsprozess gegen Augstein und Ahlers wird vom Bundesgerichtshof gestoppt. Er lehnt 1965 die Eröffnung des Hauptverfahrens ab. Die oberste Anklagebehörde hat die Sache völlig falsch eingeschätzt.

»Die Richter sind unter uns!« Der Fall Wolfgang Fraenkel (1962)

In Kiel wird 1942 ein Handtaschendieb in erster Instanz zum Tode verurteilt. Der Täter ist nicht vorbestraft und außerdem geistig behindert, wie ein Gutachter feststellt. Der Schaden ist gering. Alles Gründe, die sogar den nicht als milde bekannten Staatssekretär und späteren Richter am Volksgerichtshof Roland Freisler veranlassen, sich für die Aufhebung dieses Fehlurteils auszusprechen. Sachbearbeiter des Falles bei der Reichsanwaltschaft in Leipzig ist Wolfgang Fraenkel. Er entscheidet anders, ohne die Prozessakten ordentlich eingesehen zu haben. »Ich bin nicht geneigt, gegen das Urteil die Nichtigkeitsbeschwerde zu erheben«, erklärt Fraenkel. »Der Angeklagte ist seiner Persönlichkeit nach, mag er auch noch nicht vorbestraft sein, ein wenig wertvoller Volksgenosse.« Der Handtaschendieb wird gehängt.

Im Juni 1962 legt der Ausschuss für Deutsche Einheit in der DDR eine 130 Seiten lange Schrift vor, in der er im Zuge der »Blutrichter«-Kampagne anhand von sorgfältig ausgewähltem Archivmaterial nachweist, dass Wolfgang Fraenkel in 34 Fällen die Todesstrafe entweder beantragt oder bestätigt hat. Und zwar wegen Vergehen wie Diebstahl von Fahrrädern, Kleidungsstücken und Lebensmitteln oder wegen Schwarzschlachtens oder des Tatbestands der »Rassenschande«. In seiner Eigenschaft als Sachbearbeiter der Reichsanwaltschaft hat Fraenkel selbst in diesen Verfahren eine Strafverschärfung durchgesetzt, in denen seine Vorgesetzten sich gegen die Todesstrafe ausgesprochen hatten. Mehrere erhalten gebliebene Aktenvermerke belegen das eindeutig.

Ein Strafverfahren gegen Fraenkel wird in der Bundesrepublik nicht eingeleitet. Im Gegenteil: 1962 wird er sogar zum Generalbundesanwalt ernannt. Erst als die DDR-Broschüre bekannt wird, setzt man eine Untersuchungskommission ein. Schon nach vier Tagen steht ihr Urteil fest: »Fraenkel hat während seiner Zeit bei der Reichsanwaltschaft in Leipzig seine Dienstpflichten nicht verletzt.« Aus »justizpolitischen Gründen« wird er lediglich in den vorläufigen Ruhestand versetzt.

Diese Amtsenthebung veranlasst einen Teil der deutschen Presse, darauf hinzuweisen, dass an bundesdeutschen Gerichten weiterhin zahlreiche Juristen mit dunkler NS-Vergangenheit tätig seien. Ähnliches gilt für Österreich, was Oskar Brommer 1965 zur Herausgabe eines *Forum*-Sonderheftes zu diesem Thema veranlasst mit dem Titel *Die Richter sind unter uns*.

Kein einziger Richter oder Staatsanwalt der NS-Justiz wird von bundesdeutschen Gerichten verurteilt. Sie werden vielmehr ausdrücklich freigesprochen, von Richtern, die Täter aus ihrem Berufsstand offensichtlich begünstigen.

Bunke, Ullrich, Endruweit, Borm und die NS-Euthanasieverfahren (1962–1974)

In einem Schreiben vom 1. September 1939 an den Kanzleichef und Reichsleiter Bouhler sowie den SS-Begleitarzt Dr. Brandt ermächtigt Hitler beide, »die Befugnisse namentlich zu bestimmender Ärzte so zu erweitern, dass nach menschlichem Ermessen unheilbar Kranken bei kritischer Beurteilung ihres Krankheitszustandes der Gnadentod gewährt werden kann«. Das ist der Beginn der »Vernichtung lebensunwerten Lebens«. Der Mord an behinderten Kindern und psychisch Kranken wird beschönigend »Euthanasie« genannt. Ärzte und Hebammen sind fortan verpflichtet, jedes »missgestaltete Neugeborene« dem »Reichsausschuss zur wissenschaftlichen Erfassung von erb- und anlagebedingten schweren Leiden« auf Meldebögen zu benennen. Auf Grundlage dieser Bögen treffen dann drei Gutachter die Tötungsentscheidung. In so genannten »Kinderfachabteilungen« werden die Kinder in Krankenhäusern und Heilanstalten medikamentös getötet. Die »unheilbar Kranken« werden durch die »Aktion T4« getötet, so bezeichnet nach dem Sitz der Euthanasie-Zentrale in der Berliner Tiergartenstraße 4. Aufgrund der in psychiatrischen Anstalten ausgefüllten Meldebögen entscheiden T4-Gutachter über das Schicksal der Patienten. Sie werden in einer von sechs speziellen Tötungsanstalten durch Injektionen, später durch Gas oder Elektroschocks umgebracht. Schon nach knapp zwei Jahren verzeichnet die Aktion 70 000 Opfer. Sie wird Ende 1941 auf KZ-Insassen sowie Juden, Zigeuner und Polen ausgedehnt, bis sie 1943 in den organisierten Massenmord in den Vernichtungslagern übergeht. Die medizinische Begründung ist vollständig zur Farce geworden.

Im Jahr 1940 werden die Studienfreunde Heinrich Bunke, Aquilin Ullrich und Klaus Endruweit, bei Kriegsbeginn notapprobiert, für die »Aktion T4« angeworben. In der Hoffnung auf einen Karrieresprung sagen sie zu und sind fortan an Tausenden von Tötungen beteiligt. Nach dem Kriege praktizieren sie zunächst unangefochten als angesehene Ärzte in der Provinz weiter. Ullrich, aus einem

US-Internierungslager geflohen, eröffnet 1952 in Stuttgart eine Praxis als Frauenarzt. Bunke hat seit 1951 eine Praxis in Celle, und Endruweit praktiziert bereits seit 1946 in Bettrum bei Hildesheim und wird später Vorstandsmitglied der Kassenärztlichen Vereinigung Niedersachsens und Vorstand der Ärztekammer Hildesheim.

Als die drei Ärzte 1962 verhaftet werden, setzen sich Tausende von Sympathisanten aus ihren Heimatgemeinden mit Unterschriftensammlungen für sie ein. Keiner der drei Angeklagten muss in Untersuchungshaft.

Im Oktober 1966 beginnt die Hauptverhandlung gegen Bunke, Ullrich, Endruweit sowie gegen Kurt Borm, ehemals Euthanasie-Arzt in der Anstalt Sonnenstein und ab 1941 in der Zentrale T4 tätig. Er ist 1962 als leitender Arzt der inneren Abteilung des städtischen Krankenhauses Uetersen verhaftet worden, aber ebenfalls von einer Untersuchungshaft verschont geblieben. Ein Jahr später ergeht das Urteil gegen Bunke und Ullrich. Das Gericht sieht es als erwiesen an, dass die Angeklagten überlegt, planmäßig und heimtückisch vorgegangen sind und mit den »im Rahmen der Aktion T4 durchgeführten Aktionen den Tatbestand des Mordes erfüllt« haben. Doch dann heißt es weiter in der Urteilsbegründung, sie hätten »das Unerlaubte ihres Tuns nicht erkannt und in einem unvermeidbaren Verbotsirrtum gehandelt«. Sie seien vielmehr von der Rechtmäßigkeit ihres Handelns überzeugt gewesen, da sie das Ermächtigungsschreiben Hitlers kannten. Sie seien keine »Überzeugungstäter« gewesen und hätten kein eigenes Interesse an den Krankentötungen gehabt. Und »grausam« seien die Tötungen auch nicht gewesen, denn das Kohlendioxyd habe keine Qualen für die Opfer bedeutet. Nach dem Freispruch kommt es zu Beifallsbekundungen im Gerichtssaal.

Am 7. August 1970 hebt der Bundesgerichtshof dieses Urteil auf und verweist es zur Neuverhandlung zurück nach Frankfurt. Bunke, Endruweit und Ullrich legen nun ärztliche Gutachten hilfreicher Kollegen vor, die ihnen Verhandlungsunfähigkeit bescheinigen. Das Verfahren gegen sie wird ausgesetzt, obwohl Bunke noch bis 1979 weiter praktiziert, Ullrich bis 1980 und Endruweit sogar bis 1985.

Kurt Borm wird vom Landgericht Frankfurt 1972 freigesprochen. Der Bundesgerichtshof bestätigt das Urteil im März 1974. Das Fehlurteil ruft den Unmut einer Reihe Prominenter hervor. Josef Beuys, Norbert Blüm, Heinrich Böll, Marion Gräfin Dönhoff, Günter Grass, Martin Walser und andere wenden sich am 10. Juni 1974 in einem offenen Brief an Bundespräsident Heinemann. Und die *Süddeutsche Zeitung* schreibt am 22. März 1974: »Dieses Urteil ist eine der ungeheuerlichsten Entscheidungen, die deutsche Richter jemals trafen. Der Zweite Strafsenat in Karlsruhe muss von jedem Gerechtigkeitssinn verlassen gewesen sein, als er sich zu dieser verqueren Entschuldigung eines Mordgehilfen entschloss.«

Erst 1988 werden Ullrich und Bunke vom Bundesgerichtshof zu je drei Jahren Haft wegen Beihilfe zum Mord an geistig Behinderten verurteilt. Das Verfahren gegen Endruweit wird 1990 eingestellt.

Der rückfällige Serientäter K. (1964–2002)

Ein Fahndungsfoto gibt es schon früh von ihm. Eine Überwachungskamera hat den jungen schwarzhaarigen Mann mit Schiebermütze und dunkler Sonnenbrille festgehalten und genau aufgezeichnet, wie er bei einem Bankraub, mit einer Pistole in der Hand, vor Aufregung ein

Bündel Geldscheine fallen lässt. Im April 1964 endet eine Serie von bewaffneten Banküberfällen und Einbrüchen in Hamburg, Schleswig-Holstein und Niedersachsen mit der Festnahme des damals 22-jährigen K. Nach einem Überfall auf eine Volksbank-Filiale im Hamburger Stadtteil Stellingen hat er zusammen mit seinen Komplizen N. und T. 3700 Mark erbeutet und das Geld in einem alten Schuppen versteckt. K. ist der Kopf der Bande. Er entscheidet, dass das Geld zunächst dort verbleiben soll.

Aber der Kellner T. plaudert unter Alkoholeinfluss Einzelheiten über seine Taten aus und rühmt sich damit. Darin sehen die beiden anderen Komplizen ein Sicherheitsrisiko. Sie erschießen den Mann in der Kneipe seiner Frau, nachdem sie zuvor die Musikbox auf volle Lautstärke gedreht haben. Die Leiche wird in einen Teppich gerollt und auf einer Mülldeponie in Barsbüttel vergraben.

Als K. nach einiger Zeit die Beute aus dem Schuppen abholen will, wird er verhaftet. T.s Frau, die die Geliebte von N. ist und während des Mords Schmiere gestanden hat, gibt das Verbrechen als Erste zu. Wegen Beihilfe erhält sie zehn Jahre Gefängnis. Ein Hamburger Schwurgericht verurteilt die beiden Mörder zu lebenslanger Haft und anschließender Sicherungsverwahrung.

Nachdem K. zehn Jahre seiner Strafe verbüßt hat, beginnen die Vollstreckungsbehörden über seine vorzeitige Entlassung nachzudenken. Sie hoffen, ihn resozialisieren zu können. Sein Verhalten während des Strafvollzugs gibt Anlass zu der Vermutung, dass keine Gefahr mehr besteht, »dass die durch die Tat zutage getretene Gefährlichkeit fortbesteht«. 1976 kommt K. bedingt, also mit Auflagen versehen, frei – eine verhängnisvolle Fehlentscheidung. Er wird alsbald rückfällig, überfällt einen

Commerzbank-Direktor in dessen Haus in Hamburg-Rahlstedt und erpresst von ihm die Schlüssel zur Bank sowie die Tresorkombination. Wieder wird K. gefasst und 1982 zu elf Jahren Haft wegen erpresserischen Menschenraubs verurteilt.

Zwei Jahre später macht er erneut Schlagzeilen. Weil er behauptet, er könne schlecht sehen, bringt man ihn zur Augenuntersuchung ins Krankenhaus Barmbek. Hier wird er von einem Hafturlauber der Strafanstalt Fuhlsbüttel mit Waffengewalt befreit. Ein Skandal, der Hamburgs damalige Justizsenatorin Eva Leithäuser ins Straucheln bringt.

Nach einem erneuten Banküberfall 1984 in Lübeck verfolgen ihn Kinder, so dass die Polizei ihn aufspüren und festnehmen kann. Zwei weitere Banküberfälle werden ihm nachgewiesen. Er wird zu noch einmal 13 Jahren Gefängnis verurteilt.

Wieder sitzt K. einen Teil der Strafe ab und reicht dann ein Gnadengesuch ein. Milde Richter fassen all seine Verbrechen zu einer Gesamtstrafe von 20 Jahren zusammen. K. kommt ein weiteres Mal frei, angesichts seiner bisherigen kriminellen Laufbahn ein schwerer Irrtum. 1999 überfällt er die Volksbank in Pinneberg und erbeutet zusammen mit einem Komplizen 700 000 Mark. Doch wiederum wird er gefasst. Ein Hamburger Polizeibeamter beobachtet in seiner Freizeit zufällig den Raub und reißt den fliehenden K. vom Fahrrad.

Der nun schon 59-jährige K. ist wieder hinter Gittern und muss zunächst einmal die restlichen 17 Jahre seiner ausgesetzten Strafe absitzen. Hinzu kommt die neue Strafe, die das Landgericht Itzehoe verhängt. Es verurteilt K. am 9. Januar 2002 wegen des Bankraubs in Pinneberg zu weiteren zehn Jahren Freiheitsstrafe. In diesem Prozess gibt K. seinen Komplizen, der Verbindungen zu Albanern hat, nicht preis, aus Furcht, sie könnten seiner Frau etwas antun. Die Beute bleibt verschwunden. »Ich würde mich sonst im Knast nicht mehr sicher fühlen«, begründet K. seinen Entschluss.

Hans-Joachim Rehse, der Richter am Volksgerichtshof (1967/1968)

Als Richter am Volksgerichtshof in Berlin ist Hans-Joachim Rehse vom November 1942 bis Mai 1945 an 231 Todesurteilen beteiligt. Neben dem im Februar 1945 bei einem Bombenangriff getöteten Roland Freisler ist er damit der gefürchtetste und am meisten belastete Richter der NS-Justiz. Aber erst 1967 kommt es vor dem Landgericht Berlin zu einem Strafverfahren gegen ihn. Die Staatsanwaltschaft konzentriert sich in der Anklageschrift auf sieben Todesurteile, weil Rehse in diesen Fällen seine Beteiligung eingestanden hat.

Das Landgericht Berlin kann sich nicht dazu durchringen, Rehse als voll verantwortlichen Täter einzustufen. Aber immerhin verurteilt es Rehse am 3. Juli 1967 wegen Beihilfe zu Mord und versuchtem Mord zu fünf Jahren Gefängnis. Sowohl die Staatsanwaltschaft als auch die Verteidigung legen Rechtsmittel ein. Der Fall ist nun beim Fünften Strafsenat des Bundesgerichtshofs anhängig. Unter dem Vorsitz von Werner Sarstedt vertritt der Senat die Auffassung, der Volksgerichtshof sei wie ein normales, unabhängiges Gericht zu bewerten. Dem Angeklagten müsse eine bewusste Rechtsbeugung nachgewiesen werden. Das Urteil des Landgerichts wird aufgehoben und der Fall zur erneuten Verhandlung zurückverwiesen.

In seinem erneuten Urteil vom 6. Dezember 1968 folgt das Landgericht Berlin dieser Linie und spricht Rehse frei. Der Vorsitzende Richter Hans-Jürgen Oske begründet den Freispruch mit der Feststellung: »Gegen Ende des Krieges haben die Todesurteile der legitimen Selbstbehauptung des Staates gedient.« Als Oske auch noch Parallelen zur Situation in der Bundesrepublik zieht und härtere Strafen gegen Demonstranten fordert, kommt es zu erregten Protestkundgebungen. Sie werden von der Außerparlamentarischen Opposition (APO) organisiert. Auch der Berliner Bürgermeister Klaus Schütz kritisiert das Fehlurteil scharf. Die Staatsanwaltschaft legt wiederum Berufung gegen das Urteil ein. Bevor der Bundesgerichtshof erneut über die Revision entscheiden kann, verstirbt Rehse im September 1969. Der Justizskandal wirkt noch über den Tod des Betroffenen hinaus. Denn der Freispruch bleibt weiterhin bestehen und hat weitreichende Folgen, die Berliner Staatsanwaltschaft stellt sämtliche Ermittlungsverfahren gegen Mitglieder des Volksgerichtshofs ein.

Die »Aktion Steinbock« gegen vermeintliche Ulbricht-Attentäter (1969–1993)

Der ehemalige Tischler Walter Ulbricht, seit 1950 Generalsekretär des Zentralkomitees der SED und seit 1960 auch Staatsratsvorsitzender und damit Staatsoberhaupt der DDR, hat eine Vorliebe: Er wandert gern. Besonders hat es ihm der kleine thüringische Ort Steinbach angetan. Hier wird 1959 das Heinrich-Mann-Sanatorium eröffnet, in dem sich die SED-Prominenz erholt. Ulbricht und seine Ehefrau Lotte sind Stammgäste. Schwer bewacht bricht das Ehepaar zu Rennsteig-Wanderungen auf. Der

Staatssicherheitsdienst, der die höchste Sicherheitsstufe angeordnet hat, ist Steinbach schon lange ein Dorn im Auge. Seine knapp 2 000 Einwohner haben mit der DDR-Führung nicht viel im Sinn. Sie hat viele kleine, mit der Messerherstellung befasste Familienbetriebe enteignet und vor allem die Landwirtschaft zwangskollektiviert. Die Bürger nehmen kein Blatt mehr vor den Mund. Die Stasi beobachtet sie genau, geht auch den Gerüchten über illegalen Waffenbesitz nach, was in der DDR ein schweres Vergehen ist. Zum Ende des Zweiten Weltkriegs befand sich in den Wäldern von Steinbach ein Divisionsstab der Wehrmacht. Er hatte viele, zum Teil vergrabene Waffen hinterlassen: Pistolen, Gewehre, Munition und sogar Handgranaten. Fast jeder Einwohner Steinbachs besitzt solche Waffen, auch der Werkzeugmacher Gerald Rilk und der Messerschmied Werner Iffert.

Am 26. Oktober 1968 feiern die Steinbacher Kirmes. Im Gasthaus »Zur Krone« herrscht eine ausgelassene Stimmung, man tanzt und trinkt. Auch Rilk und Iffert sind dabei. Am Stammtisch schimpft man auf die Bonzen und lässt kein gutes Haar an der Staatsführung. Dann gibt es Streit mit auf Urlaub weilenden Parteigenossen, die danach Anzeige erstatten. Rilk und Iffert werden verhaftet und wegen Verleumdung angeklagt. Als bei Rilk eine Pistole gefunden wird, übernimmt die Stasi den Fall. Rilk und Iffert kommen in Einzelzellen in der Stasi-Haftanstalt Suhl.

Am 16. Juli 1969 startet die Stasi die »Aktion Steinbock«. Fast 100 Einwohner aus Steinbach werden verhört und 20 schließlich verhaftet. Anfang 1970 wird ihnen in Bad Salzungen der Prozess gemacht. Doch die Strafen sind überraschend milde. Dafür gewinnt man sie nach der baldigen Entlassung als neue Informelle Mitarbeiter (IM), die die anderen Einwohner bespitzeln sollen.

Nur fünf Beschuldigte bleiben in Suhl in Untersuchungshaft: Rilk, Iffert, Fischer sowie Kurt Malch und sein Cousin Herbert Malch, völlig ungesetzlich, ohne Anklage, ohne Vorführung vor einen Richter, vier Jahre lang. Die Stasi hängt ihnen eine Verschwörung gegen den Staat an. Sie sollen geplant haben, Ulbricht zu töten, um damit ein Signal für einen allgemeinen Umsturz zu setzen. Es gab Kneipengespräche darüber, dass Ulbricht wegmüsse und dass ohne ihn alles besser würde, aber für einen konkreten Attentatsplan fehlt jeder Beweis. Und es fehlen entsprechende Geständnisse. In Hunderten von gezielten Verhören werden die fünf Männer unter Druck gesetzt und mit fingierten Aussagen der Mithäftlinge konfrontiert. Die Stasi konstruiert Beweisketten und erpresst Geständnisse. Die Männer geben schließlich zu, dass Ulbricht aus einem Hinterhalt im Wald erschossen werden sollte. Ein abstruser Plan, an den selbst die Stasi nicht glaubt. Die Funktionäre haben die ganze »Aktion Steinbock« nur in Gang gesetzt, um Anerkennung und Belohnungen zu erhalten.

Dennoch sucht die Stasi weiter nach dem angeblichen Kopf der Bande und glaubt, ihn im NVA-Offizier Rainer Grauel gefunden zu haben. Hauptmann Grauel stammt ebenfalls aus Steinbach, ist Mig-21-Pilot und stellvertretender Kommodore des Jagdfliegergeschwaders Neubrandenburg, ein Fliegerass. Er war auch auf der Kirmes in Steinbach und übergab dort Rilk zwei Schachteln halbscharfer Kleinkalibermunition. 42 IM werden auf ihn angesetzt, man befürchtet seine Flucht in den Westen. Er wird degradiert, in Unehren aus der Armee entlassen und von einem Militärgericht zu einem Jahr Gefängnis verurteilt. Aber es gelingt nicht, ihn zum führenden Kopf der Attentatspläne zu machen. Auch bei Gerhard Wölkner, einem Forstbezirksleiter mit Kontakten zu den Steinbacher »Verschwörern«, der illegale Jagden im Grenzgebiet zugelassen hat, scheitert ein solcher Versuch.

Inzwischen ist Erich Honecker der Nachfolger Ulbrichts geworden. Er drängt auf eine schnelle Erledigung der »Akte Steinbock«. Einzelheiten sollen nicht an die Öffentlichkeit dringen. Ein Geheimprozess wird gegen die fünf Inhaftierten vorbereitet. Sie werden nach Berlin-Hohenschönhausen überstellt und vom Generalstaatsanwalt Josef Streit angeklagt, in Abstimmung mit dem Bundesnachrichtendienst einen Anschlag auf Walter Ulbricht geplant zu haben. Erst kurz vor der Eröffnung des Verfahrens erhalten sie Pflichtverteidiger, mit denen sie allerdings so gut wie keinen Kontakt haben.

Am 6. April 1972 beginnt vor dem Obersten Gericht der DDR der Attentatsprozess unter dem Vorsitz des Richters Dr. Heinz T. Der Prozess ist eine Farce und verläuft nach einem vorher mit den fünf Angeklagten genau abgestimmten Protokoll und mehrmals geprobten Frage-und-Antwort-Spiel. Der Ankläger legt keine Beweismittel vor, kein einziger Zeuge tritt auf. Nur Werner Fischer hält sich nicht an die Vereinbarungen, er widerruft sein Geständnis und streitet die Mittäterschaft ab.

Am 11. April 1972 werden die Urteile mit folgenden drakonischen Strafen verkündet: Gerhard Rilk lebenslänglich, Werner Iffert 15 Jahre Zuchthaus, Werner Fischer 15 Jahre Zuchthaus, Herbert Malch zwölf Jahre Zuchthaus, Kurt Malch zehn Jahre Zuchthaus. In einem abgetrennten geheimen Verfahren in Erfurt wird auch der Förster Gerhard Wölkner wegen Spionage, illegalen Waffenbesitzes und Mordvorbereitungen zu lebenslänglichem Zuchthaus verurteilt. Berufungen gegen die Urteile sind nicht möglich. Die Verurteilten werden in das berüchtigte Zuchthaus Bautzen überführt. Ihre Gnadengesuche werden abgelehnt. »Für politische Gewaltverbrecher gibt es auch keine Amnestien«, wird ihnen mitgeteilt.

Die Stasi-Mitarbeiter erhalten Belobigungen und Auszeichnungen für einen Fall, den es gar nicht gab und von dem sie wussten, dass er nur fingiert und konstruiert war. Der Vernehmer Rolf R. bekommt den »Kampforden für Verdienste um Volk und Vaterland«, der Vernehmer Edgar B. und der IM-Führungsoffizier Jürgen L. erhalten die »NVA-Medaille für treue Dienste« und der Referatsleiter Rolf T. bekommt die »Verdienstmedaille der DDR« und wird vom Oberleutnant zum Hauptmann befördert.

1977 entlässt man Herbert und Kurt Malch, 1978 Iffert und im Oktober 1979 den zu 15 Jahren begnadigten Rilk, während Fischer auf einen Freikauf durch die Bundesrepublik wartet. Nach acht Jahren Haft wird auch der schwer kranke Wölkner entlassen, er stirbt kurz darauf.

Nach der Wende kommt es 1990 vor dem Landgericht Berlin zu einem Revisionsverfahren, in dem durch Beschluss vom 26. Februar 1993 die Urteile aufgehoben und die Verurteilten rehabilitiert und entschädigt werden. Gegen die an den Urteilen beteiligten Richter wird ermittelt. Doch T. und der Ankläger S. versterben und gegen die beteiligten Richter Dr. Joachim S. und Dr. Friedrich M. kommt es zu keinem Verfahren.

Gegen die Erfinder des Ulbricht-Attentats, die Stasi-Beamten aus Steinbach und Suhl, wird zu keiner Zeit ermittelt. Sie leben heute unbehelligt als Autohändler, Restaurantbesitzer, Werkstatteigentümer oder als Rentner irgendwo in Thüringen. Am 12. Februar 2002 wird im deutschen Fernsehen (MDR) eine Dokumentation von Michael Erler über die »Ulbricht-Attentäter« gesendet.

Carmen Kampa und der Zeuge im Zug
(1971–1976)

Was am 1. Mai des Jahres 1971 in dem exakt um 23.26 Uhr auf dem Bahnhof Bremen-Oslebshausen einlaufenden Vorortzug nach Bremen-Vegesack geschieht, erinnert stark an den 1957 erschienenen und später verfilmten Roman *4.50 Uhr von Paddington* von Agatha Christie: Jemand beobachtet aus einem vorbeifahrenden Zug einen Mord. Ein Zeuge sieht am 1. Mai 1971, wie etwa 15 bis 20 Meter von ihm entfernt auf dem Bahndamm ein Mann auf ein am Boden liegendes Mädchen einschlägt. Das Mädchen ruft laut um Hilfe und schreit mehrmals »Bitte nicht!«. Der Zeuge öffnet das Abteilfenster, um alles besser erkennen zu können. Aus unerklärlichen Gründen ruft er weder zu dem auf dem Mädchen liegenden Mann hinüber, um ihn vielleicht von seinem weiteren Vorgehen abzuhalten, noch zieht er die Notbremse. Stattdessen berät er sich mit anderen Reisenden. Als der Zug nach einer halben Minute Aufenthalt fahrplanmäßig den Bahnsteig verlässt, wird der Zugschaffner benachrichtigt. An der nächsten Station benachrichtigt er die Polizei. Die ist schon informiert, denn die Eheleute Schuster haben um 23.27 Uhr aus ihrer etwa 300 Meter vom Bahnhof entfernten Wohnung durch das offene Schlafzimmerfenster ebenfalls die Hilferufe des Mädchens gehört und die Polizei alarmiert. Ein Funkstreifenwagen fährt um 23.31 Uhr zu dem vermeintlichen Tatort. Die Beamten suchen das Gelände rund um den Bahnhof ab, finden aber nichts.

In den Mittagsstunden des 3. Mai 1971 wird anlässlich der Suche nach zwei entwichenen Jugendstrafgefangenen in der Bahnhofsumgebung die halb entkleidete Leiche eines dunkelhaarigen Mädchens gefunden. Der Vater hat die Nachricht im Radio gehört und eilt an den Fundort, wo er die Tote als seine 17-jährige Tochter Carmen Kampa identifiziert. Die Obduktion ergibt, dass das noch jungfräuliche Mädchen vergewaltigt und erwürgt worden ist. Der Täter hat außerdem mit einem Messer viermal in ihre Brust gestochen und dabei das Herz getroffen. Erst am 5. Mai werden die Tatzeugen über die Tagespresse gebeten, sich mit der Bremer Mordkommission in Verbindung zu setzen. Ein 18-jähriger Arbeiter meldet sich sofort. Es ist der Zeuge, der beim Einfahren des Zuges als Erster das Tatgeschehen am Bahndamm aus dem Fenster beobachtet hat. Das Gesicht des Mannes habe er nicht gesehen, sagt er aus, aber der kräftig gebaute Mann sei etwa einen Kopf größer als das Mädchen gewesen und habe dunkle, normal geschnittene Haare gehabt. Er habe einen dunklen Anzug, darunter ein weißes Hemd oder einen weißen Pullover getragen. Diese Personenbeschreibung wird so nicht veröffentlicht, vielleicht weil sie so ungenau ist und auf viele Männer zutreffen kann.

Auch ein weiterer Zeuge meldet sich, ein 56-jähriger Handelsvertreter, der auf der anderen Seite des Abteils stand und auf die Rufe des ersten Zeugen ans offene Fenster trat. Unglücklicherweise beschreibt er den Täter in wesentlichen Punkten völlig anders. Seiner Meinung nach hatte der Täter eine helle Jacke an und seine schwarzen Haare waren lang. Die Mordkommission entschließt sich, statt dieser beiden sich widersprechenden Zeugenbeobachtungen eine dritte zu veröffentlichen. Sie stammt von einer Frau, die weder im Zug gesessen noch die Tat beobachtet hat. Sie berichtet von einem verdächtigen Mann, der ihr im vergangenen Vierteljahr mehrfach in der Umgebung des Oslebshauser Bahnhofs aufgefallen ist. Er habe sich hinter Bäumen und in Mauernischen versteckt, als wenn er auf irgendetwas lauere. Ihre Personenbeschreibung geht an die Öffentlichkeit: »Der Mann soll ungefähr 30 Jahre alt, 1,70 Meter groß und schlank sein, aschblondes, streng nach hinten gekämmtes Haar, sehr helle Augen sowie einen kleinen, schmalen Mund haben.« Das ist eine falsche Spur, ebenso falsch wie viele anderen Spuren, denen die Mordkommission in den nächsten Monaten nachgeht. Erst im September 1971, also vier Monate nach dem Mord, wird die Bevölkerung in einer Plakataktion aufgefordert, bei der Suche nach einem Mann zu helfen, der schwarzes Haar hatte und einen weißen Pullover trug.

Carmen Kampas Vater hat die Bekleidung seiner Tochter am Tatabend so beschrieben: schwarze Hot Pants, helle gemusterte Bluse, kurzer Mantel und eine Umhängetasche mit Fransen. Daraufhin melden sich einige Zeugen, die ein solches Mädchen im Lokal »Parkgaststätte« gesehen haben wollen. Es sei dort um 21.45 Uhr in Begleitung zweier Männer erschienen, habe eine Bratwurst gegessen und eine Cola getrunken und das Lokal in Begleitung der Männer wieder verlassen. Gegen 22.00 Uhr ist das Mädchen dann im Jugendlokal »Miramichi« gesehen worden, aus dem sie etwa eine Stunde später weggegangen ist, um um 23.27 Uhr mit dem Zug vom Bahnhof Oslebshausen nach Hause zu fahren. Am 5. August 1971 meldet sich bei der Kripo ein anonymer Anrufer. »Ich habe den Mord aus 12 Meter Entfernung genau gesehen«, sagt er. »Zwei Männer sind mit dem Mädchen unter der Eisenbahnüberführung hindurchgegangen und haben es dann in den Weg am Eisenbahndamm gezerrt. Dann haben beide Männer das Mädchen vergewaltigt. Einer stach mit einem Gegenstand auf das Mädchen ein. Danach haben sie es in das Morastgelände geschleppt.« In der Bremer Tagespresse vom 28. August wird der anonyme Anrufer aufgefordert, sich zu melden. Aber er meldet sich nicht. Vielleicht war er selbst einer der Mörder. Denn dass es zwei Täter gewesen sein können, die die Tote 200 Meter weit vom Tatort weggetragen haben, zieht auch die Mordkommission nun ins Kalkül. Dafür spricht, dass jegliche Schleifspuren an der Kleidung der Toten fehlen. Und auch die unterschiedlichen Täterbeschreibungen durch die beiden Zeugen im Zug lassen sich so erklären.

Im gleichen Monat ruft die Gastwirtin W. bei der Kripo an und erklärt, am 1. Mai, dem Tattag, hätte ein Mann in ihrem in der Nähe des Tatorts gelegenen Lokal eine Zeche über 17 Mark geprellt. Er habe die Kneipe mit der Bemerkung verlassen, er wolle etwas essen gehen und dann zurückkommen. Als Pfand habe er seine Autoschlüssel für einen Opel Kadett hinterlassen, die er aber nicht abholte. Die Beschreibung, die die Wirtin von dem Mann gibt – 28 bis 30 Jahre alt, ca. 1,80 Meter groß, kräftig, dunkle Haare, voller Fassonschnitt, dunkler Anzug, weißer Pullover – stimmt weitgehend mit der des Zeugen im Zugabteil überein. Die Staatsanwaltschaft setzt 10 000 Mark Belohnung aus für Hinweise, die zur Ergreifung des Täters führen. Es gibt über 1000 Spuren, aber welche davon ist die richtige?

Zwei volle Jahre vergehen, da scheint eine Spur »heiß« zu werden. Im Mai 1973 erinnert sich ein junger Polizeimeister beim Studium der Kampa-Akten daran, dass er im Dezember 1970 bei einer Verkehrskontrolle in Bremen einen Opel Kadett mit einem Essener Kennzeichen überprüft hat. Und da die Autoschlüssel aus der Kneipe ebenfalls von einer Essener Firma stammen, stellt der Beamte einen Zusammenhang her. Als Halter wird ein

Mann namens B. ermittelt. Am 4. Juni 1973 wird er zum ersten Mal von der Kriminalpolizei verhört. Der homosexuelle Mann ist alkoholkrank und wegen Kraftfahrzeugdiebstahls und Fahrens ohne Führerschein vorbestraft. Bereitwillig gibt er zu, den Schlüsselbund in der Kneipe hinterlassen zu haben. Es könne durchaus auch sein, räumt er vertrauensselig ein, dass er am 1. 5. 1971 seinen blauen Anzug mit einem weißen Rollkragenpullover getragen habe. Er bestreitet jedoch energisch, irgendetwas mit der Mordsache Kampa zu tun zu haben. Die Vernehmer überzeugen ihn, dass es für ihn nur zum Besten sei, wenn er sich mit der Veröffentlichung seines Fotos in der Tagespresse einverstanden erkläre. B. stimmt zu.

Daraufhin meldet sich eine Zeugin und gibt an, B. am 1. Mai 1971 im »Miramichi« gesehen zu haben. Und eine weitere Zeugin, dieselbe, die schon einmal den Hinweis auf einen aschblonden Mann gegeben hat, sagt aus, am 1. Mai habe der abgebildete Mann sie um 23.50 Uhr in der Nähe des Bahnhofs angesprochen und gefragt, ob noch ein Zug nach Bremen gehe. »Wenn Sie am 1. Mai nach 23 Uhr das Lokal ›Zum Bahnhof‹ verlassen haben«, halten die Beamten B. in einer Vernehmung vor, »dann müssen Sie doch die Schreie des Mädchens gehört haben. Sie machen sich verdächtig, wenn Sie das bestreiten.« Schließlich gibt B. zu, die Schreie gehört zu haben. Er verstrickt sich zunehmend in einem Netz von Aussagen, die ihn immer verdächtiger machen. Am 13. November 1973 erlässt das Landgericht einen Haftbefehl gegen ihn. Die Staatsanwaltschaft ist davon überzeugt, dass niemand anders als B. den Mord an Carmen Kampa begangen haben kann.

Aus der Untersuchungshaft schreibt B. am 14. Dezember 1973 an den Strafverteidiger Heinrich Hannover, der vor allem durch die Verteidigung der Terroristen Werner Hoppe und Ulrike Meinhof Anfang der 70er Jahre bekannt geworden ist, und bittet ihn um Hilfe. Da B. keinen Pfennig Geld besitzt, lässt sich Heinrich Hannover als Pflichtverteidiger beiordnen. Die Hauptverhandlung gegen B. beginnt am 12. November 1974 vor dem Schwurgericht Bremen. Bereits am 14. Januar verkündet der Vorsitzende Richter C. das Urteil: 12 Jahre Freiheitsentzug wegen Vergewaltigung in Tateinheit mit Mord. Von einer lebenslangen Strafe sei Abstand genommen worden, sagt der Richter in der Begründung, weil B. zur Tatzeit unter Alkohol gestanden habe. Er sei zwar homosexuell, aber der Alkohol habe seine durchaus vorhandenen »heterosexuellen Impulse« gesteigert. Außerdem habe ihn der »knabenhafte Wuchs« des Mädchens besonders angesprochen.

Nach dem Urteil entschließt sich der Strafverteidiger zu einem ungewöhnlichen Schritt. In einer Pressekonferenz appelliert er an die Öffentlichkeit, ihm bei der Suche nach dem Mörder Carmen Kampas zu helfen. Die Resonanz ist groß. Der *Weser-Kurier* schreibt am 13. Februar 1975: »Eine Justiz, die auf so schwache Indizien hin ein Urteil wegen Mordes ausspricht, kann jedem Bürger zum Verhängnis werden.« In eine solche Gefahr könne jeder kommen, der erst Jahre nach der Mordtat aus irgendwelchen Gründen in Verdacht gerate und jetzt noch sein Alibi für den Zeitpunkt der Tat liefern soll. Rechtsanwalt Hannover legt Revision ein. Da die Besetzung des Gerichts nicht der Schöffenliste entsprochen hat – ein absoluter Revisionsgrund – ist klar, dass das Urteil sowieso nicht Bestand haben kann. Aber der Verteidiger macht nicht nur formale Einwände geltend. Er stützt die Revision auch darauf, dass die Ermittlungsbehörden leichtfertig die

Hinweise auf einen stark verdächtigen Mann, der der Personenbeschreibung des Zeugen im Zugabteil ebenfalls entspricht, nicht weiterverfolgt haben. Da es nicht gelungen ist, den arbeitslosen und mehrmals vorbestraften Mann in den Vernehmungen zu einem Geständnis zu bringen, hat ein Kriminalbeamter die entsprechende Spurenakte einfach geschlossen. Im *Stern* ist am 10. April 1975 zu lesen: »Die Hartnäckigkeit des Anwalts offenbarte einen Fall beispielloser Schlamperei der Bremer Ermittlungsbehörden.«

In der neuen Hauptverhandlung vor einer anderen Kammer des Bremer Landgerichts spielt die wieder aufgetauchte Spurenakte 59 eine wesentliche Rolle. Das Verfahren endet am 28. Dezember 1976 mit einem Freispruch B.s. Für die über drei Jahre unschuldig verbüßte Haft erhält er eine Entschädigung. Eine Anklage gegen den hochgradig Verdächtigen der Spurenakte 59 hat es nie gegeben, obwohl seine Blutuntersuchung ergab, dass er ebenso wenig wie B. als Urheber des bei der Obduktion der Ermordeten aufgefundenen Spermas ausgeschlossen werden konnte. Der wahre Täter wird nie ermittelt, der Mord an Carmen Kampa bleibt ungesühnt. Nach wie vor ist die Rechtspraxis so, dass Spurenakten, die auf andere Tatverdächtige hinweisen, dem erkennenden Gericht nicht vorgelegt werden müssen. Es bleibt der Tüchtigkeit des Strafverteidigers überlassen, seinem Geschick und auch seinem Glück, von der Existenz solcher wichtigen Spurenakten zu erfahren und darin Einblick zu nehmen.

Das Kölner Devisenroulette
(1974–1979)

Im Juni 1974 wird eine bekannte Kölner Privatbank von der Staatsanwaltschaft besetzt. In der bis dahin größten Pleite der Nachkriegsgeschichte müssen 37 000 Gläubiger einen Verlust von 1,2 Milliarden Mark beklagen. Erst zwei Jahre später werden acht Beschuldigte verhaftet, darunter auch der persönlich haftende Gesellschafter und Chef der Bank sowie der Devisenhändler D., die Schlüsselfigur der im großen Stil durchgeführten Devisenschieberei. Ende 1977 befinden sich aber alle schon wieder auf freiem Fuß.

Nach langwierigen Ermittlungen beginnt am 25. März 1979 vor der 16. Großen Strafkammer des Landgerichts Köln endlich der Prozess wegen schweren Bankrotts in Tateinheit mit Untreue, Devisenmanipulation, Betrug und Bilanzfälschung. Er zieht sich jahrelang hin. Die Angeklagten schieben sich gegenseitig die Schuld an der Milliardenpleite zu. Mit allen erdenklichen Tricks und Winkelzügen der Advokaten wird das Verfahren hinausgezögert und droht zu verjähren. Richter wechseln, werden abgelehnt, Prozesse werden abgetrennt und dann wieder zusammengelegt, Zeugen verweigern die Aussage. So auch der Bank-Miteigentümer G. Er setzt sich, angeblich herzkrank, ins Ausland ab und muss schließlich zwangsvorgeführt werden. Und auch der Bankchef selbst begibt sich aufgrund dubioser Gutachten wegen angeblicher Herzbeschwerden und der Gefahr eines Herzinfarktes in das Krankenhaus eines Freundes. Der Prozess gerät zur Farce.

Zu einem Justizskandal wird er, als D., der eigentliche Hauptschuldige an der Pleite, sich für verhandlungsunfähig erklären lässt. Er bringt immer neue Atteste und Gutachten bei, die seine angeblich angeschlagene Gesundheit bestätigen. Daraufhin wird er rechtlich nicht weiter verfolgt. Die anderen Angeklagten werden zwar zu Gefängnisstrafen verurteilt. D. aber, dem Zehntausende Sparer den Verlust ihres Geldes zu verdanken haben, kommt dank offensichtlich guter Kontakte zu bedeutsamen Kreisen Kölns ungeschoren davon. Das erregt die Gemüter der Öffentlichkeit in hohem Maße, führt aber zu keiner neuerlichen Aufnahme des Verfahrens.

Das »Ungeheuer« von Berlin-Hellersdorf (1983–1996)

Zwischen 1980 und 1985 wird die Berliner Bevölkerung durch eine Serie von Morden an Rentnerinnen beunruhigt. Die Ermittlungsbehörden geraten unter Druck und verhaften den 22-jährigen M. als mutmaßlichen Täter. Er scheint überführt, den Mord an der 77-jährigen Rentnerin Melanie Sch. begangen zu haben, und wird 1983 zu einer lebenslangen Haftstrafe verurteilt.

Doch die Mordserie geht weiter. Drei weitere Rentnerinnen werden ermordet. Im November 1983 wird die Studentin Susanne M. auf einem Kinderspielplatz in Berlin-Neukölln angefallen, vergewaltigt und getötet. Der Täter vergräbt die Leiche in einem Sandkasten. Bereits eine Woche später wird die geistig verwirrte Frieda K. ermordet und am Heiligabend des Jahres 1983 vergewaltigt offenbar derselbe Täter die 62-jährige Josephine G. und ertränkt sie anschließend im Neuköllner Schifffahrtskanal. Nur wenige Stunden später überfällt er eine Kioskbesitzerin und versucht sie in ihrem Laden zu vergewaltigen.

1984 wird der 24-jährige Berliner Gelegenheitsarbeiter

Thomas R. wegen einer anderen Vergewaltigung zu einer fünfjährigen Freiheitsstrafe verurteilt. Dass die Mordserie nun abrupt aufhört, fällt der Kripo nicht auf. Sie zieht daraus keine besonderen Schlüsse. Nach der Haftentlassung 1989 lebt Thomas R. mit seiner Lebensgefährtin Christine zusammen, die einen Sohn von ihm bekommt. Aber er hat erhebliche Alkoholprobleme und unterzieht sich 1994 in der Karl-Bonhoeffer-Nervenklinik einer Therapie. Nach seiner Entlassung kommt es zum Zerwürfnis mit Christine, weil er weiter trinkt. Innerhalb von drei Tagen ermordet er im Februar 1995 Gabriela P., eine Freundin von Christine, nachdem er sie zunächst vergewaltigt hat, und ertränkt seinen Stiefbruder Eckhard T. in der Badewanne.

Am 28. Februar 1995 wird Thomas R. festgenommen. Als er auf der Hellersdorfer Polizeiwache drei Stunden lang von Hauptkommissar Böhm verhört wird, leugnet er die Verbrechen. Aber dann sagt er plötzlich: »Ich bin kein Mensch, ich bin ein Ungeheuer!« Er gibt beide Morde zu und gesteht freiwillig, in den vergangenen zwölf Jahren fünf weitere Morde, darunter vier Rentnerinnen und die Studentin Susanne M., sowie zahlreiche Vergewaltigungen begangen zu haben. Die Vernehmungsbeamten glauben ihm nicht und halten ihn für einen pathologischen Lügner. Einige der Todesfälle sind als Unfälle oder Selbstmorde längst abgeschlossen und zu den Akten gelegt worden. Und für den ebenfalls von Thomas R. gestandenen Mord an der Rentnerin Melanie Sch. sitzt ja seit zwölf Jahren M. ein. Doch als die Angaben überprüft werden, stellt sich heraus, dass Thomas R. die Wahrheit sagte. Erst jetzt begreift die Mordkommission, dass sie einen Serienkiller gefasst hat und dass wegen eines seiner Verbrechen ein Unschuldiger verurteilt worden ist. Das Fehlurteil macht Schlagzeilen in der Berliner Presse. Sie spricht von einem »Ungeheuer« und prangert an, dass es erst jetzt gefasst wurde.

Auch während des Prozesses gegen Thomas R., der am 30. Januar 1996 vor einer großen Strafkammer des Landgerichts Berlin eröffnet wird, widmen die Medien dem Massenmörder größte Aufmerksamkeit, was dieser sichtlich genießt. Eine der Kernfragen ist, ob Thomas R. überhaupt zurechnungsfähig ist. Der bekannte psychiatrische Gerichtssachverständige Wilfried Rasch bejaht das eindeutig. »Es ist gleichermaßen erstaunlich wie erschreckend«, stellt er in seinem Gutachten fest, »dass ein Mensch wie Thomas R. normal ist.« Der Angeklagte sagt in seinem Schlusswort: »Ein gerechtes Urteil kann es gegen mich nicht geben. Das Volk will Rübe ab!« Er wird am 5. März 1996 zu zwei lebenslangen Haftstrafen mit Sicherungsverwahrung verurteilt. M. wird endlich freigesprochen.

Der verhängnisvolle Spermatest (1985–2002)

S. stammt aus Wales und ist als britischer Soldat der Rheinarmee in Minden stationiert. Nach dem Dienst geht er gern mit seinen Kameraden ein Bier trinken, häufig werden es mehrere. Auch am Abend des 6. Juni 1985 ist er schon ziemlich betrunken. Dennoch begibt er sich noch in eine Diskothek im ostwestfälischen Lübbecke. Dort tanzt er mit einer 18-jährigen Schülerin. Anschließend zieht er sich mit ihr in die Ecke eines Lokals zurück, sie tauschen Zärtlichkeiten aus. Unter den Teenies gilt S. als Vertrauensperson, von der man sich getrost nach Hause bringen lassen kann. So hat auch die junge Frau keine Bedenken.

Zusammen mit S. verlässt sie gegen 3.30 Uhr die Disko in Begleitung ihrer Freundin, die sich aber nach wenigen Minuten an einer Straßenecke von dem Paar trennt.

Am nächsten Morgen wird die Leiche der Schülerin in einem Gebüsch auf dem Gelände einer unweit der Disko gelegenen Grundschule gefunden. Die Autopsie ergibt, dass das Mädchen zunächst vergewaltigt und dann erwürgt worden ist. An der Leiche finden sich Spermareste. Sie kommen in die Asservatenkammer. Die Freundin der Ermordeten identifiziert S. als den Mann, der die Schülerin in der Tatnacht nach Hause brachte. Der Soldat wird von der Kriminalpolizei verhört. Er behauptet, er habe sich von dem Mädchen getrennt, da er ziemlich viel getrunken hatte, und sei in die Kaserne zurückgekehrt. Als man an der Leiche Textilfasern von seiner Kleidung findet, wird S. verhaftet. Außerdem kommt ein Sachverständiger zu dem Ergebnis, dass die im Sperma gefundene Blutgruppe mit der von S. übereinstimmt. Er wird angeklagt und im Mai 1986 vom Landgericht Bielefeld in einem reinen Indizienprozess wegen Mordes und Vergewaltigung zu einer lebenslangen Haft verurteilt. Zusätzlich erhält er dreieinhalb Jahre Haft wegen einer zwei Monate zuvor begangenen versuchten Vergewaltigung.

Auch während der Haft beteuert S. weiterhin seine Unschuld. Er schreibt an die 100 Briefe an Rechtsanwälte und bittet um Hilfe. Erst nach mehreren Jahren findet er in Peter W. einen Strafverteidiger, der ihm glaubt und den Fall übernimmt. W. lässt ein neues DNA-Gutachten erstellen. Mit zwischenzeitlich verbesserten Methoden zur genetischen Spurenanalyse wird der genetische Code des Verurteilten erneut mit den von der Leiche entnommenen Spermaspuren verglichen. Das Ergebnis ist eindeutig: Das Sperma stammt nicht von S. Sein Verteidiger argumentiert, wenn S. nicht der Vergewaltiger sei, könne er auch nicht der Mörder sein. Dafür fehle jedes Motiv. »Das Urteil vom Mai 1986 war grob falsch!«, erklärt er. Daraufhin wird S. sofort aus der Haft entlassen.

Nach achteinhalb Jahren erreicht W. vor der 11. Großen Strafkammer des Landgerichts Münster ein Wiederaufnahmeverfahren. Kurz nach seiner Antragsstellung hat er im Juli 1995 von einem der Richter einen Anruf erhalten: Man sei bereit, das Verfahren einzustellen, wenn S. verbindlich versicherte, nicht nach Deutschland zurückzukehren. Da S. sich darauf nicht eingelassen hat, kommt es, nachdem weitere Jahre ins Land gegangen sind, zu einem neuen Verfahren.

Während der sieben Verhandlungstage zeigt sich, dass sich die Zeugen und auch der Angeklagte nur noch schwach an die Geschehnisse in der Tatnacht erinnern können. Aber an dem neuen DNA-Gutachten ist nicht zu rütteln. Im Februar 2002 wird der frühere Soldat der British Army, die ihn nach dem ersten Urteil unehrenhaft entlassen hat, »aus Mangel an Beweisen« freigesprochen. Für fünf Jahre unrechtmäßig verbüßter Haft werden ihm 18 000 Euro Entschädigung zugesprochen. Die Teilstrafe wegen versuchter Vergewaltigung bleibt rechtskräftig. Allerdings hat der Verteidiger auch diesbezüglich einen Wiederaufnahmeantrag in Vorbereitung.

Sie oder er? Der Kindermord im Fall Weimar (1986 – 2000)

Kaum ein Fall hat in der Bundesrepublik ein derartiges Aufsehen erregt und ist von den Medien derart mit Legenden und Vorurteilen umwoben worden wie der Fall

Monika Weimar. Das juristische Verfahren zog sich über 14 Jahre hin mit insgesamt acht Urteilen. Dreimal haben Schwurgerichtskammern der Landgerichte entscheiden müssen, einmal ein Oberlandesgericht, dreimal der Bundesgerichtshof und einmal sogar das Bundesverfassungsgericht. Die lange Auseinandersetzung geriet zum »Glaubenskrieg«, die Frage »sie oder er?« entfaltete ungeheure Suggestivkraft. Über dem Fall liegt noch immer der Schatten eines Justizirrtums, egal in welchem der vielen Urteile er nun vorgekommen ist. Vielleicht ist er sogar einer der seltenen Fälle, in denen gleich mehrere Fehlurteile gefällt worden sind.

Die ausgebildete Krankenpflegerin Monika Böttcher ist 19, als sie den sechs Jahre älteren Betriebsschlosser Reinhard Weimar heiratet. Sie bekommt zwei Mädchen von ihm, Karola und Melanie. Aber die Ehe verläuft nicht glücklich. Bald weiß es fast jeder in dem kleinen hessischen Ort Philippsthal, nahe der ehemaligen Grenze zur DDR gelegen: Zwischen den Eheleuten kommt es immer wieder zu verbalen und auch tätlichen Auseinandersetzungen. Monika Weimar hat den amerikanischen Soldaten Kevin Pratt kennen gelernt und sieht in ihm den Mann ihres Lebens. Sie teilt ihrem Ehegatten mit, sie wolle sich von ihm scheiden lassen, um dann mit Kevin und den Kindern zusammenleben zu können. Am Sonntag, dem 3. August 1986, kommt es erneut zu einer heftigen Auseinandersetzung, während der Reinhard Weimar seine Frau schlägt. Sie fährt danach mit ihren Kindern und Kevin Pratt zum Baden und verbringt dann den Abend allein mit ihrem Geliebten. Um 3.20 Uhr nachts kehrt sie in die Wohnung zurück.

Am nächsten Tag meldet Monika Weimar beide Kinder als vermisst. Die Polizei startet eine Suchaktion, an der sich die Mutter sogar beteiligt. Am 7. August 1986 werden die Leichen der fünfjährigen Karola und der siebenjährigen Melanie an verschiedenen, vier Kilometer voneinander entfernten Orten gefunden. Sie weisen keine Spuren eines sexuellen Missbrauchs auf. Die Obduktion ergibt, dass Karola erwürgt und Melanie erstickt worden ist, »möglicherweise unter weicher Bedeckung«. In ihrer ersten Vernehmung sagt Monika Weimar, sie sei am 4. 8. um 9.30 Uhr aufgestanden und habe nach dem Frühstück das Haus verlassen, um mit den Kindern auf den nahe gelegenen Spielplatz zu gehen. Reinhard Weimar sagt aus, er sei erst um 11.30 Uhr aufgestanden und habe dann auf seine Frau gewartet, die in den Nachbarort gefahren sei, um Besorgungen zu machen. Gegen 12.15 Uhr sei sie wieder dagewesen.

Da nur die Eltern ein Motiv für die grausige Tat gehabt haben können, muss einer der beiden der Mörder sein. Aber wer? Die Polizei erhält anonyme Zuschriften. Aber es stellt sich heraus, dass sie mit hoher Wahrscheinlichkeit von Monika Weimar selbst stammen. In der Frontscheibe des Pkws der Familie Weimar ist ein Riss, der nach den Feststellungen des Hessischen Landeskriminalamts nicht durch Steinschlag entstanden ist, wie Monika Weimar behauptet hat, sondern durch einen druckvollen Anstoß aus dem Wageninneren heraus. In der erneuten Vernehmung vom 28. 8. durch die Mordkommission Bad Hersfeld erklärt Monika Weimar die Zersplitterung der Windschutzscheibe nun damit, dass sie in der Nacht zum 4. August mit Kevin Pratt im Auto Geschlechtsverkehr gehabt habe und dabei versehentlich mit der Ferse gegen die Scheibe gestoßen sei. Sie wird noch am gleichen Tage unter Mordverdacht festgenommen. Denn ein Zeuge hat inzwischen ausgesagt, er habe am 4. 8. einen weißen Passat mit schwarzen Zierstreifen zwischen 11.00 und 11.20 Uhr am Parkplatz in der Nähe des Fundorts der Leiche von Melanie gesehen. Und genau so ein Auto besitzt die Familie Weimar.

Einen Tag später, am 29. August, ändert Monika Weimar ihre Aussage. Jetzt behauptet sie, die Kinder hätten bereits tot in ihren Betten gelegen, als sie in der Nacht zum 4. 8. nach Hause kam. Ihr Mann habe heulend auf der Kante von Karolas Bett gesessen. Dann sei sie ins Schlafzimmer gerannt und habe sich dort weinend auf ihr Bett gelegt. Sie habe gehört, wie ihr Mann mit dem Auto weggefahren sei. Er habe ihr nach seiner Rückkehr gesagt, wo er die Leichen abgelegt habe. »Jetzt kriegt sie keiner mehr!«, habe er ausgerufen. Da sie die Kinder noch einmal sehen wollte, sei sie am nächsten Vormittag hingefahren. »Aus Mitleid mit meinem Mann habe ich zunächst eine andere Schilderung abgegeben«, erklärt sie.

Daraufhin wird am 30. August auf Veranlassung des Staatsanwalts Sauter vom Amtsgericht Fulda auch der Ehemann wegen des Verdachts festgenommen, den Mord aus Eifersucht begangen zu haben. Der Antrag auf Erlass eines Haftbefehls wird allerdings vom Landgericht Fulda zurückgewiesen, der Staatsanwalt wird abgelöst. Monika Weimar kommt am 27. Oktober 1986 in Untersuchungshaft. Ein halbes Jahr später, am 23. März 1987, beginnt vor dem Landgericht Fulda die Hauptverhandlung. Nach 40 Verhandlungstagen und einer umfangreichen Beweisaufnahme kommt das Landgericht zu dem Ergebnis, dass Monika Weimar die Täterin ist. Die »sanfte« Art der Tötung spräche für eine Täterschaft der Mutter. Das Gericht legt sich auf folgenden Tathergang fest: Monika Weimar ist erst zum Parkplatz gefahren, um dort 20 Minuten lang nach einem geeigneten Ablageort der Leichen zu suchen.

Danach ist sie nach Hause gefahren, hat die Kinder unter einem Vorwand in das Auto gelockt und ist mit ihnen zurück zu dem Parkplatz gefahren, wo sie Karola und Melanie zwischen 11.40 und 11.45 Uhr grausam getötet hat. Eine Leiche hat sie dort abgelegt, die andere in der Nähe eines anderen Parkplatzes. Gegen 12.15 Uhr war sie wieder in ihrer Wohnung und begrüßte ihren dort auf der Couch liegenden Ehemann.

Das Gericht stützt sich auf ein Fasergutachten des Hessischen Landeskriminalamts vom 11. Juni 1987. Die Gutachter haben neun Faserspuren an der Kleidung und den nackten Körperstellen der Kinder gefunden, sie den Kleidern von Monika Weimar zugeordnet und außerdem noch festgestellt, dass diese Fasern später, nach der Verabschiedung von den Kindern, an deren T-Shirts gelangt sind. Weiterhin heißt es in den Urteilsgründen: »Die Kammer ist davon überzeugt, dass die Beschädigung der Windschutzscheibe in unmittelbarem Zusammenhang mit der Tötung der Kinder steht, und dass die Angeklagte insoweit den wahren Hergang nicht preisgibt, weil er sie als Täterin entlarven würde.« Das Landgericht Fulda verurteilt Monika Weimar am 8. Januar 1988 zu einer lebenslangen Freiheitsstrafe wegen Mordes in zwei Fällen. Im Gerichtssaal wird bei Verkündung des Urteils laut applaudiert. Monika Weimar wird bespuckt und als »Hexe« und »Amihure« beschimpft.

Der Bundesgerichtshof weist am 17. Februar 1989 die eingelegte Revision zurück. Die ebenfalls eingelegte Verfassungsbeschwerde wird durch Beschluss vom 2. Mai 1989 vom Bundesverfassungsgericht verworfen. In den folgenden Jahren sammelt die Verteidigung neue Beweismittel. Am 27. November 1992 stellt Rechtsanwalt Dr. Gerhard Strate einen Antrag auf Wiederaufnahme des

Verfahrens. Er stützt ihn unter anderem auf ein neues Fasergutachten. Die 2. Strafkammer des Landgerichts Gießen lehnt den Antrag am 27. März 1995 ab. Doch nach eingelegter Beschwerde ordnet das Oberlandesgericht Frankfurt am Main wegen einer möglicherweise neuen Beweislage am 4. Dezember 1995 die Wiederaufnahme des Verfahrens an. Monika Weimar wird nach neun Jahren aus der Haft entlassen.

Am 5. Juni 1996 beginnt vor der gleichen Landgerichtskammer, die den Wiederaufnahmeantrag abgelehnt hat, das neue Verfahren. Der Sachverständige Dr. Adolf vom Bundeskriminalamt kommt zu dem Ergebnis, die Spuren der gelben Bluse von Monika Weimar auf der Kleidung von Melanie würden eine nahezu gleichmäßige Verteilung zeigen. Verdichtungen des Spurenbildes, wie sie beim Tragen des Leichnams zu erwarten gewesen wären, hat er nicht festgestellt. Zudem ist der Mageninhalt der Kinderleichen untersucht worden. Die Gutachter erklären, Karola habe ihre letzte Nahrungsaufnahme nur um maximal eine Stunde überlebt. Damit ist der Zeit- und Tatplan des Landgerichts Fulda nicht mehr zu halten. Außerdem haben sich auch keinerlei Sandspuren am Körper oder der Kleidung der Kinder gefunden, was nach Auffassung des Landgerichts Gießen ein starkes Indiz dafür ist, dass sie nicht eineinhalb Stunden vor ihrer Ermordung in der Sandkiste gespielt haben. Es sieht sich nicht in der Lage, eine Täterschaft von Monika Weimar mit letzter Sicherheit zu klären, und spricht die Angeklagte am 24. April 1997 frei.

Die Sensation ist perfekt. Eine Schöffin hat bei der Urteilsverkündung Tränen in den Augen. Ein Berufsrichter, der vermutlich gegen einen Freispruch gestimmt hat, muss das Urteil schriftlich begründen. Der Freispruch bleibt nicht lange bestehen. Die Staatsanwaltschaft, vertreten durch den Generalbundesanwalt, und auch Reinhard Weimar als Nebenkläger legen Revision ein und der 2. Strafsenat des Bundesgerichtshofs hebt das Urteil am 6. November 1998 wegen erheblicher Rechtsfehler wieder auf. Er hat Bedenken dagegen, dass das Landgericht Gießen den Bekundungen der Eheleute, die Kinder hätten am Vormittag des 4. August 1986 noch gelebt (nur dann hätte Monika Weimar die Täterin sein können), nicht gefolgt ist. Die Urteilsgründe seien widersprüchlich. Das Landgericht konnte nicht einerseits die Zeugen, die die Kinder am Vormittag noch lebend gesehen hatten, für glaubwürdig halten und andererseits davon absehen, ihre Aussagen dem Urteil zugrunde zu legen. Vor allem die Obduktionsbefunde sprächen für eine Tötung der Kinder nach Einnahme des Frühstücks am Morgen. »Gegen eine Tötung in der Nacht spricht auch, dass sie Tageskleidung trugen, zum Teil gekämmt waren und Haarspangen bei sich hatten, die sie üblicherweise vor dem Schlafengehen ablegten.« Die Sache müsse deshalb neu verhandelt werden. »Der Senat hielt es für angebracht, die Sache ... an eine als Schwurgericht zuständige Strafkammer des Landgerichts Frankfurt am Main zurückzuverweisen.« Zu den Gießener Richtern hat das höchste deutsche Strafgericht wohl kein Zutrauen mehr.

So geht das Strafverfahren in die dritte Runde. Monika Weimar, die sich von ihrem Mann hat scheiden lassen und wieder ihren Mädchennamen Böttcher angenommen hat, muss wieder ins Gefängnis. Drei Wochen nach dem Freispruch ist ihr Buch *Ich war Monika Weimar* erschienen. In der neuen Verhandlung vor der 21. Strafkammer des Landgerichts Frankfurt spricht der Vorsitzende Richter Heinrich Gehrke von erdrückenden Beweisen und verweist die so genannte »Nachtversion« der Angeklagten mit ihrem Ehemann als Täter »in den Bereich der Märchen«. Er kritisiert die Berichterstattung der Medien und deren Vorurteile, es sei unerträglich, in diesem Fall von »Männerjustiz« zu sprechen. Gehrke zählt 24 Punkte auf, die in ihrer Gesamtheit keinen anderen Schluss als die Täterschaft der Angeklagten zuließen. Offenbar habe sie befürchtet, »als Mutter zweier Kinder den Mann ihres Lebens zu verlieren«. Das Landgericht verwirft zwar den Antrag der Staatsanwaltschaft, eine besondere Schwere der Schuld festzustellen, verurteilt Monika Böttcher jedoch am 22. Dezember 1999 wegen Mordes zu lebenslanger Freiheitsstrafe und stellt damit das Urteil des Landgerichts Fulda aus dem Jahr 1988 wieder her.

Rechtsanwalt Strate legt Revision ein. Zum dritten Mal muss der Bundesgerichtshof als Revisionsinstanz in diesem Verfahren entscheiden. Am 25. August 2000 verwirft der 2. Senat in einem Beschluss ohne Gründe die Revision. Das Urteil wird rechtskräftig. Strate sagt, seine Mandantin sei »stark genug, auch nach diesem Urteil zu bestehen«.

Hätte Monika Böttcher gleich ihre lebenslange Freiheitsstrafe vom ersten Urteil abgesessen, wäre sie zum Zeitpunkt des zweiten Urteils vermutlich schon längst Freigängerin gewesen.

Der Doppelgänger
(1991 – 2001)

Im Dezember 1991 fährt G., ein großer, schwergewichtiger Mann aus Villingen-Schwenningen, mit einem Taxi zu einer Bankfiliale in Nürnberg. Er bittet die Taxifahrerin zu warten. Schnellen Schrittes geht er auf einen Bankschalter zu, zieht eine Schreckschusspistole und fordert den Kassierer auf, größere Geldscheine für ihn einzupacken. Eine Überwachungskamera filmt ihn dabei. Auf den Schwarz-Weiß-Bildern ist er später gut zu erkennen, denn er ist völlig unmaskiert. Dann rennt er mit dem Geld aus der Bank und benutzt das wartende Taxi als Fluchtauto. Mit vorgehaltener Pistole zwingt er die Fahrerin, rote Ampeln zu überfahren und Einbahnstraßen in Gegenrichtung zu benutzen. Das kommt einer Geiselnahme gleich.

Als die Polizei die Fotos des Täters veröffentlicht, glauben einige Bürger den Kaufmann S. darauf zu erkennen und zeigen ihn an. Die äußerliche Ähnlichkeit mit dem wahren Täter ist in der Tat sehr verblüffend. Alle Unschuldsbeteuerungen nutzen ihm nichts, er wird das Opfer einer tragischen Verwechslung. Aufgrund der übereinstimmenden Aussagen wird S. bereits 1992 in Untersuchungshaft genommen.

Kurz darauf wird Anklage gegen ihn erhoben. Ein Sachverständiger soll im Prozess die Identität klären. Der Anthropologe stellt irrtümlicherweise fest, dass S. Ohrform mit der auf den Schwarz-Weiß-Fotos des Täters übereinstimmt. Er sei sich zu 98 Prozent sicher, dass der Angeklagte dieselbe Person sei. Daraufhin verurteilt 1994 die 7. Strafkammer des Landgerichts Nürnberg-Fürth S. zu acht Jahren Gefängnis.

Doch die Raubserie in Bayern geht weiter. Als der Anwalt von S. in den Zeitungen Berichte über zwei Überfälle in Nürnberg und Würzburg liest, fällt ihm auf, dass die Tatumstände und die Vorgehensweise des Täters genau mit dem Überfall übereinstimmen, für den sein Mandant verurteilt worden ist. Die Polizei fasst im Jahr 2000 den 38-jährigen G., der im Verhör die Überfälle gesteht und auch den Bankraub aus dem Jahr 1991. Er wird vom Landgericht Nürnberg-Fürth zu einer Gesamtstrafe von elfeinhalb Jahren verurteilt. Während des Verfahrens entschuldigt er sich für die lange Zeit, die sein »Doppelgänger« an seiner Stelle zu Unrecht im Gefängnis gesessen hat. Bis vor kurzem habe er von diesem Irrtum nichts gewusst.

Im Dezember 2001 spricht das Landgericht Ansbach in einem Wiederaufnahmeverfahren S. frei und billigt ihm für die fünf Jahre unschuldig verbüßter Haft eine Entschädigung von 30 000 DM zu. Das entspricht 20 DM pro Tag. Aber er hofft noch auf weitere Entschädigungen, denn er hat den Anthropologen verklagt. In einem Zivilprozess fordert er von ihm wegen des falschen Gutachtens ein Schmerzensgeld von 800 000 DM. Ein erheblicher Betrag, den S. aber nur bekommt, wenn nachgewiesen werden kann, dass der Gutachter fahrlässig gehandelt hat.

Die fragwürdigen Freigänge eines Amtsrichters (1999–2001)

Ein in Hamburg wohnender Richter eines Amtsgerichtes ist der Spielleidenschaft verfallen, er verliert all sein Geld in Kasinos und bei Devisengeschäften und betrügt zwei Menschen um ihr Vermögen. Einer davon ist seine betagte Haushälterin, die seine Kinder großzieht und ein kleines Haus besitzt. Er überredet sie, eine Grundschuld zu unterschreiben und verspricht, ihre Rente um 1000 Mark im Monat aufzubessern. Weil sie glaubt, ein Richter könne doch nichts Böses tun, geht die alte Dame darauf ein und hat bald eine halbe Million Mark Schulden. Ihr Haus muss zum halben Schätzwert zwangsversteigert werden. Der Richter wird 1999 wegen Betrugs in Millionenhöhe zu fünf Jahren Haft verurteilt.

Nun beginnt der eigentliche Skandal. Der Richter kommt in die Justizvollzugsanstalt Glasmoor und sitzt dort nur wenige Wochen ein. Mit Hilfe seiner Anwälte erstreitet er schnell einen Freigängerstatus. Er darf die Anstalt morgens verlassen und geht beispielsweise an der Alster spazieren. Abends muss er wieder im Gefängnis sein. Offiziell ist er in einer katholischen Gemeinde als Helfer beschäftigt. Auf seinen Antrag hin entscheidet die zuständige Strafvollstreckungskammer, dass er Ende Dezember 2001 entlassen werden darf. Aufgrund der in Hamburg gewährten Weihnachtsamnestie kommt er schon am 8. November 2001 frei, nachdem er kaum mehr als die Hälfte seiner Haft, meistens als Freigänger, verbüßt hat. »Eine Zweiklassen-Justiz!«, wettert die Öffentlichkeit und sieht in einer derart laschen Strafvollstreckung eine Demütigung der Opfer. Wenn Lockerungen zugestanden würden, nur um den Gefangenen die Haft zu erleichtern, werde der präventive Gedanke der Abschreckung einer Strafe ad absurdum geführt.

Verurteilter Sexmörder tötet erneut (2000–2003)

Der alkoholabhängige Maler und Lackierer Ralf M. wird schon in jungen Jahren von wüsten Sexfantasien geplagt. Der Drang, Frauen in seine Gewalt zu bringen und sie zu vergewaltigen, wird übergroß, insbesondere nach erheblichem Alkoholkonsum. Als M. 26 Jahre alt ist, passiert es zum ersten Mal. Er versucht 1981 nach reichlichem Alkoholgenuss seine 53 Jahre alte Tante Charlotte P. zu vergewaltigen, bevor er sie erwürgt. Ein Jahr später steht er wegen Mordes vor dem Landgericht Lüneburg. Die Staatsanwaltschaft plädiert nur auf Totschlag und fordert

13 Jahre Haft, weil der Angeklagte zur Tatzeit volltrunken war. Doch die Strafkammer meint, er habe um seine Gefährlichkeit bei Alkoholkonsum gewusst. Deshalb lautet ihr 1982 verkündetes Urteil: lebenslänglich wegen Mordes.

Nachdem M. 18 Jahre abgesessen hat, bescheinigt ihm ein psychiatrischer Gutachter, dass er ungefährlich sei. »Es gibt keine Anknüpfungstatsachen dafür«, heißt es in dem Gutachten, »dass der Gefangene einschlägig oder überhaupt wieder straffällig werden könnte.« Daraufhin wird er im Jahr 2000 gegen den hartnäckigen Widerstand der Staatsanwaltschaft auf Bewährung freigelassen, obwohl er zu diesem Zeitpunkt schon wieder alkoholabhängig ist. Aber der Gutachter, der ihm eine stationäre Entwöhnungstherapie verschrieben hat, geht davon aus, dass er anschließend absolut ohne Alkohol bleibt. Ein gefährlicher und verhängnisvoller Fehlschluss. Der Experte hat sich so eindeutig festgelegt, dass die Staatsanwaltschaft dagegen nicht ankommt und das Ergebnis letztlich akzeptieren muss. Im Urteil von 1982 steht auch nichts davon, dass nach Ende der Haftzeit eine Sicherungsverwahrung geprüft werden soll. Diese neuerdings den Gerichten eingeräumte Möglichkeit gab es damals noch nicht, M. ist ein »Altfall«. Außerdem ist die Sozialprognose des psychiatrischen Gutachtens für ihn so günstig, dass eine anschließende Sicherungsverwahrung, auch wenn sie rechtlich möglich gewesen wäre, wohl kaum angeordnet worden wäre.

Zwei Jahre nach seiner Entlassung vergewaltigt M. seine von ihm getrennt lebende Ehefrau. Sie erstattet im März 2002 Anzeige. M. kommt in Untersuchungshaft. Aufgrund eines Gerichtsbeschlusses ist er jedoch bald wieder frei, damit er einen Psychiater aufsuchen kann. Die

Staatsanwaltschaft hat vergeblich gegen die für die Zeit vom 19. April bis 10. Mai 2002 gewährte Haftverschonung protestiert. M. nimmt den Termin nicht wahr und kommt wieder in Untersuchungshaft.

Wenige Wochen, bevor der Prozess gegen ihn beginnen soll, hebt das Oberlandesgericht Celle Ende September 2002 den Haftbefehl mit der Begründung auf, ein Beschuldigter dürfe in der Regel nicht länger als sechs Monate in Untersuchungshaft sitzen. Das ist formal korrekt, denn § 121 der Strafprozessordnung besagt: »Solange kein Urteil ergangen ist, das auf Freiheitsstrafe oder eine freiheitsentziehende Maßregel der Besserung und Sicherung erkennt, darf der Vollzug der Untersuchungshaft wegen derselben Tat über sechs Monate hinaus nur aufrechterhalten werden, wenn die besondere Schwierigkeit oder der besondere Umfang der Ermittlungen oder ein anderer wichtiger Grund das Urteil noch nicht zulassen und die Fortdauer der Haft rechtfertigen.« Alle diese Ausnahmen liegen im Fall von M. nicht vor. Und die besondere Gefährlichkeit des Häftlings spielt für die Befristung keine Rolle, das Gesetz sagt darüber nichts.

Kaum ist M. wieder draußen, zeigt ihn Anfang Oktober 2002 seine 46-jährige neue Freundin Ruth wegen zweifacher Vergewaltigung an. Obwohl sie ihre Anzeige später zurückzieht, drängt die Staatsanwaltschaft auf erneute Verhaftung. Vergeblich. Die Vollstreckungskammer des Landgerichts Lüneburg und in zweiter Instanz erneut der 2. Senat des Oberlandesgerichts Celle beschließen, dass M. bis zum Beginn des Prozesses auf freiem Fuß bleiben darf. Die OLG-Richter lasten der Staatsanwaltschaft Lüneburg »vermeidbare Verfahrensverzögerungen« an. Allerdings ergeht dieser Beschluss des dreiköpfigen Celler Strafsenats nicht einstimmig. Ein Richter schlägt einen

Sicherungshaftbefehl für M. vor. Er kann sich mit seiner Meinung jedoch nicht durchsetzen und wird überstimmt. Auch von der sonst am Landgericht Lüneburg durchaus praktizierten Anrechnung der Haftverschonung auf die Sechsmonatsfrist wird in diesem Fall kein Gebrauch gemacht.

Am 14. November 2002 erscheint M. mit seiner Anwältin im Amtsgericht Lüneburg und gesteht, er habe wieder getötet. Wieder unter Alkoholeinfluss. In einer Lüneburger Wohnung finden Polizisten eine mit Blumen geschmückte tote Frau. Es ist seine Freundin Ruth. Sofort ergeht ein neuer Haftbefehl gegen ihn, M. sitzt wieder in Untersuchungshaft.

Der Fall löst in Niedersachsen einen Justizskandal aus, der den Justizminister Christian Pfeiffer (SPD) in Bedrängnis bringt. Der niedersächsische Richterbund schlägt vor, § 121 der Strafprozessordnung zu ändern und die Sechsmonatsfrist bei Vergewaltigungen und sexuellem Missbrauch von Kindern auf neun Monate zu verlängern, um den Zeitdruck der ermittelnden Staatsanwälte zu verringern.

Am 13. Mai 2003 verurteilt das Landgericht Lüneburg M. wegen Totschlags an seiner Freundin Ruth zu 10 Jahren Haft. Vom Vorwurf der Vergewaltigung wird er freigesprochen. In seinem Schlusswort sagt er: »Mich darf man nie wieder freilassen. In mir wird sich nie etwas ändern.« Die Strafkammer verhängt anschließende Sicherungsverwahrung. Die Allgemeinheit müsse vor diesem Mann geschützt werden, betont der Vorsitzende Richter.

Der Trick der Brüder (2001)

Der Puff in dem dreistöckigen Haus in Hamburg floriert. Doch die Zufriedenheit des 34-jährigen Bordellchefs Rudi K. findet ihr Ende, als er wegen Zuhälterei zu zwei Jahren Gefängnis ohne Bewährung verurteilt wird. Er soll seine Strafe am 15. Januar 2001 antreten. Sein älterer Bruder Norbert, ständig in Geldnot, will die Strafe für ihn absitzen. K. verspricht ihm dafür eine ordentliche Summe. Der Bruder legt beim Haftantritt Rudi K.s Personalausweis vor. Obwohl er einen ganzen Kopf größer ist und fast 20 Kilo mehr wiegt, fallen die Beamten auf den Schwindel herein. Er kommt in.den offenen Vollzug und darf nach zwei Monaten das Gefängnis erstmals zum Wochenende verlassen.

Alles geht gut. Exakt zehn Monate, zwei Wochen und zwei Tage lang bemerkt niemand, dass der falsche Mann im Knast sitzt. Norbert K. führt sich gut, ein Teil der Strafe soll unter Anrechnung der Untersuchungshaft erlassen werden. Ende Februar 2002 winkt die Freiheit. Da wird im November 2001 ein alter Bekannter seines Bruders in dasselbe Gefängnis eingeliefert. Er muss nur für ein paar Tage eine Geldstrafe absitzen. »Nanu, du warst doch früher viel kleiner!«, ruft der alte Kumpel verblüfft, als er Norbert K. vor der Zellentür sieht. Kurz darauf bemerkt die Anstaltsleitung »aufgrund eines anonymen Hinweises« ihren Irrtum. Am 29. November 2001 wird Norbert K. in der Zelle festgenommen. Nachdem seine Identität festgestellt ist, wird er wieder freigelassen, denn Strafvereitelung zugunsten eines Angehörigen bleibt straffrei. Aber statt Geld zu erhalten, muss er nun kräftig blechen: 4289 Mark für Unterbringungs- und Verpflegungskosten. Ein paar Tage später stellt sich Rudi K. mit seinem Rechtsanwalt freiwillig und tritt seine Strafe an. Er muss sie voll absitzen. Was sein Bruder ihm abgenommen hat, wird nicht angerechnet.

Das Blutbad vor der Disco (2001/2002)

Eine Disco in Hamburg wird von Ausländern betrieben, überwiegend von Türken. C. hat Angst um seinen Sohn, der der Besitzer des Clubs und zugleich dort Türsteher ist und mit einer rivalisierenden Ausländerbande um Besitzanteile am Club im Streit liegt. Er wird zu Schutzgeldzahlungen erpresst. Am 27. Februar 2000 fahren die Männer in einem BMW vor der Disco vor. C. stürzt mit einer Waffe auf die Straße und schießt auf die Insassen. Zwei Männer werden getötet, zwei weitere und ein Passant schwer verletzt.

»Ich habe aus Angst um meine Kinder im Affekt geschossen!«, verteidigt sich der Angeklagte vor dem Landgericht Hamburg. Aber die Strafkammer wertet das als bloße Schutzbehauptung, verurteilt ihn am 15. Mai 2001 wegen Mordes zu lebenslänglicher Haft und stellt außerdem die »Schwere der Schuld« fest, so dass der Verurteilte nicht automatisch nach 15 Jahren freikommen kann. Es habe keine Chance für die Opfer gegeben, sagt der Vorsitzende Richter in seiner Urteilsbegründung, da sie im Auto eingesperrt waren. Die Tat käme einer Hinrichtung gleich. Für die Kammer steht fest, dass C. die Arg- und Wehrlosigkeit seiner Opfer bewusst ausgenutzt hat. Damit ist das Mordmerkmal »Heimtücke« gegeben.

Die Verteidigung legt Revision beim Bundesgerichtshof gegen das Urteil ein. Nach ihrer Meinung liegt nur Totschlag vor mit einem Strafrahmen zwischen fünf und 15 Jahren. Entgegen der Meinung des Generalbundesanwalts stellt der 5. Strafsenat des Bundesgerichtshofs im Mai 2002 fest: »Das Urteil hält einer sachlichen Prüfung nicht stand.« Die Bundesrichter sind der Meinung, dass die für einen Heimtückemord erforderliche Arglosigkeit der Opfer nicht vorgelegen hat. Die Opfer hätten sich nicht nur bewusst in eine feindliche Auseinandersetzung mit den Discothek-Angehörigen eingelassen, sondern auch mit ernsthaften Angriffen rechnen müssen. Das Landgerichtsurteil wird aufgehoben und der Fall nach Hamburg zurückverwiesen. Eine andere Hamburger Strafkammer muss nun über die neue Höhe der Strafe wegen Totschlags entscheiden, die nach Auffassung der Bundesrichter »im obersten Bereich des Strafrahmens« liegen muss, also zwischen zehn und 15 Jahren.

»Der Mann muss raus, und zwar sofort!« (2001–2003)

Wilfried S. ist erst 13, als seine abnormen sexuellen Triebe zum ersten Mal ein Opfer finden: Mit dem Messer in der Hand zwingt er eine Frau dazu, sich nackt auszuziehen. Im Jahr 1970 dann fällt der inzwischen 16-Jährige in der schleswig-holsteinischen Kleinstadt Uetersen eine 33-jährige Frau an und reißt ihr den Rock hoch und den Slip herunter. Zu einer Vergewaltigung kommt es nicht. Aber die Tat bringt S. hinter Schloss und Riegel. Das Landgericht Lübeck verurteilt ihn noch im selben Jahr und bescheinigt ihm »einen mittelgradigen Schwachsinn mit charakterlicher Abnormität«. Er wird in die geschlossene Psychiatrie im Landeskrankenhaus Neustadt eingewiesen. Jahr für Jahr bestätigen die Neustädter Fachärzte die Diagnose. Die eingeleitete Therapie bringt keine Erfolge. 1981 bricht S. aus und überfällt in Uetersen eine

Spaziergängerin. Auch diesmal bleibt es dabei, dass er ihr den Slip vom Körper reißt. Er kommt wieder in das hoch gesicherte »Ostseezentrum für seelische Gesundheit« in Neustadt. Hier bleibt er über 30 Jahre. In den Gutachten der Klinikärzte, mit denen sein Gesundheitszustand jedes Jahr neu überprüft wird, steht immer wieder der Satz, S. sei gefährlich, sexuell abnorm und neige zu Kurzschlusshandlungen. Er sei nicht therapierbar.

Dennoch fordert seine Anwältin P. permanent seine Freilassung. Als ihre Schriftsätze erfolglos bleiben, weil die Neustädter Ärzte beharrlich davor warnen, diesen Mann zu entlassen, wendet sie sich an das Hamburger Magazin *Stern*. Die Zeitschrift beauftragt und bezahlt im Jahr 2001 den renommierten und erfahrenen Professor G. mit einem forensischen Gutachten. Auf sieben Seiten verwirft G. die Ansichten der Anstaltsärzte. »Lasst diesen Mann endlich frei!«, fordert er. Gutachter und Gerichte hätten nicht bemerkt, dass der Grund für die gerichtliche Einweisung seit langem entfallen sei. Erhebliche rechtswidrige Taten seien von S. nicht zu erwarten. »Der Mann muss raus, und zwar sofort!«

Die Vollzugskammer des Landgerichts Lübeck steht vor einer schwierigen Entscheidung. Soll sie der Auffassung des Professors folgen, der den Patienten nur wenige Male gesehen hat? Das Landgericht zieht den Experten K. einer Fachklinik zu Rate. Auch er kommt zu dem Ergebnis, mehrere Anhaltspunkte sprächen dafür, dass ein geistiger oder psychischer Defekt bei S. nicht mehr vorhanden ist. »Dieser Mann kommt frei!«, nimmt der *Stern* in seiner Ausgabe vom 27. Dezember 2001 die gerichtliche Entscheidung vorweg. Obwohl noch im April 2002 die Neustädter Klinikärzte erneut erklären, eine »sofortige und übergangslose Entlassung ist weiterhin nicht vertretbar«, hebt die Strafvollstreckungskammer 5 des Landgerichts Lübeck das Urteil aus dem Jahr 1970 auf. »Die Unterbringung ist erledigt«, heißt es entsprechend § 67 d des Strafgesetzbuchs lapidar in dem Beschluss. Am 24. April 2002 kommt Wilfried S. nach 30 Jahren, drei Monaten und 28 Tagen endlich frei. Er wird im juristischen Sinne nicht »entlassen«, sondern kann den Hochsicherheitstrakt in Neustadt ohne Betreuungsauflagen als freier Mann verlassen, weil das Urteil aufgehoben worden ist. Am 16. Mai 2002 bezeichnet der *Stern* in seiner Ausgabe Nr. 21/2002 den Fall als Justizskandal, feiert die Freilassung als Erfolg seiner intensiven Bemühungen und kündigt an, S. werde künftig in einer betreuten Wohngemeinschaft in Grömitz leben und die Anwältin P. werde als Betreuerin eingesetzt.

Am 25. April zieht S. bei einer Verwandten in Heist ein und wohnt dort sechs Wochen. Am 4. Juli bezieht er in Heist eine Einzimmerwohnung, die Miete bezahlt das Sozialamt. Auf dem Marktplatz entdeckt S. am 25. Juli mittags eine kleine, zierliche 20-jährige Frau, die, bepackt mit Einkaufstaschen, von der Fußgängerzone zu ihrem Auto läuft. Sie legt die Tüten in den Kofferraum und geht, weil die Fahrertür klemmt, auf die andere Seite ihres Golfs, um einzusteigen. Da kommt S. mit schnellen Schritten auf sie zu und schubst sie in den Wagen. Dann hält er ihr eine Pistole in den Mund und droht ihr: »Wenn du schreist, mache ich von der Waffe Gebrauch!« Er schiebt sie auf den Fahrersitz, setzt sich rechts daneben und befiehlt ihr loszufahren. Als er sie nach Heidgraben aufs Land dirigiert, wird ihr klar, dass er nicht ihr Geld will. Sie halten zwischen einer Scheune und einem Einfamilienhaus. Nebenan ist ein Sportplatz, von dem die Rufe ballspielender Jungen herüberschallen. S. zwingt die

Frau, sich nackt auszuziehen. Hinter der Scheune fesselt er sie mit Handschellen an eine Regenrinne und lässt sich oral befriedigen. Anschließend knebelt er sie mit Klebeband und vergewaltigt sie brutal. Dann lässt er sich von ihr zurück nach Uetersen fahren und zwingt sie, am Geldautomaten ihr Konto zu leeren. Ihre Unterwäsche nimmt er mit, bevor er zu Fuß im Menschengewühl untertaucht.

Nur wenige Tage später wird S. identifiziert und gefasst. Die Polizei stuft den 48-Jährigen als »gefährlich« ein und führt ihn an Händen und Füßen gefesselt dem Haftrichter beim Amtsgericht Elmshorn vor. S. kommt in Untersuchungshaft. Die Öffentlichkeit ist erregt über den Fall. Die Politiker fordern energisch: »Solche Fälle dürfen sich nicht wiederholen! Diese Vergewaltigung hätte sich nie ereignen dürfen!« Der *Stern* gibt am 29. Juli 2002 eine öffentliche Erklärung ab, in der er »außerordentlich bedauert, dass es zu der Tat gekommen ist«. Er nimmt Verbindung mit dem Opfer auf, um konkrete Hilfe zu leisten. »Wir tragen für diesen Irrtum eine Mitverantwortung und werden uns dafür beim Opfer entschuldigen.« Der Anwältin P. kommen solche Überlegungen nicht. Das hätte sie ihm nie zugetraut, sagt sie enttäuscht und sucht die Schuld bei anderen, vornehmlich beim Landeskrankenhaus Neustadt: Ihr Mandant habe in der Klinik nichts gelernt, wie hätte er da Selbstsicherheit für draußen aufbauen sollen?

Im Januar 2003 beginnt vor dem Landgericht Itzehoe der Prozess gegen S. Der Sachverständige K., Professor für Forensische Psychiatrie, erklärt in seinem 60 Seiten langen, nur nach der Aktenlage erstatteten Gutachten, S. sei wegen einer schwerwiegenden Persönlichkeitsstörung nur bedingt schuldfähig. Er sei immer noch gefährlich. »Die Behandlungsaussichten tendieren hart gegen null«, eine Feststellung, die S.' Verteidiger L. gar nicht gefällt. Er möchte, dass sein Mandant für voll schuldfähig erklärt wird, damit er nach Verbüßung einer Haftstrafe freikommt und nicht erneut in die Psychiatrie eingewiesen wird, wo er bereits 30 Jahre seines Lebens verbracht hat. L. erspart der Frau kein Detail bei der Tatschilderung. Im Termin vom 26. Februar 2003, kurz vor der Urteilsverkündung, erklärt sich S. plötzlich mit einer bisher verweigerten Untersuchung durch Professor K. einverstanden. Ein Winkelzug, mit dem er den Prozess platzen lässt. Denn das Gutachten kann nicht innerhalb der nach § 229 Strafprozessordnung vorgeschriebenen Frist von zehn Tagen erstellt werden; länger darf eine Hauptverhandlung nicht unterbrochen werden. Das teure Verfahren beginnt im April 2003 vor dem Landgericht Itzehoe noch einmal von vorn, ein Martyrium für das Opfer, das noch einmal aussagen muss, und ein neuer Skandal im Fall S. Kein Opferschutz, sondern Täterrecht, wettert die Presse. Der Deutsche Richterbund fordert eine Änderung der Strafprozessordnung mit längeren Fristen in Paragraph 229.

Gleich zu Beginn der neuen Verhandlung am 23. April 2003 erlebt der Vorsitzende Richter Eberhard H. eine Überraschung. S. widerruft sein Teilgeständnis, worauf sein Verteidiger sein Mandat niederlegt und vom Gericht ein neuer Pflichtverteidiger bestimmt wird. S.' frühere Anwältin P. übernimmt zusätzlich erneut das Mandat.

Aber das Gericht folgt nun dem neuen Gutachten des Psychiaters K., der dem Angeklagten eine erhebliche Persönlichkeitsstörung bescheinigt. Er sei noch lange im Stande, Übergriffe auf Frauen zu begehen, seine Gewalttätigkeit sei dauerhaft. Am 15. Mai 2003 wird S. wegen Vergewaltigung und räuberischer Erpressung zu einer Ge-

213

samtfreiheitsstrafe von zehn Jahren und anschließender Unterbringung in einer psychiatrischen Klinik verurteilt. Da S. für vermindert schuldfähig befunden wird, kann für ihn keine anschließende Sicherheitsverwahrung angeordnet werden. Eine solche kommt nur für Täter in Betracht, die voll schuldfähig sind. S. wird daher nach zwei Dritteln seiner Gefängnisstrafe unbefristet in einer geschlossenen psychiatrischen Klinik untergebracht. »S. ist eine tickende Zeitbombe!«, sagt der Vorsitzende Richter H. in seiner mündlichen Urteilsbegründung. Für die Anwältin P. findet er harte Worte: »Ein Anwalt, der die Gefährlichkeit von S. nicht begreifen will, verkennt die Realität und macht sich an weiteren Opfern mitschuldig.« Und dem Verteidiger L. wirft er vor, dieser habe das Opfer durch die Art seiner Befragung seelisch schwer belastet.

Justizirrtümer in Frankreich

Der Justizmord an Jeanne d'Arc
(1430–1456)

Für Frankreich bringt der 100-jährige Krieg mit England eine schwere Krise und eine Periode der Schwäche und Verzweiflung. Das ganze Land wird von einer Untergangsstimmung erfasst, als große Teile des französischen Adels den englischen König Heinrich VI. und seinen Anspruch auf Frankreichs Thron unterstützen. Der Frieden von Troyes am 21. Mai 1420 ist ein trauriger Friedensschluss. Das Land fällt mitsamt seiner Hauptstadt Paris an den Feind, und Heinrich VI. nimmt als Stadtherr von Paris den Titel eines französischen Königs an. Nur südlich der Loire ist mit dem Königreich Bourges noch ein kleiner Rest von Frankreich übrig geblieben. Hier residiert Karl VII., ein 19-jähriger schwächlicher Jüngling. Doch als sich das Herzogtum Burgund mit England verbündet, scheint auch sein Ende besiegelt.

In dieser ausweglosen Lage kommt im Februar 1429 ein 16-jähriges bildhübsches Bauernmädchen aus Lothringen an den Königshof im Loireschloss Chinon. Mit ihrem Pagenkopf sieht sie aus wie ein Junge. Sie nennt sich Jeanne d'Arc und behauptet, eine Jungfrau zu sein, die schon seit Jahren Stimmen höre, die ihr sagen, sie habe eine große patriotische Aufgabe zu erfüllen. Sie sei im Auftrag Gottes erschienen, um Frankreich von den Engländern zu befreien und die Belagerung von Orléans zu beenden, damit Karl in Reims zum König gekrönt werden könne.

Jeanne d'Arc übernimmt tatsächlich das Kommando der königlichen Heerscharen und zieht in den Krieg. Mutig und tapfer gewinnt sie eine Schlacht nach der andern. Orléans wird befreit und Karl VII. wird in Rouen in der Abtei Saint-Remy zum König von Frankreich gekrönt. Jeanne la Pucelle, die Jungfrau, wie sie sich selber nennt, wird über Nacht zu einer ruhmreichen Heldin. Als sie auf das noch immer von den Engländern besetzte Paris marschiert, wird sie von burgundischen Soldaten gefangen genommen, die sie an die Engländer verkaufen. Ihr König unternimmt nichts, um sie zu befreien. Die Engländer suchen nach einer Möglichkeit, Jeanne d'Arc in Verruf zu bringen, damit sie erklären können, eine Hexe habe Karl VII. gekrönt. Sie übertragen den Fall der Inquisition.

Unter dem Vorsitz des Bischofs Pierre Cauchon von Beauvais wird Jeanne im Jahr 1430 in Rouen wegen Hexerei und Zauberei vor Gericht gestellt. 46 voreingenommene und fanatische Richter und Beisitzer unterziehen sie einem strengen Verhör. Man leugnet ihre Unberührtheit, bezeichnet ihre übernatürlichen Visionen als Einflüsterungen des Teufels und wirft ihr vor, in gotteslästerlicher und widernatürlicher Weise in Männerkleidern ihr Geschlecht verleugnet und Waffen getragen zu haben. Die Gerichtsakten sind erhalten geblieben. Sie bezeugen, wie standhaft und fest Johanna auf ihren Eingebungen und ihrer Bestimmung beharrte. Die 46 Männer verurteilen sie zum Tode.

Um ihr Leben zu retten, widerruft sie im Mai 1431 ihre Aussagen. Im Schloss, in dem die Engländer sie in Gewahrsam halten, wird sie grausam gefoltert und vergewaltigt. Als man ihr lebenslangen Kerker und weitere Misshandlungen androht, zieht sie ihren Widerruf zurück.

Eine Woche später, am 30. Mai 1431, wird das 19-jährige Mädchen mit kurz geschorenem Haar auf dem Place du Vieux-Marché in Rouen an einen Pfahl gebunden. Der Scheiterhaufen ist sehr hoch aufgetürmt, damit möglichst viele Zuschauer das Schauspiel sehen können. Zum Beweis ihres Ketzertums muss Jeanne eine Papiermütze tragen. Auf einem Schild neben ihr ist zu lesen: »Lügnerin, Verderberin, Volksbetrügerin, Wahrsagerin, Abergläubische, Gotteslästerin, Lasterhafte, Teufelsanbeterin«. Als das Feuer angezündet wird, schreit sie den Namen Jesu und ruft die Heiligen an. Es ist vorgesehen, sie zu erdrosseln, um ihr die entsetzlichen Qualen zu ersparen. Aber der Scheiterhaufen ist so hoch, dass der Henker sie nicht erreichen kann. Als dichter Rauch alles einhüllt, wird das Feuer gedrosselt, damit jeder sehen kann, wie die Frau langsam geröstet wird. Gegen fünf Uhr nachmittags werden ihre sterblichen Überreste in die Seine geworfen.

Damit ist der Fall Jeanne d'Arc jedoch noch nicht zu Ende. Aufgrund der Aussagen des Mönchs Ladvenu, der Einzelheiten der Misshandlung und Schändung während ihrer Haft preisgibt, kommt es nach über 25 Jahren auf Betreiben von Jeannes Mutter in Notre-Dame zu einem Wiederaufnahmeverfahren. Am 7. Juli 1456 wird das Urteil für ungültig erklärt. Die Jungfrau von Orléans ist rehabilitiert. Sie gilt von nun an als Märtyrerin und für alle Zeiten als unsterbliche Retterin ihres Landes. Da das Schuldgefühl wohl unerträglich war, wird sie 1909 vom Vatikan selig gesprochen. Und 1920, nach fast 500 Jahren, erklärt der Papst sie zu einer Heiligen.

Verbrannte Joseph Sevos in einem Ziegelofen?
(1724–1730)

Unter der Willkürherrschaft des verschwenderischen Königs Ludwig XV. ereignet sich in Frankreich Anfang des 18. Jahrhunderts ein grausames Justizverfahren. Der Hauptakteur ist ein finster wirkender, glatzköpfiger Ziegeleibesitzer namens Robert Frillet, der gleichzeitig das Amt eines königlichen Fiskals ausübt. Er ist in Point-d'Ain öffentlicher Ankläger in Kriminalprozessen. Frillet ist voller Neid und Missgunst auf einen Mann, der in Priary ebenfalls eine Ziegelei betreibt, die viel besser läuft als seine. Der Mann heißt Joseph Vallet, ein unbescholtener Bürger mit einem guten Ruf in dem kleinen Ort. Frillet sinnt nach Möglichkeiten, seinen unliebsamen Konkurrenten auszuschalten. Er beschuldigt ihn der Tötung eines stadtbekannten Säufers. Doch in dem daraufhin eingeleiteten Verfahren stellt sich heraus, dass der Trunkenbold nach einer Zechtour in einen Teich gefallen und danach an den Folgen einer Brustfellentzündung gestorben ist.

Am 19. Februar 1724 bietet sich für Robert Frillet eine neue Gelegenheit, Joseph Vallet etwas anzuhängen. An diesem Abend haben zwei Männer in einem Gasthof von Priary Wein getrunken. Danach sind sie spurlos verschwunden. Von dem einen, Antoine Pin, heißt es, er sei Soldat geworden. Der andere, Joseph Sevos, ein angesehener und wohlhabender Bürger, bleibt unauffindbar. Es melden sich einige Leute, die in der Nacht zum 20. Februar Todesschreie gehört und schwarzen, stinkenden Rauch über der Ziegelei von Vallet gesehen haben wollen. In langen Verhören hat Frillet sie in diesem Sinne beeinflusst. Er klagt Joseph Vallet an. Dieser habe Joseph Sevos einen Beutel Gold geraubt, ihn danach erschlagen und in seinem Ziegelofen verbrannt, steht in der Anklageschrift. Er sei schuldig und habe den Tod durch den Strang verdient!

Der Richter vernimmt alle Zeugen. Der Hauptbelastungszeuge Antoine Vaudan bekundet, er hätte den Mord durch ein Fenster beobachtet und auch gesehen, wie Vallet die Leiche in den Ofen warf. Daraufhin werden Joseph Vallet sowie seine Frau, seine beiden Söhne und sein Vater verhaftet und im Kerker angekettet. Als man die Ziegelei nach Spuren durchsucht und keine findet, ordnet das Gericht von Dijon am 9. Mai 1725 an, die gesamte Familie Vallet einer »peinlichen Befragung« zu unterziehen.

Joseph Vallet und vor allem seine Frau werden schrecklich gefoltert, auch die anderen Familienmitglieder bleiben nicht verschont. Aber ein Geständnis bekommt das Gericht nicht. Es beschließt nun, den Soldaten Antoine Pin suchen zu lassen. Er wird gefunden, verhaftet und ebenfalls in die Folterkammer geworfen. Nach mehreren Tagen und erhöhten Foltergraden gesteht er, nach der Zecherei im Wirtshaus habe er im Hause von Sevos mit ihm weitergetrunken und ihn, als er von einem Beutel Gold erzählte, mit einem Beil erschlagen. Die Leiche habe er im Stall unter einem Misthaufen vergraben.

Niemand kommt auf die Idee, nach der Leiche zu suchen. Am 3. Juli 1725 wird Antoine Pin zum Tode verurteilt: »Er wird an Armen und Beinen gerädert und sodann lebend auf das Rad geflochten, bis der Tod eintritt.« Das Urteil wird öffentlich vollstreckt. Die Familie Vallet kommt aus der Haft frei. Der Hauptbelastungszeuge Vaudan wiederholt auch auf der Folter seine Lügen, gibt aber einen Viehdiebstahl zu. Er bekommt ein Schild um den Hals, »Falscher Zeuge und Hausdieb«, und wird gehängt.

Der Ankläger Robert Frillet muss lediglich sein Amt niederlegen. Damit scheint die ganze Sache erledigt.

Doch als Vallets ältester Sohn fünf Jahre später, im Februar 1730, über den Markt von Bourg geht, kommt ihm plötzlich Joseph Sevos entgegen, munter und quicklebendig. Vor dem Gericht von Dijon bekennt er, Antoine Pin habe ihn zwar mit einem Beil getroffen. Aber er sei nur bewusstlos gewesen und habe danach den öffentlichen Ankläger Frillet um Hilfe gebeten. Er habe ihm geraten, zu fliehen und sich auf keinen Fall mehr blicken zu lassen. Denn Antoine Pin würde ihn sicherlich ermorden, wenn er ihn fände.

Nun ergreift Frillet die Flucht nach vorn und beschuldigt das Dijoner Gericht, es habe Antoine Pin rechtswidrig für einen nicht begangenen Mord rädern lassen. Doch das Gericht lässt ihn verhaften, ebenfalls foltern und verurteilt ihn im August 1730 zum Tode. Er steht schon auf dem Richtplatz, als ein königliches Dekret eintrifft, das die Strafe in eine zehnjährige Verbannung umwandelt. Kurz darauf stirbt Frillet, von Folter und Kerkerhaft geschwächt, im Gefängnis.

Jean Calas und der religiöse Fanatismus (1761/1762)

Jean Calas, 1698 bei Chartres geboren, lässt sich mit seiner Familie im katholischen Toulouse als Tuchhändler nieder. Obwohl er zum evangelischen Glauben übergetreten ist, wird der angesehene Kaufmann wegen seiner Rechtschaffenheit allseits geschätzt und geachtet. Sein ältester Sohn Marc-Antoine ist allerdings ein Müßiggänger, der dem Spiel ergeben ist und sich häufig umhertreibt. Als ihm die Zulassung als Advokat verweigert wird, verfällt er in Depressionen und erhängt sich 1761 im Warenlager, wo ihn sein Vater findet. Er verpflichtet die Zeugen zum Schweigen, um dem Sohn ein christliches Begräbnis zu ermöglichen und sich und der Familie die Schande zu ersparen, dass die Leiche, wie in Selbstmordfällen üblich, auf einer Bahre durch die Straßen gezogen wird. Aus der Menschenmenge, die sich um sein Haus gebildet hat, tritt ein Mann hervor und bezichtigt Jean Calas des Mordes an seinem Sohn. Er habe ihn getötet, ruft er laut, weil er nicht damit einverstanden gewesen sei, dass der Sohn zur katholischen Kirche konvertiert sei. Bald glaubt das die ganze Menge und auch der Bürgermeister, der hinzugerufen wird.

Obwohl alle Indizien für einen Selbstmord sprechen und Calas seine Unschuld beteuert, wird er verhaftet. Das Parlament von Toulouse beschließt, ihn zu foltern, bis er gesteht. Aber Jean Calas gesteht nicht. Dennoch wird er in einem nicht öffentlichen Prozess mit 14 zu 7 Stimmen zum Tode durch das Rad verurteilt. Am 9. März 1762 wird das Urteil in Toulouse in äußerst grausamer Weise vollstreckt. Man beschlagnahmt sein Vermögen und steckt die Kinder in ein Kloster.

Als der kranke, 67-jährige Voltaire in seinem Exil in Genf von diesem Verfahren hört, hat er sofort Zweifel an der Rechtmäßigkeit. Er stellt gründliche Recherchen an und kommt zu der Überzeugung, dass es sich um ein schändliches Fehlurteil handelt. Fünf Jahre lang kämpft er in Briefen und Schriften mutig und gegen den Rat seiner Freunde für eine Revision dieses Urteils, das ihn tief bewegt und beunruhigt. Voller Leidenschaft prangert er den Justizmord öffentlich an. Der gute Glaube eines Richters sei keine Entschuldigung für die Vernichtung eines Unschuldigen, wettert er. Es gebe Verurteilungen, die verbrecherischer als das Verbrechen selbst seien.

Voltaire gewinnt Anwälte für die Verteidigung und setzt durch, dass der Prozess wieder aufgenommen wird. Selbst der König mischt sich in das Verfahren ein. Das Parlament von Paris kassiert schließlich das Urteil und erklärt Jean Calas für vollkommen unschuldig. Der Fall wird zu einem der bekanntesten Justizirrtümer der französischen Rechtsgeschichte. Voltaires Grabstein in Paris nennt keines seiner Werke, aber den Namen Jean Calas.

Schreckensurteile der Jakobiner: Marie-Antoinette und Olympe des Gouges (1793/1794)

Im ehemaligen Dominikanerkloster St. Jakob in Paris tagen die radikalsten Anhänger der Französischen Revolution, die Jakobiner. Sie werden in den Jahren 1793/94 unter ihrem Führer Robespierre, einem ehemaligen Rechtsanwalt, zu den Protagonisten der Schreckensherrschaft. Ihr Zeichen ist die rote Jakobinermütze. Ihre Terrorurteile verdienen sämtlich den Namen Justizirrtümer. Sie sind Ausdruck einer gesellschaftspolitischen Umwälzung und einer entsprechend maßlosen Strafgerichtsbarkeit, die mit vernünftigen strafrechtlichen Normen nicht viel zu tun hat. Tausende unschuldiger Menschen müssen unter der Guillotine sterben. Prominentestes Opfer ist der französische König Ludwig XVI., der 1793 enthauptet wird. Aber selbst prominente Revolutionäre wie Danton und Robespierre werden schließlich aus politischen Gründen hingerichtet.

Auch vor Frauen macht die »terreur« nicht Halt. Das Revolutionstribunal richtet in kurzer Zeit rund neunhundert Frauen hin. Ludwigs Frau Marie-Antoinette, die Tochter der österreichischen Kaiserin Maria Theresia,

wird ebenfalls mit fadenscheinigen Argumenten angeklagt. Hauptbelastungspunkt der langen Anklageschrift
ist die Beeinflussung des Königs: Man wirft ihr vor, Ludwig XVI. zur Flucht aus Paris ins ausländische Exil sowie
zur Verteidigung der Tuilerien gegen deren Sturm durch
die Sansculotten am 10. August 1792 überredet zu haben.
Als man sie beschuldigt, auch für den Krieg mit Österreich verantwortlich zu sein, hält die Königin vor dem Tribunal dagegen, Frankreich selbst habe den Krieg begonnen. Die Ankläger schrecken auch nicht davor zurück,
Marie-Antoinette des Inzests mit ihrem Sohn zu bezichtigen, was im Gerichtssaal einen Tumult auslöst. Am
15. Oktober 1793 wird Marie-Antoinette als Landesver-
räterin und Feindin der Revolution zum Tod verurteilt.
Schon am nächsten Tag besteigt sie die Guillotine.

Am 3. November 1793 wird auch die Dichterin und
Schriftstellerin Olympe des Gouges aufgrund des »Gesetzes über die Verdächtigen« geköpft. Sie hat nach der
von der Nationalversammlung verabschiedeten neuen
Verfassung, die Frauen vom Wahlrecht und anderen politischen Rechten ausschließt, eine Streitschrift unter dem
Titel *Erklärung der Rechte der Frau und Bürgerin* verfasst
und ist offen für die Rechte der Frauen eingetreten.

Der Tod der Madame Dubarry (1793)

Sie ist die uneheliche Tochter einer Näherin und heißt
eigentlich Jeanne Bécu. Als sie 1758 mit 15 Jahren das
Kloster Sainte-Aure verlässt, hat sie sich zu einer blühen-
den Schönheit entwickelt. Ihre blauen Augen, die blonden
Locken und ihr hübsches Dekolleté sind ebenso aufreiz-
end wie ihr wohlgeformter Körper. Mit 20 begegnet sie
Jean Dubarry, einem Pariser Spieler und Frauenheld, und

wird seine Mätresse. Sie führt einen viel besuchten Salon und setzt sich in den Kopf, die Geliebte des Königs zu werden. Ludwig XV. ist schon 60, als er sie am Hofe zum ersten Mal sieht. Die Comtesse Dubarry, wie sie sich jetzt nennt, ist wie geschaffen für die Liebe. Sie beherrscht die Kunst des Liebesspiels wie keine andere Frau und verdreht dem König den Kopf. Er ist so hingerissen von ihr, dass er sie offiziell bei Hofe einführt – eine ehemalige Prostituierte wird die ungekrönte Königin Frankreichs. Er schenkt ihr das Schloss Louveciennes und überhäuft sie mit Geld und vor allem Juwelen. Für ihren persönlichen Bedarf erhält sie eine jährliche Pension von 1,2 Millionen Livres, das sind heute etwa 900 000 Euro. Bald hat sie die berühmteste private Juwelensammlung in ganz Europa. Ihr verschwenderischer Lebenswandel erregt überall Unmut.

Aber nach ihrem kometenhaften Aufstieg währt ihre Herrschaft in Versailles nur ganze fünf Jahre. Der König verstirbt 1774 an den Pocken. Auf dem Sterbebett sagt er ihr, er gehöre Gott und seinem Volke, darum müssten sie sich trennen. Sie fällt in Ungnade und wird in ein Kloster verbannt. Aber sie darf ihr Schloss Louveciennes behalten und kehrt im Herbst 1776 dorthin zurück. In den folgenden 15 Jahren nimmt sie hier ihr früheres Leben wieder auf. Sie ist überzeugte Royalistin, kümmert sich aber kaum um das politische Geschehen. Auch als Frankreich 1789 von der Revolution erschüttert wird und Ludwig XVI. und seine Gemahlin Marie-Antoinette auf dem Schafott sterben, bleibt Madame Dubarry weiterhin sorglos. Sie ist jetzt 46 Jahre alt und noch immer eine sehr schöne, erotische Frau, die ihr Leben in vollen Zügen genießt.

In der Nacht zum 11. Januar 1791 wird aus ihrem Schloss, während sie sich auf einem auswärtigen Ball amüsiert, ihr gesamter Schmuck gestohlen, ein großer Teil ihres Vermögens. Sie setzt eine hohe Belohnung aus und lässt das Schreiben mit einer seitenlangen Liste der entwendeten Schmuckstücke in ganz Frankreich verbreiten. Jedermann weiß nun, wie reich diese Frau ist. Schon einen Monat später wird der Schmuck in London sichergestellt. Sie fährt mehrere Male nach England, ohne zu wissen, dass jeder ihrer Schritte von einem Spion der französischen Regierung überwacht wird. Ihre Geldspenden an Männer, die in royalistische Aufstände im Westen Frankreichs verwickelt sind, bringen sie in den Verdacht konterrevolutionärer Aktivitäten. Schon bald nach ihrer Rückkehr nach Frankreich im Frühjahr 1793 zeigt man sie wegen staatsfeindlicher Gesinnung an und verhaftet sie. Doch man kann keine Schuld erkennen und lässt sie wieder frei.

Aber die Dubarry hat viele Feinde, allen voran ein Agitator der Revolution namens George Greive, der sie unbedingt aufs Schafott bringen will. Er bespitzelt sie und prangert auf Flugblättern das ausschweifende Leben der ehemaligen Mätresse des Königs an. Bald wird sie überall beschimpft, sie traut sich kaum noch aus dem Haus. Das Netz aus Hass, Neid und Verrat wird enger und enger. Und als im September 1793 ein Gesetz herauskommt, das die Verhaftung aller Personen vorschreibt, die sich durch Wort oder Tat als Gegner der Freiheit verdächtig gemacht haben, wird Madame Dubarry »unter dem Verdacht unpatriotischer und mit der Aristokratie sympathisierender Neigungen« erneut verhaftet.

Im Dezember 1793 beginnt in Paris der Prozess gegen sie. Der berüchtigte öffentliche Ankläger Fouquier-Tinville sagt in seinem Plädoyer an die Geschworenen: »Sie haben zu entscheiden, ob diese Messalina sich einer Verschwörung gegen die Freiheit und Herrschaft des Volkes schuldig gemacht hat und ob sie, nachdem sie mitschuldig an den Ausschweifungen des Königs gewesen, nun auch noch zum Werkzeug von Tyrannen, Adligen und Priestern geworden ist, die gegen die Republik arbeiten … Das Beispiel, das diese Frau gegeben hat, beweist erneut, dass Unzucht und Liederlichkeit die Feinde des Glückes und der Freiheit des Volkes sind. Wenn Sie diese Messalina mit dem Schwerte der Gerechtigkeit treffen, werden Sie nicht nur die Republik rächen, sondern auch einem öffentlichen Skandal ein Ende bereiten und die Herrschaft der Moral und des Anstandes festigen, welche die Hauptgrundlage der Freiheit des Volkes ist!« Eine Konspiration mit ausländischen Adligen kann ihr allerdings nicht nachgewiesen werden.

Die Geschworenen fällen dennoch rasch ihr Urteil: Tod durch die Guillotine. Als die Worte durch den Gerichtssaal hallen und die Hinrichtung schon für den nächsten Tag, den 8. Dezember 1793, angeordnet wird, fällt Madame Dubarry in Ohnmacht. Halb wahnsinnig vor Angst verbringt sie die Nacht in der Conciergerie, dem Gefängnis von Paris. Fieberhaft sucht sie nach einer Möglichkeit, ihr Leben zu retten. Am Morgen um acht Uhr erscheinen die Wärter in ihrer Zelle, um ihr die Haare zu schneiden und den Kittel der Todgeweihten überzuziehen. Sie habe noch einige enthüllende Aussagen zu machen, sagt sie mit bebender Stimme. Vor die Beamten geführt, erklärt sie, sie werde alle Verstecke im Schloss Louveciennes verraten, wo sie zu Beginn der Revolution Juwelen, Silbergeschirr und viele andere Wertgegenstände vergraben habe, wenn man ihr dafür das Leben schenkt. Die Männer hören geduldig zu und schreiben alles, was sie enthüllt, auf, aber das Leben schenken sie ihr nicht. Ganze sechs Stunden hat sie retten können.

Sie schreit hysterisch und schlägt um sich, als man ihr die Hände auf dem Rücken zusammenbindet und sie auf den Karren stößt, der sie am 8. Dezember 1793 um halb fünf Uhr abends auf den Place de la République fährt, den heutigen Place de la Concorde. Die Frau schluchzt, weint und kreischt und der Henker muss sie auf das Schafott tragen. Ihr letzter furchtbarer Schrei hallt noch durch die Dämmerung, als ihr blonder Lockenkopf schon im blutigen Korb liegt.

Joseph Lesurques und der Überfall auf die Postkutsche (1796)

Am 27. April 1796 wird die zwischen Paris und Lyon verkehrende Postkutsche von einer berittenen und bewaffneten Räuberbande überfallen. Die vier Männer töten den Schaffner und den Postillon und erbeuten eine große Geldsumme, Wertpapiere und andere Kostbarkeiten. Der fünfte Komplize sitzt als Passagier in der Kutsche. Zuvor sind alle fünf sorglos und für längere Zeit in zwei in der Nähe liegenden Gasthäusern eingekehrt. Mehrere Menschen haben sie aus nächster Nähe gesehen.

Der Friedensrichter von Paris lädt diese Zeugen vor. Zur selben Zeit ist auch ein Freund von Lesurques auf dem Weg dorthin, um einige Papiere abzuholen. Er war verdächtigt worden, in die Sache verwickelt zu sein, konnte aber seine Unschuld nachweisen. Zufällig trifft er Lesurques und überredet ihn mitzukommen. Im Vorzimmer des Richters treffen sie mit den auf ihre Vernehmung wartenden Zeugen zusammen, darunter zwei Mägde aus einem der Gasthäuser, die die Räuber aufgesucht hatten. Die Frauen erklären sofort, sie würden die beiden Männer wiedererkennen, obwohl diese den Gasthof niemals betraten.

Auch die übrigen fünf Zeugen, denen die Männer daraufhin gegenübergestellt werden, erklären übereinstimmend, dass das die gesuchten Mitglieder der Bande seien.

Beide beteuern ihre Unschuld und können ein Alibi nachweisen. Der 35-jährige, verheiratete Joseph Lesurques, Vater dreier Kinder und Sergeant der französischen Armee mit hervorragenden Beurteilungen, benennt mehrere Alibizeugen, unter ihnen ein Juwelier und ein Goldschmied. Sie sagen in der Hauptverhandlung aus, Lesurques sei am Mordtag von zehn bis zwei Uhr dauernd mit ihnen zusammen gewesen. Der Goldschmied habe dem Juwelier in dieser Zeit einen silbernen Löffel verkauft und das auch in sein Geschäftsbuch eingetragen. Als er das Geschäftsbuch vorlegen muss, stellt sich heraus, dass das Geschäft auf den Tag nach dem Raubüberfall eingetragen, das Datum jedoch nachträglich vordatiert worden ist. Der Goldschmied wird sofort wegen Urkundenfälschung verhaftet. Beide Zeugen halten jetzt ihre ursprünglichen Aussagen nicht mehr aufrecht. Daraufhin glauben die Geschworenen auch den weiteren Alibizeugen nicht mehr und verurteilen Lesurques zum Tode.

Kurz zuvor erscheint die Geliebte des rechtmäßig Angeklagten Couriol beim Präsidenten des Schwurgerichts und erklärt, Lesurques gehöre nicht zu der Bande, die Zeugen hätten sich geirrt. Auch Couriol selbst sagt, Lesurques sei unschuldig. Doch der Präsident Gohier weist diese Aussagen mit dem Bemerken zurück: »Ich kann sie nicht mehr berücksichtigen, die Verhandlung ist schon geschlossen!« Lesurques wird hingerichtet, mit ihm sechs weitere Personen, obwohl nur fünf die Mordtat verübten. Wenig später wird der Mann, mit dem sieben Zeugen Lesurques verwechselt hatten, entdeckt und überführt. Er wird nachträglich ebenfalls verurteilt.

Der Jahrhundertfall der Marie Lafarge
(1840/1841)

Es hat kaum einen Fall in der Kriminal- und Justizgeschichte Frankreichs gegeben, der weit über die Grenzen
des Landes hinaus ein derartiges Aufsehen erregte wie der
Prozess gegen Marie Lafarge. Der Streit der Lafargisten
und Antilafargisten über Schuld oder Unschuld dieser
Frau erhitzte die Gemüter und zog sich Jahrzehnte hin,
die Zeitungen waren voll davon. Viele berühmte Zeitge-
nossen äußerten sich über den Fall. So war zum Beispiel
Heinrich Heine der festen Überzeugung, Marie Lafarge
sei unschuldig.

Sie stammt aus gutem Hause und ist gebildet, vermö-
gend und voller Anmut. Nach dem Tode ihrer Eltern
sucht sie einen reichen Ehemann. Im Jahr 1839 lernt sie,
24-jährig, über einen Heiratsvermittler den vier Jahre älteren Gießereibesitzer Charles Lafarge kennen. Mit seinem dicken Bauch und den schiefen Zähnen sieht er alles
andere als gut aus, aber er behauptet, viel Geld und ein
Schloss in Le Glandier zu besitzen. Im August 1839 findet in Paris die Hochzeit statt. Doch schon kurz darauf
erkennt Marie, dass sie einem üblen Schwindler aufgesessen ist. Ihr Mann ist hoch verschuldet und das angebliche
Schloss in Le Glandier entpuppt sich als ein baufälliges,
von Ungeziefer befallenes altes Klostergebäude. Weinend
beschwört Marie ihren Gatten, sie wieder freizugeben.
Aber der denkt gar nicht daran, eine so gute Partie wieder
aufzugeben. Er plant, Dokumente zu fälschen, um das
ganze Vermögen seiner Frau zu vereinnahmen.

Als er im Dezember 1839 in einem Pariser Hotel übernachtet, erhält er aus Le Glandier ein Paket zugesandt, in
dem sich eine Torte befindet. Er isst ein Stück davon. In

der Nacht wird ihm schlecht. Die Übelkeit hält mehrere Tage an und er befürchtet schon, an der damals grassierenden Cholera erkrankt zu sein. Anfang Januar 1840 ist er wieder daheim. Aber nach dem servierten Festessen, Wildbret und Trüffel, muss er erneut erbrechen. Er legt sich ins Bett und fühlt sich eine Woche lang unwohl und schwach. Am Morgen des 14. Januar 1840 ist er tot. Marie ist verzweifelt. Doch ihre Schwiegermutter glaubt, sie spiele Trauer und Gram nur vor. Sie zeigt Marie bei der Polizei wegen Mordes an.

Marie Lafarge wird verhaftet. Sie bestreitet jede Schuld. Die Leiche ihres Mannes wird obduziert. Man analysiert den Mageninhalt ebenso wie die Speisen, die Charles kurz vor seinem Tode zu sich genommen hat. Das Gutachten kommt zu dem Ergebnis, dass mit einiger Wahrscheinlichkeit eine Arsenikvergiftung vorliegt. Am 3. September 1840 beginnt der große Prozess. Der Staatsanwalt weist nach, dass Marie mehrfach Arsenik gekauft hat. »Ich brauchte das Gift für die Vertilgung der Ratten in dem zerfallenen Haus in Le Glandier«, behauptet sie. Maître Paillet, der Verteidiger, beantragt ein weiteres Gutachten. Der Arsennachweis soll mit dem Marsh'schen Apparat erfolgen, einer neuen, absolut zuverlässigen Methode, die der englische Chemiker James Marsh 1836 entwickelt hat. Die Versuche bringen ein sensationelles Ergebnis. Das untersuchte Material enthält keinerlei Arsenik. Im Gerichtssaal bricht großer Jubel aus, die Lafarge-Sympathisanten umarmen einander.

Doch die Staatsanwaltschaft gibt nicht auf. Sie fordert ein drittes Gutachten an. Charles Lafarge wird exhumiert. Eingeweide, Muskelgewebe, Leber und Herz werden erneut untersucht. Man findet darin kein Arsenik, wohl aber in den Speisen. Das Gericht beschließt, die größte Kapazität jener Zeit auf dem Gebiet der Toxikologie zu Rate zu ziehen, den weltberühmten Professor Bonaventura Orfila. Er prüft die bisherigen Untersuchungsergebnisse, stellt neue Versuche an und kommt zu dem Ergebnis, im Körper des Toten befinde sich eindeutig Arsenik. Seine Expertise gibt den Ausschlag. Am 19. September 1841 wird Marie Lafarge zu lebenslanger Zwangsarbeit verurteilt. Das Urteil wird später in eine lebenslange Haftstrafe umgewandelt.

Marie Lafarge verbringt viele Jahre im Gefängnis. Hier schreibt sie Gedichte und Memoiren und beteuert immer wieder ihre Unschuld. Als sie schwer lungenkrank wird, lässt man sie frei. Kurz darauf stirbt sie.

Einen schlüssigen Beweis für die Schuld der Marie Lafarge gab es nicht. Immerhin lagen sehr unterschiedliche Gutachten vor, das Orfila-Verfahren, nach dem Lafarge schließlich verurteilt wurde, gilt als sehr unsicher, der Marsh-Nachweis dagegen, der kein Arsen feststellen konnte, gilt als sicher. Nach dem Grundsatz »Im Zweifel für den Angeklagten« hätte sie nicht verurteilt werden dürfen.

Cauvin und die große Erbschaft (1891 – 1895)

Die 80 Jahre alte reiche Witwe Montet bewohnt in Marseille eine eigene Villa und beschäftigt die 15-jährige Marie Michel als Hausangestellte. Die Witwe entwickelt eine mütterliche Liebe zu dem in der Nachbarschaft wohnenden Handlungsgehilfen Cauvin. Da sie mit ihrer Familie auf Kriegsfuß steht, setzt sie ihn 1886 als Alleinerben ein. Aber fünf Jahre später verbessern sich die Beziehungen zu ihrer Familie wieder und eine Aussöhnung steht kurz bevor. Die Witwe Montet beabsichtigt, ihr Testament zu Gunsten ihrer Verwandten zu ändern. Da wird sie in der Nacht vom 16. zum 17. Dezember 1891 ermordet aufgefunden.

Sofort wird Cauvin verdächtigt und zum Teil auch Marie Michel. Sogleich in ihrer ersten Vernehmung sagt sie, Cauvin sei der Mörder. Er habe die alte Dame im Bett erwürgt. Aus Angst vor ihm habe sie ihm geholfen und die Arme des Opfers festgehalten. Aufgrund dieses freimütigen Geständnisses entwickeln die Geschworenen Sympathie für sie und sprechen sie frei. Cauvin jedoch wird zu lebenslänglicher Zwangsarbeit verurteilt. Da das Urteil einen Formfehler aufweist, wird 1892 erneut verhandelt. Cauvin beteuert leidenschaftlich seine Unschuld. Aber Marie sagt jetzt aus, Cauvin habe ihr 3 000 Francs für ihre Beihilfe versprochen. Cauvin unterbricht ihre Aussage mit dem Aufschrei: »Ich bin unschuldig! Dieses Mädchen lügt unverschämt!« Darauf ruft der Gerichtspräsident ihm zu, er solle dies beweisen. Offenbar ignoriert er die Beweisregel »Im Zweifel für den Angeklagten« und kehrt die Beweislast einfach um. Marie hätte kein Motiv dafür, ihn des Mordes zu beschuldigen, sagt der Richter. Doch, antwortet Cauvin, sie wolle einen Komplizen decken. Die Geschworenen glauben Marie mehr als Cauvin und verurteilen ihn abermals zu lebenslänglicher Zwangsarbeit.

Drei Jahre später, im März 1895, legt Marie Michel vor dem Erzbischof von Toulon ein Geständnis ab. Ihre Aussage sei erlogen gewesen, bekennt sie. Nun wolle sie ihr Gewissen erleichtern und das arme Opfer retten. Der Staatsanwalt fragt sie, wie viel Geld sie für diese neue Aussage von Cauvins Familie erhalten habe. Er glaubt ihr kein Wort. Ärzte, die sie untersuchen, erklären, ihr Geständnis beweise nichts. Sie habe schon so viel gelogen, dass man ihr jetzt auch nicht glauben könne. Aber dann wird doch auf Betreiben der Anwälte der Familie Cauvin ein Meineidsverfahren gegen sie eingeleitet. Marie Michel wird zu fünf Jahren Gefängnis verurteilt.

Damit sind ihre Aussagen im Prozess gegen Cauvin als Beweismittel hinfällig geworden und eine Revision ist die zwangsläufige Folge. Doch die Staatsanwaltschaft gibt nicht auf. Immerhin waren in der Wäsche Cauvins Blutspuren gefunden worden. Aber man hatte versäumt, zu untersuchen, ob das Blut von der Ermordeten stammte. Cauvin wird nun, nachdem er fünf Jahre Zwangsarbeit geleistet hatte, von einem anderen Schwurgericht mangels Beweises freigesprochen. Der wahre Mörder wird nie gefunden.

Die Affäre Dreyfus (1894–1906)

Dem deutschen Militärattaché wird im November 1894 in Paris durch eine geschickte Agentin ein Brief mit Geheiminformationen über das französische Heer aus der Rocktasche entwendet. Nach Auffassung der Spionageabwehr kann der Briefeschreiber nur ein Offizier des französischen Generalstabs sein, der als besoldeter Spion für die Deutschen arbeitet. Der Verdacht fällt auf den 35-jährigen Hauptmann Alfred Dreyfus, einen Juden.

Obwohl er vehement seine Unschuld beteuert, wird er vor ein Kriegsgericht unter dem Vorsitz von Major Paty de Clam gestellt. Der Major hat dem ahnungslosen Dreyfus vor seiner Verhaftung etwas diktiert, weil er ihn angeblich als Sekretär benötigte. Dieser Text wird im Prozess dem Schriftsachverständigen Gobert vorgelegt und mit einigen belastenden Schreiben verglichen. Nach Auffassung Goberts stimmen diese Schriftproben nicht überein. Das Militärgericht gibt sich damit nicht zufrieden. Der Spionageprozess ist eine willkommene Gelegenheit, dem deutschen »Erbfeind« seine Beteiligung und Schuld nachzuweisen. Man möchte Dreyfus auf jeden Fall verurteilen und beauftragt den Chef des polizeilichen Erkennungsdienstes, Alphonse Bertillon, mit einem neuen Gutachten. Er ist ein fanatischer Antisemit. Man sagt ihm, Dreyfus sei Jude und sehr verdächtig. Sein Gutachten fällt positiv aus. Häkchen und kräftige Aufstriche stimmen seiner Meinung nach in beiden Schriftproben überein. Ein weiterer Sachverständiger schließt sich dem an, ein anderer sieht das nicht so und ein dritter, der sein Gutachten später widerruft, erkennt ebenfalls Übereinstimmungen. Dreyfus wird degradiert und wegen Verrats militärischer Geheimnisse zur lebenslänglichen Verbannung auf die südamerikanische Teufelsinsel vor der Küste von Cayenne verurteilt.

In der Öffentlichkeit erheben sich Proteste. Viele bekannte Persönlichkeiten zweifeln an Dreyfus' Schuld. Unter der Überschrift »J'accuse!«, »Ich klage an!«, erhebt der französische Schriftsteller Emile Zola heftige Vorwürfe gegen die Richter. Er wirft ihnen vor, wissentlich Beweise verfälscht zu haben, und fordert die Wiederaufnahme des Verfahrens. Er wird später deshalb selbst mit einem Prozess überzogen. Ministerpräsident Felix Faure will mit allen Mitteln eine Revision verhindern. Doch im September 1898 wird sie vom Ministerrat beschlossen. Der Kassationshof hebt das Urteil auf und überträgt den Fall dem Kriegsgericht in Rennes. Major Paty de Clam sagt bei seiner ersten Vernehmung, Dreyfus habe beim Diktat gezittert. Darin habe er einen Beweis seiner Schuld gesehen. Bei seiner zweiten Vernehmung behauptet er, Dreyfus habe nicht gezittert. Darin habe er einen Beweis frecher Verstocktheit gesehen. Im September 1899 wird Dreyfus abermals verurteilt.

Ganz Frankreich diskutiert heftig über den Fall. Anhänger und Gegner des Urteils geraten sogar tätlich aneinander. Noch Ende desselben Monats wird Dreyfus begnadigt, was aber beide Lager nicht zufrieden stellt. Erst sieben Jahre später kommt es zu einem neuen Prozess, in dem Dreyfus vollkommen rehabilitiert wird. Die Spionageabwehr hat nämlich inzwischen den wahren Agenten und Briefeschreiber ermittelt. Es ist ein Leutnant namens Esterhazy, der sich nach England abgesetzt und dort auch seine Tätigkeit und Schuld bekannt hat. Notgedrungen und widerwillig muss das Gericht in seinem Urteil feststellen, alle Zeugen hätten in den früheren Verfahren Meineide geschworen und alle positiven graphologischen Gutachten wären falsch gewesen. Hauptmann Dreyfus wird wieder in die Armee aufgenommen und sogar zum Ritter der Ehrenlegion geschlagen.

Aber damit ist der Skandal, der weit über Frankreichs Grenzen hinaus die Gemüter bewegt, noch längst nicht zu Ende. Nach wie vor behauptet der Schriftsachverständige Bertillon starrsinnig, sein Gutachten sei richtig gewesen. Die französische Regierung will ihm 1913 die Rosette zum roten Band der Ehrenlegion überreichen, wenn er seinen Irrtum im Fall Dreyfus eingesteht. Empört schlägt der alte Mann die hohe Auszeichnung aus.

Jeanne Weber, die »Menschenfresserin« von Paris (1905 – 1908)

Im Frühjahr 1905 sterben im Kreis der Familie Weber, die im Goutte d'Or lebt, einem Armenviertel von Paris, innerhalb von nur sechs Wochen vier Kleinkinder. Alle sind auf rätselhafte Weise erstickt, auch der Sohn Maurice von Jeanne Weber. Medizinische Anhaltspunkte dafür gibt es nicht. Die Polizei beginnt sich für den Fall zu interessieren. Sie stellt schnell fest, dass alle Kinder kurz vor ihrem Tod von Jeanne Weber beaufsichtigt wurden und dass vor drei Jahren ebenfalls zwei von ihr betreute Kinder in gleicher Weise ums Leben kamen. Ein Arzt hatte damals den Erstickungstod auf eine Hirnhautentzündung zurückgeführt. Der mit den Ermittlungen beauftragte Inspektor lässt Jeanne Weber verhaften und ordnet eine Exhumierung der Kinderleichen an. Das Ergebnis bringt keine Beweise. Es werden keine Würgemale oder sonstige Verletzungen gefunden. Dennoch wird Mordanklage gegen Jeanne Weber erhoben. Die Bevölkerung des Armenviertels ist aufgebracht. Für sie ist die »Ogresse de Goutte d'Or«, die »Menschenfresserin vom Goutte d'Or«, schuldig. Umso größer ist die Enttäuschung, als Jeanne Weber am 29. Januar 1906 freigesprochen wird. Ein glattes Fehlurteil, wie sich später herausstellt.

Von ihren Nachbarn verachtet und gehasst, verlässt Jeanne Weber heimlich ihr Haus und ihren Ehemann, kehrt Paris den Rücken und ändert ihren Namen. Sie nennt sich nun Jeanne Moulinet und lebt in Chabon im Departement Indre. Im April 1907 stirbt hier ein neunjähriger Junge unter mysteriösen Umständen. Der Arzt stellt merkwürdige Druckstellen am Hals des Kindes fest. Doch die alarmierte Gendarmerie sieht keinen Anlass für eine Morduntersuchung, eine weitere Fehlleistung in diesem an Irrtümern so reichen Fall. Als die ältere Schwester des getöteten Kindes herausfindet, dass Jeanne Moulinet und Jeanne Weber identisch sind, wird die Leiche exhumiert. Jetzt entdecken die Gerichtsmediziner neben der zweieinhalb Zentimeter langen Würgespur auch Blutergüsse und Fingerabdrücke. Ihre Schlussfolgerung ist eindeutig: Tod durch Erdrosseln.

Ein neues Strafverfahren wird gegen Jeanne Weber eingeleitet. Ihr Verteidiger ist geschickt und erfahren. Mit immer neuen Eingaben und Tricks gelingt es ihm, den Prozess hinauszuzögern und so lange zu verschleppen, bis die Kindesleiche verwest und eine Strangulation nicht mehr erkennbar ist. Jeanne Weber wird erneut freigesprochen.

Jeanne Weber begibt sich nun nach Commercy in die Pension der Familie Poirot. Am 8. Mai 1908 hört ein Gast Schreie aus deren Schlafzimmer. Die herbeigerufenen Poirots finden ihren siebenjährigen Sohn mit blau angelaufenem Gesicht leblos im Bett. Aus seinem Mund fließt Blut, im Todeskampf hat er sich die Zunge abgebissen. Neben dem Bett steht Jeanne Weber mit blutigen Händen. In flagranti überführt, gesteht sie die Morde an acht Kindern. Die Polizei ist überzeugt, dass zwölf weitere noch ungeklärte Kindesmorde ebenfalls auf ihr Konto gehen. Der Tathergang ist immer derselbe. Die Kinder wurden mit einem Taschentuch erdrosselt. Aber welches Motiv hatte Jeanne Weber, die als eine der brutalsten Massenmörderinnen in die Kriminalgeschichte eingegangen ist? Keins, denn sie ist geisteskrank. Nach mehreren Untersuchungen wird sie am 25. Oktober 1908 für unzurechnungsfähig erklärt und in eine Irrenanstalt eingewiesen. Ein neuer Prozess findet deshalb nicht statt, ein Todesurteil bleibt ihr erspart. Aber zwei Jahre später stirbt Jeanne Weber in der Anstalt den gleichen Tod wie ihre Opfer. Sie erdrosselt sich selbst mit den eigenen Händen.

Skandal um Madame Caillaux (1914)

Im Frühjahr 1914 ist der mächtige, linksextreme Joseph Caillaux Finanzminister von Frankreich. Seine zweite Ehefrau Henriette ist eine elegante Pariserin, die ihren Mann liebt und verehrt. Am 13. März 1914 greift die Pariser Tageszeitung *Le Figaro* den Finanzminister scharf an und druckt einen kompromittierenden persönlichen Brief von ihm an seine geschiedene erste Frau ab, den er Jahre zuvor verfasst hat und der Einzelheiten aus ihrem Liebesleben preisgibt. Henriette Caillaux fordert daraufhin den Chefredakteur der Zeitung, Gaston Calmette, auf, ihr weitere Briefe ihres Gatten an seine frühere Frau herauszugeben. Calmette weigert sich, weil er in den Briefen ein geeignetes politisches Druckmittel gegen den ungeliebten Minister sieht.

Daraufhin erscheint Madame Caillaux am 16. März 1914 in Calmettes Büro und fragt ihn, ob er wisse, warum sie gekommen sei. Als er das verneint, zieht sie ohne ein weiteres Wort eine Pistole aus ihrem Muff und tötet den Chefredakteur aus nächster Entfernung mit sechs gezielten Schüssen. Die herbeieilenden Büroangestellten sehen sie mit dem noch rauchenden Browning in der Hand im Zimmer stehen und überwältigen sie.

In dem kurz darauf gegen sie vor dem Pariser Schwurgericht angestrengten Mordprozess kann sich Henriette Caillaux den besten und teuersten Strafverteidiger Frankreichs leisten. Maître Labori ist durch den Prozess gegen den Major Dreyfus und den darauf folgenden Prozess gegen Emile Zola berühmt geworden. Er tut alles, um die Tat nicht als kalt vorausberechneten politischen Akt erscheinen zu lassen, sondern als unkontrolliertes Verbrechen aus Leidenschaft. Seine Verteidigungsstrategie ist ebenso erstaunlich wie erfolgreich. Seine Mandantin habe die Tat begangen, trägt er dem Gericht vor, weil sie ihrem Gatten die Ermordung Calmettes ersparen wollte. Der Prozess erregt ungeheures Aufsehen. Fast auf jeder Titelseite der Zeitungen Frankreichs erscheinen in diesen Tagen Berichte über die »Affaire Caillaux«. Die rechtsgerichteten Blätter fordern die Verurteilung der Frau, die linksgerichteten versuchen, entschuldigende Argumente für ein Verbrechen aus Leidenschaft aufzuzählen. Die Jury wird stark beeinflusst von den Pressemeinungen.

Am 28. Juli 1914 beraten die Geschworenen eine Stunde und sprechen dann ihr Urteil: »Nicht schuldig!« Der Skandal ist perfekt, der sensationelle Freispruch erregt die Gemüter der Menschen außerordentlich. Die Ursachen für das spektakuläre Fehlurteil sind sicherlich auch in den damals herrschenden politischen Verhältnissen zu suchen. Im Urteil selbst ist allerdings nur von ehrbaren persönlichen Motiven der Gattin des Ministers die Rede, dessen politische Karriere nun ruiniert ist. Henriette Caillaux habe bedingungslos zu ihrem Mann gehalten und lediglich ihre Ehre verteidigt, heißt es in den Urteilsgründen. Doch die Weigerung des Redakteurs, die Briefe herauszugeben, war auf keinen Fall ein Rechtfertigungsgrund für eine Tötung. Weder eine Notwehrlage noch ein Schuldausschließungsgrund, wie z. B. Notstand, haben vorgelegen. Der Freispruch war unrechtmäßig.

Die Affäre Dominici (1952–1960)

Anfang August 1952 kehrt der englische Ernährungswissenschaftler Sir Jack Drummond in die Provence zurück, um seiner Ehefrau und seiner Tochter Elisabeth während eines Campingurlaubs die Stelle zu zeigen, an der er während des Krieges mit dem Fallschirm abgesprungen ist. Er übernachtet mit seiner Familie in einem Zelt auf einer steinigen Lichtung in der Nähe einer stark befahrenen Straße. Der Platz gehört zum Grundbesitz von Gaston Dominici, eines 77-jährigen Bauern, der mit seiner Frau Maria und seinen neun Kindern auf dem Hof »La Grande Terre« lebt.

Am Morgen des 5. August 1952 wird die Familie Drummond ermordet aufgefunden. Das Ehepaar ist erschossen und die Tochter mit einem Gewehrkolben erschlagen worden. Eine erste Untersuchung ergibt, dass die Kugeln von einem Karabiner aus dem Zweiten Weltkrieg stammen. An der Tür des englischen Pkws finden sich die Fingerabdrücke von Gustave, dem zweitältesten Sohn des Dominici-Clans. Er erklärt das damit, dass er sie berührt habe, als die Drummonds ihn nach dem Weg gefragt hätten. Gustave ist es auch, der das Mädchen am nächsten Morgen aufgefunden hat. Sie habe noch gelebt, sagt er aus, ihr Arm hätte sich bewegt. Aber er habe aus Angst nicht angehalten, sondern sei gleich zur Gendarmerie gefahren. Im Oktober 1952 verurteilt ihn deswegen eine Strafkammer wegen unterlassener Hilfeleistung zu zwei Monaten Gefängnis.

Im Zuge der weiteren Ermittlungen wird Gustave Dominici am 12. November 1953 erneut verhaftet und auch sein älterer Bruder Clovis wird festgenommen. Während der Verhöre beschuldigen sie ihren Vater Gaston, die Morde begangen zu haben. Er habe ihnen gestanden, die Engländer mit einem Karabiner erschossen zu haben, den er aus der Scheune geholt habe. Nun wird auch Gaston Dominici verhaftet. Man fragt ihn, ob er nicht in der Mordnacht die Schüsse gehört habe. Das gibt er zu, zwischen eins und zwei, aber er habe gedacht, das seien Wilddiebe. Nach tagelangen Verhören legt er plötzlich ein Geständnis ab. Es war ein Unfall, sagt er. Sie hätten ihn für einen Straßenräuber gehalten und er habe geschossen, um sich zu wehren. Dann wieder bekennt er, die Frau habe ihn sexuell erregt. Er habe sie am Abend beim Ausziehen beobachtet und sei zu ihr gegangen und habe den Akt mit ihr vollzogen. Dabei sei der Ehemann aufgewacht und im Gerangel hätten sich die Schüsse gelöst. Die Tochter will er anschließend von hinten mit dem Gewehrkolben erschlagen haben. Aber das passt nicht zusammen, die Leiche lag auf dem Rücken. Das Geständnis klingt abenteuerlich und erfunden. Dann behauptet Gaston wieder, er sei unschuldig. Dennoch unterschreibt er das Geständnis, als man ihm sagt, dass er dann seinen Hof behalten könne. Er hätte eine Sünde begangen, aus Liebe, erklärt er den verblüfften Beamten.

Das Motiv für die Tat eines 77-Jährigen erscheint wenig glaubhaft. Die Autopsie der Frauenleiche ergibt auch keine Hinweise auf Sperma. Obwohl jeglicher Beweis fehlt, wird 1954 Mordanklage gegen Gaston Dominici erhoben. Er widerruft sein Geständnis und sagt, er halte seinen geistesschwachen Neffen Roger Perrain für den Täter. Auch Gustave nimmt vor Gericht seine Anschuldigungen gegen den Vater zurück. Er sei während der Verhöre geprügelt worden, sagt er. Clovis erhält dagegen seine Aussage aufrecht. Nach elf Verhandlungstagen fällt die Jury ihr Urteil: Schuldig! Gaston Dominici wird zum Tode durch Enthaupten verurteilt.

Sein Verteidiger Emile Pollack bezeichnet das Urteil sogleich als einen skandalösen Justizirrtum. Der Justizminister ordnet schon nach 14 Tagen eine neue Untersuchung an. Staatspräsident Coty wandelt 1957 das Urteil in lebenslange Haft um. Und 1960 wird Gaston Dominici von de Gaulle begnadigt. Der Fall hat in Frankreich großes Aufsehen erregt. 1973 wird *Die Affäre Dominici* mit Jean Gabin in der Hauptrolle sogar verfilmt.

Ein 16-jähriger Doppelmörder?
(1986 – 2002)

Im Jahr 1986 erregt ein grausamer Doppelmord in Lothringen, begangen an zwei achtjährigen Jungen, die französische Öffentlichkeit. Der 16-jährige D. gerät als mutmaßlicher Täter in Verdacht. Nach seiner Festnahme gesteht er vor der Polizei, die beiden Knaben am 29. August 1986 mit Steinen erschlagen zu haben. Er hat die beiden gekannt, mit ihnen gespielt und ist bei einem von ihnen sogar häufig zu Hause gewesen. Vor dem Schwurgericht Metz widerruft er jedoch sein Geständnis und beteuert seine Unschuld. Der Metzer Rechtsanwalt B., der D. von Anfang an verteidigt, erklärt, sein 16-jähriger Mandant habe zur Zeit der ihm vorgeworfenen Tat den Entwicklungsstand eines Achtjährigen besessen. Die Geschworenen folgen den Ermittlungen der Gendarmerie und den Ausführungen des Staatsanwalts und verurteilen D. 1989 zu lebenslänglicher Haft. Aufgrund eingelegter Rechtsmittel wird das Urteil durch den Kassationshof in Paris aufgehoben. In einem neuen Gerichtsverfahren wird D. Mitte 2000 in Reims erneut verurteilt, diesmal zu 25 Jahren Haft.

Nach jahrelangen Bemühungen seiner Anwälte werden neue Beweismittel beigebracht, mit denen die Verhörmethoden der Polizei angegriffen werden. Ein Unterstützungskreis wird gegründet. D. profitiert von einer Modernisierung des französischen Strafrechts. Bisher waren Berufungen gegen Urteile der Schwurgerichte nicht möglich. Jetzt aber gibt es eine neue Tatsacheninstanz. So kommt es 2002 in zweiter Instanz vor dem Schwurgericht Lyon zu einer neuen Beweisaufnahme. In einem Bericht einer Untersuchungsgruppe über mehrere hundert Seiten hat die Gendarmerie nunmehr weite Teile der Angaben von D. für glaubwürdig erklärt, die die Polizisten 1986/87 nicht glauben wollten. Außerdem haben sich Zeugen gemeldet, die den Serienmörder H. mit blutverschmiertem Gesicht in der Nähe des Tatorts gesehen haben. Die Ermittlungsbehörden sehen durchaus Analogien zu den anderen Morden. H. wird als Zeuge vernommen und bestreitet die Tat. Allerdings gibt er zu, dass die beiden getöteten Jungen am Tag des Verbrechens mit Steinen nach ihm geworfen hätten und er sie daraufhin gesucht habe. Er soll wegen Doppelmordes angeklagt werden.

Die bisherigen Verfahren gegen D. wurden auf der Basis von Jugendstrafrecht durchgeführt und waren demzufolge nicht öffentlich. Für den dritten Prozess gegen ihn erklärt sich der Angeklagte nun damit einverstanden, dass die Öffentlichkeit zugelassen wird. Unter dem Vorsitz der 65-jährigen Richterin V. kommt das Schwurgericht Lyon im April 2002 zu dem Ergebnis, dass D. nicht schuldig ist. Er wird freigesprochen und Frankreich hat einen neuen Justizskandal. D. saß 15 Jahre unschuldig im Gefängnis. Nach dem Freispruch sagt er im Gerichtssaal unter Tränen: »Niemand wird mir diese 15 Jahre zurückgeben!« Seine Anwälte fordern eine Entschädigung für die unrechtmäßig erlittene Haft in Höhe von 2,3 Millionen Euro, die höchste Summe, die in Frankreich bisher geltend gemacht worden ist.

Justizirrtümer in Großbritannien und Irland

Blutgericht für Anna Boleyn (1536)

Unter Heinrich VIII. löst sich die englische Kirche vom Papsttum, das die Einheit des christlichen Glaubens und des Rechtes verkörpert. Der Grund für dieses Schisma ist kein tief gehender religiöser Aufbruch wie die Reformation auf dem Kontinent, der Grund ist eine Frau. Sie heißt Anna Boleyn und ist Gesellschafterin der Königin Katharina von Aragon, der Ehefrau Heinrichs VIII. Der König hat sich 1525 in Anna verliebt. Und als Katharina ihm nicht den heiß ersehnten Thronfolger gebiert, beschließt er, Anna Boleyn zu heiraten, um von ihr einen legitimen männlichen Erben zu bekommen.

Doch Papst Clemens VII. weigert sich, die Ehe mit Katharina zu annullieren. Heinrich lässt sich 1533 heimlich mit Anna trauen, die schon schwanger ist und kurz darauf feierlich zur neuen Königin gekrönt wird, nachdem der vom König eingesetzte Erzbischof von Canterbury die erste Ehe für ungültig erklärt hat. Das bedeutet den endgültigen Bruch mit Rom. Der Papst exkommuniziert den König und erklärt seine zweite Ehe für ungültig. Das englische Parlament beschließt daraufhin 1534 die »Suprematsakte«, in der es heißt: »The king is and ought to be justly and rightfully Supreme Head of the Church of England.« Für England gibt es nun keinen Papst mehr, man spricht fortan nur noch vom Bischof von Rom.

Als Anna dem König ein Mädchen schenkt, die spätere Königin Elisabeth, wendet sich Heinrich von ihr ab. Er sucht nach Gründen, sich von ihr zu trennen, denn er hat schon eine neue Gemahlin, Jane Seymour, ins Auge gefasst. Anna wird des Ehebruchs mit fünf Liebhabern, des Inzests mit ihrem Bruder sowie des Hochverrats gegen den König »durch Anstiftung des Teufels« bezichtigt. Die angeblichen Ehebrecher beteuern ebenso wie Anna ihre Unschuld. Sie werden hingerichtet und auch Anna wird als Hexe in den Tower geworfen. Der Prozess, der kurz darauf in der Westminster Hall gegen sie beginnt, ist ein reiner Scheinprozess. Das Urteil steht schon vorher fest. Die Mehrheit der Peers verurteilt die unschuldige Anna in allen Anklagepunkten: »Brennen sollt Ihr hier auf dem Rasen im Tower von London, oder es soll Euch der Kopf abgeschlagen werden, wie es dem König beliebt.«

Am 19. Mai 1536 wird Anna Boleyn durch einen Schwertscharfrichter hingerichtet, den der König extra aus Frankreich hat kommen lassen, um ihr die Qual und den Schmerz der stumpfen englischen Axt zu ersparen. Das ist keineswegs das letzte historische Fehlurteil unter der Regentschaft Heinrichs VIII. Auch seine fünfte Frau, Catherine Howard, stirbt sechs Jahre später auf dem Schafott.

Der Sühnetod der Maria Stuart (1586/1587)

»Regierte Recht, so läget Ihr vor mir im Staube jetzt, denn ich bin Euer König!«, lässt Schiller in seinem Trauerspiel *Maria Stuart* seine Heldin zornig und leidenschaftlich in der großen Szene im dritten Akt zu Königin Elisabeth sagen. In Wahrheit haben sich beide nie gesehen. Die Hinrichtung der schottischen Königin ist der Opfertod einer katholischen Märtyrerin. »In meinem Ende liegt mein Anfang«, stickt sie auf den Baldachin ihres Bettes. Die Geschichte gibt ihr Recht.

Maria Stuart aus dem Hause Tudor ist Königin von Schottland. Nach katholischer Auffassung ist Elisabeth ein Bastard. Sie entstammt der vom Papst für ungültig erklärten Ehe Heinrichs VIII. mit Anna Boleyn. Deshalb glauben die Katholiken, Maria müsse sogar an Stelle von Elisabeth auch Königin von England sein. Auf jeden Fall würde sie es aufgrund ihrer Abstammung werden, wenn Elisabeth kinderlos stirbt. Doch sie endet tragisch.

Als Marias erster Mann, Henry Stuart, ermordet wird und sie einen der Attentäter heiratet, erheben sich das Volk und der Adel gegen sie, so dass sie 1567 abdanken muss. Sie flieht nach England, wo man sie der Mitschuld an der Ermordung ihres Mannes anklagt und auf Anordnung von Elisabeth ins Gefängnis wirft. Obwohl ihr keine Schuld nachgewiesen werden kann, bleibt sie in Haft. Schon ein Jahr später kommt es zu einer Rebellion des Herzogs von Norfolk gegen Elisabeth und zu Gunsten von Maria. Sie scheitert zwar, aber 1570 wird Elisabeth vom Papst exkommuniziert und abgesetzt. Immer wieder finden Komplotte gegen sie zur Befreiung Marias statt, die für den englischen Hof ein Pfahl im Fleische ist. Das Parlament beschließt 1585 ein neues Gesetz, wonach jede Person, die ein Attentat gegen Elisabeth unternimmt, ohne Ansehen ihres Ranges getötet werden soll. Nun wird der englische Geheimdienst verstärkt darauf angesetzt, Maria Stuart des Mordanschlags zu überführen. Man braucht einen letzten Beweis, um die lästige Gefangene loszuwerden.

Sir Francis Walsingham, der Erste Staatssekretär am englischen Hof, verleitet durch seine Mittelsmänner einen englischen Adligen namens Babington zu einer Verschwörung gegen Elisabeth. Im Juli 1586 nimmt er brieflich Verbindung zu Maria auf. Mit Hilfe der Spanier soll

Maria befreit und nach Wiedereinführung des Katholizismus in England zur neuen Königin ausgerufen werden. Ahnungslos tappt Maria in die Falle. Ihr Brief, mit dem sie dem Babington-Komplott zustimmt, wird abgefangen. Alle namentlich bekannten Verschwörer werden hingerichtet und im Oktober 1586 beginnt auch der Hochverratsprozess gegen Maria Stuart. Sie verteidigt sich ohne Rechtsbeistand eindrucksvoll und mit Würde, bekennt sich zu den Bemühungen ihrer Befreiung und der Wiedereinführung des katholischen Glaubens, bestreitet aber Anschläge auf das Leben Elisabeths. Sie sei gekommen, um in England Schutz zu suchen. Doch der sei ihr versagt worden. Vehement bestreitet sie die Zuständigkeit des Gerichts. Elisabeth dürfe nicht über das Leben der von Gott eingesetzten schottischen Königin entscheiden. »I place my cause in the hands of God!« Das ist ihr Schlusswort.

Das Tribunal verurteilt sie zum Tode und das Parlament bestätigt das Urteil. Dann proklamiert Elisabeth das Urteil, wodurch es Rechtskraft erlangt. Nun muss sie nur noch den Hinrichtungsbefehl unterzeichnen. Elisabeth zögert. Erst nach einer schriftlich eingereichten Petition des Parlaments, das Urteil nun auch zu vollstrecken, stimmt sie zu. Am 8. Februar 1587 wird Maria Stuart, 44 Jahre alt, auf dem Schafott enthauptet. Sie legt ihre schwarze Staatsrobe ab, richtet verzeihende Worte an den Henker, betet im roten Untergewand das Agnus Dei und den Rosenkranz und beugt dann gefasst ihr Haupt für den Streich der Axt. Dreimal muss der Henker zuschlagen, bis der Kopf fällt. Er will ihn aufheben und den über 300 Menschen auf dem Richtplatz zeigen. Doch der Kopf mit schlohweißem Haar entgleitet ihm und rollt über den Boden. Stattdessen hält er eine Perücke in der Hand.

Insbesondere in der katholischen Welt wird das Urteil als Justizmord ausgelegt. Marias Sohn steigt, als die unverheiratet gebliebene Elisabeth 1603 stirbt, als James I., König von Schottland und England, auf den Thron.

Catherine Wilson, die getreue Krankenpflegerin (1853 – 1862)

Catherine Wilson ist 32 Jahre alt, als sie im Jahr 1853 in der britischen Küstenstadt Boston bei einem gichtkranken, reichen Witwer eine Stellung als Krankenpflegerin annimmt. Aber sie will ihn gar nicht pflegen, sie will sein Vermögen. Jeden Tag mischt sie ihm unbemerkt Kolchizin unter die Speisen, das Gift der Herbstzeitlosen. Einige Monate später stirbt der Witwer, ohne dass der Mord entdeckt wird. In seinem Testament hat er der »getreuen Pflegerin« sein gesamtes Vermögen vermacht.

Catherine Wilson begibt sich mit ihrem Lebensgefährten James Dixon nach London, wo beide in kurzer Zeit alles Geld verjubeln. Dixon ist fast ständig betrunken, was Catherine überhaupt nicht gefällt, weshalb sie ihn ebenfalls vergiftet. Danach mietet sie ein Zimmer bei der 50-jährigen Mrs Soames. Niemand schöpft Verdacht, als auch sie kurz darauf Krämpfe bekommt, sich oft erbrechen muss und am 18. Oktober 1856 völlig entkräftet stirbt.

In den nächsten zwei Jahren vergiftet Catherine zwei weitere Frauen, darunter auch die Tante von James Dixon. Sie eignet sich alles Geld der Verstorbenen an sowie einen wertvollen Diamantring. 1862 nimmt sie einen neuen Job als Krankenpflegerin bei der vermögenden Sarah Carnell an. Die bettlägerige Frau braucht ständig Medizin, die Catherine ihr aus der Apotheke holt. Als sie eines Tages einen Schluck davon trinkt, schreit sie entsetzt auf und spuckt das Zeug wieder aus – die Flüssigkeit ätzt ein großes Loch in die Bettdecke. Der Mordanschlag mit reiner Schwefelsäure misslingt und Catherine Wilson sucht Hals über Kopf das Weite.

Die Polizei ist ihr aber auf den Fersen, sie wird in London festgenommen und wegen Mordversuchs an Sarah Carnell vor Gericht gestellt. Von den fünf, vermutlich sogar sieben vollendeten Morden ist den Ermittlungsbehörden noch nichts bekannt. Catherine leugnet jede Schuld und behauptet, sie habe nicht gewusst, dass es sich um Schwefelsäure gehandelt habe. Der Apotheker müsse das Mittel verwechselt haben. Das ist ihr nicht zu widerlegen. Da der Apotheker eine solche Verwechslung nicht gänzlich ausschließen kann, wird die Angeklagte wegen mangelnden Beweisen freigesprochen. »Im Zweifel für den Angeklagten«, aber dennoch ein Fehlurteil.

Der zuständige Polizeiinspektor ermittelt weiter. Er ist von der Schuld der Wilson überzeugt und findet heraus, welche Personen sie noch gepflegt hat. Dabei bleibt ihm nicht verborgen, dass sie alle nach kurzer Zeit verstorben sind. Dieser Umstand reicht für einen Antrag auf Obduktion der Leichen. In allen wird jeweils eine große Menge Gift nachgewiesen. Damit ist das Schicksal der Serienmörderin besiegelt. Catherine Wilson wird erneut angeklagt und wegen Mordes zum Tode verurteilt. Am 20. Oktober 1862 wird sie im Newgate-Gefängnis von London in Anwesenheit zahlreicher Schaulustiger gehängt.

William Habron und die verhängnisvollen Zufälle (1876 – 1879)

Im Sommer 1876 ist im »Royal Oak«, einem gemütlichen englischen Pub in der kleinen Stadt Whalley Range, kaum noch ein freier Platz zu finden. Die meisten Leute sind Stammgäste wie die Habron-Brüder, William, John und Frank. Sie arbeiten auf der Deakin Farm nicht weit von Manchester. Der 22-jährige William ist groß und kräftig und bekannt für seine Kampfeslust und Streitsucht. Immer wieder gibt es nach reichlichem Alkoholgenuss wilde Schlägereien im »Royal Oak«. Der Wirt weiß sich meist nicht anders zu helfen, als den tüchtigen Wachtmeister Cock zu rufen, der dann den Streit schlichten und die Kampfhähne beruhigen muss. Erst letzte Woche hat er William Habron ermahnt und gedroht, ihn beim nächsten Mal zu verhaften. »Wenn du das tust, wird es ein trauriger Tag für dich sein, Cock!«, ist Williams Antwort, der sich herausgefordert fühlt und um sein Prestige im Pub fürchtet.

Am 1. August 1876 hört Cock gegen zehn Uhr abends während seines Streifgangs lauten Lärm aus dem »Royal Oak«. William Habron ist wieder einmal mit einem anderen Gast in einen wilden Kampf verwickelt. Die Fäuste fliegen und die Einrichtung droht zu Bruch zu gehen. Aber diesmal hat William nicht angefangen. Er trank den ganzen Abend wenig und war darauf bedacht, nicht die Kontrolle zu verlieren. Das legten ihm die anderen als Schwäche aus, sie provozierten ihn. Cock tritt energisch dazwischen und nimmt William Habron fest.

Anschließend setzt er seinen Streifgang zusammen mit seinem Kollegen Simpson fort. Als sich Simpson kurz vor Mitternacht in eine andere Richtung entfernt, hört er plötzlich zwei Schüsse. Er rennt zurück und sieht, wie sich zwei Männer auf ihre Pferde schwingen und im Galopp davonreiten. Einer trägt einen braunen Mantel und hat einen hohen Hut auf dem Kopf, der aussieht wie ein aufgestülpter Topf. Der Mann hat einen auffällig gebeugten, krummen Rücken. Cock liegt blutend am Boden. Er wimmert noch, kann aber nicht sagen, wer auf ihn geschossen hat. Wenige Minuten später stirbt er.

Polizei-Superintendent Bent trifft kurz darauf am Tatort ein. Das könne William Habron gewesen sein, sagt er zu den aufgeregten Leuten, die um die Leiche herumstehen. Er begibt sich sofort zur Deakin Farm und klopft die Habron-Brüder aus dem Schlaf. Er lässt sich Williams Schuhe aushändigen. Die Sohlen sind mit frischem Schlamm bedeckt. Bent durchsucht Williams Kleider und findet zwei Zündplätzchen für einen Revolver. Er stellt fest, dass William einen braunen Mantel trägt und einen topfartigen Hut. Nachdem nun alle drei Brüder im Gefängnis sind, geht Bent zum Tatort zurück und vergleicht die Fußspuren mit Williams Stiefelsohlen. Sie haben an jeder Seite eine Reihe Nägel und in der Mitte zwei. Das stimmt genau mit den Spuren in der Nähe der Stelle überein, an der Cock erschossen wurde. Zwei Angestellte eines Geschäfts sagen aus, am Tag vor dem Mord hätte ein Mann in einem braunen Mantel Patronen für einen Revolver gekauft. Der eine Angestellte meint den Mann zu erkennen, als er William Habron gegenübergestellt wird. Der andere ist sich nicht sicher.

Schon im November beginnt der Prozess gegen William und John Habron vor dem Schwurgericht in Manchester. Frank Habron ist freigelassen worden. Der Staatsanwalt ist sich seiner Sache sicher. Im überzeugt geführten, scharfen Kreuzverhör treibt er die Angeklagten in die Enge. Sie verwickeln sich in Widersprüche und machen einen sehr schlechten Eindruck auf die Jury. Die Verteidigung trägt vor, es gebe keinen Beweis dafür, dass William Habron der Täter sei, Stiefel mit solchen Nägeln trügen fast alle Farmarbeiter in dieser Gegend und auch braune Mäntel und Topfhüte seien gang und gäbe hier. Außerdem hat Superintendent Bent weder Fotos noch Abdrücke von den Fußspuren gemacht, so dass die Geschworenen sich nicht selbst einen Eindruck von der angeblichen Übereinstimmung machen können. Es gibt nur seine Aussage. Und es gibt keine Tatwaffe. Sie sei bis heute nicht bei William Habron gefunden worden, argumentiert der Verteidiger. Es stellt sich zudem heraus, dass die zwei Revolver-Zündplätzchen einem Mr Deakin gehören, ebenso wie die Weste, in der sie gefunden wurden. Er war damit einverstanden, dass sein Angestellter Habron dieses Kleidungsstück vorübergehend trägt. Mr Deakin bestätigt das im Zeugenstand.

Die Geschworenen beraten lange, sie haben Zweifel. Aber sie wirken sich nicht zugunsten der Angeklagten aus. John Habron wird zwar freigesprochen. Doch William Habron, der bis zum Schluss seine Unschuld beteuert, wird am 28. November 1876 zum Tod durch den Strang verurteilt. Wegen seiner Jugend wird die Strafe im Gnadenwege in lebenslängliches Zuchthaus umgewandelt.

In London ereignen sich mehrere brutale Mordfälle. Und als am 10. Oktober 1878 ein Polizist auf offener Straße erschossen wird, gelingt es, den Täter zu überwältigen. Es ist Charles Peace, einer der gefährlichsten Massenmörder in der englischen Kriminalgeschichte. Er hat einen Schädel wie ein Affe, vorn kahl und an den Seiten dicht behaart, mit einer dicken flachen Nase und tief liegenden dunklen Augen. Als man ihn wegen zweier nachgewiesener Morde zum Tode verurteilt, gesteht er kurz vor seiner am 25. Februar 1879 erfolgten Hinrichtung noch weitere Morde. Auch den an Wachtmeister Cock, der ihn bei einem versuchten Überfall auf frischer Tat ertappte. Peace, bekleidet mit einem braunen Mantel und einem topfartigen Hut sowie Stiefeln, die Nägelreihen unter den Sohlen hatten, schoss ihn aus nächster Nähe nieder.

Nach drei Jahren unschuldig verbüßter Haft wird William Habron begnadigt und freigelassen. Er erhält eine Entschädigung von 500 Pfund.

Der Fall Oscar Slater (1908–1928)

Am 21. Dezember 1908 klingelt es an der Wohnungstür von Marion Gilchrist, einer alten Dame, die in der Queen's Terrace 15 in Glasgow in der zweiten Etage zusammen mit ihrem 23-jährigen Dienstmädchen Helen Lambie wohnt. Marion Gilchrist öffnet die Tür und lässt den Besucher herein, vermutlich jemand aus ihrem Bekanntenkreis. Kurz darauf hört der in der ersten Etage wohnende Frederick Adams aus der Wohnung über sich heftige, krachende Geräusche. Er geht besorgt nach oben und klopft an die Tür. Niemand öffnet. In diesem Augenblick kommt Helen Lambie die Treppe herauf. Sie schließt die Wohnungstür auf. Als beide den Korridor betreten, stürzt plötzlich ein Mann an ihnen vorbei und rennt nach unten. Im Wohnzimmer vor dem Kamin liegt Mrs Gilchrist mit zerschmettertem Schädel. Sie ist tot. Kamin, Kohleneimer und ein Stuhl sind blutbespritzt. Es gibt keine Anzeichen eines Kampfes. Die Schläge mit einem stumpfen Gegenstand haben die alte Dame offenbar völlig überraschend getroffen. Vor einem Schrank liegt eine aufgebrochene Kassette. Die Papiere darin sind durchwühlt, aber die Schmuckgegenstände sind noch da. Es fehlt lediglich eine goldene Brosche.

Glasgows berühmtester Detektiv, Polizeileutnant Thomas Trench, übernimmt den Fall. Seine Ermittlungsergebnisse sind äußerst dürftig. Das Dienstmädchen beschreibt den Täter sehr oberflächlich. Der dunkelhaarige, bartlose Mann sei groß und schlank und zwischen 25 und 35 Jahren, sagt sie, mit dunkler Tuchmütze und hellgrauem Mantel. Mr Adams ist stark kurzsichtig und kann überhaupt nichts über das Aussehen sagen. Aber zwei Tage nach dem Mord meldet sich die 24-jährige Mary Barrowman bei der Polizei. Sie sei mit dem vermutlichen Täter zusammengestoßen, als er aus dem Hause flüchtete, behauptet sie. Der Mann habe ein glatt rasiertes Gesicht gehabt mit einer schiefen Nase und einen Tweedhut und einen hellbraunen Mantel getragen.

Als festgestellt wird, dass ein Mann namens Oscar Slater in einem Pfandhaus eine Brosche beliehen hat, ergibt sich eine Spur. Doch die Brosche lagert dort schon seit über einem Monat. Das Dienstmädchen Helen Lambie sagt aus, dies sei nicht die gestohlene Brosche. Detective Thomas Trench will die Suche nach Oscar Slater abbrechen, der mit einem Schiff in die USA gereist ist. Doch der Glasgower Polizeichef nimmt Trench den Fall weg. Als den beiden Zeuginnen Lambie und Barrowman ein Bild von Slater gezeigt wird, rufen beide übereinstimmend, dass er dies sei, obwohl Slater nur mittelgroß, beleibt und breitschulterig ist und einen schwarzen Schnurrbart trägt. Und er ist nicht Ende 20, sondern 39. Dennoch ergeht Haftbefehl gegen ihn. Seine Gepäckstücke werden als Beweismittel beschlagnahmt, darunter ein Filzhut, zwei Tuchmützen, ein blauer Regenmantel und ein Tapezierhammer, den die Staatsanwaltschaft als Mordwaffe bezeichnet. Alle Gegenstände weisen keinerlei Blutspuren auf.

Bereits nach drei Monaten beginnt im Mai 1909 in Edinburgh einer der spektakulärsten Mordprozesse der britischen Kriminalgeschichte. Slater bestreitet energisch, jemals in der Wohnung von Mrs Gilchrist gewesen zu sein. Doch niemand glaubt ihm. Er ist gebürtiger Deutscher und spricht nur gebrochen Englisch. Als Beruf gibt er Dentist an, obwohl er seit Jahren vom Glücksspiel lebt. Die Geschworenen haben keinen guten Eindruck von ihm. Sie beraten kaum mehr als eine Stunde und fällen dann nach nur fünf Verhandlungstagen ein Todesurteil. Ein Fehlurteil, die beschlagnahmten Gegenstände und die widersprüchlichen Zeugenaussagen dürften nicht einmal für einen Indizienprozess ausreichen.

Gleich nach der Urteilsverkündung kommt es zu heftigen Protesten in der Öffentlichkeit. Drei Tage vor der Hinrichtung wird das Todesurteil in eine lebenslange Haftstrafe umgewandelt. Der durch seine Detektivromane bekannt gewordene englische Schriftsteller Sir Arthur Conan Doyle nimmt sich des Falles an und untersucht ihn mit den Methoden seines Meisterdetektivs Sherlock Holmes. Er kommt zu völlig anderen Ergebnissen und Schlussfolgerungen als das Schwurgericht und fasst sie in seinem Buch *The Case of Oscar Slater* zusammen. Der Kriminalschriftsteller Edgar Wallace pflichtet ihm bei. Er behauptet sogar, die Polizei habe bewusst in eine falsche Richtung ermittelt. Als 1927 der Journalist William Park ein weiteres Buch mit dem Titel *Die Wahrheit über Oscar Slater* schreibt, sitzt Slater schon 18 Jahre im Zuchthaus. Erst nach einem weiteren Jahr wird Slater 1928 in einem Berufungsverfahren freigesprochen. Er erhält für die unrechtmäßig erlittene Haft eine Entschädigung von 6000 Pfund.

Timothy Evans und der Massenmörder John Christie (1949–1966)

Timothy Evans ist LKW-Fahrer und wohnt mit seiner Frau Beryl und einem 14 Monate alten Baby in London am Rillington Place. Vermieter ist der 51-jährige John Christie. Als Evans an einem Novembertag 1949 von der Arbeit nach Hause kommt, trifft er Frau und Kind nicht an. Er sucht und findet beide im Schuppen auf dem Hof. Sie sind tot. Die Polizei stellt fest, dass sie ermordet worden sind, und verdächtigt sofort den Ehemann als Täter. Im Verlauf der langen Vernehmungen gesteht er die Tat, widerruft aber kurz darauf sein Geständnis und beschuldigt seinen Vermieter John Christie. Seine Frau sei schwanger gewesen, sagt er aus. John Christie habe eine Abtreibung an ihr vorgenommen. Daran sei sie gestorben. Aber die Vernehmungsbeamten glauben ihm nicht, zumal der redegewandte Christie die Beschuldigung empört zurückweist und vehement behauptet, Evans habe die Tat begangen. Es gibt viele Punkte, die dafür sprechen, und so wird Evans des Doppelmordes angeklagt. John Christie tritt als Hauptbelastungszeuge auf. Die Geschworenen befinden den Familienvater für schuldig. Timothy Evans wird zum Tode verurteilt und am 9. März 1950 durch den Strang hingerichtet.

Drei Jahre später vermietet John Christie das Haus am Rillington Place an Mr Beresford Brown, nachdem er zuvor selbst mit seiner Frau einige Zeit darin gelebt hat. Der neue Mieter hält eine Renovierung für angebracht. Als er am 24. März 1953 in der Küche die Tapete von den Wänden reißt, stößt er auf einen Wandschrank, aus dem ein übler Gestank kommt. Durch die Ritzen ist der nackte Rücken eines Menschen zu erkennen. Die sofort alarmierte Polizei findet in dem Wandschrank drei Frauenleichen und eine weitere unter den Bodendielen im vorderen Zimmer. Diese wird als Ethel Christie identifiziert, John Christies Ehefrau. Alle vier Leichen weisen Spermaspuren auf. Die Sexualmorde schockieren die Londoner Öffentlichkeit. Im Garten des Hauses stoßen die Beamten auf zwei weitere vergrabene und schon stark verweste Frauenleichen. John Christie, nach dem sofort landesweit gefahndet wird, ist wie vom Erdboden verschwunden. Aber noch im selben Monat, am 31. März, wird er auf der Londoner Putney-Brücke festgenommen.

Christie gesteht sofort und beschreibt die grausamen, in seinem Haus begangenen Sexualverbrechen in allen Einzelheiten. Schon im August 1943 habe er die Wienerin Ruth Fürst umgebracht und hinter dem Haus vergraben, sagt er ohne jede Rührung. Und 1944 wäre seine Arbeitskollegin Muriel Edy dran gewesen. Er habe sie mit einem Strumpf erwürgt und ebenfalls im Garten vergraben. Seine Frau kam ihm auf die Schliche. Deshalb habe er sie in der Nacht des 14. Dezember 1952 getötet. Und im Januar 1953 habe er der Prostituierten Rita Nelson in seinem Haus die Kehle zugedrückt und zehn Tage später wäre es Kathleen Maloney ebenso ergangen. Er habe sich an den Leichen vergangen und über ihnen masturbiert. Weil er nekrophil veranlagt sei, habe er am 6. März auch Hectorina McLennan erst betäubt und dann getötet und sich auch an dieser Leiche vergangen. Die Beamten sind entsetzt. Christie zeigt ihnen, wo er die abrasierten Schamhaare seiner Opfer wie Trophäen aufbewahrt hat. Und er gibt auch den Mord an Beryl Evans und dem Baby zu.

Damit ist klar, dass man 1950 einen Unschuldigen aufgehängt hat. John Christie wird wegen achtfachen Mordes zum Tode verurteilt und am 15. Juli 1953 im Zuchthaus Pentonville gehängt. Erst 13 Jahre später, im Jahr 1966, wird der unschuldig hingerichtete Timothy Evans durch die englische Justiz rehabilitiert.

Der Fall John Thomas Straffen (1951/1952)

Der 21-jährige John Thomas Straffen ermordet im Oktober 1951 zwei Mädchen und wird kurz darauf festgenommen und vor Gericht gestellt. Das Schwurgericht des kleinen englischen Städtchens Taunton kommt aufgrund psychiatrischer Gutachten zu dem Ergebnis, dass der Angeklagte schwer geistesgestört und damit nicht zurechnungsfähig ist. Es setzt das Verfahren nicht fort, sondern weist Straffen in die geschlossene psychiatrische Anstalt Broadmoor ein.

Nach einem halben Jahr bricht er aus, wird aber nach wenigen Stunden sofort wieder festgenommen. In der kurzen Zeit hat er ein weiteres Mädchen ermordet, das ihm auf der Straße mit dem Fahrrad entgegenkam. Straffen leugnet gegenüber der Polizei sofort diesen Mord, obwohl er darauf gar nicht angesprochen und dieser Mord ihm bisher nicht zugerechnet worden ist. Er wird schnell überführt und vor dem Schwurgericht Winchester des Mordes angeklagt.

Das Gericht ist der Auffassung, dass sich der Geisteszustand des Täters inzwischen verbessert hat und er in der Lage war, zwischen Recht und Unrecht zu unterscheiden. Im Juli 1952 verurteilt es Straffen zum Tode. Sofort erheben sich insbesondere von medizinischer Seite kritische Stimmen, die das Urteil als Fehlurteil bezeichnen. Straffen wird kurz darauf begnadigt, das Todesurteil wird in eine lebenslange Haftstrafe umgewandelt. Über eine erneute Einweisung in eine Klinik oder gar eine vorzeitige Entlassung aus der Haft ist nichts bekannt geworden.

M. und der Raubmord von Ayr
(1969 – 1976)

Die schottische Hafenstadt Ayr, kaum mehr als 50 Kilometer südwestlich von Glasgow am Firth of Clyde gelegen, wird 1969 von einem blutigen Raubmord erschüttert. Miss Rachel Ross wird in ihrem Haus überfallen und getötet. Die Polizei verdächtigt und verhaftet den Kriminellen M. aus Glasgow. Zu der Zeit, als der Mord geschah, habe er mit seinem Komplizen G. gerade einen Einbruch in Stranraer begangen, sagt M. bei den Vernehmungen. Er habe mit dem Mord nichts zu tun. Die Polizei will das Alibi überprüfen und schickt einige Beamte zu G. Er glaubt, er solle verhaftet werden, und schießt wild um sich. Im Laufe des Schusswechsels werden er selbst und ein Polizist getötet.

M., dessen Alibi nun unsicher geworden ist, erklärt sich bereit, eine Wahrheitsdroge einzunehmen und dann seine Aussagen zu wiederholen. Sein Ansinnen wird jedoch zurückgewiesen. Bei einer Gegenüberstellung erkennt ihn der Ehemann des Opfers unter mehreren Personen wieder. Aber M. reklamiert sofort eine unfaire Behandlung während dieser »Parade« und behauptet, die Polizei habe mit Tricks gearbeitet. Er wird vor Gericht gestellt und zu lebenslanger Haft verurteilt.

1976 gesteht William M. kurz vor seinem Tod gegenüber seiner Familie, den Raubmord an Rachel Ross zusammen mit seinem Komplizen W. begangen zu haben. W. gibt im Verhör die Tat zu. Nach sieben Jahren Haft wird M. 1976 begnadigt und aus dem Gefängnis entlassen. 1984 erhält er eine Entschädigung von 50 500 Pfund.

B. und das blutbefleckte Papiertaschentuch (1973 – 1995)

In einer kleinen schottischen Stadt zwischen Edinburgh und Glasgow, verlässt Margaret M. am Freitag, dem 6. Juli 1973, abends mit einem Koffer ihr Haus, um mit dem Zug um 20.03 Uhr fortzufahren. Am nächsten Tag wird sie in einem Tal unweit ihres Hauses ermordet aufgefunden. Ihr Körper weist 19 Stichwunden auf. Neben der Leiche liegt ihr Koffer und ein Messer, das die Polizei irrtümlich für die Tatwaffe hält. Sie hat auch schnell einen Tatverdächtigen. Der schüchterne 18-jährige B. war auf dem Weg durch das Tal, um in der Stadt Tomaten einzukaufen. Er war früher öfter mit der vier Jahre älteren, hübschen Margaret zusammen, die nun mit einem erfolgreichen Geschäftsmann verlobt ist. B. ist ein Tagträumer, der gern Geschichten erfindet, um sich wichtig zu machen. Beim ersten Verhör am 12. Juli behauptet er, Zeuge des Mordes gewesen zu sein. Es wären sechs Männer gewesen, die Hüte mit kleinen Spiegeln trugen. B. führt die Polizisten zum Tatort. Nach den Protokolleintragungen der Beamten hat er nicht nur die Einzelheiten der Kleidung, die die Ermordete trug, sondern auch den Inhalt ihres Koffers beschrieben. Später stellt sich heraus, dass dies nicht der Fall war. Hinsichtlich der genauen Bestimmung des Todeszeitpunktes bestehen ebenfalls Unklarheiten und Schwierigkeiten. B. bestreitet die Tat und legt ein Alibi vor, das allerdings die nun von der Polizei bekannt gegebene mutmaßliche Tatzeit nicht erfasst. Den Fall übernimmt einer der berühmtesten Detektive Schottlands, Chief Superintendent M.

Eine Woche nach dem Mord findet man in einem Anzug von B. ein Papiertaschentuch mit einem kleinen Blutfleck und stellt fest, dass die Blutgruppe dieses Blutes mit der Blutgruppe des Mordopfers übereinstimmt. B. wird verhaftet und im September 1973 des Mordes angeklagt. Die Jury berät nur 35 Minuten und kommt mit dem knappen Ergebnis von acht zu sieben Stimmen zu dem Ergebnis, dass B. schuldig ist. Er wird zu lebenslanger Haft verurteilt. Seine sofort eingelegte Berufung wird im Dezember 1973 zurückgewiesen.

Das schottische Fernsehen greift 1982 und 1984 in zwei Sendungen (*Rough Justice*) den Fall auf und weist durch neue Untersuchungen nach, dass der für die Tatzeit festgelegte Zeitpunkt höchst fraglich und keinesfalls als erwiesen anzusehen ist. Die Recherchen haben außerdem ergeben, dass B. den Anzug, in dem das Papiertaschentuch gefunden worden war, am Tattage gar nicht trug. Und neue Gutachten kommen in späteren Jahren zu dem Ergebnis, die Blutgruppe des Opfers stimmt mit der des Blutflecks keineswegs überein. Die schottische Presse (*The Scotsman*) prangert den Fall am 4. November 1994 als Justizirrtum an. Er kommt auch erneut vor den Court of Appeal, der das Urteil jedoch trotz der neuen Beweismittel im Dezember 1994 bestätigt.

1995 stellt sich heraus, dass ein wichtiges Notizbuch eines Polizeioffiziers mit entlastenden Eintragungen und Vermerken während des Prozesses dem Gericht vorenthalten worden ist. Er behauptet, es vor einiger Zeit verbrannt zu haben. B. wird im gleichen Jahr nach über 20 Jahren Haft eine vorzeitige, bedingte Entlassung gewährt. In den folgenden Jahren versucht er, eine volle Begnadigung zu erreichen. Ob seine Bemühungen inzwischen Erfolg gehabt haben, ist nicht bekannt.

D. und der Mord auf dem Friedhof
(1973 – 2002)

Auf dem Friedhof einer kleinen malerischen Stadt arbeitet auch der 17-jährige D. Er ist lernbehindert und kann kaum lesen und schreiben. Als er am 12. September 1973 von einer kurzen Mittagspause auf das Friedhofsgelände zurückkehrt, sieht er auf einem Fußweg in einer Blutlache den halb nackten, misshandelten Körper einer jungen Frau liegen. Über ihm liegt der Stiel einer Spitzhacke, offenbar die Waffe, mit der auf den Kopf eingeschlagen worden ist. D. kniet nieder und beugt sich über die Verletzte, um zu sehen, ob sie noch lebt. Als er ihren Puls fühlt, macht die Frau plötzlich ihre Augen auf und schüttelt heftig den Kopf. Dadurch geraten Blutspritzer auf D. Kleidung. In diesem Augenblick spürt er einen spitzen Gegenstand in seinem Rücken. Eine Männerstimme hinter ihm warnt ihn, sich nicht umzudrehen, sonst würde seiner Schwester das Gleiche passieren. Kurz darauf rennt der Mann weg. Starr vor Angst verharrt D. einige Zeit regungslos in seiner Position. Dann erhebt er sich und holt einige Arbeitskollegen herbei. Sie alarmieren die Polizei.

Auf der Polizeistation sagen die Vernehmungsbeamten zu D., er sei nicht verdächtig, sondern nur ein Zeuge. Die schwer verletzte Wendy S., eine Sekretärin aus dem Ort, würde schon sagen, dass er nicht der Täter sei. Aber merkwürdigerweise lassen sie seine Eltern nicht zu ihm. Nach neunstündigem ununterbrochenem Verhör und ohne den Beistand eines Rechtsanwalts unterschreibt D. ein Geständnis, weil er hofft, er würde dann freigelassen, wie es die Beamten ihm versprochen haben. Ein Polizist hat das Geständnis für ihn mit Bleistift aufgesetzt und später manipuliert. Der entscheidende Satz lautet: »Ich habe zweimal mit dem Spitzhackenstiel auf den Kopf der Frau geschlagen und sie dann sexuell missbraucht.« Das steht in krassem Widerspruch zum Obduktionsbefund, der von sieben- bis achtmaligem Zuschlagen spricht und keine Spuren eines sexuellen Missbrauchs festgestellt hat. Außerdem sind keine Fingerabdrücke D. auf der Mordwaffe gefunden worden.

Zwei Tage später stirbt Wendy S. im Krankenhaus an ihren schweren Verletzungen, ohne das Bewusstsein wiedererlangt zu haben. 13 Tage später widerruft D. sein Geständnis. Ein anderer habe sie überfallen und erschlagen, erklärt er. Dennoch bleibt er in Haft, es kommt sogar zur Anklage, die sich auf zweifelhafte Indizien stützt. Das Schwurgericht verurteilt D. zu lebenslänglichem Zuchthaus. Er wird weggeschlossen und vergessen.

Im Jahr 1994 wird der lokale Journalist und Zeitschriftenverleger H. auf den Fall aufmerksam. Er studiert die Einzelheiten und kommt zu dem Ergebnis, dass D. das Opfer eines schlimmen Justizirrtums geworden ist. Er stellt neue Ermittlungen an und startet in der Öffentlichkeit eine Aufsehen erregende Kampagne. Jetzt stellt sich heraus, dass die attraktive, hübsche Wendy S. mehrere Liebschaften mit verheirateten Männern hatte, einige davon waren ziemlich prominent in der Stadt. Von einem hatte sie sogar ein Kind.

Außerdem waren der städtische Friedhof und der angrenzende Wald ein sehr beliebter Treffpunkt für verliebte Paare. D.s Verteidiger R. erreicht vor dem High Court ein neues Verfahren, in dem er vorträgt, Wendy S. habe sich auf dem Friedhof mit ihrem Liebhaber getroffen. Das hat Wendy S. einer Zeugin erzählt, die sie auf dem Weg dorthin traf. Jetzt wird offenbar, dass diese Zeugin schon damals zur Polizei gegangen war, um ihr von diesem Gespräch zu berichten. Aber die Beamten hatten ihr gesagt, sie hätten den Mann bereits und er habe gestanden.

Die wichtigste Zeugin in dem neuen Verfahren aber ist B. Sie war zur gleichen Zeit auf dem Friedhof und hat gesehen, wie Wendy S. von einem Mann mit schulterlangen Haaren und Jeanshosen umarmt wurde. Sie hatte Angst, dies damals der Polizei mitzuteilen, weil sie befürchtete, der Mann hätte sie erkannt und sie wäre sein nächstes Opfer. Später ging sie dann nach Griechenland. Jetzt trägt ihre Aussage ebenso zu dem neuen Urteil bei wie die Erklärung eines Polizisten, seine Vorgesetzten hätten ihn damals davon abgehalten, eine D. entlastende Spur zu verfolgen. Auch sei das Geständnis erpresst worden. Im Januar 2002 spricht der High Court D. frei. Er wird nach 28 Jahren aus dem Gefängnis entlassen – das ist die wohl längste Haftzeit aufgrund eines Fehlurteils in der britischen Justizgeschichte.

Die »Birmingham Six« (1974–1991)

1974 werden in der englischen Stadt Birmingham in zwei Pubs Bombenattentate verübt, die zum Tode mehrerer Menschen führen. Für die englischen Behörden besteht kein Zweifel daran, dass dies der IRA zuzurechnen ist, der Irisch-Republikanischen Armee, die in den Jahren 1919 bis 1921 für die Unabhängigkeit Nordirlands von Großbritannien kämpfte und seit 1969 eine Terrororganisation der radikalen Katholiken Nordirlands ist. Die Polizei verhaftet sechs verdächtige Männer, von denen sie glaubt, dass sie Mitglieder der IRA sind. Nach langen Verhören werden sie des mehrfachen Mordes angeklagt und vor Gericht gestellt. Der Fall der »Birmingham Six«

wird zum größten Justizskandal der britischen Kriminalgeschichte nach dem Zweiten Weltkrieg.

Die Anklage der Staatsanwaltschaft stützt sich auf drei Punkte: erstens die Indizien, die beweisen, dass die Angeklagten Republikaner sind, zweitens die Ergebnisse der Spurensicherung und drittens und hauptsächlich die sechs Geständnisse. Die Verteidigung trägt vor, dass die Polizei die Geständnisse aus den Angeklagten herausgeprügelt habe. Der Gefängnisarzt Dr. H. bestätigt tatsächlich, dass er bei den Männern Blutergüsse und Verfärbungen und Kratzspuren und Schrammen auf der Brust gesehen hat. Richter B. kommentiert das während der Verhandlung damit, dass ein Mann, der sich selbst Verletzungen beibringen will, keine bessere und geeignetere Stelle als die Brust wählen könne. Die Jury findet die Überlegungen des Richters vernünftig. Die Geschworenen sehen es als ihre Pflicht an, die Polizei von den schweren Vorwürfen zu entlasten, indem sie die Angeklagten zu lebenslangen Haftstrafen verurteilen.

In der Berufungsverhandlung im März 1976 lässt sich Lord Chief Justice W. zu der Bemerkung hinreißen, er könne das blaue Auge des Angeklagten nicht rückgängig machen, aber er zweifle daran, dass es viel bedeute. Die Verletzungen der Männer, die sich in den Händen der Polizei befanden, seien nicht über das übliche Maß hinausgegangen. Die Berufung der Angeklagten wird zurückgewiesen. Daraufhin strengen die »Birmingham Six« Zivilprozesse gegen die Polizei und die Gefängniswärter an, in denen sie Schadensersatz verlangen. Aber das House of Lords blockt diesen Versuch ab, indem es darin einen Prozessmissbrauch sieht und feststellt, jeder zivilprozessuale Sieg würde die Endgültigkeit der strafrechtlichen Verurteilung unterminieren. Lord Denning rechtfertigt dies damit, dass jeder vernünftige Mensch im Land unbedingt dafür sei, dass diese terroristischen Aktionen aufhören.

1987 kommt der Fall erneut vor den Court of Appeal, das Berufungsgericht. Aber an der feindlichen Einstellung der Justiz gegenüber den Angeklagten hat sich nichts geändert. Lord Chief L. fasst die Gründe für die Zurückweisung auf 168 Seiten zusammen und stellt am Schluss fest, dass, je länger diese Anhörung ihren Fortgang genommen habe, desto mehr sei das Gericht davon überzeugt worden, dass das Urteil der Jury richtig war. Die »Birmingham Six« müssen weiter im Gefängnis bleiben.

Erst 1991 in einer zweiten und letzten Anhörung ändert das Berufungsgericht aufgrund der inzwischen zusammengetragenen zwingenden Beweise für die Richtigkeit der Behauptungen der verurteilten Männer seine Einstellung. Die Richter müssen nun einsehen, dass die Geständnisse nicht freiwillig erfolgt, sondern durch Anwendung roher körperlicher Gewalt erzwungen wurden, und dass auch die damaligen forensischen Versuche und die Ergebnisse der Spurensicherung höchst zweifelhaft und anfechtbar waren und durch neue chemische Untersuchungen widerlegt werden konnten. Das Fehlurteil wird aufgehoben und die »Birmingham Six« erlangen nach 17 Jahren unrechtmäßig erlittener Haft ihre Freiheit wieder.

Die »Guildford Four« und die »Tottenham Three« (1974–1991)

Die weitaus meisten Fehlurteile der britischen Justizgeschichte, die dadurch zustande kamen, dass falsche Geständnisse durch Anwendung körperlicher Gewalt er-

presst oder andere Manipulationen der Ermittlungsbehörden vorgenommen wurden, betreffen Fälle gegen
irische Terroristen. Die Geschichte der »Birmingham Six«
ist leider kein Einzelfall.

1974 explodieren nicht nur in Birmingham Bomben.
Auch in Guildford und Woolwich finden englische Bürger durch Bombenattentate den Tod. Die Polizei verhaftet
vier Mitglieder der IRA und unterzieht sie strengen Verhören. Die Beamten fälschen die Protokolle ihrer Aussagen und unterdrücken entlastendes Beweismaterial. Die
»Guildford Four« werden zu lebenslangen Haftstrafen
verurteilt. Ihre Berufung wird 1977 verworfen. Erst als es
der Verteidigung gelingt, durch umfangreiche und
schwierige Nachforschungen die Manipulationen aufzu-
decken, entscheidet der Court of Appeal, die Verurteilungen nicht zu bestätigen. Sie werden 1989 aufgehoben. Die
vier Männer kommen nach 15 Jahren unrechtmäßig verbüßter Haft frei. Das Strafverfahren gegen drei Polizeidetektive, die in den Fall verwickelt waren, wird 1993 eingestellt.

Auch die »Tottenham Three« sind ein Opfer von Ver-
fehlungen der ermittelnden Beamten, die rassistischen
Überzeugungen folgen. Während eines Aufruhrs auf der
Broadwater Farm wird 1985 ein Polizist ermordet. Drei
Angehörige der IRA werden als mutmaßliche Täter verhaftet und verurteilt. Während des 1991 stattfindenden
Berufungsverfahrens vor dem Court of Appeal kommen
die Verstöße der Polizeidetektive ans Tageslicht: Dem
Angeklagten B. ist ein Rechtsanwalt verweigert worden,
die Aussagen des Angeklagten S. wurden verfälscht und
der Angeklagte R. wurde zu einem falschen Geständnis
gezwungen. Die Urteile werden aufgehoben und die beteiligten Polizisten aus dem aktiven Dienst entlassen. Als

S. ein Zivilverfahren einleiten und Schadensersatz verlangen will, wird ihm dieser Rechtsweg verweigert.

»Ich dachte, dieser Tag würde niemals kommen!« Der Fall J. (1975 – 2002)

Im Osten Londons besitzt der 60-jährige John S. einen kleinen Laden. Im Februar 1975 stürzen zwei Männer herein, die später als S. und T. identifiziert werden. Sie überwältigen ihn und drohen ihm, wenn er nicht sofort alles Bargeld aus der Kasse herausrückt, würden sie ihn mit Benzin übergießen und anzünden. Als Mr S. sich weigert, machen sie ihre schreckliche Drohung wahr. Der irische Angestellte J., der im hinteren Raum mit einer Arbeit beschäftigt ist, hört die Schreie und eilt herbei. Er sieht, wie sein Chef am ganzen Körper lichterloh brennt. Drei Wochen später stirbt er an seinen schweren Verletzungen.

S. und T. werden schnell gefasst. Aber auch J. gerät in den Verdacht, den Überfall geplant zu haben und an dem Verbrechen beteiligt zu sein. Obwohl er bei den Verhören immer wieder beteuert, damit nichts zu tun zu haben, und Mr S. das auch vor seinem Tode gegenüber den Vernehmungsbeamten bestätigt hat, wird er ebenfalls wegen Mordes angeklagt. Die Polizei unterdrückt S.' Aussage. J.s Verteidiger bekommen sie nie zu Gesicht. J. beruft sich auf eine Geistesschwäche, die ihn befallen habe. Es kommt zu Meinungsverschiedenheiten mit seinen Verteidigern, sie legen das Mandat nieder. Fortan vertritt sich J. selbst. Die Jury sieht seine Schuld als erwiesen an. J. wird im September 1976 zu lebenslanger Haft verurteilt und ins Hochsicherheitsgefängnis Swaleside auf der Insel Sheppey in Kent eingewiesen.

Hier sitzt er 26 lange Jahre ab. S. wird 1992, nach

16 Jahren, entlassen, weil er seine Schuld eingestanden hat. Auch T. wird 1996 aus dem gleichen Grund freigelassen. J. bleibt in Haft, weil er noch immer seine Schuld bestreitet und behauptet, er sei zu Unrecht verurteilt worden. Er kommt auch nicht in den offenen Vollzug, sondern bleibt im Hochsicherheitstrakt von Swaleside.

Nach dem skandalösen Fall der »Brimingham Six« und ihrer Freilassung ist in England eine Untersuchungskommission gebildet worden, die kontinuierlich Urteile gegen irische Straftäter untersucht. Das tut sie auch im Fall J. Sie entdeckt in den Akten der Polizeistation J.s Aussage zu seinem Geisteszustand, die im Prozess keine Berücksichtigung fand. Die unschuldig verurteilten irischen Mitglieder der »Birmingham Six«, helfen ihrem Landsmann, den Fall neu aufzurollen. Die bekannte Strafverteidigerin P., die auch die »Birmingham Six« vertreten hat, übernimmt den Fall. Im Jahr 2002 kommt es endlich zu einem Berufungsverfahren vor dem Court of Appeal. Ein Gutachter bestätigt, dass J. zum Zeitpunkt seiner Verurteilung an einer paranoiden Psychose litt und nicht in der Lage war, dem Verfahren zu folgen. Die Richter sehen allein darin einen Grund, das Urteil aufzuheben. Hinzu kommen noch andere Unregelmäßigkeiten wie die unterdrückte Aussage von S. Am 26. Juni 2002 darf J. nach fast 27 Jahren den Gerichtssaal als freier Mann verlassen.

»Ich dachte, dieser Tag würde niemals kommen!«, sagt J. zu den Reportern. »Das Wissen um die Wahrheit hielt mich am Leben. Ich bin glücklich, endlich frei zu sein. Ein unbeschreibliches Gefühl, ich kann es nicht in Worte fassen! Es ist keine Bitterkeit in mir, aber ich bin traurig. Traurig darüber, dass die britische Ungerechtigkeit erneut einen unschuldigen Iren und das Leben seiner ganzen Familie ruiniert hat.« Seine Anwältin macht sich Sorgen um seine Zukunft. Er hat weder ein Bankkonto noch eine Versicherung oder Rente. Und sie befürchtet, dass sich auch die Gefängnisfürsorge nicht um Verurteilte kümmere, die ihre Schuld geleugnet hätten.

K. und der Überfall auf den Postzug
(1976–1996)

In der Republik Irland wird im April 1976 ein Postzug überfallen und ausgeraubt. Unter den 21 Männern, die als Mitglied einer Verbrecherorganisation verdächtigt werden, den Raub begangen zu haben, befindet sich auch K. Er wird am 5. April verhaftet und von der berüchtigten Sektion 30 verhört, einer zentralen Ermittlungseinheit in Dublin. Amnesty International hat später 26 Fälle zwischen April 1976 und Juni 1977 ermittelt und untersucht, in denen Beamte dieser Behörde Menschen misshandelt haben, die sich in Polizeigewahrsam befanden.

Schon am 8. April 1976, nur drei Tage nach K.s Inhaftierung, liegt dem District Court von Dublin eine schriftliche Erklärung von ihm über seine Beteiligung an dem Raubüberfall vor. Der Prozess gegen ihn und seine zwei Mitangeklagten M. und B. beginnt erst im Oktober 1978 vor dem Special Criminal Court in Dublin. Eine Jury gibt es nicht. Alle drei widerrufen ihre Geständnisse mit der Behauptung, sie seien geschlagen und misshandelt worden. Außerdem hätte man ihnen Nahrung und Schlaf entzogen und einen Anwalt verweigert. Der Gefängnisarzt bestätigt die Verletzungen zum Teil und sagt aus, B. hätte deswegen sogar nach 48-stündiger Polizeihaft ins Krankenhaus eingeliefert werden müssen. Die Beamten bestreiten eine Misshandlung und behaupten, die Angeklagten hätten sich ihre Verletzungen selbst beigebracht.

Das Gericht folgt diesen Aussagen und geht von freiwilligen Geständnissen aus. Obwohl es sonst keine weiteren Beweise gibt, werden die Angeklagten zu zwölf und neun Jahren Gefängnis verurteilt.

Der Court of Criminal Appeal bestätigt in zweiter Instanz das Urteil gegen K. und auch die Anrufung des Supreme Court bleibt ohne Erfolg. Aber inzwischen mehren sich in Irland die Stimmen, die im Fall K. einen Justizirrtum sehen. Unter dem Druck der öffentlichen Meinung und angesichts einer Analyse zweier Sprachexperten, die nachweisen, K. könne nicht der Autor seiner schriftlichen Bekenntnisse sein, wird er nach vier Jahren Haft freigelassen. Es dauert noch weitere 16 Jahre, bis er endgültig freigesprochen wird.

Der Mord auf der »Yew Tree Farm« (1979–1997)

In der Nähe der kleinen mittelenglischen Stadt Stourbridge, nur wenige Kilometer von Birmingham entfernt, liegt die »Yew Tree Farm«. Jeden Tag bringt der 13-jährige Zeitungsjunge B. die neuesten Zeitungen dorthin. Als er 1979 an einem frühen Morgen das Gelände der Farm betritt und sich dem Wohntrakt nähert, sieht er, wie einige Männer damit beschäftigt sind, in das Haus einzubrechen. Er kommt gar nicht dazu, kehrtzumachen, um die Polizei zu rufen. Die überraschten Männer schießen sofort. Der Zeitungsjunge wird durch einen gezielten Schuss in den Kopf tödlich getroffen.

Die Polizei von Staffordshire nimmt zwei Monate später gleich vier Männer fest und versucht, sie mit ungesetzlichen, rechtswidrigen Methoden zu überführen. Die Beamten fälschen eine Unterschrift unter einem manipulierten schriftlichen Geständnis des 26-jährigen H. und konfrontieren dann den Mithäftling M. damit. Daraufhin legt M., dem der Beistand eines Anwalts während der Vernehmungen verwehrt wird, ein Geständnis ab und beschuldigt die anderen drei Männer, den Mord begangen zu haben. Aber kurz darauf widerruft er das Geständnis mit der Behauptung, die Beamten hätten ihn hereingelegt und ihm ein angebliches Geständnis von H. vorgelegt, welches eine glatte Fälschung gewesen wäre.

Trotz hartnäckigen Leugnens, an der Tat beteiligt gewesen zu sein, werden H., sein erst 15-jähriger Cousin M. H., der 43-jährige R. sowie M. wegen gemeinschaftlichen Mordes zu lebenslänglichen Freiheitsstrafen verurteilt. M. stirbt 1981 im Gefängnis. Im selben Jahr wird eine Berufung verworfen. Insbesondere die von der Unschuld ihres Sohnes M. H. überzeugte Mutter bemüht sich hartnäckig, die Öffentlichkeit auf den Justizirrtum aufmerksam zu machen. 1987 wird noch einmal der Versuch unternommen, mit neuen Beweismitteln eine Aufhebung des Urteils zu erreichen. Elektrostatische Untersuchungen der Polizeiprotokolle ergeben tatsächlich eine hohe Wahrscheinlichkeit dafür, dass sie Fälschungen enthalten. Doch auch diese Bemühungen scheitern 1989. Erst als der Rechtsanwalt N. sich des Falles annimmt und eine groß angelegte Kampagne startet, kommen die brutalen Methoden der West Midland Police ans Tageslicht. 91 Beschwerden über Misshandlungen während der Verhöre, Fälschungen von Beweismitteln und Verweigerungen von anwaltlichem Beistand erregen die Gemüter der Öffentlichkeit. Auf Veranlassung von Premierminister John Major wird eine Untersuchung eingeleitet. Sie endet mit der Auflösung der Einheit. Strafrechtliche Verfolgungen der verantwortlichen Polizeioffiziere finden jedoch nicht statt.

Im Februar 1997 werden die drei Männer nach rund 18 Jahren unschuldig verbüßter Haft freigelassen und beim Verlassen des Justizgebäudes in der Londoner Fleet Street von einer jubelnden Menschenmenge begrüßt. Jedem der Freigelassenen steht eine Haftentschädigung von umgerechnet etwa 470 000 Mark zu. Die psychischen und physischen Schäden können damit nicht wieder gutgemacht werden. Insbesondere M. H. leidet an schweren Depressionen, er ist durch die lange harte Haft gebrochen. Der Innenminister äußerst sich zu dem Justizskandal mit dem Satz: »Es kann kein unfehlbares System menschlicher Justiz geben.«

Die »Glasgow Two« und der »Eiscreme-Krieg« (1984–1998)

In der schottischen Hauptstadt kommt es 1984 zu einer erbitterten Auseinandersetzung zwischen zwei verfeindeten Gruppen von Lieferwagenbesitzern und Eigentümern von Eiscreme-Transportern. Es geht um den Handel mit gestohlenen Waren, jede Gruppe beansprucht das Monopol für sich. Das Haus der Doyle-Familie in Glasgow wird in Brand gesteckt. Andrew ›Fat Boy‹ Doyle, der Fahrer der Doyles, verbrennt in dem Gebäude ebenso wie fünf weitere Mitglieder der Eiscreme-Bande.

C., der zuvor schon einmal auf einen Eiscremewagen der Doyles geschossen hat, wird zusammen mit seinem Kollegen S. der Tat verdächtigt und verhaftet. Im August 1984 kommt es zum Mordprozess. Beide Angeklagten bestreiten ihre Schuld. Zwingende Beweise gibt es nicht. Die Staatsanwaltschaft stützt sich auf ein angebliches Geständnis von C., der während der Verhöre gesagt hat, die Mörder seien in ihrem Bestreben, Angst und Schrecken zu verbreiten, zu weit gegangen. Und S. gab zu Protokoll, er sei nicht der, der das Streichholz angezündet habe. Aus diesen Äußerungen versucht man ihnen einen Strick zu drehen. Der Haupttrumpf der Staatsanwaltschaft ist der Ohrenzeuge L. In einem Pub habe er zufällig gehört, sagt er unter Eid aus, wie sich C. und S. über ihren Plan unterhalten haben, die Doyle-Familie anzugreifen. Das ist alles, was die Ankläger an »Beweisen« haben. Aber es reicht für die Jury aus, C. und S. zu lebenslangen Freiheitsstrafen zu verurteilen.

S. versucht dreimal vergeblich, aus dem Gefängnis auszubrechen. Und C. tritt in den Hungerstreik und strengt einen Zivilprozess gegen L. an. 1985 wird ihre Berufung an den Court of Appeal zurückgewiesen. 1993 gibt L. in einer Fernsehsendung der BBC zu, dass er gelogen hat, und wiederholt sein Geständnis 1998 in der Sendung *Prozess und Irrtum* auf Channel 4. Es stellt sich heraus, dass er selbst an bewaffneten Überfällen auf die Doyle-Lieferwagen beteiligt war und dass man im Gegenzug für seine Aussage die Anklage gegen ihn fallen gelassen hat. Seine Schwester bestätigt diesen Überfall und verschafft ihm zugleich ein Alibi für einen weiteren, ihm vorgeworfenen Raubüberfall, der zeitlich mit dem Tag kollidiert, an dem Love das Gespräch in dem Pub gehört haben will. Damit steht fest, dass L. im Strafverfahren gegen C. und S. einen Meineid geschworen hat. Anklage wird deshalb gegen ihn jedoch nicht erhoben.

C. und S. stützen ihre erneute Berufung 1996 hauptsächlich auf diesen Meineid. Doch sie wird ebenso zurückgewiesen wie ein weiterer Versuch im Februar 1998. Auch einem Gnadengesuch wird im Dezember 1998 nicht stattgegeben. Die »Glasgow Two«, wie die Presse die beiden Opfer des Fehlurteils in mehreren ausführlichen Berichten in Anspielung auf den Justizskandal der »Birmingham Six« bezeichnet, müssen weiterhin einsitzen. Ob ihre Bemühungen, eine Aufhebung des Fehlurteils zu erreichen, zwischenzeitlich erfolgreich waren, ist nicht bekannt.

Das Schweigen des Dermot Q.
(1988–1990)

Das katholische Kirchenrecht enthält im sechsten Buch der *Decretalen* den Grundsatz: »Qui tacet, consentit«, »Wer schweigt, stimmt zu.« In den Strafprozessen der Republik Nordirland gegen vermeintliche IRA-Terroristen ist dieser Satz in zahlreichen Fällen zu Lasten des Beschuldigten angewandt worden.

Im April 1988 wird Dermot Q. wegen des versuchten Mordes an zwei Polizisten verhaftet. Im Verhör schweigt er zu den Vorwürfen. Anders als in England und Wales darf in Nordirland ein Anwalt nicht zugegen sein, wenn ein Beschuldigter, dem terroristische Straftaten zur Last gelegt werden, durch die Polizei vernommen wird.

Q. wird nach fünf Monaten wieder freigelassen, weil wichtige Zeugen ihre Aussage verweigern. Aber im Juli 1990 wird er erneut verhaftet und vor Gericht gestellt. Wieder sagen die Zeugen nicht aus und der Angeklagte schweigt. Doch der Richter wertet Q.s Schweigen bei den Verhören als Schuldeingeständnis und verurteilt ihn zu 25 Jahren Haft, obwohl Q. ein Alibi nachweisen kann und seine Unschuld beteuert. Sein Verteidiger rügt scharf, dass einer der Grundsätze des Strafrechts verletzt sei, nämlich, dass der Angeklagte als unschuldig angesehen werden muss, solange ihm nicht seine Schuld nachgewiesen worden ist.

Während seiner Haftzeit wendet sich Q. an den Europäischen Gerichtshof für Menschenrechte und beruft sich auf Artikel 6 Absatz 3c der Menschenrechtskonvention, wonach jeder Beschuldigte während der Vernehmungen durch die Polizei das Recht hat, zu schweigen und einen Anwalt hinzuzuziehen. Ob das Urteil zwischenzeitlich aufgehoben und Q. aus der Haft entlassen worden ist, ist nicht bekannt.

Justizirrtümer in Italien

Opfer der Inquisition: Giordano Bruno
(1592 – 1600)

Einer der bekanntesten Inquisitionsprozesse ist das 1592 begonnene Verfahren gegen den italienischen Philosophen und Universalgelehrten Giordano Bruno, geboren 1548 in Nola bei Neapel. Obwohl er Dominikaner ist und an verschiedenen Universitäten Europas lehrt, macht man ihm den Prozess. Denn was er sagt, passt nicht in die Abgeschlossenheit des kirchlichen Weltbildes. »De l'infinito universo e mondi«, seine auf den neuen astronomischen Erkenntnissen beruhende Hymne auf das unendliche All erregt die Gemüter der Kirchenväter. Das unendliche Universum ist Gott, verkündet er begeistert, es ist das einzig Seiende, ewig und unveränderlich. Und der würdigste Gottesdienst ist die Erforschung und das Nachleben der Gesetze des Universums. Er fordert die Freiheit des Denkens und setzt sich mit seinem pantheistischen Weltbild in radikalen Widerspruch zur kirchlichen Christenlehre.

Sieben Jahre verbringt Giordano Bruno in grausamer Kerkerhaft. Aber er widerruft nicht. Am 17. Februar 1600 wird er in Rom, in der Stadt des Papstes, im Beisein höchster Repräsentanten und Würdenträger der Kirche auf einem Scheiterhaufen verbrannt. Um Brunos nicht erwünschte Schmerzensschreie zu unterdrücken, hat man ihm vorher eine eiserne Mundsperre angelegt. Ein Dorn steckt tief im Gaumen, der andere durchbohrt die Zunge und tritt unter dem Kinn wieder hervor. Als 1899 auf dem

Platz der Hinrichtung ein Denkmal enthüllt wird, betet Papst Leo XIII. »zur Sühne« einen Tag lang in seiner Hauskapelle.

Beatrice Cenci (1599)

Francesco Cenci ist ein Wüstling. Als reich begüterter und wohlhabender Lebemann führt er im Rom des 16. Jahrhunderts ein ausschweifendes und sittenloses Leben. Fast jeden Tag ist er betrunken und niemand ist vor seinen wüsten Exzessen und Rechtswidrigkeiten sicher. Auch seine eigene Tochter nicht, die 16-jährige bildhübsche Beatrice, die er in seinem einsamen, vermauerten Schloss wie eine Gefangene hält. Frau und Tochter dürfen mit niemand Umgang haben. Die Fensterläden ihrer Zimmer sind vernagelt. In seiner wilden Genussgier stellt Francesco Cenci seiner Tochter nach und misshandelt und vergewaltigt sie. Das erste Mal tut er ihr Gewalt an, als sie 14 ist. Ihre Stiefmutter Lukrezia vermag diese widernatürlichen Vereinigungen nicht zu verhindern. Vergeblich versucht Beatrice, bei ihr Schutz zu suchen und den ständigen Nachstellungen des Vaters zu entgehen. Sie richtet eine schriftliche Bitte um Befreiung an den Papst. Als Francesco davon erfährt, peitscht er Beatrice mit einem Ochsenziemer aus. Der geldgierige Lüstling verhindert ihre Heirat, um die Mitgift zu sparen. Als er wegen einer Mordanklage ins Gefängnis kommt, kauft er sich für 100 000 Scudi frei.

Zwei Jahre lang erduldet Beatrice Cenci den ständigen Beischlaf ihres Vaters und die damit verbundenen Quälereien. Bis zum 10. September des Jahres 1598. Da wird Franceso Cenci am Fuße seines abgelegenen Kastells Petrella in einem Gebüsch mit zerschmettertem Schädel tot aufgefunden. Alles deutet darauf hin, dass die brüchige

hölzerne Terrasse des Schlosses der Last des schwerge-
wichtigen Mannes nicht standgehalten hat. Es sieht so
aus, als ob der Balkon nachgegeben hat und Franceso eingebrochen und in die Tiefe gestürzt ist. Eine gnädige Fügung des Schicksals für die bedauernswerte Beatrice. Oder
ist der Unglücksfall nur vorgetäuscht? Gewaltverbrechen
und Verwandtenmorde sind in dieser Zeit nichts Unge-
wöhnliches. Für bestimmte Leute ist solches Tun ein recht
einträgliches Geschäft. Die Polizeischergen greifen sich
einen solchen Mörder, foltern ihn und wollen wissen, ob
er Francesco Cenci umgebracht hat. Er gesteht. Zusammen
mit dem Hausknecht Olympio, dem Geliebten der Beatrice Cenci, habe er ihren Vater erschlagen, sagt der Mann
aus. Beatrice habe ihrem Vater zuvor einen Schlaftrunk
gegeben. Sie hätten den Leichnam dann auf die hölzerne,
am Vortag vorsorglich durchlöcherte Terrasse gebracht
und ihn in die Tiefe geworfen. Es sollte wie ein Unfall
aussehen. Beatrice habe ihrem Liebhaber als Belohnung
einen wertvollen Diamantring und ein Kleid ihres Vaters
gegeben, sagt der Mann weiter. Olympio sei dann als läs-
tiger Mitwisser auf Veranlassung von Beatrice und ihrer
Stiefmutter Lukrezia ebenfalls aus der Welt geschafft
worden.

Die Beschuldigten werden verhaftet und der Anstiftung
zum Mord angeklagt. Der Sensationsprozess bewegt ganz
Rom und viele Bürger bangen um das Schicksal des schö-
nen Mädchens. Beatrice wird von dem Vorsitzenden Richter Ulisse Moscato aufgefordert, die Wahrheit zu sagen.
Sie legt die Hände auf die Bibel und schwört, sie werde alles sagen, was sie weiß. Beatrice bestreitet, mit dem Tod
ihres Vaters etwas zu tun zu haben. Das Gericht sei sehr
gut darüber informiert, wie sie ihren Vater habe umbringen lassen, hält ihr der Vorsitzende entgegen. Aber sie

leugnet weiterhin. Erneut fordert sie der Richter auf, nicht zu lügen, sondern wahrheitsgemäß zu berichten, wie ihr Vater zu Tode gekommen ist. Sie antwortet, sie habe bereits ausgesagt, sie wisse es nicht.

Nun beginnen in den nassen, kalten Gefängnissen der Engelsburg die »peinlichen Befragungen«. Beatrice wird in die Folterkammer gebracht. Man entkleidet sie und spannt sie auf die Streckbank. Die teuflische Veglia, die »Winde«, bringt sie zum Schreien, aber sie gesteht nicht. Man martert sie bis zur Bewusstlosigkeit. Beatrice erträgt die furchtbarsten Quälereien. Auch als sie wiederholt werden, gesteht sie nicht. Ihre Brüder und ihre Stiefmutter sind weniger standhaft. Sie ertragen die Torturen, die »zur Wahrheitsfindung« auch bei ihnen angewandt werden, nicht. Sie legen ein »freiwilliges Geständnis« ab und bezichtigen Beatrice.

Ohne Geständnis kann sie jedoch nicht verurteilt werden. Aus allen Bevölkerungsschichten gehen Bittschriften ein, sie freizulassen. Aber der gestrenge Papst Clemens ist unerbittlich. Aus der Bestrafung der Beschuldigten und der anschließenden Einziehung ihrer Güter erwächst dem Vatikan ein großes Vermögen. Das Gericht will ein Exempel statuieren und verurteilt die junge Patriziertochter, ohne dass zwingende Beweise vorliegen, zum Tode durch das Schwert, ebenso ihre Mutter. Ihr Bruder soll geviertteilt werden. Ein Gnadengesuch geht beim Papst ein. »Wenn Beatrice Cenci wirklich schuldig ist«, heißt es darin, »was keinesfalls bewiesen ist, hat sie in höchster Seelennot gehandelt.« Aber Papst Clemens bleibt hart, er weist das Gesuch zurück. Die Hinrichtung wird am 11. September 1599 auf der Piazza vor der Engelsbrücke öffentlich vollzogen. Beatrice Cenci wird hingerichtet, obwohl sie selbst nie gestanden hat und die Geständnisse ihrer Familie unter der Folter erpresst worden sind. Gleich nach der Hinrichtung treten junge Mädchen an das Blutgerüst, um das abgeschlagene Haupt mit Blumen zu bekränzen. Sie stellen Kerzen auf und das Volk sammelt sich zu einer großen Prozession.

Der Fall der Beatrice Cenci hat nicht nur für juristische, sondern auch für kunsthistorische Verwirrung gesorgt. Lange Zeit gilt als sicher, daß einen Tag vor der Hinrichtung Guido Reni, der Meister des italienischen Frühbarocks, Beatrices Zelle betritt und sie darum bittet, sie malen zu dürfen. Beatrice willigt ein. Und während die Hammerschläge der Zimmerleute, die den Galgen errichten, von der Piazza herüberschallen, malt Reni im dämmrigen Zwielicht der Zelle ein Porträt, das zu den schönsten Mädchenbildnissen zählt, die je geschaffen wurden. Tiefe Anmut und Unschuld und unsägliche Trauer sprechen aus den dunklen Augen. Beatrice ist in ein weißes Tuch gehüllt und trägt einen weißen Turban auf dem Kopf, ihre halblangen schwarzen Haare fallen wirr in den Nacken. Das rührende Bild, wenige Stunden vor ihrem Tode gemalt, ist heute im Palazzo Barberini in Rom zu bewundern. Einige Historiker und Wissenschaftler glauben jedoch mittlerweile, dass das Bild nicht Beatrice Cenci darstellt. Nach ihren Recherchen hat Guido Reni Rom angeblich erst drei Jahre nach der Hinrichtung des Mädchens betreten, so dass er sie gar nicht porträtiert haben kann.

Polizistenmord in Rom: Der Fall Locatelli (1861)

Eine politische Demonstration ist am Abend des 29. Juni 1861 in Rom der Grund für ein blutiges Handgemenge zwischen der erregten Volksmasse und den päpstlichen

Gendarmen. Dabei wird der Polizist Velutti durch mehrere Messerstiche getötet. Der Verdacht fällt sofort auf Locatelli, den einige Zeugen trotz der Dunkelheit in der Nähe des Tatortes gesehen haben wollen. Locatelli besitzt tatsächlich ein Messer, aber die Klinge passt nicht in die Wunden des Toten. Das Gericht setzt sich darüber hinweg und verurteilt Locatelli zum Tode.

Kurze Zeit danach meldet sich in Florenz ein Flüchtling namens Castrucci beim königlichen Prokurator und gibt zu Protokoll, er habe den Gendarmen Velutti getötet. Um das Leben eines Unschuldigen zu retten, dessen Verurteilung er aus den Zeitungen erfuhr, habe er sich zur Selbstanzeige entschlossen. Doch sie kommt um wenige Tage zu spät. Locatelli ist bereits hingerichtet worden.

Vincente Verzeni, der Kannibale von Rom (1867–1873)

Schon als Kind entwickelt Vincente Verzeni einen Hang zum Sadismus. Er quält Tiere und dreht am liebsten Hühnern die Hälse um. Als er mit 19 Jahren schwer erkrankt und eine Pflegerin sich um ihn kümmert, versucht er sie nach seiner Genesung zu vergewaltigen und zu erwürgen. Er vergewaltigt eine ganze Reihe junger Mädchen. Im Dezember 1867 begeht er seinen ersten Mord. Auf freiem Feld überfällt er die 14-jährige Johanna Motta, schlitzt sie auf und schneidet ihre Genitalien heraus. In den nächsten fünf Jahren vergewaltigt er in der Umgebung von Rom zahlreiche junge Frauen und bringt zwölf von ihnen auf grausamste Weise um. Auch seine Cousine Maria Previtali versucht er zu erwürgen. Sie kann ihn jedoch überreden, sie freizulassen. Maria zeigt ihn bei den Carabinieri an, die ihn sofort festnehmen.

Vincente Verzeni gibt im Verhör alle Morde zu. »Der Orgasmus, den ich beim Erwürgen der Frauen und anschließendem Trinken ihres Blutes erlebt habe, war größer als beim Onanieren«, gesteht er. Der Strafprozess gegen den Lustmörder wird zum Sensationsprozess und erregt über die Grenzen Italiens hinaus große Aufmerksamkeit. Der Sexualwissenschaftler Krafft-Ebing untersucht den Fall und der berühmte italienische Kriminologe Lombroso erstattet ein Gutachten. Er verweist darauf, dass es in Verzenis Familie zahlreiche Fälle von vererbtem Schwachsinn gegeben hat, und kommt zu dem Ergebnis, dass der Angeklagte aufgrund seines Geisteszustandes nicht zurechnungsfähig ist. Lombroso empfiehlt eine lebenslange Verwahrung in einer geschlossenen Anstalt.

Doch die römische Strafkammer folgt dem Gutachten nicht und fällt ein Fehlurteil. 1873 wird Verzeni zu einer lebenslangen Freiheitsstrafe verurteilt.

Der unliebsame Vorgesetzte: Palizzolo und Notarbartolo (1892)

Palizzolo ist Abgeordneter im italienischen Parlament. Er ist Sizilianer wie sein politischer Kontrahent Notarbartolo, den er noch aus einem anderen Grund hasst: Er ist Bankdirektor und Palizzolo ist sein Untergebener in der gleichen Bank. Palizzolo überlegt, wie er seinen Widersacher und unliebsamen Vorgesetzten aus dem Weg räumen kann. Er hat Verbindungen zur Mafia und ist sogar mit dem bekannten Banditenführer Leone befreundet. Er bittet das Syndikat, ihm einen Gefallen zu tun.

Im Jahr 1892 unternimmt der Bankdirektor eine Eisenbahnfahrt. Er sitzt in einem Abteil und liest Zeitungen, ohne zu wissen, dass sein Mörder mitfährt. Einige

Mitreisende sehen, wie Notarbartolo am helllichten Tag im Zug ermordet wird. Sie können den Täter genau beschreiben. Er, Fontana, wird identifiziert. Aber die Polizei tut nichts. Erst nachdem einige Zeitungen den Fall vorsichtig aufgreifen und anprangern, kommt Fontana ins Gefängnis. Es dauert lange, bis die Anklage erhoben wird. Der Staatsanwalt ist aus Angst vor der Mafia ebenso eingeschüchtert wie sämtliche Zeugen. Keiner will etwas gesehen haben, keiner ist bereit, gegen Fontana auszusagen. Der Fall erregt großes Aufsehen im Ausland und viele Zeitungen entsenden ihre Korrespondenten zur täglichen Berichterstattung. Doch das Verfahren kommt nicht voran und verläuft schließlich im Sande. Fontana kommt ungestraft davon. Und der Abgeordnete Palizzolo kann nun in der Bank endlich nach Belieben schalten und walten. Er wird zum Direktor ernannt und vergibt Kredite künftig so, dass er persönliche oder politische Vorteile davon hat. Ein Justizskandal, über den in ganz Europa voller Entrüstung berichtet wird.

Die Ermordung von Giacomo Matteotti (1924)

Der italienische Sozialistenführer Giacomo Matteotti wird 1924 in Rom auf offener Straße überfallen, in ein Auto gezerrt und während der Fahrt aus der Stadt misshandelt und grausam ermordet. Die Tat geschieht auf Anstiftung Mussolinis durch den Massenmörder Dumini und die Faschisten Filipelli und Ross und wird durch den Polizeichef General de Bono gebilligt. Die Mörder werden verhaftet und vor Gericht gestellt, allerdings nicht vor das eigentlich zuständige Schwurgericht in Rom, sondern in dem kleinen Provinzort Chieti. Der Verteidiger, der Faschistenführer Farinacci, erklärt vor Gericht: Der Duce habe befohlen, dieser Prozess ist nicht den angeklagten Faschisten zu machen, sondern der Opposition, also dem Ermordeten.

Der Staatsanwalt stellt fest, dass eine überlegte Tötung ganz und gar ausgeschlossen sei und die Entführung unter die Amnestie falle. So verurteilen die Geschworenen Dumini innerhalb von nur zehn Minuten lediglich wegen fahrlässiger Tötung und billigen ihm mildernde Umstände zu, weil er durch den Ermordeten provoziert worden sei. Er erhält eine Strafe von fünf Jahren, elf Monaten und 20 Tagen. Davon fallen vier Jahre unter eine Amnestie, weil die Tötung politisch motiviert war. Außerdem wird die Untersuchungshaft voll angerechnet, so dass Dumini schon nach wenigen Tagen aus der Haft entlassen wird.

Verfolgte Freimaurer: General Capello (1925)

Die Logen der Freimaurer sind Mussolini, ebenso wie später Hitler, ein Dorn im Auge. Trupps von Schwarzhemden plündern Freimaurertempel in mehreren italienischen Städten und vernichten wertvolle Bibliotheken. Es kommt zu Ausschreitungen, gegen die weder die Staatsgewalt noch die Polizei etwas unternehmen. Im Januar 1925 ergeht ein Anti-Freimaurergesetz. Doch die Faschisten haben unerwartete Schwierigkeiten, es in beiden Kammern durchzubringen. Aus Rache prügeln sie in Florenz 50 Logenbrüder blutig.

Am 5. November 1925 veröffentlicht der Journalist Quaglia, ein polizeibekannter Spitzel Mussolinis, in der *Agenzia Stefani* einen lancierten Artikel, in dem er behauptet: »General Capello hat zu einem Attentat auf den

Duce angestiftet!« Capello ist ein bekannter, verdienstvoller Armeegeneral aus dem Ersten Weltkrieg. Aber er ist auch Freimaurer. Sein Name schützt ihn nicht vor dem Prozess, der aufgrund der erfundenen Behauptungen Quaglias gegen ihn angestrengt wird. Das Verfahren ist ein reiner Schauprozess, in dem das Urteil bereits feststeht, bevor die Verhandlung begonnen hat. Der Vorsitzende des Gerichts ist von der Unschuld Capellos überzeugt und legt sein Amt nieder. Ein anderer übernimmt den Fall. Es gibt keine Beweise. Der Polizeipräsident muss sogar zugeben, dass Quaglia ein Denunziant und Lockspitzel ist, der bezahlte Aufträge ausführt. Capello kann alle Anschuldigungen widerlegen. Er hegte nicht die geringsten Pläne, Mussolini zu ermorden.

Dennoch wird der 68-jährige General zu 30 Jahren Zuchthaus verurteilt, davon sind die ersten sechs strenge Einzelhaft. Ein politisches Terrorurteil.

Das »Monster von Florenz«
(1968–1998)

Die 32-jährige, verheiratete Barbara hat einen drei Jahre jüngeren Liebhaber. Wann immer es möglich ist, trifft sie sich mit ihm, um mit ihm intim zusammen zu sein. Am 21. August 1968 fährt sie aus Florenz hinaus in eine einsame Gegend und hat dort in ihrem Auto Sex mit ihm, während ihr sechsjähriger Sohn auf dem Rücksitz schläft. Kurz darauf wird das Paar tot in ihrem Auto aufgefunden, erschossen mit einer 22er Beretta Automatik. Der Junge ist unverletzt. Die Carabinieri verdächtigen sofort den Ehemanns M., einen heißblütigen Sardinier. Das Motiv liegt auf der Hand: Eifersucht. M. bestreitet zwar heftig, irgendetwas mit der Tat zu tun zu haben. Aber er wird festgenommen und angeklagt. Die Geschworenen glauben seinen Unschuldsbeteuerungen nicht und verurteilen ihn wegen Doppelmordes.

M. sitzt bereits sechs Jahre im Gefängnis, als sich im September 1974 in der Nähe von Florenz erneut ein Liebespaarmord ereignet, ausgeführt mit der gleichen Waffe und, wie beim ersten Mord, mit der seltenen Kupfermantelgeschoss-Munition der Marke Winchester, die in den 50er Jahren in Australien hergestellt wurde. An einen bloßen Zufall glaubt niemand bei Justiz und Polizei. Man kommt vielmehr zu der Erkenntnis, dass M. nicht der Täter sein kann und dass er zu Unrecht verurteilt worden ist. Er wird sofort aus der Haft entlassen. Aber die Fahndung nach dem wahren Mörder bleibt erfolglos.

Am 6. Juni 1981 geschieht wieder ein ähnlicher Mord, doch diesmal mit einer scheußlichen Steigerung. Dem weiblichen Opfer ist die Vagina herausgetrennt worden. Den Behörden ist nun endgültig klar, dass hier ein kranker Serienkiller am Werke ist. Bis 1985 sterben zehn weitere Menschen in der nahen Umgebung der toskanischen Hauptstadt, darunter ein französisches Touristenpaar, das in seinem Zelt überfallen und getötet wird. Der Unbekannte hat die Frau mit über 100 Messerstichen verstümmelt und ihr die linke Brust abgetrennt. Am nächsten Tag geht bei den Carabinieri ein anonymer Brief ein, der Teile weiblicher Genitalien enthält.

Acht Liebespaare hat das »Monster von Florenz«, wie die italienischen Zeitungen den unheimlichen Mörder nennen, nun schon auf dem Gewissen. Die Tatmerkmale sind immer die gleichen. Die Opfer werden in Vollmondnächten an abgelegenen Plätzen erschossen und den Frauen werden Brüste und Geschlechtsorgane zerstochen oder mit einem Skalpell abgetrennt. Nur ein Fall fällt aus der

Reihe, weil ein homosexuelles Paar ermordet wird. Vermutlich hat der Killer den Mann aufgrund seiner langen Haare für eine Frau gehalten. Die Polizei vernimmt über 100 000 Personen. Der Verdacht fällt auf den 68-jährigen vorbestraften Landarbeiter Pietro Pacciani. Bei ihm findet man eine der seltenen Geschoss-Patronen, mit denen die acht Doppelmorde begangen wurden. Er streitet sie ab und behauptet, man wolle unbedingt einen Schuldigen finden. Deshalb hätte die Polizei ihm die Pistolenpatrone untergeschoben.

Pietro Pacciani wird angeklagt und im November 1994 wegen sieben der Doppelmorde verurteilt. Doch zwei Jahre später ist er wieder frei, weil ein Revisionsgericht seine Verurteilung aufhebt. Bevor die Staatsanwaltschaft ein neues Verfahren gegen ihn einleiten kann, wird er am 24. Februar 1998 in seinem Haus in Florenz tot aufgefunden. Sein 1996 verhafteter Freund und Mittäter, der 68-jährige Mario Vanni, gibt die Morde zu und wird im März 1998 zu einer lebenslänglichen Haftstrafe verurteilt. Ein weiterer Mittäter erhält 30 Jahre. Die offizielle Rehabilitierung des unschuldig verurteilten M. ist seitens der italienischen Justiz bisher nicht erfolgt.

Justizirrtümer in Österreich

Der Rastatter Gesandtenmord
(1799–1801)

Durch den Frieden von Campo Formio im Oktober 1797 zwischen Kaiser Franz II. und General Bonaparte endet der Krieg zwischen Frankreich und Österreich. Nun sollen auch die Differenzen zwischen Berlin und Paris beigelegt werden. Zu diesem Zweck wird ein Friedenskongress nach Rastatt einberufen, einem kleinen Städtchen an der Murg, südlich von Karlsruhe. Auch österreichische Diplomaten nehmen teil. Die Verhandlungen gestalten sich schwierig und ziehen sich bis ins Frühjahr 1799 hin, weil Frankreich immer neue Forderungen stellt. Die Franzosen benutzen die Konferenz, um intensiv militärische Aufklärung zu betreiben. Talleyrand, der französische Außenminister, hat vier Diplomaten entsandt: Bonnier d'Arco, der vor der Revolution Präsident des Gerichts von Montpellier war, den 36-jährigen Rechtsanwalt Jean Débry, Claude Roberjot, einen ehemaligen Priester, sowie den Generalsekretär Rosenstiel. Sie sollen die öffentliche Meinung in Deutschland gegen Österreich beeinflussen und möglichst viel über die österreichischen Truppenbewegungen erkunden. Das erscheint ungefährlich, denn ihr diplomatischer Status verleiht ihnen Immunität.

Den Österreichern sind diese Spionageaktivitäten nicht verborgen geblieben. Ihre Truppen rücken auf deutschem Boden immer weiter nach Westen vor. Am 10. März 1799 fordert Erzherzog Karl, der Oberbefehlshaber des österreichischen Heeres, alle französischen Diplomaten auf,

Deutschland unverzüglich zu verlassen. Graf Metternich, der österreichische Bevollmächtigte in Rastatt, verlässt die Friedenskonferenz am 13. April 1799 und richtet in der *Karlsruher Zeitung* eine Abschiedsnotiz an die französischen Gesandten: »Da nun die Neutralität des Kongressortes aufhört, so werden auch die französischen Minister sich wahrscheinlich nicht mehr lange hier aufhalten.« Das ist eine indirekte Aufforderung, aus Rastatt abzureisen. Doch Talleyrand möchte, dass seine Vertreter bleiben, so lange wie möglich.

Am 17. April 1799 erhält der österreichische Oberst von Barbaczy den Befehl, mit seinem 11. Szekler Husarenregiment den Ort abzuriegeln, alle französischen Kuriere und Diplomaten zu kontrollieren und deren Geheimpapiere zu beschlagnahmen. Am 22. April 1799 findet die 97. Tagung in Rastatt statt, die letzte. Einen Tag später erklärt der Oberst öffentlich, dass er für die Sicherheit der Kongressteilnehmer nicht länger garantieren könne, da Rastatt nach der Abreise Metternichs nicht länger als Konferenzort betrachtet werde. Daraufhin verlassen die meisten Abgesandten den Ort. Doch die Franzosen bleiben.

Am 28. April schickt Oberst von Barbaczy einen Kurier mit einem Brief zu ihnen, in dem er sie auffordert, Rastatt binnen 24 Stunden zu verlassen. Rund 60 Husaren besetzen den Ort mit dem strikten Befehl, niemanden mehr hinein- und herauszulassen. In der Nacht zum 29. April machen sich die vier französischen Gesandten auf den Heimweg. Aber sie kommen nicht weit, sie werden ermordet. Die näheren Umstände der Tat sind bis heute nicht geklärt.

Schon am Abend des 29. April werden die Leichen von Bonnier und Roberjot auf dem Rastatter Friedhof beigesetzt. Oberst von Barbaczy verspricht, den Fall unverzüglich untersuchen zu lassen und die Mörder dingfest zu machen. Doch seine Husaren rühmen sich in aller Öffentlichkeit der Tat und prahlen mit ihrer Beute. Die Geheimpapiere, die man den Ermordeten abgenommen hat, landen auf dem Tisch von Erzherzog Karl. Man hofft, in den Unterlagen geheime Absprachen zwischen Preußen und Frankreich zu finden. Nach erfolgter Auswertung werden die Akten von Wien zurück nach Straßburg geschickt.

Am 1. Mai 1799 erteilt Erzherzog Karl den Befehl, eine gründliche Untersuchung der Morde einzuleiten. Graf Spork übernimmt in Villingen, Schwarzwald, den Vorsitz der Kommission. Oberst von Barbaczy und seine an der Tat beteiligten Szekler Husaren kommen in Haft und werden verhört. Die Soldaten kennen nicht einmal die Namen der Franzosen. Und doch haben sie die Richtigen ermordet. Das lässt darauf schließen, dass sie auf genauen Befehl gehandelt haben. Ein preußischer Kongressteilnehmer beschuldigt Österreich ganz offen der Urheberschaft.

Die Untersuchungen dauern ein halbes Jahr. Im Oktober 1799 wird in der Presse eine kurze Verlautbarung veröffentlicht, wonach die Untersuchung wegen der Ermordung der französischen Gesandten bei Rastatt abgeschlossen sei und die Protokolle von der Kommission nach Wien gesandt worden seien. Das Ganze ist streng vertraulich. In Wien bleiben die Protokolle unter Verschluss. Sie tauchen nie wieder auf. Es wird zwar Anklage wegen Raubmord erhoben, aber ein Urteil ergeht nicht. Eine Fehl-leistung der Justiz, die aber vermutlich auf höchste Anordnung erfolgt. Die Sache verläuft im Sande. Schon 1801 kommt Oberst von Barbaczy aus der Haft frei und wird zum Generalmajor befördert. Wer ihm den Auftrag erteilt hat, die Geheimdokumente zu beschaffen und die Franzosen zu beseitigen, bleibt bis heute ungeklärt.

Der falsche Joseph Skarke (1877–1893)

In Österreich beraubt der 20-jährige Tagelöhner Joseph Skarke am 11. August 1877 einen Schuster und entkommt mit der Beute. Seitdem ist er verschollen. Nach mehr als 16 Jahren veröffentlicht das Wiener *Interessante Blatt* am 11. Mai 1893 die Fotografie eines in Untersuchungshaft sitzenden Mannes, der sich Emil Wallenburg nennt. Er ist etwa 30 Jahre alt, einen Meter 50 groß und hat blonde Haare. Sein linker Fuß ist drei Zentimeter kürzer als der rechte. Sofort melden sich einige Zeugen, die ziemlich sicher sind, der abgebildete Mann sei Joseph Skarke. Die Ähnlichkeit ist tatsächlich verblüffend. Der einsitzende Wallenburg wird Skarkes Stiefschwester gegenübergestellt. Sie erkennt ihn auf Anhieb wieder. Auch der beraubte Schuster erklärt, das sei der Täter. Allerdings habe er damals nicht gehinkt. Einige Schulkameraden Skarkes bestätigen ebenfalls die Identität.

Daraufhin wird Wallenburg wegen Raub und Diebstahl angeklagt. Auch während der Hauptverhandlung glauben die Zeugen, der Angeklagte sei nach Größe, Körperstärke sowie den Gesichtszügen, der Stimme und dem finsteren Blick Joseph Skarke. Nur ein einziger Zeuge, ein früherer Arbeitskollege von Skarke, mit dem er einmal ein halbes Jahr zusammengearbeitet hat, sagt, das sei er nicht. Sachverständige werden zur Frage der unterschiedlichen Körpergröße von 1,50 Meter zu 1,65 Meter zu Rate gezogen. Sie erklären sie damit, dass der Angeklagte infolge seines Hinkens eine Verkrümmung des Rückgrats davongetragen habe. Es gibt ein paar dürftige Schriftproben von Wallenburg und Skarke. Gutachter kommen zu dem Ergebnis, dass die Schrift übereinstimmt. Das Schwurgericht Neutitzheim verurteilt Emil Wallenburg am 18. Oktober 1893 zu lebenslangem schwerem Kerker.

Wallenburg hat nicht damit gerechnet, dass man ihn tatsächlich verurteilen würde. Erst jetzt gibt er seine wahre Identität preis. Er sei ein 1863 in Bayern geborener Schuhmacher und heiße Florian Back. Weil er wegen einiger Straftaten gesucht werde, habe er sich des falschen Namens Wallenburg bedient. Zahlreiche Zeugen bestätigen, dass er Florian Back ist. Im sofort eingeleiteten Wiederaufnahmeverfahren wird er freigesprochen, denn nun ist absolut sicher, dass er nicht Joseph Skarke ist. Der wahre Täter Joseph Skarke wird nie gefasst.

Johann Gawenda und die misshandelte Stieftochter (1881/1882)

Johann Gawenda verwaltet zwar das Vermögen seiner 16-jährigen Stieftochter Johanna Sroka. Das hält ihn jedoch nicht davon ab, sie zu vernachlässigen und zu schlagen. 1881 ist sie plötzlich wie vom Erdboden verschluckt. Niemand sieht sie mehr. Dorfkinder erzählen, Johanna sei von Gawenda und dem Nachbarn Gallus mit einer Hacke erschlagen worden. Und die siebenjährige Halbschwester Srokas gibt bei der Polizei an, sie habe das selbst gesehen. Nach dem ersten Schlag habe er Johanna aus dem Bett gezogen, entkleidet und dann weiter misshandelt, bis sie tot war. Dann hätten die Männer die Leiche fortgetragen.

Gawenda und Gallus werden verhaftet und verhört. Gawenda gesteht die Tat und erklärt, er habe die Leiche unter einem Weidenbaum vergraben. Sie wird nie gefunden. Vor dem Schwurgericht widerruft er sein Geständnis. Er sei von der Polizei durch Anwendung körperlicher Gewalt erpresst worden, sagt er. Die zwölf Geschworenen sind sich nicht einig. Drei halten Gawenda für nicht schuldig, neun stimmen dafür. Sie verurteilen ihn zum Tode und Gallus wegen Beihilfe zu zehn Jahren Kerker.

Ein Jahr später wird Johanna Sroka im Nachbardorf lebend gesehen. Sie hat die Quälereien durch ihren Stiefvater nicht länger ausgehalten und ist deshalb weggelaufen. Im Wiederaufnahmeverfahren werden Gawenda und Gallus freigesprochen.

Der Fall Gietzinger und Harter (1898–1903)

Am 11. November 1898 wird in einer kleinen Stadt in Oberösterreich die Krämerin Anna Kranzinger in ihrem Haus ermordet aufgefunden. Alles weist auf einen Raubmord hin. Zwei Sparkassenbücher mit 400 und 200 Gulden sind gestohlen worden.

Der Verdacht richtet sich sofort gegen das direkt gegenüber wohnende Ehepaar Matthäus und Therese Gietzinger. Beide haben einen sehr schlechten Ruf. Therese hat ein Verhältnis mit einem gewissen Harter und die Nachbarn halten auch ihn für einen der Täter. Bei den Vernehmungen machen die Gietzingers falsche und sich widersprechende Angaben. Zeugen bekunden, sie hätten sich nach der Entdeckung der Leiche auffällig benommen. In der Untersuchungshaft verdächtigt Gietzinger seine Ehefrau und ihren Liebhaber. Als Harter verhört wird, fängt er an zu zittern. Das genügt dem Vernehmungsbeamten als Beweis seiner Schuld. »Harter dürfte der Urheber des Verbrechens sein«, schreibt er ins Protokoll. Er habe den wohl erwogenen Mordplan ausgedacht und die Eheleute Gietzinger zur Mithilfe veranlasst. Für diese Behauptung fehlt jedoch jeder Beweis. Und an Indizien mangelt es auch. Dass Harter »auffallend bleich« war und »scheu und höhnisch blickte« und dass sich Therese Gietzinger bei der Besichtigung der Leiche »gleichgültig verhalten« hat, wird als Schuldbeweis gewertet.

Auch die Geschworenen lassen sich in der Schwurgerichtsverhandlung vom 14. und 15. Juni 1899 in Ried gegen die drei Angeklagten davon beeindrucken. Sie sprechen Matthäus Gietzinger, der den Mord entdeckt und gemeldet hat, zwar frei, verurteilen Therese Gietzinger und Harter aber zum Tod durch den Strang. Ihre Nichtigkeitsbeschwerde wird vom Kassationshof am 31. August 1899 verworfen. Man begnadigt sie zu 20 Jahren schweren Kerkers. Harter stirbt nach zwei Jahren in der Haft.

Nach weiteren zwei Jahren, im November 1903, geht die Magd Mathilde Kaufmann zur Gendarmerie und beschuldigt ihren Vater des Mordes an Anna Kranzinger. Nach anfänglichem Leugnen gesteht er die Tat und schildert sie in allen Einzelheiten. Es stellt sich heraus, dass Harter und Therese Gietzinger nicht das Geringste mit dem Verbrechen zu tun haben. Beide werden in einem Wiederaufnahmeverfahren freigesprochen.

Leopold Hilsner und die rituellen Mädchenmorde (1899)

Zwei Tage vor Ostern verlässt die 19-jährige Agnes Hruza am Abend des 29. März 1899 die Wohnung einer Schneiderin in Polna. Sie will nach Hause in das drei Kilometer entfernte Dorf Klein-Wiesnitz, kommt aber dort nie an. Am nächsten Tag wird ihre Leiche mit einer tiefen Schnittwunde am Hals am Wegesrand aufgefunden. Die Polizei beginnt mit den Ermittlungen, findet jedoch keine Spur. Nach etwa drei Wochen meldet sich ein Fuhrmann und sagt aus, am Abend des Mordtages seien drei Juden in eiliger Hast an ihm vorbeigelaufen und hätten im Regen exakt den Weg eingeschlagen, den Agnes Hruza immer als Heimweg benutzt hat. Einer von den drei Männern sei Leopold Hilsner gewesen, versichert er.

Obwohl festgestellt werden kann, dass es an diesem Tag überhaupt nicht geregnet hat, wird Hilsner aufgrund der Aussage verhaftet und vor Gericht gestellt. Ein gerichtsmedizinisches Gutachten betont, die Leiche enthalte auffällig wenig Blut. Das lässt den Schluss auf einen Ritualmord zu. Nach nur fünftägiger Verhandlung wird Leopold Hilsner vom Schwurgericht in Kuttenberg zum Tode verurteilt. Der Verteidiger legt Rechtsmittel ein. Aufgrund einer Stellungnahme der medizinischen Fakultät der Universität Prag wird das gerichtsmedizinische Gutachten für falsch erklärt. Der Kassationshof hebt das Urteil auf und überweist den Fall zur neuen Verhandlung an das Schwurgericht in Pisek.

Zwei neue Zeugen bestätigen ebenfalls, die drei Männer aus einer Entfernung von etwa 700 Metern gesehen und in einem von ihnen Hilsner erkannt zu haben, der einen grauen Anzug getragen und seine rechte Hand auf einen weißen Stock gestützt habe. Niemand kommt auf den Gedanken, dass aus einer solchen Entfernung derart genaue Beobachtungen gar nicht möglich sind. In der neuen Verhandlung wird Hilsner noch ein zweiter Mord vorgeworfen. Man hat ein Jahr zuvor im Wald von Polna ein abgemagertes Skelett gefunden. Und da seit Juli 1898 eine weitere junge Frau aus der Umgegend, Marie Klima, spurlos verschwunden ist, erklärt die Anklage, dies sei ihr Skelett und Hilsner sei ebenfalls ihr Mörder. Ob es möglich ist, dass eine Leiche in etwa drei Monaten zu einem Skelett werden kann, wird nicht erörtert. Und ob die Frau überhaupt einem Mord zum Opfer gefallen ist, wird niemals festgestellt.

Der 23-jährige Leopold Hilsner wird vom Schwurgericht Pisek wegen zweifachen Mordes zum Tode verurteilt und kurz darauf zu lebenslänglichem Zuchthaus begnadigt. Eine weitere Begnadigung oder gar ein Wiederaufnahmeverfahren hat es nie gegeben, obwohl für beide Mordanklagen nicht einmal ein hinreichender Tatverdacht bestanden, geschweige denn ein Beweis vorgelegen hat. Das Fehlurteil bleibt in Kraft. Leopold Hilsner hat das Zuchthaus bis zu seinem Tode nicht mehr verlassen.

Franz Bratuscha und seine verschwundene Tochter (1900–1902)

Im Jahr 1900 meldet Franz Bratuscha der österreichischen Polizei, seine zwölfjährige Tochter Johanna sei spurlos verschwunden. Sofort eingeleitete Nachforschungen bleiben erfolglos. Einige Zeit danach findet man die Leiche eines Kindes. Bratuscha identifiziert sie als seine Tochter. Es wird jedoch festgestellt, dass es sich um ein anderes Mädchen handelt. Das macht die Polizei stutzig. Sie durchsucht Bratuschas Haus und findet ein Kleid von Johanna mit roten Flecken, die wie Blut aussehen. Bratuscha wird verhaftet und gesteht beim Verhör, seine Tochter erwürgt zu haben. Er wiederholt dieses Geständnis auch vor dem Untersuchungsrichter. Er habe die Leiche zerstückelt und im Ofen verbrannt. Ein Stück aus dem Oberschenkel habe er gebraten und gegessen und die

Knochen dann auf den Mist geworfen. Dort werden tatsächlich Knochen gefunden. Eine Analyse ergibt jedoch, dass es Tierknochen sind.

Ein Schwurgericht verurteilt Franz Bratuscha zum Tode. Er wird von Kaiser Franz Josef zu lebenslänglichem Zuchthaus begnadigt. Zwei Jahre später trauen seine ehemaligen Nachbarn ihren Augen nicht: Johanna taucht quicklebendig auf und fragt nach ihrem Vater. Diese Nachricht lässt Bratuscha völlig ungerührt. Die Gendarmen hätten ihm das Geständnis abgepresst, erklärt er. Dann sei er getreu der Devise »ein Mann, ein Wort« dabei verblieben. Im Wiederaufnahmeverfahren wird er freigesprochen. Das Gericht stellt jetzt zusätzlich fest, dass er nicht zurechnungsfähig ist. Er hätte nie verurteilt werden dürfen.

Der mordende Schriftsteller Jack Unterweger (1974–1994)

Im Jahr 1974 erdrosselt der 24-jährige Jack Unterweger, unehelicher Sohn eines US-Soldaten und einer Wiener Prostituierten, die 18-jährige Deutsche Margaret Schäfer mit ihrer Unterwäsche. Als man ihn im Verhör fragt, warum er das getan habe, antwortet er, sie habe ihn an seine Mutter erinnert. Er wird zu einer lebenslangen Haftstrafe verurteilt.

In seiner Zelle fängt Unterweger an zu schreiben. Er verfasst eine Autobiografie mit dem Titel *Fegefeuer – eine Reise ins Zuchthaus*, in der er sich mit seiner Kindheit und dem Mord auseinander setzt. Das ausdrucksstarke Buch wird tatsächlich publiziert und erregt Aufsehen. Es macht Unterweger über die Grenzen Österreichs hinaus bekannt. Im Mai 1990 öffnen sich für ihn die Gefängnistore. Nach 16 Jahren Haft wird er entlassen, eine verhängnisvolle Fehlentscheidung. Dieser Irrtum der Behörden in der Einschätzung und Beurteilung der Person des Täters und seines künftigen Verhaltens kostet noch zahlreichen Frauen das Leben.

Zunächst erhält Unterweger nach seiner Entlassung in Deutschland den Ingeborg-Drewitz-Literaturpreis. In Österreich ist er Mittelpunkt einiger Talk-Shows und Liebling der Wiener Schickeria. Der prominente Schriftsteller ist kaum ein halbes Jahr frei, da wird die Wiener Prostituierte Brunhilde Massener als vermisst gemeldet. Ein Spaziergänger findet sie kurz darauf in einem Wald, erdrosselt mit ihrer Unterwäsche. Im Januar 1991 wird die Prostituierte Heide Hammer mit ihrer eigenen Unterwäsche erwürgt. Und dann geht es Schlag auf Schlag. Bis Ende 1991 sind fünf weitere Frauen tot, stranguliert auf die gleiche Weise.

Die Polizei arbeitet fieberhaft, den abartigen Serienkiller zu fassen. Der Chef der Grazer Mordkommission wird über den Stand der Ermittlungen interviewt. Reporter ist Jack Unterweger. Ein kaum fassbares, wohl einmaliges Ereignis in der Kriminalgeschichte: Der Chefinspektor steht Rede und Antwort, ohne zu wissen, dass er dem von ihm gesuchten Massenmörder gegenübersitzt! Unterweger geht schließlich sogar so weit, die Mordkommission zu kritisieren, weil es ihr bisher noch nicht gelungen ist, den Täter dingfest zu machen. Dann fällt einem Ermittler auf, dass der Reporter und Schriftsteller Unterweger stets in unmittelbarer Nähe der Tatorte Lesungen abgehalten hat und dass der Mord, für den er verurteilt wurde, exakt auf die gleiche Weise begangen worden ist. Unterweger gerät nun in Verdacht und die Polizei teilt das auch der Öffentlichkeit mit. Die Beschuldigungen seien haltlos und aus der Luft gegriffen, regt sich die Wiener

Literaturszene auf. Sie kann sich nicht vorstellen, dass ihr Liebling und Protegé ein eiskalter Killer ist. Und Beweise gibt es in der Tat nicht.

Im Sommer 1991 erhält Jack Unterweger von einer Wiener Illustrierten den Auftrag, über Prostitution in Amerika zu berichten. Er fährt deshalb für vier Wochen nach Los Angeles, um dort zu recherchieren. Beamte im Streifenwagen kutschieren ihn durch das Rotlichtviertel der Stadt. In wenigen Tagen werden hier drei Prostituierte ermordet aufgefunden. Übereinstimmendes Merkmal: erdrosselt mit dem eigenen Slip oder Büstenhalter. Nach seiner Rückkehr nach Europa begibt sich Unterweger nach Tschechien. Kurz darauf geschieht auch hier ein ähnlicher Mord.

Zwischenzeitlich hat die Grazer Mordkommission so viel Beweismaterial gesammelt, dass ein Haftbefehl ausgestellt werden kann. Im Kofferraum von Unterwegers Wagen hat man ein Kopfhaar der getöteten tschechischen Prostituierten gefunden sowie Fusseln eines Schals einer weiteren Ermordeten. Unterweger flüchtet über die Schweiz nach Miami, wo er wenig später verhaftet wird. Es gelingt den amerikanischen Ermittlungsbehörden nicht, innerhalb der auf 90 Tage begrenzten Untersuchungshaft trotz vieler Indizien zwingende Beweise für die drei Morde in Los Angeles beizubringen. Deshalb liefern sie Unterweger an Österreich aus, wo am 20. April 1994 vor dem Schwurgericht Graz der Prozess gegen ihn eröffnet wird.

Unterweger streitet die Morde ab, gesteht gegenüber einem Freund jedoch alle Taten. Die Beweise sind ohnehin erdrückend. Am 29. Juni 1994 verurteilen ihn die Geschworenen wegen neunfachen Mordes zu einer lebenslangen Unterbringung in einer geschlossenen Anstalt für kriminelle Triebtäter. Kurz nach der Verurteilung erhängt sich Jack Unterweger in seiner Zelle mit dem Gummiband seiner Trainingshose.

Justizirrtümer in den USA

Hexenjagd in Salem (1692)

In dem kleinen puritanischen Dorf Salem im ländlichen Massachusetts, in der Nähe von Boston gelegen, ereignen sich im Jahr 1692 erschütternde Fälle von Massenwahn. Acht Mädchen zeigen Anzeichen dämonischer Besessenheit. Eine kleine Gruppe trifft sich regelmäßig im Haus des örtlichen Geistlichen, um den Erzählungen der dunkelhäutigen Hausangestellten Tituba zuzuhören, einer Sklavin aus der Karibik. Die Mädchen lesen Bücher über das mittelalterliche Hexenwesen und sind vom Inhalt derart beeindruckt, dass sie plötzlich behaupten, selbst verhext zu sein. Zwei der jungen Mädchen, die elfjährige Abigail Williams und die zwölfjährige Ann Putnam, bekommen epileptische Anfälle. Die Mädchen schreien, krümmen sich auf dem Boden und glauben, in Tiere verwandelt worden zu sein. Die Hysterie springt schnell auf andere Mädchen im Dorf über, die bald ähnliche Symptome zeigen. Nun sind auch junge Frauen darunter wie die 18-jährige Elisabeth Booth, die 19-jährige Mercy Lewis, die 20-jährige Mary Warren sowie Sarah Bibber, die mit 36 Jahren die Älteste der Gruppe ist. Sie stören den Gottesdienst und werfen Bibeln durch den Raum.

Die puritanischen Geistlichen des Ortes und der Arzt Dr. Griggs kommen zu Beratungen zusammen. Sie können keine medizinische Erklärung für die Anfälle der Mädchen finden und kommen zu dem Ergebnis, dass die Ursache Hexerei ist. Nun bricht in dem kleinen Dorf eine Panik aus. Die Mädchen erheben Anschuldigungen gegen

51 Personen verschiedenster gesellschaftlicher Herkunft und behaupten, sie wären von ihnen gezwickt, gewürgt und gequält worden. Sie beschuldigen auch Tituba der Hexerei. Die Gemeindemitglieder glauben den Anschuldigungen und berufen eine richterliche Sonderkommission ein. Innerhalb kürzester Zeit sitzen über 150 Personen im Gefängnis. Niemand ist mehr vor den Anschuldigungen der Mädchen sicher. Die Untersuchungsmethoden der Kommission sind brutal und rigoros, sie orientieren sich an den europäischen Vorschriften des *Hexenhammers*. Eine Frau stirbt während des Verhörs. Nachdem auch die Mädchen selbst beschuldigt worden sind, Hexen zu sein, werden 31 Personen zum Tode verurteilt. In den Monaten Juni bis September 1692 werden 19 auch tatsächlich gehängt. Als erste Frau wird Bridget Bishop aus Salem am 10. Juni 1692 exekutiert, dann folgen 13 weitere Frauen und Mädchen sowie 5 Männer. Als sich der Richter Dudley Bradstreet aus Andover weigert, weitere Haftbefehle zu unterschreiben, wird er ebenfalls der Hexerei beschuldigt und kann sich einer Verurteilung nur durch die Flucht entziehen.

Im Oktober 1692 kommen die ersten Zweifel an den Aussagen und Beschuldigungen der Mädchen auf. Einige gestehen sogar, alles nur erfunden zu haben. Daraufhin werden die Prozesse gestoppt. Der Gouverneur schaltet sich ein und löst die Salemer Jury auf. Die schrecklichen Fehlurteile werden offenbar und die Jury legt folgendes Geständnis ab:

»Wir gestehen, dass wir selbst weder fähig waren, die geheimnisvolle Verblendung durch die Mächte des Bösen zu erkennen, noch ihr zu widerstehen … Nach weiterer Überlegung und neuestem Wissen fürchten wir zu Recht, dass wir und andere, jedoch aus Unwissenheit und ohne

Absicht, über uns und unsere Nachbarn die Schuld unschuldigen Bluts gebracht haben ... Wir erklären daher hiermit der Welt im Allgemeinen und den überlebenden Opfern im Besonderen unseren tiefen Schmerz und unsere tiefe Reue über unsere Irrtümer ... Wir bitten alle, an denen wir uns ungerechterweise vergangen haben, um Vergebung.«

Zur Rechenschaft gezogen werden die Richter nicht. Sie bleiben ebenso im Amt wie die Geistlichen des Ortes, die als Erste die Anschuldigungen der Hexerei geglaubt haben. Die Tragödie von Salem wird von dem amerikanischen Schriftsteller Arthur Miller 1954 auch in Deutschland erschienenen Drama *Hexenjagd* aufgegriffen.

Thomas Berdue und die »Sydney Men« (1851–1853)

Der Goldrausch hat Kalifornien gepackt. Es ist gerade ein Jahr her, da das ehemals mexikanische Land 1850 als 31. Staat Mitglied der USA wurde. Aus allen Winkeln der Erde kommen abenteuerlustige Menschen hierher, um ihr großes Glück zu machen. Darunter sind auch gesetzlose Desperados und Revolverhelden, die mit Raubmorden und Überfällen die Bevölkerung beunruhigen. In San Francisco sorgen die gefürchteten »Sydney Men« für Aufregung, entflohene Verbrecher aus einer australischen Strafkolonie. Sie morden und plündern und eine Welle der Kriminalität überschwemmt den jungen Staat.

Am Abend des 19. Februar 1851 sitzt Mr Jansen in seinem Warenhaus in San Francisco im Schein einer Kerze allein an seinem Schreibtisch und arbeitet. Gegen acht Uhr betritt ein Mann den Lagerraum und sieht sich einige Waren an. Er trägt einen grauen Mantel und einen breitkrempigen Hut. Er wolle ein paar Decken kaufen, sagt er. Während Jansen einige Exemplare ausbreitet, betritt ein zweiter, großer und hagerer Mann den Raum, springt auf ihn zu und schlägt ihn nieder. Beide prügeln so lange auf Jansen ein, bis er sich nicht mehr bewegt. Dann nehmen sie 2000 Dollar aus der Kasse und flüchten. Das Opfer überlebt schwer verletzt und kann beide Täter beschreiben. Die Beschreibung des zweiten Mannes passt auf James Stuart, den berüchtigten Chef der »Sydney Men«. Er wird steckbrieflich gesucht, unter anderem wegen Mordes an einem gewissen Charles Moore. Die Suche nach ihm wird intensiviert. Kurz darauf werden zwei Männer festgenommen, Robert Windred, ein Mitglied der Gang, und ein Mann, der so aussieht wie der Gangsterboss James Stuart. Doch dieser Mann beteuert, er sei nicht James Stuart, sondern Thomas Berdue aus England. Als er Jansen gegenübergestellt wird, identifiziert er ihn als einen der Täter.

Es spricht sich schnell in der Stadt herum, dass der lang gesuchte James Stuart in Haft ist. Aufgebrachte Menschen versammeln sich vor dem Gefängnis und versuchen, beide Gefangenen zu lynchen. Die Polizeiwachen können das verhindern. Als die Inhaftierten am 21. Februar 1851 vom Untersuchungsrichter vernommen werden, fordern etwa 7000 Menschen vor dem Gerichtsgebäude die sofortige Hinrichtung, damit die Täter nicht entkommen können. Und am nächsten Morgen bildet sich im Aktenraum des Rathauses ein Volksgericht aus Bürgern der Stadt und spricht die Angeklagten in deren Abwesenheit mit neun zu drei Stimmen schuldig. Trotz strengster Bewachung kann Robert Windred entkommen. Seine Flucht bleibt ein Rätsel und bringt die Bürger erneut in Rage.

Am 14. März 1851 beginnt unter Vorsitz des Richters Parsons der Strafprozess gegen Thomas Berdue. Die Jury kommt trotz eines glaubhaften Alibis des Angeklagten zu einem schnellen Urteil: 14 Jahre Gefängnis für den Raubüberfall auf Jansen. Der Verurteilte wird sofort nach Maryland überführt und dort wegen des Mordes an Charles Moore erneut vor Gericht gestellt. Auch vor dieser Jury beteuert er seine Unschuld. »Ich bin nicht James Stuart!«, schreit er in den Saal. Doch auch diese Geschworenen glauben ihm nicht und verurteilen ihn am 4. Juli 1851 zum Tod durch den Strang.

Drei Tage zuvor ereignet sich in der Stadt ein erneuter Raubüberfall. Der Täter kann überwältigt und festgenommen werden. Ein Mitglied der Bürgerwehr, die sich inzwischen gebildet hat, erkennt in ihm James Stuart. Einige Zeugen, die ihn von früher kennen, identifizieren ihn einwandfrei. Unter der Last der Beweise legt Stuart ein schriftliches Geständnis all seiner Verbrechen ab. Darunter ist auch der Raubüberfall auf Jansen. James Stuart wird in einem Schnellverfahren verurteilt und am 11. Juli 1851 vor 500 Leuten öffentlich hingerichtet.

Nachdem der Gouverneur Thomas Berdue begnadigt hat, sammelt die Bürgerwehr für den zu Unrecht Verurteilten die Summe von 302 Dollar. Jansen gibt ihm die »geraubten« 1700 Dollar zurück, die Berdue hatte aushändigen müssen, und legt freiwillig noch etwas drauf für die unschuldig erlittene Haft, zu der er durch seinen Irrtum beitrug. Anfang 1853 reicht Thomas Berdue eine Petition ein, mit der er 4000 Dollar Entschädigung für die zum Nachweis seiner Unschuld erbrachten Aufwendungen fordert. Ein Komitee unter Senator Ralston weist diese Bitte zurück mit der Begründung, dass kein Präzedenzfall geschaffen werden soll, der bei Anwendung in allen derartigen Fällen die Einkünfte des Staates mehr als erschöpfen würde. In der Gesellschaft komme es zu häufig vor, dass Unschuldige ungerechterweise eines Verbrechens angeklagt werden. Das sei deren Unglück und die Regierung habe keine Macht, ihnen zu helfen. Dies sei ein Teil des Preises, den jedes Individuum für den Schutz aufbringen müsse, den das Gesetz ihm gibt.

Die Ermordung Abraham Lincolns (1865)

Gerade ist der amerikanische Bürgerkrieg nach vier Jahren blutiger und mit äußerster Härte geführten Kämpfen zu Ende gegangen. General Lee, Befehlshaber der Konföderierten Armee der Südstaaten, hat am 9. April 1865 vor den Unionstruppen kapituliert. Präsident Abraham Lincoln, der für die Abschaffung der in den Südstaaten vorherrschenden Sklaverei eingetreten ist und damit den eigentlichen Kriegsgrund geliefert hat, spricht in der Kabinettssitzung vom 14. April 1865 von Versöhnung. Es ist Karfreitag. Der 56 Jahre alte Lincoln besucht am Abend zusammen mit seiner Frau im Ford-Theater von Washington das Lustspiel *Our American Cousin*. Kurz nach zehn Uhr öffnet der Schauspieler John Booth die Tür zur Präsidentenloge just in dem Augenblick, als eine Stelle in dem Stück lautes Gelächter auslöst. Booth kennt das Stück genau und hat diesen Moment abgepasst. Unbemerkt tritt er hinter den Schaukelstuhl des Präsidenten und schießt Lincoln mit einer Pistole eine Kugel in den Hinterkopf.

Booth springt über die Brüstung auf die drei Meter tiefer liegende Bühne, bricht sich ein Bein, ruft »So geschehe es allen Tyrannen!« in den Saal und kann mit seinem vor dem Bühnenausgang wartenden Pferd entkommen. Lincoln wird sofort in eine gegenüberliegende Fremdenpension gebracht. Er atmet noch, ist aber ohne Bewusstsein. Die Kugel hat sein Gehirn durchschlagen und ist hinter dem rechten Auge stecken geblieben. Am nächsten Morgen, dem 15. April 1865, Ostersonnabend, stirbt der »ehrliche Abraham« und »Sklavenbefreier«, der Sieger des Bürgerkrieges. In seiner vierjährigen Amtszeit hat er etwa 80 Briefe mit Morddrohungen erhalten. Jetzt ist er Opfer eines fanatischen Mannes geworden, der kein Wahnsinniger ist, sondern Mitglied einer Untergrundbewegung der Konföderierten, eine Art Geheimagent mit zahlreichen Komplizen in einer weit verzweigten Verschwörung. Sie sympathisieren mit dem Süden und handeln aus patriotischer Überzeugung.

Kurz nach dem Mord wird Booth auf der Flucht gestellt und von einem Soldaten erschossen. Aus seinem Tagebuch ergeben sich Hinweise auf die Mitverschwörer und Helfershelfer. Schon rund drei Wochen später, am 9. Mai 1865, beginnt im Washingtoner Militärgefängnis ein Prozess gegen sieben vermeintliche Komplizen. Man hält das Militärgericht für zuständig, weil Präsident Lincoln zum Zeitpunkt seiner Ermordung Oberkommandierender des Heeres gewesen ist. Die neun Militärrichter führen den Prozess mit außerordentlicher Strenge und Härte. Die Staatsanwaltschaft formuliert die These, dass der Bürgerkrieg, »zu dessen Unterstützung diese Verschwörung angezettelt und dieses Staatsverbrechen verübt worden ist«, selbst eine »verbrecherische Verschwörung und ein gigantischer Mord« gewesen sei. Das ist eine Rechtsverfälschung, mit der quasi alle Südstaatler verurteilt werden.

Die Trauer um Lincoln wird zur Volkstrauer und der Hass auf die Täter ist groß. Der Prozess ist ebenso schnell zu Ende, wie er begonnen hat. Drei Angeklagte werden zu lebenslanger Haft verurteilt, vier zum Tode durch den Strang, darunter auch eine Frau. Sie heißt Mary Surrat und ist unschuldig, wie sich später herausstellt. Ihr nach Kanada geflohener Sohn zählt zu den Verschwörern, aber sie selbst hat mit der ganzen Sache nichts zu tun. Obwohl es keinerlei Beweise gegen Mary Surrat gibt, wird auch sie am 7. Juli 1865 gehängt.

Miller und Woods und der Raubmord im Indianerreservat (1877–1889)

Im US-Staat Kansas liegt am Arkansas River, zwischen Dodge City und Wichita, der kleine Ort Kinsley, unweit des Indianerreservats der Cherokeesen. Mitte Oktober 1877 verlassen zwei junge Männer ihr Haus in Kinsley zu einem längeren Jagdausflug ins Indianergebiet. John Hantz und William Woods kaufen einen zweispännigen Wagen, ein Pony, eine Campingausrüstung und mehrere Hunde und begeben sich in die Jagdgründe am Mulberry Creek. Unterwegs schließt sich ihnen ein Fremder namens Henry W. Miller an, ein ruhig und friedfertig wirkender Mann. Im November schlagen sie am Verdigris River ihr Lager auf. Nach drei Tagen Aufenthalt im Camp machen sich Hantz und Miller auf den Weg, um Fallen aufzustellen. Jeder hat ein Beil und ein Gewehr bei sich. Als sie bei Einbruch der Dunkelheit noch nicht zurück sind, beginnt Woods, sich Sorgen zu machen. Er schießt in Intervallen mit seinem Gewehr und hofft, seine Gefährten auf diese Weise zum Camp zu führen. Spätabends kommt Miller allein zurück, sagt, er habe sich verirrt. Von Hantz habe er sich getrennt, als er unter einem Baum Nüsse sammelte. Er solle schon vorausgehen, habe er ihm zugerufen, er werde gleich nachkommen.

Miller und Woods warten bis zum nächsten Mittag vergeblich auf die Rückkehr ihres Kameraden, dann brechen sie ihr Lager ab und machen sich auf den Heimweg. Sie fürchten, sein Sohn ist von Indianern angegriffen und getötet worden, erklären sie dem Vater das Verschwinden und übergeben ihm Johns Sachen. Die Suche nach der Leiche bleibt erfolglos.

Im März 1878 wird an einer Biegung des Verdigris River ein toter, schon ziemlich verwester Körper entdeckt, den Hantz senior anhand einiger fehlender Zähne als den seines Sohnes identifiziert. Er erkennt auch das neben der Leiche liegende Messer wieder. Löcher im Hinterkopf deuten darauf hin, dass John Hantz von hinten erschossen wurde. Das bisschen Geld, das er bei sich hatte, fehlt.

Sofort werden Woods und Miller als Täter verdächtigt. Und als eine Durchsuchung von Millers Kleidung John Hantz' Armbanduhr zutage fördert, werden beide verhaftet und von der Staatsanwaltschaft des Raubmordes angeklagt. Die Beschuldigten beteuern ihre Unschuld und erzählen immer die gleiche, auch in den Einzelheiten übereinstimmende Geschichte. Hantz habe ihm die Uhr gegeben, verteidigt sich Miller, weil er immer vergessen hätte, sie aufzuziehen. Aber die Geschworenen glauben ihm nicht und verurteilen Woods und Miller wegen gemeinschaftlichen Mordes zum Tod durch den Strang. Ein Wiederaufnahmegesuch wird abgelehnt.

Der Fall wird in der Öffentlichkeit heiß diskutiert und als klares Fehlurteil bezeichnet. Denn für die Schuld der Verurteilten gibt es keinerlei Beweise, allenfalls vage Indizien. Das Justizministerium in Washington wird aufmerksam und der Generalstaatsanwalt im Kabinett von Präsident Harrison ordnet eine Prüfung des Falles an. Woods und Miller sind entgegen Recht und Gesetz verurteilt worden, sagt er nach der Untersuchung. Woods wird am 8. April 1889 vom Präsidenten begnadigt. Aber nicht Miller. Dessen Strafe wird lediglich in eine lebenslängliche Zuchthausstrafe umgewandelt.

Miller sitzt über 15 Jahre im Zuchthaus. Dann wird auch er am 10. November 1902 von Präsident Roosevelt begnadigt. Er sei zu der Überzeugung gelangt, dass beide vollkommen unschuldig sind, hatte sein Generalstaatsanwalt nach einer erneuten Überprüfung gesagt. Man hätte ihn auf jeden Fall zusammen mit Woods begnadigen müssen. Warum das nicht geschehen ist, bleibe ihm ein Rätsel.

Stain und Cromwell und der Tod des Bankers (1878 – 1901)

In der kleinen Stadt Dexter im US-Staat Maine wird am 22. Februar 1878 der Kassierer der Bank, John W. Barron, im Tresorraum tot aufgefunden. Er habe sich das Leben genommen, ist die erste Reaktion der Einwohner, als man Unregelmäßigkeiten in den Bankgeschäften feststellt. Unter anderem fehlen 700 Dollar. Dann aber kommen Zweifel an einem Selbstmord auf. Denn Barrons Hände sind auf dem Rücken zusammengebunden und sein Kopf ist voller Schnitte und Blutergüsse. Seine falschen Zähne liegen auf dem Boden neben der Leiche, daneben einige Crackerkrümel. Die Feder, die er immer hinter dem Ohr trug, wenn er sie nicht benutzte, wird im Kohlenkasten gefunden. Neben dem Tresor steht eine Öllampe, daneben liegt ein Schraubenzieher. Vielleicht doch ein Mord? Einige Zeugen sagen, sie hätten drei Fremde in der Bank gesehen, sie hätten die Stadt einen Tag nach Barrons Tod verlassen. Aber es fehlt jede Spur von ihnen. Der Fall gerät in Vergessenheit.

Fast zehn Jahre später, 1887, behauptet ein gewisser Charles Stain, der Polizei kein Unbekannter, er kenne die Wahrheit über den Tod des Bankers. Ein Geist habe ihn im Gefängnis gedrängt, die Mörder zu entlarven. Sein eigener Vater habe ihn umgebracht, zusammen mit Cromwell, seinem Komplizen, behauptet er. Sie seien von dem Kassierer während eines Einbruchs überrascht worden. Er habe ihm den Mord gestanden, um sein Gewissen zu erleichtern, würde aber auch ihn töten, seinen Sohn, wenn er irgendjemand etwas davon erzähle.

Stain und Cromwell werden festgenommen und verhört. Sie bestreiten die Tat. Es stellt sich heraus, dass Charles Stain seinen Vater hasst, weil er sich einmal geweigert hat, ihm 25 Dollar zu schicken, damit er aus dem Gefängnis freikommt. Etwa 20 Zeugen werden den Verdächtigen gegenübergestellt. Sie sollen sagen, ob sie in ihnen die Fremden wiedererkennen, die vor zehn Jahren in die Stadt kamen und den Mord wahrscheinlich begangen haben. Die einen geben an, sie wären groß gewesen und hätten einen Schnurrbart gehabt und helle Kleidung getragen, die anderen behaupten, sie wären klein, die Gesichter glatt und die Kleider dunkel gewesen. Aber es gibt doch ein paar, die David Stain identifizieren. Als ein Lebensmittelhändler aussagt, am 22. Februar 1878 habe ein Fremder bei ihm einige Cracker und etwas Käse gekauft, und dieser Fremde sei Stain, wird Anklage gegen Stain und Cromwell erhoben. Während des Prozesses behauptet Stain jun., sein Vater habe gestohlene Pferde verschifft und verkauft. Die Quittung habe er gefälscht, indem er mit dem falschen Namen Sanborn unterschrieb, sagt er in Richtung Jury. Vielleicht denken die Geschworenen, wer ein Fälscher ist, ist auch ein Mörder. Sie beraten 20 Stunden und verurteilen dann beide Angeklagten zu lebenslänglichem Zuchthaus.

Sieben Jahre später, 1895, wird ein Gnadengesuch eingereicht, weil ein Mann namens Sanborn bezeugt, dass er es war, der tatsächlich die Pferde verkauft und die Quittung unterschrieben hat. Aber das Gesuch bleibt erfolglos. Auf 242 Seiten wird begründet, warum das neue Beweismaterial zu keinem abweichenden Ergebnis führen kann. Im Jahr 1900 reicht ein junger Jurastudent, der Sohn des Strafverteidigers, der die Angeklagten in dem Mordprozess vertrat, ein neues Gnadengesuch ein. Er ist ebenso wie sein Vater von der Unschuld der Verurteilten überzeugt. Er weist nach, dass man den Zeugen, die Stain und Cromwell nach zehn Jahren als Täter identifizierten, vorher Bilder von ihnen gezeigt hat. Außerdem hat er einige Alibizeugen ausfindig gemacht, die angeben, Stain sei zur Tatzeit Gast auf einer Geburtstagsfeier gewesen. Und er weist nach, dass Stain jun. immer wieder Geschichten über angebliche Verbrechen erfunden und sie an Zeitungen verkauft hat. Stain gibt schließlich zu, seinen Vater fälschlich beschuldigt zu haben. Dann widerruft er das Geständnis wieder.

Doch zwischenzeitlich sind die Zweifel an Stains und Cromwells Schuld so groß geworden, dass sie am 1. Januar 1901 vom Gouverneur im Gnadenwege freigelassen werden. Nach 13 langen Zuchthausjahren bestätigt ihnen der US-Staat Maine, sie hätten das Verbrechen nicht begangen und seien unschuldig. Zur selben Zeit erscheint im *Boston Globe* ein Interview von Stain jun., in dem er sagt, er sei sehr erfreut, das zu hören.

Der Mord an Präsident Garfield (1881/1882)

James Abraham Garfield ist der 20. Präsident der USA. Drei Monate nach seiner Wahl fällt er am 2. Juli 1881, als er mit seinen beiden Söhnen in den Urlaub fahren will, auf dem Pennsylvania-Bahnhof von Washington einem Attentat zum Opfer. Eine Pistolenkugel trifft ihn in den Arm, eine zweite in den Rücken. Bei der Operation im Krankenhaus werden unsterile Instrumente benutzt. Garfield stirbt am 19. September im Alter von 50 Jahren an den Folgen der Wundinfektion.

Der Täter, der 40 Jahre alte Charles Guiteau, wird schnell ermittelt und festgenommen. Vor der Wahl ist er für Garfield in einem Zeitungsartikel eingetreten. Als Dank dafür verlangt er vom Präsidenten zunächst einen Gesandtenposten im Ausland, dann den Posten eines Generalkonsuls in Paris. Er erteilt Garfield Ratschläge, wie er sein Amt auszuüben hat. Da Guiteaus mehrfache Schreiben unbeantwortet bleiben, wächst sein Groll bis hin zu dem Entschluss, den Präsidenten zu ermorden. Nach der Tat erlässt er eine »Proklamation an das amerikanische Volk«, in der er verkündet: »Gott hat mich zu seinem Werkzeug berufen, um das Volk von einem Schädling zu befreien!« Er hofft, durch die Tat selbst berühmt und Präsident zu werden, und ist äußerst erstaunt und enttäuscht über die öffentliche Entrüstung, die der Mord auslöst.

Vor einigen Jahren hat Guiteau schon einmal mit einer Hacke einen Anschlag auf seine Schwester verübt. Er stammt aus einer psychopathisch schwer belasteten Familie und der damalige Arzt erklärt ihn für irrsinnig. Das psychiatrische Hauptgutachten in dem Garfield-Prozess kommt jedoch zu dem Ergebnis, Guiteau sei voll zurechnungsfähig. Es gibt zwar auch abweichende Stellungnahmen von Medizinern, Psychiatern und Kriminalisten. Aber die Geschworenen erliegen dem Druck der erregten öffentlichen Meinung und verurteilen Guiteau nach nur einstündiger Beratung einstimmig zum Tode durch den

Strang. Unter dem Galgen singt er schluchzend: »Ich bin sehr froh, ich gehe ein zum lieben Gott, Glory Halleluja!«

Nach seiner am 30. Juni 1882 erfolgten Hinrichtung wird sein Gehirn gerichtsmedizinisch untersucht. Es zeigt schwere Abnormitäten, insbesondere einen Schwund der obersten Rindenschicht und degenerative Veränderungen in den tieferen Schichten. Der psychiatrische Prozessgutachter hat Guiteaus offensichtliche Geisteskrankheit nicht erkannt. Der Täter hätte niemals verurteilt werden dürfen, er war schuldunfähig.

Losentscheid in New Orleans: Der Mord an David Hennessy (1890)

Auch in Amerika zeigt die Mafia, der gefürchtete Geheimbund aus Sizilien, ihre Macht. Als im Mai 1890 in New Orleans ein anderes Verbrechersyndikat, die Stoppaghera-Bande, versucht, der Mafia die Macht streitig zu machen, kommt es zu einer blutigen Straßenschlacht. Sechs Tote und zahlreiche Verletzte sind die Folge.

David Hennessy, der Polizeichef von New Orleans, will die Mafia nun endgültig zerschlagen. Monatelang sammelt er belastendes Material und umgibt sich mit einer schützenden Leibgarde. In der Stadt bleibt es eine Zeit lang ruhig, deshalb entlässt er die Bodyguards wieder. Aber der Schein trügt. Die Mafia hat längst beschlossen, Hennessy aus dem Weg zu räumen. Durch Los werden zehn Mafiosi bestimmt, den Polizeichef zu töten. Man will ganz sichergehen, dass wenigstens einer Erfolg hat. Drei Tage nach der Entlassung der ihn schützenden Männer wird Hennessy um Mitternacht auf der Straße erschossen.

Die Bürger von New Orleans sind aufgebracht und zornig. Unter dem Druck der Öffentlichkeit setzt die Polizei ihre Arbeit fort. Man ermittelt die Schuldigen und es wird sogar Anklage erhoben. Aber die Geschworenen sind so eingeschüchtert, dass sie trotz erdrückender Beweise sechs der Angeklagten freisprechen. Dieses Fehlurteil führt zu einer Art Aufstand der Einwohner, die die Gewaltherrschaft der Mafia nicht länger hinnehmen wollen. Sie stürmen das Gefängnis, zerren die inhaftierten Sizilianer heraus und hängen sie kurzerhand auf. Die Sache hat ein diplomatisches Nachspiel, die italienische Regierung protestiert nachhaltig gegen diese Lynchjustiz. Doch die Macht der Mafia in New Orleans ist für lange Zeit gebrochen.

Andrew Toth und der Aufruhr der ungarischen Stahlarbeiter (1890–1911)

Für viele Europäer ist Nordamerika Ende des 19. Jahrhunderts das Land der Freiheit und Verheißung. Sie brechen auf, um dort ein neues Leben anzufangen und reich zu werden. Zu ihnen zählt auch Andrew Toth aus Ungarn, ein frommer und fröhlicher Mann. 1885 kommt er mit seinen vier Söhnen und vielen anderen Landsleuten nach Pennsylvania und lässt sich in Braddock nieder, um in der Carnegie Stahlfabrik zu arbeiten. Die Fremdarbeiter müssen bis zu 14 Stunden am Tag arbeiten, sieben Tage in der Woche, für wenig Lohn. Ende 1890 kommt es zu Streiks, auch bei den ungarischen Stahlarbeitern. Obwohl der Neujahrstag 1891 ein Feiertag ist, wird in der Thompson Stahlfabrik gearbeitet. Etwa 400 Fremdarbeiter sind freiwillig gekommen, vorwiegend Iren. Aber die meisten Ungarn bleiben fern, um den Jahreswechsel daheim zu feiern.

Sie sind erbost darüber, dass ihre Kollegen das nicht auch tun und als Streikbrecher auftreten. Gegen zwei Uhr nachmittags versammeln sich etwa 200 aufgebrachte Ungarn auf dem Fabrikgelände, bewaffnet mit Beilen, Äxten und Schaufeln, und attackieren die arbeitswilligen Mitarbeiter. Es kommt zu einer wilden Prügelei, bei der einige Arbeiter schwer verletzt werden.

Michael Quinn, der Vorarbeiter eines Schmelzofens, ist so brutal zusammengeschlagen worden, dass er an den Folgen verstirbt. Die Polizei greift ein und nimmt 45 ungarische Aufrührer fest. Zahlreiche Zeugen werden vernommen. Die Festgenommenen werden an ihnen vorbeigeführt. Unter den Zeugen ist auch Peter Mullen. Bei dem Handgemenge war er unglücklich gestolpert und beinahe zu Fall gekommen. Andrew Toth, der das beobachtet hatte, lachte laut darüber. Nun deutet Mullen plötzlich mit dem Finger auf Toth und sagt, dass es dieser Mann gewesen sei. Er habe Quinn am Schmelzofen C mit einer Schaufel niedergeschlagen. Zwei andere Männer sagen aus, sie hätten gesehen, wie Quinn am Schmelzofen A von Sabol und Rusnok mit Schaufeln geschlagen worden sei.

Die drei Ungarn werden bereits am 4. Februar 1891, nur wenige Wochen nach der blutigen Auseinandersetzung, vor Gericht gestellt. Die Erregung in der Öffentlichkeit ist groß, man hat rassistische Vorurteile gegenüber den Ungarn und will schnelle Rache für den Tod des beliebten Vorarbeiters. Die Geschworenen sind der Meinung, es liege nicht Totschlag oder fahrlässige Tötung vor, sondern Mord. Das überrascht selbst den Staatsanwalt. Am 8. April 1891 fällt die Jury ihr Urteil: Tod durch den Strang. Der Supreme Court von Pennsylvania bestätigt am 5. Juni 1891 die Urteile und die Vorbereitungen für die Hinrichtungen werden getroffen.

Die besser gestellten Bürger von Braddock haben das Gefühl, dass der Prozess gegen die drei, nur wenig Englisch sprechenden Ungarn nicht unvoreingenommen durchgeführt worden ist. Sie wenden sich an den Gouverneur, der die Strafe daraufhin im Gnadenwege in lebenslängliches Zuchthaus umwandelt. 1895 wird Sabol begnadigt und freigelassen und 1897 auch Rusnok, nachdem sich herausgestellt hat, dass er sich am Neujahrstag gar nicht in der Fabrik aufhielt und mit einem anderen ungarischen Arbeiter verwechselt worden war. Doch zu einer Begnadigung Toths kann sich der Gouverneur angesichts der eindeutigen Aussage des Zeugen Peter Mullen nicht entschließen. 1902 wird auch ein zweites Gnadengesuch zurückgewiesen. Andrew Toth ist ein vorbildlicher Gefangener. Sein Glaube gibt ihm die Kraft, 20 lange Haftjahre durchzustehen. Im Zuchthaus nennen sie ihn den »betenden Andy«.

1911 erschüttert eine Nachricht aus Ungarn die Öffentlichkeit. Ein gewisser Steve Toth hat auf dem Sterbebett bekannt, dass er Michael Quinn am Neujahrstag 1891 erschlug und dass Andrew Toth, mit dem er nicht verwandt ist, ihm aber sehr ähnlich sieht, völlig unschuldig sei. Nach 20 Jahren wird der Prozess nun noch einmal aufgerollt. Es lebt nur noch ein Augenzeuge. Aber durch seine Aussage wird klar, dass Quinn noch lebte, als er am Schmelzofen A gesehen wurde. Er konnte deshalb nicht vorher am über 500 Meter entfernten Schmelzofen C niedergeschlagen worden sein, wie Peter Mullen behauptet hatte. Andrew Toth wird am 17. März 1911 freigesprochen. Seine vier Söhne nehmen ihn am Gefängnistor in Empfang. Er ist demütig und gläubig wie all die Jahre zuvor und äußert keinen Hass auf diejenigen, die sein Leben ruiniert haben.

Im Parlament wird ein Antrag eingebracht, Toth für die unschuldig verbüßten 20 Jahre, vom Alter von 43 bis 63, eine Entschädigung von 10 000 Dollar zukommen zu lassen. Aber das Abgeordnetenhaus entscheidet, eine solche gesetzliche Verfügung wäre mit der Verfassung nicht vereinbar. Der Antrag wird abgelehnt. Andrew Carnegie, der Eigentümer der Stahlwerke, gewährt dem Opfer daraufhin aus freien Stücken eine lebenslängliche monatliche Rente von 40 Dollar. Andrew Toth kehrt zu seiner Frau zurück in sein Heimatdorf in Ungarn und lebt dort, krank und von der langen Haft gezeichnet, noch einige Jahre.

»Frenchy« Ameer Ben Ali und der »Ripper« von Manhattan (1891 – 1902)

Es ist Freitagmorgen, der 24. April 1891. Eddie Harrington, der Nachtportier des East River Hotels an der Seeseite von Manhattan macht seine Runde durch die Räume, um zu kontrollieren, ob die Gäste plangemäß abgereist sind. Er klopft auch an die Tür von Zimmer 31. Hier hat »Old Shakespeare« übernachtet, eine frühere Schauspielerin von etwa 60 Jahren mit dem Namen Carrie Brown. Sie ist Stammgast hier und man nennt sie »Old Shakespeare«, weil sie häufig Texte des Dichters deklamiert, wenn sie angetrunken ihr Zimmer aufsucht. So wie gestern, als sie mit einem männlichen Begleiter und einigen Bierflaschen unter dem Arm in Zimmer 31 verschwunden ist. Als Eddie Harrington nach mehrmaligem Klopfen die Tür mit seinem Schlüssel öffnet, prallt er entsetzt zurück. Auf dem Fußboden vor dem Bett liegt »Old Shakespeare« halb nackt in einer Blutlache. Sie hat Würgemerkmale am Hals und ist grässlich verstümmelt. Ihr Unterleib ist aufgeschlitzt und auf ihrem Oberschenkel ist ein Kreuz eingeritzt. Neben der Leiche liegt ein blutbeschmiertes, geriffeltes Küchenmesser.

Die Nachricht von der Bluttat verbreitet sich in Windeseile. Die Zeitungsreporter sind fast eher da als die Polizei. Chefinspektor Thomas Byrnes übernimmt den Fall. Vor kurzem hat er Scotland Yard wissen lassen, ein »Jack the Ripper« wäre in New York binnen 36 Stunden in Haft. Der Mörder hat vom Dezember 1887 bis Januar 1891 in den Straßen von London neun Frauen bestialisch umgebracht und den Körpern jeweils ein Kreuz eingeritzt. Scotland Yard fahndete vergeblich nach ihm, er wurde nie gefasst. Jetzt hat auch Chefinspektor Byrnes seinen »Ripper«. Der gruselige Fall ist Tagesgespräch in der City. Die *New Yorker Sun* berichtet schon am nächsten Morgen in Schlagzeilen von der »Ankunft des Rippers«.

Die Ermittlungen kommen gut voran. Einige Hotelgäste haben »Old Shakespeares« Begleiter gesehen, als er sich mit ihr gegen elf Uhr abends in das Zimmer 31 begab. Sie beschreiben ihn als einen etwa 30 Jahre alten, mittelgroßen, stämmigen blonden Mann mit dem Aussehen eines Seemanns. Im Hotel trug er sich unter dem Namen C. Knick ein. Eine Großfahndung nach ihm läuft an, alle Kneipen und Spelunken am East River werden durchkämmt, doch ohne Erfolg. Da entdeckt die Polizei unter den von ihr befragten Bekannten und Freunden von »Old Shakespeare« jemanden, auf den die Beschreibung zu passen scheint. Er hat den Spitznamen »Frenchy«, weil er aus dem französischen Algerien stammt und kein Wort Englisch spricht. Sein richtiger Name ist Ameer Ben Ali. Sein Haar ist zwar nicht blond, sondern braun, und er war auch nicht »Old Shakespeares« Begleiter im Zimmer 31. Aber es stellt sich heraus, dass er die Nacht im Zimmer 33 schräg gegenüber verbracht hat.

»Frenchy« wird festgenommen. Chefinspektor Byrnes entwickelt folgende Theorie: Nachdem »Old Shakespeares« Begleiter Raum 31 verlassen hat, geht Ali hinüber, tötet und beraubt die Frau und schleicht dann in sein eigenes Zimmer zurück. Für diese Theorie hat der Inspektor einen handfesten Beweis, nämlich die Blutspuren, die man auf dem Flur zwischen Raum 31 und 33, an beiden Seiten der Tür von Raum 33 sowie innerhalb dieses Raumes an der Bettdecke und einem Stuhl und tatsächlich auch auf »Frenchys« Socken gefunden hat. Das reicht für eine Anklage und auch für eine Verurteilung, sagt Chefinspektor Byrnes am 30. April 1891 selbstbewusst zu den Reportern.

Am 24. Juni 1891 beginnt der Prozess. Der berühmte Sachverständige Dr. Formand aus Philadelphia hat von allen Blutspuren Proben entnommen und festgestellt, dass in allen Proben Verdauungsreste des Darms enthalten sind. »Sie können nur aus der Unterleibswunde der Getöteten stammen«, erklärt er. Das scheint das Todesurteil für »Frenchy« zu sein. Der Richter fragt ihn: »Haben Sie Carrie Brown getötet?« Kaum sind die Worte ins Arabische übersetzt, springt der Angeklagte auf, blickt himmelwärts, faltet die Hände über seinem Kopf und kreischt auf Arabisch, Allah anrufend, dass er unschuldig sei.

Am 10. Juli 1891 fällt die Jury ihr Urteil: Lebenslänglich. Das ist eine Überraschung. Die Presse und die Öffentlichkeit sind ebenso enttäuscht wie Chefinspektor Byrnes. Die Geschworenen haben sich nach langer Beratung auf einen Kompromiss geeinigt: Solange der Mann nicht gefunden ist, der die Nacht mit »Old Shakespeare« im Zimmer 31 verbracht hat, kann Ameer Ben Ali nicht zum Tode verurteilt werden. Er kommt nach »Sing-Sing«, dem berühmt-berüchtigten Zuchthaus von New York, und verschwindet dort in einer dunklen Einzelzelle.

Nach etwa zehn Jahren findet man eine Spur von »Mr C. Knick« in Cranford, New Jersey. Der Mann ist zwar nicht aufzufinden, es heißt, er habe sich auf einem Schiff in den Fernen Osten abgesetzt. Aber in seiner verlassenen Wohnung entdeckt die Polizei einen Schlüssel vom East River Hotel aus New York mit der Nummer 31 sowie ein blutiges Hemd. Jetzt wird klar, mit diesem Schlüssel hat der Mörder Raum 31 nach der Tat verschlossen. Mit dem fehlenden Schlüssel ist »Frenchy« nie konfrontiert worden. Jetzt ergibt sich auch eine Erklärung für die merkwürdigen Blutspuren zwischen Raum 31 und Raum 33. Sie sind erst am zweiten Tag nach dem Mord bemerkt worden, unmittelbar nach der Tat waren sie gar nicht vorhanden. Das bedeutet, sie können nur durch sorglose Reporter verbreitet worden sein oder durch die unachtsamen Beamten, die die Leiche wegschafften. Und noch etwas fällt jetzt auf. An der Türklinke von Raum 31 und der Tür selbst, die der Mörder ja wieder verschlossen hat, gibt es keine Blutspuren. Und die winzigen Blutflecken auf »Frenchys« Socken? Sie haben mit dem Mord nichts zu tun und sind nur zufällig dahin gekommen.

Schlagartig wird klar, »Frenchy« ist unschuldig! Am 16. April 1902 wird sein Urteil durch Gouverneur Odell aufgehoben. Nach elf Jahren Haft kommt er frei und reist mit Hilfe der französischen Regierung zurück in sein Heimatland Algerien.

Will Purvis und der zu lockere Knoten (1893–1920)

Nach dem Bürgerkrieg organisiert sich im Süden der USA ein Geheimbund, der Ku-Klux-Klan. Er richtet sich gegen die Gleichberechtigung der Farbigen. Wegen seines

Terrors wird er seit 1871 unterdrückt, so dass sich andere Gruppen mit gleichen Zielen bilden. Eine davon sind die »Whitecaps«, die sich zum Ziel gesetzt haben, die Kriminalität unter den Schwarzen zu bekämpfen. Sie haben geschworen, ihre Geheimnisse und Ziele niemals zu verraten. In weiße, blutbeschmierte Tücher gehüllt, reiten sie durch die Wälder von Marion County, Mississippi, und terrorisieren die Farbigen. Anfang 1893 richtet sich ihr Zorn gegen eins ihrer eigenen Mitglieder. Will Buckley will sich lossagen von der Gewalt und dem Terror der Weißkappen. Er verrät der »Grand Jury« in Columbia die geheimen Pläne und Absichten der Organisation. Als er zusammen mit seinem Bruder Jim Buckley auf dem Heimweg von Columbia ist, müssen sie eine enge Schlucht mit dichtem Unterholz durchqueren. Plötzlich fällt ein Schuss aus dem Dickicht, und Will Buckley, der an der Spitze reitet, sinkt tödlich getroffen aus dem Sattel. Ein Mann tritt auf die Straße, lädt sein Gewehr nach und schießt auch auf Jim Buckley. Aber der hat seinem Pferd die Sporen gegeben und entkommt im Galopp.

Die Straße führt am Haus der Purvis-Familie vorbei. Vom 19-jährigen Will Purvis wird angenommen, dass er ein Mitglied der »Whitecaps« ist. Bluthunde nehmen die Spur auf. Sie führt in Richtung der Purvis-Farm. Als ein Nachbar sagt, er glaube, das hat Will Purvis getan, wird der Verdächtige festgenommen und in einen Kerker geworfen. Er gibt zu, vor drei Monaten den »Whitecaps« beigetreten zu sein, bestreitet aber energisch, etwas mit dem Mord zu tun zu haben. Als eine aufgebrachte Menge sich vor dem Gefängnis versammelt, um den Gefangenen zu lynchen und sofort hinzurichten, verlegt man Purvis aus Sicherheitsgründen von Gefängnis zu Gefängnis. Kronzeuge der Anklage ist Jim Buckley. Er wird Will

Purvis gegenübergestellt. Buckley zeigt mit dem Finger auf ihn und schreit, dass er in dem Mann den Mörder seines Bruders erkennen würde.

Doch Will Purvis hat ein gutes Alibi. Zur Tatzeit sei er mit Lewis Newsom zusammen gewesen, behauptet er, einem respektierten und angesehenen Veteranen der Konföderierten, um ein für den nächsten Tag geplantes gemeinsames Picknick zu besprechen. Newsom bestätigt diese Aussage. Die Geschworenen glauben dem Augenzeugen Jim Buckley und verurteilen Will Purvis am 7. Februar 1894 zum Tod durch den Strang. Der Mississippi Supreme Court bestätigt das Urteil im Oktober desselben Jahres. Die Hinrichtung soll schnell vollzogen werden. Unter schwerer Bewachung wird Purvis nach Columbia gebracht. 5000 schaulustige Besucher haben sich eingefunden, um dem Spektakel beizuwohnen. Will Purvis besteigt langsam das Schafott, neben ihm steht der Pfarrer. Die Menge wartet auf das letzte Wort des Verurteilten. Aber statt eines Geständnisses sagt er laut: »Ihr richtet einen unschuldigen Mann hin! Es sind Leute hier, die wissen, wer das Verbrechen wirklich begangen hat. Und wenn sie nach vorn treten und ihre Schuld bekennen würden, wäre ich frei!«

Man legt die Schlinge um sein Genick und testet sie. Am Knoten der Schlinge steht ein Seilstück über und hängt herab. Das sieht unschön aus, findet der Deputy Sheriff, und schneidet es ab. Der Pfarrer spricht ein Gebet. Der Scharfrichter durchtrennt mit einem schnellen Schlag das Seil, das die Falltür hält. Als Purvis mit einem scharfen Ruck niedersaust, löst sich der Knoten der Schlinge und er stürzt unverletzt auf den Boden. Die Totenmaske fällt ihm vom Gesicht. Er rappelt sich wieder auf, hüpft mit gefesselten Händen und Füßen die Stufen zum Gerüst wieder hoch und ruft dem Sheriff zu: »Wir wollen es hinter uns bringen!« Die Zuschauer sind vor Schreck sprachlos, eine Welle des Mitgefühls geht durch die Menge. Hat nicht eine Fügung Gottes Purvis gerettet? Als Vorbereitungen getroffen werden, die Exekution zu wiederholen, rufen einige, er solle nicht gehängt werden. Andere sind dafür, er sei verurteilt und schuldig. Da springt der Pfarrer auf das Schafott. »Alle, die wollen, dass dieser Junge ein zweites Mal gehängt werden soll, heben ihre Hand!« Völlige Stille, nicht einer rührt sich. Dann ruft der Pfarrer ein zweites Mal: »Alle, die dagegen sind, dass Will Purvis noch einmal gehängt wird, heben ihre Hand!« Fast jeder der 5000 Zuschauer hebt seine Hand hoch. »Sie sind verpflichtet, die Exekution durchzuführen!«, belehrt ein Anwalt die Offiziellen. »Das Urteil will es so!« Erneut knüpft man die Schlinge, diesmal mit großer Sorgfalt. Doch als aus der Menge Drohgebärden deutlich werden, löst der Sheriff die Fesseln und bringt Will Purvis ins Gefängnis zurück.

Die Frage, ob der Verurteilte ein zweites Mal gehängt werden soll, wird dem Supreme Court des Staates Mississippi vorgelegt. Ja, entscheidet das hohe Gericht, die Sorglosigkeit beim Schnüren des Knotens ist kein Grund, das Gesetz außer Kraft zu setzen. Purvis freizulassen, würde einen gefährlichen Präzedenzfall schaffen. Die erneute Hinrichtung wird auf den 31. Juli 1895 angeordnet. Diese Entscheidung ruft den Unmut der Bevölkerung hervor. Ein paar Freunde von Purvis befreien ihn aus dem Gefängnis und verstecken ihn. Der Gouverneur zeigt sich gnädig und wandelt am 12. März 1896 die Strafe in lebenslängliches Zuchthaus um.

Zwei Jahre später plagen Jim Buckley Gewissensbisse, er widerruft die Purvis belastende Aussage. Am 19. Dezember 1898 wird Will Purvis begnadigt und freigelassen. Er heiratet die Tochter eines Pfarrers, zeugt sieben Kinder und wird zu einem tüchtigen Farmer. Aber noch immer haftet ihm der Makel eines Mörders an, denn freigesprochen wurde er nicht.

Fast 20 Jahre nach dem Mord, im Sommer 1917, liegt ein Mann namens Joe Beard im Sterben. Er ruft nach einem Pfarrer, um seine Sünden zu bekennen. »Ich war ein Mitglied der ›Whitecaps‹«, gesteht er, »und wurde durch das Los zusammen mit einem anderen Kameraden dazu bestimmt, den abtrünnigen Will Buckley zu töten. Wir haben ihn erschossen und nicht Will Purvis. Er ist unschuldig!« Aber Beard stirbt, bevor er sein Geständnis vor Zeugen wiederholen und unterzeichnen kann, was nach den Gesetzen des Staates Mississippi erforderlich ist, um rechtliche Wirkung zu haben. Der andere Mörder wird nie gefasst, die Tat bleibt ungesühnt.

Erst 1920 werden Will Purvis 5000 Dollar als Entschädigung bewilligt und er wird rehabilitiert.

Der falsche Hinrichtungsbefehl im Fall J. B. Brown (1901–1929)

Harry Wesson ist Lokführer der »Florida Southern Railway«. Am frühen Morgen des 17. Oktober 1901 kommt er mit einem Frachtzug in Palatka, Florida, an, fährt seine Lok in den Schuppen und lässt seine Ankunft kurz nach vier Uhr im Büro registrieren, um dann nach Hause zu gehen. Das ist das letzte Mal, dass Wesson lebend gesehen wird. Etwa anderthalb Stunden später wird seine Leiche auf dem Werksgelände gefunden, mit einer Revolverkugel im Hinterkopf. Alle Taschen sind nach außen gekehrt, offenbar hat der Raubmörder nach Geld gesucht. Die Aufregung in Palatka ist groß, die aufgebrachte Menge will Rache und fordert eine schnelle Ergreifung und Überführung des gemeinen Killers.

Der Sheriff lässt kurzerhand alle verdächtigen Personen ins Distriktgefängnis von Putnam werfen. Bei den Vernehmungen behauptet einer von ihnen, er habe gehört und gesehen, wie ein Farbiger namens J. B. Brown, ein ehemaliger Bremser der Eisenbahngesellschaft, im Gefängnishof mit einem Mitgefangenen gesprochen hat. Er habe zu ihm gesagt, er soll den Mund halten und nichts erzählen. Andere Eisenbahner sagen aus, Wesson und Brown seien zerstritten und Wesson sei der Grund dafür gewesen, dass Brown nicht mehr für die Gesellschaft gearbeitet habe. Einer will sogar gehört haben, wie Brown verkündet hat, er werde sich eine Pistole kaufen und Wesson damit erschießen. Und Browns Zellennachbar im Gefängnis behauptet, Brown habe ihm gegenüber gestanden, den Lokführer mit einer Pistole erschossen zu haben, die einem gewissen Jim Johnson gehört. Sie hätten sich die Beute geteilt.

Das reicht für eine Anklage. Richter Bullock eröffnet am 19. November 1901 den Mordprozess gegen J. B. Brown. Der Angeklagte bestreitet, mit dem Mord etwas zu tun zu haben. Es hätte auch keinen Streit mit Wesson gegeben, sagt er. Am Mordtag habe er lange geschlafen und danach mit ein paar Bekannten Karten gespielt. Die bestätigen seine Angaben, fügen aber hinzu, Brown habe über eine Hand voll Geld verfügt, was sonst nie der Fall gewesen sei. Brown erklärt daraufhin, am Abend zuvor habe er beim Spiel einige Dollar gewonnen. Der Prozess dauert nur zwei Tage. Schon am 20. November verurteilen die Geschworenen Brown zum Tod durch den Strang. Die Verteidigung ruft den Supreme Court von Florida an. Vergebens, er bestätigt das Urteil.

Der Galgen ist schon aufgebaut, Brown steht zitternd darunter mit dem Strick um den Hals. Bis zu seinem Tode sind es nur noch wenige Minuten. Der Hinrichtungsbefehl wird verlesen. Aber nun geschieht etwas Erstaunliches: Der Hinrichtungsbefehl ordnet nicht Browns Exekution an, sondern die des Vorsitzenden der Jury, die Brown schuldig gesprochen hat! Ein peinliches Versehen? Oder gar Absicht? Die Hintergründe und Ursachen konnten nie geklärt werden. Unter diesen Umständen kann die Hinrichtung nicht stattfinden. Brown ist dem Tod im letzten Augenblick entronnen. Dem Antrag seines Verteidigers, die Strafe im Gnadenwege in eine lebenslange Zuchthausstrafe umzuwandeln, wird stattgegeben.

Im Frühjahr 1913 wird der als Mittäter angeklagte Jim Johnson todkrank. Das Verfahren gegen ihn war 1902 nach der Verurteilung Browns eingestellt worden. Kurz vor seinem Tod gesteht er, dass er allein Wesson erschossen habe. Brown habe mit dem Mord nichts zu tun. Nach einer Überprüfung der Details seiner Aussage kommt man zu dem Ergebnis, dass er die Wahrheit sagt. Am 1. Oktober 1913 wird J. B. Brown nach zwölf Jahren unschuldig verbüßter Haft vom Gouverneur von Florida begnadigt. Als er in die Freiheit entlassen wird, ist er ein gebrochener Mann. Es dauert noch einmal 16 Jahre, bis er vom US-Staat Florida für das erlittene Unrecht eine Entschädigung erhält. 1929 werden ihm 2492 Dollar zugesprochen, zahlbar in einer Rente von monatlich 25 Dollar.

Bill Wilson und die alten Skelette (1908–1918)

Der Farmer Bill Wilson lebt mit seiner Ehefrau Jenny und drei Kindern in Blount County, Alabama. Die Scheidung steht unmittelbar bevor und im Dezember 1908 verlässt Jenny mit ihrem 19 Monate alten Baby ihren Mann. Kurz darauf sind beide verschwunden. Als sich nach ein paar Jahren noch immer keine Spur von ihnen findet, glaubt man, dass sie nicht mehr am Leben sind. Aber irgendwelche Ermittlungen oder Nachforschungen finden nicht statt.

An einem Frühlingsmorgen des Jahres 1912 fischen der alte Tidwell und sein Sohn im Warrior River. Aus einem Felsvorsprung über dem Fluss lugen ein paar Knochen hervor. Die Tidwells entdecken zwei Skelette, ein größeres und ein kleines, beide mit gut erhaltenen Zähnen. Vielleicht Relikte eines alten indianischen Verbrennungsplatzes, meint Tidwell junior und nimmt einen Knochen mit nach Hause. Der Fund bleibt nicht geheim, bald weiß jeder in Blount County davon. Auch Jim House, ein ehemaliger Arbeiter auf der Wilson-Farm, erfährt von den zwei Skeletten. Er verbreitet die Geschichte, das seien die Knochen von Jenny Wilson und ihrem Kind.

Als der Anwalt des Distrikts, James Embry, davon hört, wittert er einen Aufsehen erregenden Prozess. Er bezichtigt Bill Wilson des Mordes. Ende 1908 habe es Streit zwischen ihm und seiner Frau gegeben, die ihn bereits verlassen hatte, sagt er. Er habe Frau und Kind getötet, die Leichen zu dem Kliff gebracht und verbrannt. Eine abenteuerliche These, ohne jeden Beweis. Dennoch erhebt Embry Anklage und es kommt zum Prozess vor dem Schwurgericht. Sein Kronzeuge ist Jim House. Kurz nach dem Verschwinden von Jenny Wilson habe er Blutspuren am Fluss entdeckt sowie ein zerrissenes Kinderkleid, erzählt er den Geschworenen. Und als er vier Jahre später Bill Wilson die Skelette auf der Klippe zeigte, hätte der ihm einen Knochen mit der Bemerkung gegeben, das sei die Rippe des Babys und er solle sie mit nach Hause nehmen. Andere Zeugen behaupten, Bill Wilson habe ihnen gegenüber erklärt, er würde seine scheidungswillige Frau töten.

Die Verteidigung führt fünf Zeugen ins Feld, die beschwören, Jenny 1909, also nach dem Zeitpunkt ihrer angeblichen Ermordung, mehrere Male gesehen zu haben. Sie hätte gesagt, sie wolle das Land verlassen. Ein Sachverständiger führt aus, es dauere mindestens zehn Jahre, bis Leichenknochen einen solchen Zustand erreichten wie die beiden am Fluss gefundenen Skelette. Das Kinderskelett würde außerdem schon die zweiten Zähne besitzen, erklärt er der Jury, die ein Kind erst mit etwa vier Jahren bekommt. Jenny Wilsons Kind war aber erst 19 Monate alt. Und die Zähne im größeren Skelett waren ohne jede Beschädigung. Nach den Unterlagen von Jennys Zahnarzt besaßen aber zwei ihrer Zähne bereits Füllungen. Deshalb könne es sich bei den gefundenen Knochen nicht um die der beiden Wilsons handeln.

Trotz einer solchen Beweislage erliegt die Jury der Redekunst des Anklägers und der Story des Kronzeugen Jim House. Alle Geschworenen befinden den Angeklagten für schuldig. Das Gericht verurteilt ihn zu lebenslänglichem Zuchthaus. Eine Berufung gegen das Urteil wird zurückgewiesen.

Am 28. Dezember 1916, fast zwei Jahre nach der Verurteilung, wendet sich Richter Blackwood, vor dem der Prozess geführt worden war, mit dem Anliegen an den Gouverneur, das Urteil aufzuheben. Er habe schon damals sehr starke Zweifel an der Schuld von Bill Wilson gehabt, sagt er, hätte die Geschworenen aber nicht davon abhalten können, dieses Urteil zu fällen. Heute sei er ganz sicher, es sei ein Fehlurteil. Inzwischen hätte ein gerichtsmedizinisches Gutachten bestätigt, dass es sich um sehr alte Indi-anerknochen handelt. Doch der Gouverneur kann sich zu keiner Entscheidung durchringen.

Zwei weitere Jahre gehen ins Land. Da wird durch ei-nen Zufall bekannt, dass Jenny Wilson bei bester Ge-sundheit zusammen mit ihrem zweiten Ehemann im US-Staat Indiana lebt. Sie wird gebeten, nach Blount County zurückzukehren, um Bill Wilson zur Freiheit zu verhelfen. Am 8. Juli 1918 steht sie ihm in der Zelle gegenüber und ein tragischer Justizirrtum wird endlich offenbar. Nach fast vier Jahren unschuldig verbüßter Haft wird Bill Wil-son begnadigt und erhält 3500 Dollar Entschädigung.

Dr. Robert MacGregor – ein Arzt als Mörder? (1911–1916)

Die kleine Stadt Ubly im US-Staat Michigan ist nicht weit von Kanada entfernt, die gemeinsame Grenze läuft mitten durch den Huronsee. Im Jahr 1907 kommt der 35-jährige kanadische Arzt Dr. MacGregor herüber, lässt sich in Ubly nieder und übernimmt die Behandlung der krän-kelnden Familie Sparling. Sie lebt auf einer kleinen Farm und besteht aus sechs Mitgliedern. 1908 stirbt der Vater John Sparling nach kurzer Krankheit. Danach werden auch die Kinder krank. Im Juli 1910 und im Mai 1911 sterben die Söhne Peter und Albert. Als im August 1911 auch der Sohn Scyrel erkrankt, zieht Dr. MacGregor zwei weitere Ärzte aus der nur ein paar Meilen entfernten Pro-vinzhauptstadt Bad Axe zu Rate. Sie stellen gemeinsam Symptome fest, aus denen zu schließen ist, dass Scyrel wahrscheinlich langsam vergiftet wird. Nach einer Kon-sultation des örtlichen Staatsanwalts kommt man überein, eine Krankenschwester auf die Farm zu schicken, die

Scyrel beobachten soll. Doch am 14. August stirbt auch er. Übrig bleiben nur die Mutter May Sparling und der jüngste Sohn Ray.

Dr. MacGregor und ein weiterer Arzt nehmen eine Obduktion der Leiche vor und stellen als Todesursache Leberkrebs fest. Die plötzliche Todesserie hat die Aufmerksamkeit der Einwohner von Bad Axe und Ubly erregt. Deshalb gibt sich die Staatsanwaltschaft mit diesem Ergebnis nicht zufrieden und ordnet eine weitere Untersuchung durch das gerichtsmedizinische Institut der Universität von Michigan an. Die Ärzte finden Spuren einer Arsenvergiftung. Liegt ein Verbrechen vor? Nein, erklärt Dr. MacGregor, die Arsenreste im Körper kämen von einer Überdosis der Medikamente, die alle Familienmitglieder eingenommen haben.

Dennoch werden Ermittlungen aufgenommen. Es stellt sich heraus, dass Dr. MacGregor nach dem Tode des Ehemannes ein intimes Verhältnis mit May Sparling aufnahm und dass im Juli 1909 für alle vier Söhne eine Lebensversicherung über jeweils 1000 Dollar abgeschlossen wurde, die man ein Jahr später bei einer anderen Gesellschaft noch erweiterte. Die Leiche von Albert wird exhumiert und ebenfalls obduziert. Nach einer Untersuchung der inneren Organe ergibt sich die gleiche Diagnose wie bei seinem Bruder Scyrel: Tod durch Arsenvergiftung.

Die Staatsanwaltschaft erhebt Anklage gegen Dr. MacGregor wegen Mordes und im April 1912 beginnt der Schwurgerichtsprozess. Dem Angeklagten wird vorgehalten, er habe Geld aus den ausgezahlten Versicherungssummen erhalten. Ja, sagt er, das stimme. Es wäre das Honorar für seine ärztlichen Bemühungen gewesen. Doch die Jury glaubt ihm nicht und sieht Habgier als das Motiv für die Morde. Für den behandelnden Arzt Dr.

MacGregor wäre es ein Leichtes gewesen, die Kinder zu vergiften. Am 10. Juni 1912 verurteilen ihn die Geschworenen zu lebenslänglichem Zuchthaus im Staatsgefängnis von Jackson. Der Supreme Court von Michigan bestätigt das Urteil im Januar 1914.

Schon zwei Jahre später liegt dem Gouverneur Ferris ein Gnadengesuch vor. Er ordnet eine gründliche Untersuchung des Falles an und kommt zu dem für viele überraschenden Ergebnis, dass Dr. Robert MacGregor unschuldig ist. Er wird am 27. November 1916 nach fast fünfjähriger Haft begnadigt. Der Gouverneur händigt ihm die Begnadigung persönlich aus. Die Gründe für die plötzliche Begnadigung werden allerdings streng vertraulich behandelt, sie werden nie bekannt gegeben. Möglicherweise sind sie tatsächlich in gesundheitsschädlichen Medikamenten zu suchen, wie Dr. MacGregor von Anfang an behauptet hat, und man hielt die Erkenntnis geheim, um eine Kette von Schadensersatzprozessen zu vermeiden. Nach seiner Freilassung wird Dr. MacGregor Gefängnisarzt in Jackson und bleibt es bis 1928. In diesem Jahr stirbt er im Alter von 52 Jahren. Eine Entschädigung für die fünfjährige Leidenszeit hat er nie erhalten.

Der Fall John Johnson (1912–1922)

Als die Eltern der siebenjährigen Annie Lemberger aus Madison im US-Staat Wisconsin am Morgen des 6. September 1912 nach ihrer Tochter sehen, liegt sie nicht mehr in ihrem Bett. Seit dieser Nacht ist sie spurlos verschwunden. Die Eltern erstatten Anzeige. Die halbe Stadt beteiligt sich an der Suche, darunter auch John Johnson, ein vorbestrafter und schlecht beleumdeter junger Mann aus der Nachbarschaft. Er verhält sich so auffällig, dass die

Polizei Verdacht schöpft, ihn verhaftet und endlosen Verhören unterzieht. Sie verschärfen sich noch mehr, als man Annies Leiche findet. Das Mädchen ist erschlagen und danach in einen See geworfen worden.

Die Polizei treibt Johnson in die Enge, indem sie ihm kundtut, vor dem Gefängnis warte eine aufgebrachte Volksmenge, die ihn lynchen wolle. Johnson legt daraufhin ein Geständnis ab. In allen Einzelheiten schildert er, wie er in die Fensterscheibe des benachbarten Hauses ein Loch geschlagen und das Kind aus dem Bett geholt habe. »Als es zu schreien anfing, habe ich es mit der Faust geschlagen und danach aus Furcht vor Entdeckung in den See geworfen.« Dieses Geständnis wiederholt Johnson auch vor Gericht. Es verurteilt ihn zu lebenslänglichem Zuchthaus.

In seiner Zelle bekundet er, wie froh er sei, dass der Mob ihn nicht getötet habe. Zugleich beteuert er aber auch seine Unschuld. Er habe das Mädchen weder entführt noch getötet, sagt er immer wieder. Er fertigt entsprechende Eingaben an das Gericht und wiederholt sie jahrelang. Im Jahr 1920 kommt es zu einer neuen Verhandlung, in der sein Offizialverteidiger nachweist, das Loch in der Fensterscheibe sei so klein gewesen, dass nicht einmal eine Hand hindurchpasste. Johnsons Ehefrau und seine beiden Töchter beschwören, er habe in der Mordnacht das Haus nicht verlassen. Johnson erklärt unter Eid, die Polizei habe ihn tagelang unter Druck gesetzt und ihm gesagt, er könne der Lynchjustiz nur entgehen, wenn er ein Geständnis ablege. Die Vernehmungsbeamten sagen ebenfalls unter Eid aus, sie hätten kein falsches Geständnis erpresst.

Der Verteidiger erhält einen anonymen Brief von einer Frau, die behauptet, den wahren Täter zu kennen. Die

Frau wird ausfindig gemacht und als Zeugin vernommen. Sie bezeichnet als Täter einen Mann, der an allen Verhandlungen gegen Johnson teilgenommen hat. Es ist Annies eigener Vater. Im Alkoholrausch erschlug er seine Tochter mit einem Feuerhaken. Die Mutter habe sich, nachdem sie die blutigen Kleider beseitigt hatte, der Zeugin anvertraut, erklärt die junge Frau.

Johnson wird 1922 begnadigt und entlassen. Mehr als zehn Jahre hat er unschuldig im Zuchthaus gesessen. Eine Entschädigung erhält er nicht. Man hält ihm vor, er habe durch sein falsches Geständnis selbst zu seiner Verurteilung beigetragen.

Dreimal elektrischer Stuhl: Charles F. Stielow (1915 – 1918)

Als der 37-jährige Farmarbeiter Charles F. Stielow am 22. März 1915 gegen elf Uhr vormittags sein Haus im US-Staat New York verlässt, findet er auf den Treppen vor der Haustür eine tote Frau in einer Blutlache. Es ist Margaret Wolcott, die Haushälterin von Charles Phelps, der im Farmhaus schräg gegenüber wohnt. Geschockt rennt Stielow hinüber, betritt das Haus durch die offene Küchentür und sieht Phelps ebenfalls in einer Blutlache tot am Boden liegen. Drei Kugeln stecken in seinem Rücken. Stielow ruft Nachbarn herbei, kurz darauf trifft die Polizei ein. Da alles Geld fehlt, das Mr Phelps besaß, ist das Motiv schnell gefunden: Raubmord. Und man weiß wenig später auch, dass die Kugeln in beiden Leichen aus einem Revolver mit dem Kaliber 22 stammen. Eine Belohnung für die Ergreifung des Täters wird ausgesetzt.

Bei der Vernehmung sagt Stielow, er hätte in der Mordnacht so gegen elf Uhr in der Nähe seines Hauses Schreie gehört. Er sei aufgestanden, habe die Haustür geöffnet, aber niemanden gesehen. Dann habe er sich wieder ins Bett gelegt. Sein Schwager Nelson Green, der in Stielows Haus wohnt, hat die Schreie auch gehört und bestätigt die Aussage. Miss Irma Fisher, eine Nachbarin behauptet, auch eine weibliche Stimme gehört zu haben, die stöhnte: »Charlie, lass mich rein, ich sterbe!« Aus Buffalo ist ein Detektiv herbeigeholt worden, George Newton. Ihm kommt es merkwürdig vor, dass Stielow und Green die Rufe der Haushälterin nicht gehört haben wollen. Newtons Frage, ob er Waffen besitze, verneint Stielow und verschweigt aus Angst, dass er seinem Schwager vor einiger Zeit ein Gewehr und einen Revolver zur Aufbewahrung gegeben hat, damit sie den Kindern nicht in die Hände fallen. Die Waffen werden bei Green gefunden. Der Revolver hat das Kaliber 22.

Stielow und Green werden am 21. April 1915 verhaftet. Einige Detektive mischen sich unter die Gefangenen, um die Gespräche der beiden zu belauschen. Einige Tage später behaupten sie, Stielow hätte gestanden, zusammen mit Green die Morde begangen zu haben, um sich Phelps' Vermögen anzueignen. Aber als ihm eine entsprechende schriftliche Erklärung zur Unterschrift vorgelegt wird, weigert er sich, das Geständnis zu unterschreiben. Dennoch werden Stielow und Green des Mordes angeklagt. Ein Gutachter hat bestätigt, dass die tödlichen Kugeln aus Stielows Revolver stammen. Der Prozess beginnt am 11. Juli 1915. Die Anklage stützt sich im Kern auf das mündliche Geständnis, das Stielow angeblich gegenüber dem Detektiv Newton unter Zeugen abgegeben hat. Es sei mit miesen Tricks unter Druck erpresst worden, entgegnet die Verteidigung. Stielow sei nicht der Täter. Er habe sein Haus während der ganzen Mordnacht nicht verlassen. Seine Frau und seine Schwiegermutter könnten das bestätigen. Am 23. Juli 1915 kommt die Jury zu dem Ergebnis, dass beide Angeklagten schuldig sind. Richter Pound verurteilt Stielow zum Tod auf dem elektrischen Stuhl und den 19-jährigen Green, dem sein Anwalt geraten hat, sich schuldig zu bekennen, zu 20 Jahren Gefängnis. Der High Court des Staates New York bestätigt die Urteile am 22. Februar 1916 und setzt die Hinrichtung für den 9. April 1916 fest. Stielow kommt in die Todeszelle des berüchtigten Zuchthauses Sing-Sing.

Die Vorbereitungen für die Exekution auf dem elektrischen Stuhl sind abgeschlossen. Da trifft ein Schreiben des Gouverneurs ein. Die Hinrichtung wird aufgeschoben, weil ein Wiederaufnahmegesuch beim Gericht eingegangen ist. Es wird jedoch zurückgewiesen. Der neue Hinrichtungstermin wird für den 29. Juli 1916 bestimmt. Einige weitere Anwälte nehmen sich des Falles an. Doch auch ein zweites Gesuch wird von einem anderen Gericht zurückgewiesen. In Sing-Sing sammelt man 42 Dollar, damit Mrs Stielow zusammen mit den drei Kindern ihren Mann besuchen und ein letztes Mal sehen kann. Das jüngste Kind ist erst kürzlich zur Welt gekommen, Stielow hat es noch nie zu Gesicht bekommen. Der Abschied am Vorabend der Hinrichtung ist schmerzlich und herzergreifend. Stielow weint. Er sei unschuldig, versichert er seiner Frau, sie solle ihm glauben, er sei kein Mörder.

Kurz nach fünf Uhr früh betritt Stielow den Hinrichtungsraum und wird auf dem Stuhl festgeschnallt. Da läutet das Telefon. Ein Richter aus Brooklyn ordnet einen erneuten Aufschub an. Und um sieben Uhr ruft der Richter noch einmal an und teilt mit, dass am 23. August 1916 in Rochester ein neuer Prozess gegen Stielow stattfinden wird.

Unerwartet bekommt Stielow von dritter Seite finanzielle Hilfe. Einige Persönlichkeiten des öffentlichen Lebens sind von seiner Unschuld überzeugt. Sie spenden Geld und engagieren Detektive für ihn, die den wahren Mörder ausfindig machen sollen. Nachbarn erinnern sich an einen umherziehenden Hausierer. Am Vorabend des Mordes ist er auch vor Phelps' Farm gesehen worden. Sein Name ist Erwin King. Die Detektive finden ihn in einem Gefängnis. Vor sieben Zeugen gesteht er am 11. August 1916, zusammen mit seinem Komplizen O'Connell beide Morde begangen zu haben. Doch zwei Tage später widerruft er das Geständnis, nachdem Newton mit ihm gesprochen hat, der Detektiv, der Stielow unter Druck gesetzt hatte. Stielow wird zum dritten Mal zum Tod auf dem elektrischen Stuhl verurteilt und soll kurz vor Weihnachten, am 11. Dezember 1916, hingerichtet werden.

Doch am 28. November lässt Gouverneur Whitman eine öffentliche Anhörung zu und wandelt am 4. Dezember, eine Woche vor der Hinrichtung, die Strafe in lebenslängliches Zuchthaus um. Das Parlament genehmigt ihm 25 000 Dollar für eine weitere Untersuchung, mit der George Bond, ein früherer Staatsanwalt, beauftragt wird. Auf 200 Seiten kommt er zu dem Ergebnis, dass Stielow und Green unschuldig sind. Ballistik-Sachverständige stellen fest, dass die tödlichen Kugeln mit denen aus Stielows Revolver nicht übereinstimmen. Zudem ist seine Waffe seit Jahren nicht benutzt worden. Bond vernimmt auch den Hausierer King mehrmals. Im Dezember 1917 legt King zum zweiten Male ein volles Geständnis ab. Er kommt zusammen mit seinem Komplizen vor Gericht, doch sie werden nicht verurteilt. Ein erneuter Skandal. Am 16. April 1918 werden Stielow und Green begnadigt und sofort freigelassen. Für die unschuldig verbüßten drei

Jahre Haft und die ausgestandenen Todesängste ist nie eine Entschädigung gewährt worden.

Cleveland Boyd oder Payne Boyd – wer ist der Mörder? (1918–1925)

Am 30. Mai 1918 wird der wegen einer Schlägerei vorbestrafte farbige Bergarbeiter Cleveland Boyd in Modoc, US-Staat West Virginia, wegen Stadtstreicherei aufgegriffen und zu 30 Tagen Gefängnis verurteilt. Als der Deputy Sheriff ihn ins Gefängnis bringen will, fragt Cleveland Boyd, ob er zuvor noch in seiner Wohnung die alten Schuhe gegen neuere und bequemere wechseln dürfe. Der Sheriff ist einverstanden. Boyd geht ins Haus, während der Sheriff draußen wartet. Auf der Veranda steht sein Begleiter, der Gutsherr Cook. Als Boyd wiederkommt, zieht er plötzlich im Hauseingang einen Revolver und schießt. Cook wird durch zwei Schüsse in die Brust tödlich getroffen, der Sheriff kann sich retten. Cleveland Boyd flieht in die Berge.

Im Frühjahr 1924, sechs Jahre später, wird in Richmond ein Farbiger wegen einer kleineren Straftat inhaftiert. Er heißt auch Boyd, Payne Boyd, und stammt aus North Carolina. Als routinemäßig die Akten gesuchter Personen gecheckt werden, stellt man fest, dass der Gefangene der Beschreibung des flüchtigen Cleveland Boyd entspricht. Er wird ins Gefängnis nach Princeton, West Virginia, überstellt, wo Hunderte schaulustige Männer und Frauen zusammenkommen, um den Mörder zu sehen. Einige meinen, das sei tatsächlich Cleveland Boyd, andere sind sich absolut sicher, dass er es nicht ist. Schwer zu sagen, nach so langer Zeit. Der Gefangene beteuert, noch niemals in diesem Distrikt gewesen und nicht Cleveland Boyd zu sein.

Dennoch beschuldigt ihn die Staatsanwaltschaft des Mordes. Im Februar 1925 wird das Verfahren unter dem Vorsitz von Richter George L. Dillard eröffnet. Der Tathergang ist klar und unstrittig. Die Frage ist nur, sitzt der Richtige auf der Anklagebank? Um das herauszufinden, marschieren 55 Zeugen auf, darunter einige Farbige, die mit Cleveland Boyd in den Kohleminen von Mercer County zusammengearbeitet haben. 31 sagen voller Überzeugung, dass das nicht Cleveland Boyd sein könne. 16 meinen, die Ähnlichkeit sei zwar sehr groß, aber es sei zweifelhaft, ob der Angeklagte tatsächlich Cleveland Boyd sei, beschwören könnten sie dies auf keinen Fall. Und nur acht Zeugen erkennen ihn eindeutig wieder. Cleveland habe eine Narbe über dem linken Auge gehabt und eine auf der linken Wange, genauso wie der Angeklagte. Die stammten von Hautgeschwüren aus der Kindheit und aus einem Kriegseinsatz bei der Armee in Frankreich, erklärt er. Er sei erst im Juli 1918 aus der Armee entlassen worden, habe noch niemals in einer Kohlemine gearbeitet und sei keinem dieser 55 jemals zuvor begegnet.

Die Geschworenen folgen nicht den 47, sondern den acht Zeugen und verurteilen Payne Boyd zu lebenslänglichem Zuchthaus. Wegen eines Verfahrensfehlers muss der Prozess wiederholt werden. Am 2. Mai 1925 heißt das Urteil im zweiten Verfahren erneut: »Schuldig!«

Die Verteidigung wendet sich an das Appellationsgericht. Es hebt das Urteil auf und setzt eine neue Verhandlung an vor einem anderen Gericht in Cabell County, einem anderen Distrikt. Nun endlich kommt man auf die Idee, die Fingerabdrücke des Verurteilten mit denen von Payne Boyd in den Akten des Kriegsministeriums in Washington zu vergleichen. Die Abdrücke stimmen tatsächlich überein. Und am 13. Oktober 1925 verkündet die Jury von Cabell County, der Verurteilte sei nicht schuldig. Nach fast zwei Jahren kommt Payne Boyd frei.

Lloyd Prevost und die Leiche am Weihnachtsmorgen (1919 – 1930)

Am Morgen des 24. Dezember 1919 ist es sehr kalt in Michigan. Drei Meilen westlich von Mount Clemens steht mitten auf der Straße ein Auto. Obwohl es bereits taghell ist, sind die Scheinwerfer eingeschaltet. Ein Mann sitzt zusammengesunken am Steuer, er ist tot, erschossen aus nächster Nähe, wie die vier Einschüsse am Hinterkopf beweisen. Ein Brillantring steckt noch am Finger und in der Brieftasche finden sich drei Bankschecks über jeweils 20 000 Dollar. Im Schnee führen Fußspuren vom Auto weg Richtung Mount Clemens. Eine Untersuchung ergibt, dass der Mörder Turnschuhe getragen hat, erstaunlich bei diesem Wetter. Der Ermordete ist Stanley Brown, ein 26-jähriger Farmer aus der Nachbarschaft. Der Tod ist in der Nacht etwa gegen elf Uhr eingetreten.

Stanley Brown war gut bekannt in der Gegend. Vor Jahren hatte er Ruth Prevost geheiratet und zwei Kinder gezeugt. Aber bald gab es Probleme in der Ehe. Seine Frau ging fremd. Brown zog aus und wollte sich scheiden lassen. Seit einiger Zeit lebte er mit Lloyd Prevost, einem Cousin seiner Frau, im Edison Hotel in Mount Clemens zusammen. Sie waren eng befreundet. Während Lloyd meist tagsüber schlief und sich nachts vergnügte, arbeitete Stanley als Lastkraftwagenfahrer.

Der Generalstaatsanwalt des US-Staates Michigan, Alexander Groesbeck, übernimmt den Fall. Er klagt Lloyd Prevost des Mordes an und knüpft, überzeugt von dessen Schuld, ein enges Netz von Indizien zusammen.

Die Fußabdrücke im Schnee stammten von Prevosts Armeestiefeln, die er in der Mordnacht trug, behauptet Groesbeck. Außerdem habe der Angeklagte intimen Verkehr mit Stanley Browns Frau gehabt – ein gutes Motiv für die Tat.

Lloyd Prevost soll darüber Auskunft geben, wie Stanley Brown die letzten Stunden in seinem Leben verbracht hat. Sie hätten das Hotel gegen halb zehn Uhr abends gemeinsam verlassen, um einen Besuch bei einem Bekannten zu machen, sagt Prevost. Danach sei Stanley Brown mit dem Auto davongefahren und er habe ihn nicht wiedergesehen. Stanley habe außerhalb der Stadt etwas Alkohol kaufen wollen. Lloyd Prevost sei etwa um halb elf Uhr ins Hotel zurückgegangen und habe sich ins Bett gelegt.

Doch der Taxifahrer Benjamin Schonschack, der mit Browns Frau ein Verhältnis hat, sagt aus, er habe um halb elf abends beide Freunde noch zusammen in ihrem Auto gesehen. Und die Hoteleigentümerin, wegen Betreibens mehrerer Bordelle vorbestraft, gibt an, Lloyd Prevost sei erst nachts um zwei Uhr ins Hotel zurückgekommen und hätte sie gebeten, auf etwaige Fragen zu antworten, er sei schon um halb elf da gewesen. Sie sagt auch, Prevost habe am Tag vor dem Mord im Hotel einen Revolver bei sich gehabt. Und als man in der Kassenschublade des Büros, in dem Prevost arbeitet, einen .38-Kaliber-Revolver findet – genau das Kaliber, mit dem Brown erschossen wurde –, wird Lloyd Prevost festgenommen. Ein Ballistik-Experte erklärt, aus dieser Pistole seien vier Schüsse abgegeben worden. Einige Zeugen behaupten allerdings, sie habe staubbedeckt in der Schublade gelegen.

Der Prozess beginnt am 14. Mai 1920 und dauert über vier Wochen. Prevost bleibt dabei, gegen halb zehn Uhr ins

Hotel zurückgekommen zu sein, ändert dann aber seine Aussage dahingehend, Brown sei nach zehn Uhr noch einmal bei ihm erschienen, um einen Schluck Whiskey zu nehmen. Danach sei er zusammen mit ihm zum Auto gegangen, so etwa gegen halb elf, wie es Zeugen zuvor schon angegeben haben. Brown sei dann allein zu einer Party gefahren. Diese geänderte Darstellung macht keinen guten Eindruck auf die Jury. Als Lloyd Prevost das erkennt, verweigert er jede weitere Aussage, um sich nicht noch weiter zu belasten. Auch das werten die Geschworenen negativ. Sie verurteilen Prevost nach einer Beratung von kaum drei Stunden zu lebenslänglichem Zuchthaus. Die Todesstrafe ist in Michigan abgeschafft worden. Der Supreme Court von Michigan bestätigt das Urteil am 20. Juli 1922.

Nach zehn Jahren Haft reicht Prevost ein Gnadengesuch ein. Eine neue Untersuchung des Falles ergibt, dass fast alle Zeugen vom Generalstaatsanwalt Alexander Groesbeck in nächtlichen Sitzungen beeinflusst worden sind. Ihnen wurde praktisch vorgegeben, was sie auszusagen hatten. Das betrifft insbesondere die Angaben der Hoteleigentümerin, die zugibt, einen Meineid geschworen zu haben. Groesbeck, der den Fall unbedingt gewinnen wollte, hat auch die Jury mit seiner einseitigen und suggestiven Prozessführung derart in Bann gezogen, dass sie ein wichtiges entlastendes Indiz völlig außer Acht gelassen hat: Die Fotografien und Abdrücke der Fußspuren weisen eindeutig auf Turnschuhe hin. Lloyd Prevost trug in der Mordnacht erwiesenermaßen jedoch Armeestiefel.

Der Gouverneur begnadigt Lloyd Prevost am 29. Dezember 1930. Der wahre Mörder wird nie gefunden.

John Murchison: Mord beim Würfelspiel? (1920–1926)

Am nächsten Tag wolle er ein Picknick am See machen, sagt John McClendon am 6. August 1920 zu seiner Frau, als er sein Haus in der Nähe von Guntersville, US-Staat Alabama, in der Frühe verlässt. Er wolle dort einen Getränkestand eröffnen und fahre jetzt in die Stadt, um Waren dafür einzukaufen. Aber seine Freunde warten am nächsten Morgen vergeblich auf ihn. Er kommt nie am See an und ist spurlos verschwunden. Nach vier Tagen startet man eine Suchaktion, vergebens. Nach einer weiteren Woche berichtet ein farbiger Junge, er habe unweit von McClendons Haus Bussarde kreisen sehen. Eine Suchgruppe macht sich auf den Weg und findet dort die Radspur eines gummibeschlagenen Einspänners, die zu einer Höhle führt. In dieser Höhle liegt eine in eine Bettdecke gehüllte und mit Ästen und Blättern zugedeckte Leiche. Die Pulverspuren auf der Kleidung des Mannes deuten darauf hin, dass er aus nächster Nähe durch zwei Schüsse getötet worden ist. Es ist John McClendon.

Polizeiliche Ermittlungen laufen an. Der kleine Junge gibt an, er habe auch John Murchison erzählt, was er entdeckt hatte. Dieser habe ihm mit großem Ärger gedroht, sollte er davon jemandem etwas erzählen. Zeugen berichten, sie hätten Murchison häufig zusammen mit dem Ermordeten beim Würfelspiel gesehen. Als herausgefunden wird, dass er einen gummibeschlagenen Einspänner besitzt, kommt der farbige Mann unter Mordverdacht ins Gefängnis. Man inhaftiert auch vier weitere Farbige, die in der Mordnacht in der Nähe der Höhle gejagt haben. Einer von ihnen, Ben Nobles, sagt aus, um Mitternacht sei er in das kleine Wäldchen am Schulhaus gegangen. Dort habe ein Würfelspiel stattgefunden, an dem außer den Inhaftierten auch John McClendon teilnahm. Weil er ein Verhältnis mit der Schwester von Nobles hatte, wurde beschlossen, ihn zu töten. Murchison habe ihm in den Rücken geschossen und danach Leo Staten. Dann hätten sie den Körper in eine Decke gehüllt und weggetragen.

Mit dieser Aussage wird Ben Nobles zum Kronzeugen der Anklage. Der Prozess beginnt am 19. Oktober 1920. Die Angeklagten erklären, sie hätten an dem Würfelspiel in der Mordnacht nicht teilgenommen. Sie wären auf der Jagd gewesen. Murchison bestreitet ebenfalls, mit dem Mord etwas zu tun zu haben. Seine Frau bezeugt, dass er die ganze Nacht zu Hause war. Doch die Geschworenen glauben dem Kronzeugen und verurteilen die vier Angeklagten am 21. Oktober 1921 zu lebenslänglichem Zuchthaus.

Nach zwei Jahren sterben zwei in der Haft. Im April 1926, als John Murchison und Leo Staten noch immer im Gefängnis sitzen, heiratet die Witwe des Ermordeten wieder. Kurz darauf gesteht sein Neffe, Otis McClendon, die Tat. Die Ehefrau habe ihn zu der Tat angestiftet, sagt er. Sie habe ihm 40 Morgen Land, zwei Paar Maultiere und ein gemeinsames Leben in ihrem Haus versprochen. Als ihr Mann am Mordtag aus der Stadt zurückkehrte, hätte sie den ersten Schuss auf ihn abgegeben und er den zweiten. Da sie ihr Versprechen nicht gehalten und einen anderen geheiratet habe, wollte McGlendon nun sein Gewissen erleichtern. Noch bevor er verhaftet werden kann, schnappt er sich ein Gewehr und sucht Myrtle McClendon auf, um Rache zu nehmen. Als er auf sie anlegt, ist der neue Ehemann schneller und erschießt ihn.

Am 7. Juli 1926 werden Murchison und Staten nach sechs Jahren Haft begnadigt. Das Parlament von Alabama bewilligt eine Entschädigung von 750 Dollar.

Der Fall Sacco und Vanzetti
(1920–1927)

Am Morgen des 15. April 1920 wird in South Braintree im US-Staat Massachusetts die Schuhfabrik Slater & Morrill überfallen. Die Räuber nehmen die Lohngelder an sich, ermorden dabei einen Zahlmeister und einen Wachmann, entwenden dessen Pistole und flüchten in einem dunkelblauen Auto. Einige Zeugen geben an, den Wagen später in Braintree gesehen zu haben, mit fünf italienisch aussehenden Insassen.

Ins Visier der Ermittler geraten zunächst der italienische Anarchist Feruccio Coacci, der am 18. April per Schiff nach Italien abgeschoben worden ist, und dessen Bekannter Mike Boda. Im Zuge der Überwachung Bodas wird die Polizei vom Werkstattbesitzer Johnson auch auf das verdächtige Verhalten zweier Männer hingewiesen, die sich während seines Gesprächs mit Boda in der Nähe aufgehalten und nach Bodas Weggang mit der Straßenbahn fortgefahren seien. Der Polizeichef von Bridgewater, wo sich Johnsons Werkstatt befindet, lässt die beiden Männer noch in der Straßenbahn verhaften. Es handelt sich um die Italiener Niccola Sacco und Bartolomeo Vanzetti. Sacco hat einen geladenen 32mm-Colt bei sich, Vanzetti einen 38er Revolver. Während der Befragung durch Staatsanwalt Frederick Katzman verwickeln sich beide Männer in Widersprüche hinsichtlich der Gründe, weswegen sie sich in Bridgewater aufgehalten hätten, zumal mit geladenen Waffen. Beide leugnen, Boda oder Coacci zu kennen. Als Katzman jedoch herausfindet, dass Sacco am 15. April nicht bei seiner Arbeit erschienen ist, ist er sicher, die beiden Mörder von Braintree gefasst zu haben.

Die Festnahme von Sacco und Vanzetti am 5. Mai 1920, drei Wochen nach dem Überfall, fällt in eine Periode politischer Repression in den USA, die sich gegen linkspolitische Umtriebe richtet. Das politische Klima in den USA ist in den 20er Jahren geprägt von Intoleranz gegenüber Andersdenkenden und von Furcht gegenüber Linken und Radikalen. Sacco und Vanzetti sind den Behörden seit längerem als militante Anarchisten bekannt, die sich an Arbeiterstreiks, politischer Agitation und Antikriegspropaganda beteiligt haben. Bei der Festnahme findet man in Vanzettis Jackentasche Notizen für eine Rede, die er auf einem bevorstehenden Anarchistentreffen halten wollte.

Die Anarchisten bilden ein Komitee zur Verteidigung Saccos und Vanzettis. Dieses wiederum heuert den bekannten sozialistischen Anwalt Fred H. Moore an. Er will die Gerichtsverhandlung zu einem internationalen Ereignis werden lassen und die politische Dimension des Prozesses in den Vordergrund rücken. Er stellt als dessen Ursache die politischen Aktivitäten der beiden Männer heraus und interpretiert ihn als Versuch, die Anarchistenbewegung zu schwächen. Moore organisiert öffentliche Versammlungen, aktiviert die Arbeitervereine, kontaktiert internationale Organisationen und lässt Flugblätter nicht nur in den USA, sondern weltweit verteilen. Die öffentliche Aufmerksamkeit für den Fall ist entsprechend hoch.

Am 31. Mai 1921 wird unter Vorsitz von Richter Webster Thayer der Prozess eröffnet. Staatsanwalt Katzman präsentiert Zeugen, die Sacco am 15. April am Tatort gesehen haben wollen, und weitere Zeugen, die behaupten, Vanzetti habe sich in der Nähe des Tatorts aufgehalten. Mittels eines ballistischen Gutachtens erklärt Katzman, das Geschoss, das den Wachmann tödlich verletzte, stamme aus Saccos Pistole. Als weitere Indizien nennt er Saccos Abwesenheit von der Arbeit am Tag des Überfalls und auch die Kappe, die einer der Mörder am Tatort verloren hatte und die derjenigen ähnelt, die Sacco zu tragen pflegte. Zudem werden in der gefundenen Kappe Haare entdeckt, die laut Gutachten von Sacco stammen könnten. Gegen Vanzetti hat Katzman dessen frühere unklare Aussagen in der Hand und die Tatsache, dass Vanzettis Pistole derjenigen ähnelt, die dem erschossenen Wachmann beim Überfall entwendet wurde. In der Frage, woher die bei ihm gefundene Waffe stammt, verstrickt sich Vanzetti erneut in Widersprüche: Hatte er zunächst angegeben, die Waffe fünf Jahre zuvor erstanden zu haben, sagt er im Prozess aus, er habe die Waffe kurz vor seiner Festnahme einem Freund abgekauft.

Die belastenden Zeugenaussagen werden von Anwalt Moore mit gegenteiligen Zeugenaussagen gekontert, wonach Sacco am Tag des Überfalls in Boston gewesen sei und Vanzetti zur Tatzeit in Plymouth Fisch verkauft habe. Am 14. Juli 1921 plädieren die Geschworenen dennoch in beiden Fällen für schuldig. Nach diesem Urteil nehmen die nationalen und internationalen Proteste gegen den Prozess und seine offenbar politischen Beweggründe noch zu. Anwalt Moore reicht mehrere Anträge gegen das Urteil ein, unter anderem zweifelt er die Glaubwürdigkeit des ballistischen Gutachtens an. Aber Richter Thayer weist alle Anträge ab.

Am 16. November 1925 geht bei der Zeitung *Boston American* ein Schreiben ein, in dem sich der Häftling Celestino F. Madeiros der Beteiligung am Braintree-Überfall bezichtigt und behauptet, weder Sacco noch Vanzetti hätten etwas damit zu tun. Gegenüber Anwalt William Thompson, der 1924 die Verteidigung Saccos und Vanzettis übernommen hat, erklärte er, zusammen mit vier Italienern den Überfall durchgeführt zu haben; an die Namen der Mordschützen könne er sich nicht mehr erinnern. Zwar widersprechen seine Angaben teilweise den bereits vorliegenden Tasachen (so behauptete Madeiros, das Geld habe sich in einer schwarzen Tasche befunden; tatsächlich wurde es aber in einer Metallkiste transportiert). Trotzdem beantragt Thompson aufgrund dieses Geständnisses einen neuen Prozess, was jedoch von Richter Thayer mit der Begründung zurückgewiesen wird, Madeiros' Angaben seien unglaubwürdig und unwahr. Es gibt zudem Hinweise, die berüchtigte Morelli-Bande habe den Überfall durchgeführt, aber auch dies wird von Thayer nicht weiter verfolgt.

Nun schwellen die Proteste gegen das Urteil in- und außerhalb der USA noch weiter an. Sacco und Vanzetti gelten inzwischen im linken politischen Spektrum weltweit als Symbolfiguren. In mehreren Großstädten gibt es Demonstrationen für ihre Freilassung. Viele Gnadengesuche gehen ein, unter anderem von Madame Curie, Albert Einstein, Fridtjof Nansen, dem tschechoslowakischen Präsidenten Masaryk und weiteren bekannten Persönlichkeiten. Eine der Petitionen, die auf dem Schreibtisch des Gouveneurs von Massachussetts Allan T. Fuller landen, umfasst 474 842 Unterschriften. Unter dem Druck der öffentlichen Meinung setzt Fuller eine Untersuchungskommission ein, die gleichwohl zu dem Schluss kommt, Sacco und Vanzetti seien eindeutig schuldig. Fuller entscheidet sich gegen eine Begnadigung der Verurteilten. Am 23. April 1927 werden Sacco und Vanzetti im Gefängnis von Charlestown auf dem elektrischen Stuhl hingerichtet. Vanzetti erklärt noch beim Eintritt in die Todeskammer: »Ich bin unschuldig.«

Die Nachricht von der Hinrichtung sorgt weltweit für erneute, teils gewaltsame Proteste. Hunderttausende demonstrieren auf den Straßen der USA, Großbritanniens, Frankreichs, Italiens, Deutschlands und Argentiniens gegen die offensichtliche Justizwillkür.

Inzwischen liegen mehrere Studien über den Fall Sacco und Vanzetti vor. Keine Untersuchung hat die Schuld eines der beiden eindeutig nachweisen können. Manche Erkenntnisse weisen immerhin darauf hin, dass Sacco tatsächlich zumindest an dem Überfall beteiligt, wenn nicht gar einer der Mörder sein könnte. 1952 gibt einer der Zeugen für Saccos Alibi zu, seine Aussage nur auf Bitte der Bostoner Anarchisten gemacht zu haben. Zudem besagt ein erneutes, 1961 mit verbesserten Methoden durchgeführtes ballistisches Gutachten, dass die Kugel, die den Wachmann tödlich verletzt habe, mit großer Wahrscheinlichkeit aus Saccos Pistole stamme. Gegenstimmen behaupten indes, es sei gar nicht sicher, ob die analysierte Kugel tatsächlich jene war, die im Körper des Wachmanns gefunden wurde.

Während Saccos Schuld trotz einiger belastender Indizien nie eindeutig bewiesen werden konnte, gab und gibt es im Fall Vanzettis kein substantielles Indiz, geschweige denn einen Beweis für dessen Beteiligung am Überfall. Während es immerhin Zeugen gab, die Sacco als einen der Mörder indentifizierten, gab es niemanden, der Vanzetti direkt am Tatort gesehen haben wollte. Der Anarchistenführer Carlo Tresca soll 1941 behauptet haben, Sacco sei schuldig, Vanzetti unschuldig. Und bis heute stellt sich die Frage, ob Vanzettis widersprüchliche Angaben bei den verschiedenen Befragungen nicht nur dazu dienten, seine politische Radikalität zu verschleiern und politische Mitstreiter zu schützen. Zumindest also bei

Vanzetti handelt es sich um ein Fehlurteil, dessen Beweggründe wohl eher im politischen als im juristischen Bereich zu suchen sind. Aber auch Saccos Schuld ist keineswegs eindeutig nachgewiesen worden. Beide hätten nicht hingerichtet werden dürfen. Der Fall gehört zu den größten Justizskandalen in der Geschichte der Vereinigten Staaten.

Clarence McKinney und das falsche Alibi (1922/1923)

Die Polizisten Henry Adams und Emory McCreight begeben sich auf ihren allabendlichen Rundgang durch die Stadt Wilmington, US-Staat Ohio. Heute möchten sich Adams und McCreight ihre Arbeit etwas angenehmer gestalten, denn es ist Valentinstag, der 14. Februar 1922. Durch den Hintereingang gehen sie zuerst ins Murphy-Theater, um die dort gespielte Musikkomödie anzuschauen. Nach dem Ende, so zwischen elf und zwölf Uhr, essen sie in einem Restaurant zu Abend und setzen dann ihre Patrouille fort. Als sie die Hauptstraße erreichen, hören sie Geräusche aus einem Ladengeschäft. Sie erkennen in der Dunkelheit zwei Männer. Adams leuchtet mit seiner Taschenlampe in das Gesicht des einen, da blitzt das Mündungsfeuer eines Revolvers auf. Beide Polizisten werden von Kugeln getroffen, McCreight tödlich. Die Mörder flüchten in einem wartenden Auto.

Adams ist der Einzige, der für einen Moment einen der Täter gesehen hat. Er habe große Augenbrauen, gibt er an, und habe eine kurze, khakifarbene Schaffelljacke und eine Pudelmütze auf dem Kopf getragen. Solche Jacken sind gerade groß in Mode, viele Leute kleiden sich so. Nach etwa zehn Tagen meldet sich der Tankstellenbesitzer Charles Smalley bei der Polizei und behauptet, am Morgen nach dem Mord zwei Männer getroffen zu haben, auf die die Beschreibung passt. Ihr Ford habe einen platten Reifen gehabt, sie wollten einen neuen. Er kenne die Männer flüchtig, sie tankten hier dann und wann. Es seien Clarence McKinney und Jim Reno aus Cincinnati. Im Pkw hätte Smalley jede Menge Whiskey gesehen. Sie hätten ihm einen Schluck davon gegeben und gesagt, er solle niemandem erzählen, dass er sie an diesem Morgen auf dieser Straße gesehen habe. Am 26. Februar 1922 werden McKinney und Reno mit Unterstützung der örtlichen Polizei in Cincinnati verhaftet und nach Wilmington ins Gefängnis überführt. Sie bestreiten die Tat, doch Zeugen sagen aus, sie in der Mordnacht zwischen zehn und elf Uhr in dem Laden gesehen zu haben, in dem die Schüsse fielen. Man zieht McKinney eine Schaffelljacke an, setzt ihm eine Pudelmütze auf, macht das Licht aus und leuchtet ihm mit einer Taschenlampe ins Gesicht. Henry Adams meint ihn so sicher zu erkennen.

Die beiden Inhaftierten werden zunächst wegen Alkoholschmuggels angeklagt und verurteilt. Dann folgt am 20. August 1922 der Mordprozess. Er dauert über eine Woche. Während der polizeilichen Vernehmungen haben die Beschuldigten angegeben, sie wären zur Tatzeit in einer Auto-Show in Cincinnati gewesen. Doch dieses Alibi platzt. Die Staatsanwaltschaft weist nach, dass diese Show erst einen Tag nach dem Mord eröffnet wurde. Daraufhin führt die Verteidigung 15 Zeugen ins Feld, die angeben, McKinney wäre zur Tatzeit in einem Filmtheater in Cincinnati gewesen und Reno beim Pokerspielen im Haus seines Nachbarn. Jetzt sind die Angeklagten verloren. Das falsche Alibi beeinflusst die Geschworenen ebenso wie die Aussage von Adams, er habe McKinney eindeutig wiedererkannt. Sie verurteilen McKinney und Reno zu lebenslänglichem Zuchthaus.

Einige Monate später erscheinen zwei junge Burschen auf der Polizei und erzählen, Louis Vandervoort, ein 19-jähriger Mann aus Jamestown, habe ihnen gegenüber den Polizistenmord gestanden. Der Sheriff fährt nach Jamestown und verhört Vandervoort. Zu seiner großen Überraschung gibt er den Mord sofort zu und auch noch andere Verbrechen. Zusammen mit seinem Komplizen wird er im Februar 1923 verurteilt. Zur selben Zeit kommt es zu einem neuen Verfahren gegen McKinney. »Sie sind das Opfer eines Justizirrtums geworden!«, sagt Richter Clevenger zu ihm. »Nun sind Sie wieder so frei wie jeder Mann in unserem Staat.« Er setzt auch die Strafen aus dem Schmugglerprozess aus, als eine Form der Wiedergutmachung für die unrechtmäßig erlittene Haft.

James Montgomery und die alte Dame (1923 – 1949)

Der 26-jährige farbige James Montgomery, ein Veteran des Ersten Weltkrieges, ist 1923 ein respektiertes Mitglied der Gemeinde in der kleinen Stadt Waukegan im US-Staat Illinois. Er ist fleißig, seine Tätigkeit als Fabrikarbeiter wird gut bezahlt, so dass er jedes Jahr etwas Geld zurücklegen kann. Ihm gehören bereits zwei Häuser in der Stadt. Das eine hat er vermietet, in dem anderen wohnt er mit seiner Frau. Sie lieben sich, die Ehe ist sehr glücklich. James Montgomery ist rundherum ein zufriedener Mann.

Ende 1923 macht er eine abfällige Bemerkung gegenüber der 62-jährigen, immer noch ledigen Mamie Snow. Er kennt die etwas merkwürdige alte Dame nur flüchtig.

Sie verkauft in der Nachbarschaft von Tür zu Tür einige Waren. Mamie Snow lebt in einer Fantasiewelt. Häufig stellt sie sich etwas vor und verwechselt es mit der Realität. Im Dezember 1923 geht sie zur Polizei und berichtet, Montgomery habe sie angegriffen und vergewaltigt.

Der Polizeichef nimmt Montgomery sofort fest. Ein Anwalt interessiert sich für den Fall und übernimmt bereitwillig die Anklage. (Anders als zum Beispiel in Deutschland, wo der Ankläger als Organ der Rechtspflege und Beamter in den Diensten des Staates steht, kann in Amerika jeder zugelassene Anwalt die Rolle des Staatsanwaltes übernehmen.) James Montgomery hat vor einiger Zeit einen Zivilprozess gegen diesen Anwalt gewonnen, der das Ansehen »weißer Überlegenheit« geschädigt sah und auf Rache sann. Er hat keinen einzigen Beweis in der Hand, es gibt nur die Beschuldigung der Mamie Snow. Ein Gynäkologe, Dr. Walter, untersucht sie, kann aber keine Spuren einer Vergewaltigung feststellen. Nun müsste Montgomery sofort freigelassen werden. Aber der Ankläger unterdrückt dieses Beweismittel und klagt Montgomery trotzdem der Vergewaltigung an. Sein Verteidiger und auch Montgomery selbst werden vom Ku-Klux-Klan eingeschüchtert. Man droht ihnen Gewalt an, wenn sie eine ernsthafte Verteidigung beabsichtigen.

Schon in der ersten Januarwoche 1924 kommt es zum Prozess vor dem Schwurgericht. Der Verteidiger ist so verunsichert, dass er die vom Ankläger ausgesuchten Geschworenen akzeptiert und auf jedes Kreuzverhör verzichtet. Die Jury verurteilt Montgomery zu lebenslänglichem Zuchthaus. Er versinkt in der Hoffnungslosigkeit einer vergitterten Einzelzelle. Zudem muss er von einer schweren Erkrankung seiner Frau erfahren.

1947 besucht ein Rechtsanwalt aus Chicago, Luis Kutner, einen Mandanten im Gefängnis. Der sagt ihm, Montgomery brauche Hilfe, er sei wahrscheinlich unschuldig. Kutner besucht ihn in seiner Zelle, unterhält sich lange mit ihm und übernimmt den Fall. Aber seine Nachforschungen kosten Zeit. Die Fakten kennt er, was fehlt, sind Beweise. Zwei volle Jahre benötigt er, um sie zu sammeln. Mamie Snow ist längst in einer psychiatrischen Anstalt verstorben. Kutner ermittelt, dass sie Montgomery im Polizeihauptquartier einen Tag, nachdem sie ihn identifizierte, nicht wiedererkannt hat. Außerdem erfährt er von Dr. Walter das Ergebnis seiner Untersuchung und stellt fest, dass der Ankläger dem Gericht und der Verteidigung dieses entlastende Gutachten böswillig vorenthalten hat. Er kann auch nachweisen, wie massiv der Ku-Klux-Klan den Angeklagten und seinen Verteidiger beeinflusst hat.

Im Sommer 1947 wendet sich Kutner an den Gerichtshof von Chicago. Richter Michael Igoe prüft den Fall gründlich und kommt im August 1949 zu dem Ergebnis, dass James Montgomery unschuldig ist. Der Richter ordnet die sofortige Freilassung Montgomerys an.

Kutner verklagt den Staat Illinois auf Schadensersatz in Höhe von 250 000 Dollar. Aber das Gericht weist die Klage mit der Begründung ab, der Ankläger sei kein Angestellter des Staates gewesen, weshalb Letzterer auch nicht für seine Fehler und Unrechtmäßigkeiten hafte. Und auch eine Entschädigung für die über 25 Jahre unschuldig verbüßter Haft wird 1956 von einem Ausschuss des Parlaments abgelehnt. Die zehn Dollar, die jedem Entlassenen von der Anstaltsleitung gewährt werden, sind das Einzige, was James Montgomery erhalten hat.

Edward Larkman und die fehlerhafte Gegenüberstellung (1925–1933)

Am 12. August 1925 wird Ward Pierce, der Kassierer eines kunstgewerblichen Ladens in Buffalo, US-Staat New York, ausgeraubt und ermordet. Zeugen haben gesehen, dass der Täter eine dunkle Sonnenbrille trug. Die Beschreibung passt auf den vorbestraften Edward Larkman, über den die Polizei schon eine dicke Akte hat. Er wird festgenommen und der Augenzeugin Dorothy Littleworth gegenübergestellt. Aber nicht, wie sonst üblich, in einer Reihe mit verschiedenen anderen Personen, sondern allein in grellem Scheinwerferlicht und mit einer Sonnenbrille vor den Augen. Larkman protestiert vergeblich gegen dieses Verfahren. Die Zeugin identifiziert ihn, obwohl sie das Profil des Täters nur für etwa drei Sekunden und sein ganzes Gesicht nur für zwei Sekunden gesehen hat.

Im Prozess bietet Larkman einen Alibibeweis an. Das von der Polizei praktizierte Verfahren der Gegenüberstellung wird überhaupt nicht angesprochen. Die Geschworenen beraten 43 Stunden und verurteilen Larkman zum Tod auf dem elektrischen Stuhl. Das von der Verteidigung daraufhin angerufene Appellationsgericht bestätigt die Verurteilung mit Mehrheitsbeschluss. Zwei Richter sind anderer Meinung, weil die Identität des Verurteilten nicht zweifelsfrei festgestellt worden sei. Am 13. Januar 1927, in der Nacht vor der Hinrichtung, begnadigt der Gouverneur Larkman zu lebenslänglichem Zuchthaus.

Zwei Jahre später, im April 1929, wird Anthony Kalkiewicz, ein stadtbekannter Gangster, wegen eines anderen Verbrechens verhaftet. Während des Verhörs gesteht er auch den Mord an dem Kassierer Pierce, verübt durch eine Bande von vier weiteren Männern. Gouverneur

Roosevelt ordnet sofort eine Untersuchung des Falles an. Die Kommission kommt im März 1930 aufgrund der neuen Beweise zu dem Ergebnis, Larkman sei wahrscheinlich unschuldig. Doch der Antrag auf ein Wiederaufnahmeverfahren wird aus formalen Gründen zurückgewiesen: Die neuen Beweismittel seien nicht innerhalb eines Jahres nach Larkmans Verurteilung vorgebracht worden.

Im Juni 1933 reicht Larkman ein neues Gnadengesuch ein. Der Gouverneur ist jetzt ein Mann namens Herbert Lehman. Er findet die von der Polizei angewandte Methode der Gegenüberstellung nicht in Ordnung und begnadigt Larkman sofort. Fast acht Jahre hat Larkman unschuldig in Haft gesessen und vier davon sogar, nachdem ein anderer Mann das Verbrechen gestanden hatte.

Condy Dabney: Eine 14-Jährige verschwindet (1926/1927)

Condy Dabney ist 31 Jahre alt und Bergbauarbeiter von Beruf. Er ist ein ruhiger, besonnener und unbescholtener Mann und lebt mit seiner Frau und zwei Kindern in Tennessee, findet dort aber keine Arbeit. Deshalb begibt er sich im Januar 1925 in den nördlich angrenzenden Nachbarstaat Kentucky und bekommt in Coxton eine Anstellung in einer Kohlenmine. Kurz darauf verschwindet ein 16-jähriges Mädchen spurlos. Im Juli gibt Dabney seinen Job auf, kauft sich von dem verdienten Geld einen alten Ford und arbeitet fortan als Taxifahrer.

Erneut verschwinden minderjährige Mädchen, diesmal gleich drei. Eine davon ist die 14-jährige Mary Vickery. Die Bevölkerung ist beunruhigt. Die Polizei beginnt, die vielen Kohlenschächte in der Umgegend abzusuchen. In einem verlassenen Schacht findet sie im Oktober unter einem Steinhügel die schon ziemlich verweste Leiche eines Mädchens. Mr Vickery identifiziert sie als die seiner Tochter. Er ist sich anfangs nicht ganz sicher. Aber die Farbe des Haars und ein Ring am Finger veranlassen ihn zu der Aussage, dies sei sein Mädchen.

Einige Zeugen behaupten, sie hätten gesehen, wie Mary Vickery in Dabneys Taxi gefahren sei. Eine Mrs Marie Jackson gibt an, an dem Tag, an dem Mary Vickery verschwand, sei sie am Nachmittag zusammen mit ihr und Condy Dabney zum Ivy Hill gefahren. Dort habe Dabney sie gebeten, hinter den Hügel zu gehen, sagt sie. Er wolle etwas mit Mary allein besprechen. Sie habe sich dann auf einen Platz gesetzt, von dem aus sie beide sehen konnte. Er hätte Mary umarmt und mit einem Stock geschlagen, als sie sich wehrte. Sie sei zu Boden gefallen und Dabney hätte sich auf sie geworfen und ihr Gewalt angetan. Später hätte er Mrs Jackson gedroht, er würde sie auf einem Scheiterhaufen verbrennen, wenn sie irgendjemandem sagen würde, was sie gesehen hatte. Dabney hätte den toten Körper in eine Mine gebracht und vergraben.

Eine schwere Beschuldigung, die zur sofortigen Verhaftung von Condy Dabney führt. Er behauptet, Mary überhaupt nicht zu kennen. Er sei auch noch nie auf dem Ivy Hill gewesen. Und drei Frauen sagen aus, sie hätten Dabney zu der Zeit, da er nach Maries Schilderung die Tat beging, auf der Straße gesehen. Doch die Geschworenen glauben nicht diesen Zeugen, sondern der Kronzeugin Marie Jackson und verurteilen Condy Dabney am 31. März 1926 zu lebenslänglichem Zuchthaus.

Im Sommer 1927, als der Kentucky Courts of Appeals gerade über die Berufung befindet und längere Berichte in den Zeitungen erscheinen, erinnert sich ein Wachmann aus Kentucky daran, den Namen Mary Vickery gerade in einem Hotelregister gelesen zu haben. Er geht der Sache nach und findet sie tatsächlich in diesem Hotel. Sie habe Coxton im August 1925 mit fünf Dollar in der Tasche verlassen, weil es Schwierigkeiten mit ihrer Stiefmutter gab, sagt sie. Mehrere Jobs habe sie gemacht und zuletzt in einer Wollfabrik in Cincinnati gearbeitet. Dort hörte sie, dass jemand verurteilt worden war, weil er sie ermordet hätte. Das sei der Grund, warum sie nun auf dem Weg nach Hause sei.

Dabney wird sofort begnadigt und aus der Haft entlassen. Marie Jackson wird festgenommen und wegen Meineids verurteilt. Der Grund für ihre falsche Anschuldigung: Sie wollte die 500 Dollar kassieren, die als Belohnung für die Ergreifung des Täters ausgesetzt waren.

Earle L. Nelson, der »Gorilla-Mörder« (1927/1928)

Mit seinen riesigen Händen, der fliehenden Stirn, den tief liegenden Augen und den wulstigen Lippen sieht der 1897 in Philadelphia geborene Earle Leonard Nelson wirklich wie ein Gorilla aus. Deshalb nennt ihn die Presse auch, als seine 22 Morde bekannt werden, den »Gorilla-Mörder«.

Im Alter von zehn Jahren erleidet Nelson durch einen Unfall mit einem Pferdewagen eine schwere Kopfverletzung, die ihn sein ganzes Leben lang plagt. Als er 1917 versucht, die Tochter eines Nachbarn zu vergewaltigen, weist man ihn in eine psychiatrische Klinik ein. Nach seiner Entlassung begeht Nelson am 26. Februar 1926 seinen ersten Mord. In San Francisco tötet er seine 60-jährige Zimmervermieterin und schändet ihre Leiche.

Danach zieht er unter wechselnden Namen kreuz und

quer durch die USA und begeht eine Reihe von Sexual-
morden an Vermieterinnen von Gasthöfen und Pensio-
nen. Am 8. Juni 1927 verstümmelt er eine 16-jährige
Kunstblumenverkäuferin und tötet sie anschließend.
Schon am nächsten Abend dringt er gewaltsam in das
Haus von Emily Patterson ein, vergewaltigt sie und zer-
trümmert ihren Schädel. Ihr religiöser Mann entdeckt ein
paar Tage später ihre Leiche, als er vor dem Bett zum Gebet niederkniet. Einige Tage darauf fällt einem Frisör an
Nelsons Haaren getrocknetes Blut auf. Die Polizei nimmt
ihn fest.

Nelson wird in Winnipeg wegen Mordes an Emily Patterson vor Gericht gestellt und trotz der Tatsache, dass er
offenkundig an Störungen seiner Geistestätigkeit leidet,
wegen denen er auch Jahre in einer psychiatrischen Einrichtung lebte, zum Tode verurteilt. Ein Fehlurteil, denn
er ist unzurechnungsfähig und hätte in eine Anstalt eingewiesen werden müssen. Am 12. Januar 1928 wird er gehängt.

Der Fall Henry Olson (1927/1928)

In Rockford im US-Staat Illinois fährt am Abend des
6. September 1927 ein Chrysler vor einer Tankstelle vor.
Ihm entspringen zwei maskierte Banditen. Sie überfallen
den Eigentümer der Station, Floyd Stotler, sowie dessen
Vater, Orville Stotler. Bevor sie die Kasse rauben können,
stürzt sich Floyd Stotler auf einen der Banditen und wird
von ihm niedergeschossen. Er verstirbt kurz darauf im
Krankenhaus. Die Täter fliehen und lassen den gestohlenen Chrysler zurück.

Der Vater, Orville Stotler, wird von der Polizei einer
ganzen Reihe von verdächtigen Personen gegenüberge-

stellt. Bei einigen sagt er, sie seien nicht die Täter, bei einigen anderen Männern ist er sich nicht sicher. Als ihm Henry Olson gegenübersteht, identifiziert er ihn mit Sicherheit als einen der Mörder, obwohl die Täter Taschentücher mit zwei Löchern für die Augen über dem Gesicht getragen haben. Olson erklärt bei der Vernehmung, er sei zu Hause gewesen, um seine Frau zu erwarten. Zur Tatzeit habe er sie von der Bushaltestelle abgeholt. Dieses Alibi wird von zwölf Zeugen mit genauen Angaben unter Eid bestätigt.

Dennoch wird Olson am 7. Oktober 1927 wegen Mordes angeklagt. Die Zeitungen berichten in Schlagzeilen über den Fall und erwähnen auch, dass die Einwohner von Rockford Olson für schuldig halten. Das bleibt nicht ohne Wirkung auf die Geschworenen. Einziger Beweis für Olsons Schuld ist die unzuverlässige Aussage des Vaters des Ermordeten. Dagegen stehen zwölf glaubhafte Alibizeugen. Die Geschworenen schwanken, sie können sich nicht einigen. Schließlich stimmen sechs für schuldig, sechs für nicht schuldig. Der Vorsitzende entlässt die Jury und beraumt eine neue Schwurgerichtsverhandlung an.

Die Zeugenaussagen in der neuen Schwurgerichtsverhandlung vom 13. Februar 1928 sind dieselben wie in der ersten Verhandlung. Diesmal ignorieren die Geschworenen die schlüssigen Alibibeweise vollkommen. Sie glauben allein dem Vater, obwohl es so gut wie ausgeschlossen ist, dass er das mit einem Taschentuch völlig verdeckte Gesicht eines der Täter mit Sicherheit wiedererkennen konnte. Olson wird zu einer lebenslangen Haftstrafe verurteilt. Er legt Revision ein und wird vom Vorsitzenden gegen eine Kaution von 10 000 Dollar aus der Untersuchungshaft entlassen, ein Zeichen dafür, dass er von Olsons Schuld nicht überzeugt ist. Dies nutzt Olson, um mit seiner Frau unterzutauchen. Die Einwohner Rockfords halten ihn nun erst recht für schuldig, schließlich hat er sich nun dem weiteren Verfahren durch Flucht entzogen.

Einige Zeit danach meldet sich bei Olsons Verteidiger ein Geschäftsmann aus Rockford und gibt an, seine Hausangestellte habe ihm gesagt, Olson sei unschuldig. Sie kenne den wahren Täter. Im polizeilichen Verhör gesteht die Frau, dass ihr 18-jähriger Geliebter Maurice Mahan zusammen mit einem gleichaltrigen Freund die Tat begangen hat. Die beiden Beschuldigten werden verhaftet und geben das Verbrechen sofort zu. Sie werden zu langen Gefängnisstrafen verurteilt. Die Nachricht von der Entdeckung und Verurteilung der wirklichen Täter verbreitet sich durch Presse und Radio im ganzen Land und erreicht auch Henry Olson, der sich in New Orleans aufhält. Er kehrt nach Rockford zurück und wird in einer dritten Verhandlung freigesprochen.

Der Fall Butler und Yelder aus Alabama (1928)

Im Jahr 1928 hat Louise Butler in Alabama ein Liebesverhältnis mit ihrem verheirateten Nachbarn George Yelder. Als sie eines Tages von einem Ausflug zurückkommt, entdeckt sie, dass ihr Geliebter in ihrer Abwesenheit ihre Wohnung betreten und dort ihre 14 Jahre alte, hübsche Nichte Topsy allein angetroffen hat. George schenkte ihr 50 Cent. Louise glaubt, er hat unsittliche Dinge mit dem Mädchen getrieben und ihm deshalb das Geld gegeben. Rasend vor Eifersucht schlägt sie Topsy und droht, sie zu töten. Kurz darauf ist Topsy spurlos verschwunden. Im Ort verbreitet sich das Gerücht, sie sei von Louise Butler allein oder zusammen mit George Yelder umgebracht worden.

Der Deputy Sheriff beginnt sofort mit den Ermittlungen. Er begibt sich zu Louise, trifft sie jedoch in ihrem Haus nicht an. Ihre zwölfjährige Tochter Julia und die neunjährige Nichte Mary erzählen ihm, Julia sei von Louise und George an die Ecke der Landstraße geschickt worden, um auszukundschaften, ob jemand komme. Dort habe sie Topsys Schreie gehört, berichtet Julia. Als sie zurückkam, hätte Topsy erschlagen auf einem Holzhaufen gelegen. Ihre Mutter habe ihr befohlen, mit der für den Mord benutzten Axt die Arme der Leiche abzuhacken. Aus Angst habe sie gehorcht. Dann hätten sie die Leiche und die abgehauenen Arme in einen Sack gestopft, den George und Louise anschließend im Fluss versenkt hätten. Danach habe George alle Blutspuren von der Axt entfernt.

Beide Kinder wiederholen diese Einzelheiten immer wieder, auch unter Eid, was nach amerikanischem Recht zulässig ist. Louise wird sofort verhaftet. Sie gibt an, sie hätte Topsy nur geschlagen, aber nicht ermordet. Einige Tage später legt sie jedoch im Gefängnis ein volles Geständnis ab und zeigt die Stelle, wo sie die Leiche in den Fluss geworfen hätten. Daraufhin wird George Yelder ebenfalls festgenommen.

Beide werden wegen Mordes angeklagt. Am 24. und 25. April 1928 verhandelt man gegen beide getrennt. Louise widerruft ihr Geständnis. »Ich habe es nur abgelegt, um das Wohlwollen des Gerichts zu erlangen«, erklärt sie. Sie bestreitet jede Schuld. George bietet einen Alibibeweis dafür an, dass er sich zur Tatzeit zu Hause bei seiner Frau aufgehalten hat. Die Geschworenen glauben ihnen nicht, dafür aber den Aussagen der Kinder, und verurteilen am 26. April 1928 beide Angeklagten zu lebenslänglichem Zuchthaus.

Schon eine Woche später taucht Topsy wohlbehalten wieder auf. Ein junger Mann wird ermittelt, der aus Hass auf Yelder beide Kinder eine Woche lang angelernt hat, die frei erfundenen Angaben vorzubringen und an ihnen festzuhalten. Niemand ist auf die Idee gekommen, zu fragen, warum die angeblichen Mörder die Arme der Leiche nicht selbst abhackten und warum die Tochter zurückgerufen wurde, bevor die Leiche weggeschafft war. Die Leichtgläubigkeit, mit der die Geschworenen den Räubergeschichten der Kinder gefolgt sind, erregt die amerikanische Öffentlichkeit. Im Juni 1928 werden die beiden Verurteilten vom Gouverneur von Alabama begnadigt.

Massenterror im »Scottsboro Case« (1931–1935)

Victoria Price, 21 Jahre alt, und Ruby Bates, erst 17, verbringen die Nacht mit ihren Liebhabern im Gebüsch. Um zurück zu ihrem Wohnort nach Alabama zu fahren, klettern sie am Morgen des 25. März 1931 auf einen offenen Wagen eines Frachtzuges, auf dem bereits einige weiße Männer sitzen. Als unterwegs etwa 20 bis 30 Schwarze auf den gleichen Waggon steigen, kommt es zu einem heftigen Wortwechsel und Gewalttätigkeiten mit einigen Weißen. Sie wollen nicht zusammen mit den Farbigen fahren. Da diese in der Überzahl sind, werfen sie die weißen Männer kurzerhand aus dem Wagen. Einer von ihnen telefoniert mit dem Sheriff der nächsten Haltestelle. Als der Zug dort hält, nimmt der Sheriff neun Farbige fest, die sich noch auf dem Zug befinden. Die anderen sind unterwegs abgesprungen. Die neun Verhafteten kommen ins Gefängnis von Scottsboro.

Als die beiden Mädchen verhört werden, behauptet

Victoria Price, sie seien nacheinander von allen neun Schwarzen vergewaltigt worden. Die Nachricht verbreitet sich in Windeseile in dem kleinen Ort und versetzt die Menschen in Erregung. In Alabama werden Schwarze, die sich an einer weißen Frau vergehen, mit dem Tode bestraft. Eine aufgebrachte Menge versammelt sich vor dem Gefängnis und will die neun Männer lynchen. Obwohl eine amtsärztliche Untersuchung bei beiden Mädchen keinerlei körperliche oder seelische Spuren einer Vergewaltigung festgestellt hat, werden die neun schon eine Woche später angeklagt und in Scottsboro vor Gericht gestellt. Von den sieben als Offizialverteidiger bestellten Anwälten ist nur einer bereit, die Verteidigung zu führen. Die neun Angeklagten sind völlig mittellos und erscheinen in Lumpen gehüllt im überfüllten Gerichtssaal, in dem eine aufgepeitschte Menge angespannt verfolgt, wie Victoria Price beschwört, beide Mädchen seien von allen neun vergewaltigt worden. Der jüngste Angeklagte ist erst 13 Jahre alt, der älteste 21. Einer ist fast blind, ein anderer ist so missgestaltet, dass er nicht aufrecht stehen kann. Die Verhandlung dauert nicht lange. Das Gutachten der Ärzte bleibt einfach unbeachtet. Da in Alabama gesetzeswidrig kein Farbiger auf die Geschworenenliste gesetzt worden ist, besteht die Jury nur aus Weißen. Sie verurteilt am 8. April 1931 einstimmig acht zum Tode und den fast blinden Mann zu lebenslänglichem Gefängnis.

Als die eingelegte Berufung zurückgewiesen wird, nimmt sich der berühmte Strafverteidiger Samuel Leibowitz aus New York des Falles an. Unter Hinweis auf die gesetzeswidrig besetzte Geschworenenliste beantragt er, die Verurteilungen aufzuheben, da die Angeklagten keinen fairen Prozess gehabt hätten. Daraufhin wird gegen den 17-jährigen Patterson eine neue Verhandlung angesetzt, in der Ruby Bates unter Eid zugibt, die ganze Anschuldigung sei frei erfunden. Diese Wendung versetzt die Menge erneut in Erregung. Sie gebärdet sich drohend, so dass Leibowitz in seinem Hotel von bewaffneten Wachen beschützt werden muss. Der Verteidiger plädiert fast vier Stunden. Doch die Geschworenen verurteilen Patterson erneut zum Tode. Der Vorsitzende Richter Horton ist entsetzt. Er will einen Justizmord verhindern und erklärt die Entscheidung für nichtig.

Aber die Massenhysterie geht weiter. Für die neue Schwurgerichtsverhandlung sucht und findet man einen neuen Richter, der der Menge willfährig ist. Er lehnt fast alle Anträge der Verteidigung ab. Victioria Price dürfen nicht einmal ihre Vorstrafen vorgehalten werden. Der Staatsanwalt schreit, zu den Geschworenen gewandt, wenn sie diesen »Nigger« freisprechen würden, könnten ihre Mütter, Frauen und Geliebten nicht mehr ungefährdet auf den Straßen des Südens gehen. Die Geschworenen verurteilen Patterson erneut zum Tode.

Leibowitz wendet sich nun an den Supreme Court, das höchste Gericht Amerikas, das, anders als die Revisionsgerichte in Deutschland, an die tatsächlichen Feststellungen der Vorinstanzen nicht gebunden ist. Er weist nach, dass die Geschworenenliste zur Irreführung des Supreme Court nachträglich gefälscht worden ist, indem man die Namen einiger Schwarzer eingetragen hat. Am 1. April 1935 hebt der Supreme Court die Verurteilungen auf, so dass eine neue Schwurgerichtsverhandlung stattfinden muss. Doch die Geschworenen erklären Patterson abermals für schuldig mit der Empfehlung, ihn zu 75 Jahren Gefängnis zu verurteilen. Gegen fünf der Beschuldigten wird die Anklage fallen gelassen, sie kommen frei. Aber an der Schuld der anderen vier wird trotz der Aussage von

Victoria Price festgehalten, alle neun hätten beide Mädchen vergewaltigt. Drei werden unter Bewährungsauflagen später entlassen, nur Patterson bleibt im Gefängnis. Nach sieben Jahren gelingt es ihm auszubrechen. Das Urteil gegen ihn wird nie revidiert.

Der Fall Majczek und Marcinkiewicz (1932–1950)

Der 9. Dezember 1932 ist ein sehr kalter Tag in Chicago. Joe Majczek, ein arbeitsloser Pole, der im polnischen Viertel lebt, hilft seinem Schwiegervater beim Kohlenabladen. Zwischendurch geht er einige Male zu seiner Frau in die in der Nähe gelegenen Wohnung zurück, um sich aufzuwärmen und Kaffee zu trinken. Währenddessen ereignet sich einige Querstraßen weiter ein Raubüberfall. Zwei Banditen betreten den Laden von Mrs Jones, die heimlich mit unerlaubtem Whiskey handelt, bedrohen sie mit Revolvern und drängen sie in die angrenzende Küche. Hier sitzen zufällig zwei Männer, ein Bekannter von Mrs Jones sowie der Polizist William Lundy. Er zieht sofort seine Dienstwaffe und geht auf die Räuber zu, um sie zu verhaften. Einer von den Räubern schießt auf ihn. Lundy bricht tot zusammen. Ein gerade vorbeikommender Postbote hört sieben Schüsse. Er rennt in den Laden und sieht, wie zwei Männer mit Revolvern in der Hand auf die Straße stürzen und mit einem dort wartenden Auto davonfahren.

Die Polizei hat alle Hände voll zu tun und schiebt eine ganze Reihe ungeklärter Mordfälle vor sich her. Umso heftiger trifft sie der Tod ihres Kollegen. Sie beschließt, den Mörder unter allen Umständen und schnellstens zur Strecke zu bringen. Noch am gleichen Abend gibt sie eine Suchmeldung nach einem Mann namens Ted Marcinkiewicz heraus, weil sie annimmt, er könne einer der Täter gewesen sein. Sie hat erfahren, dass Marcinkiewicz sich einige Tage vor dem Mord nach dem Laden von Mrs Jones erkundigte. Als dieser von der Suchmeldung erfährt, bekommt er, obwohl er unschuldig ist, Angst, verhaftet und verhört zu werden. Er bittet seinen Schulfreund Joe Majczek, ihn für einige Zeit in dessen Wohnung zu verstecken. Zehn Tage später meldet sich ein Mann bei der Polizei und gibt an, den Gesuchten am Abend des 9. Dezember mit seinem Auto in die Wohnung des Majczek gefahren zu haben. Majczek wird sofort verhaftet. Er gibt zu, Marcinkiewicz drei Tage und Nächte versteckt zu haben. Er wird beschuldigt, einer der Polizistenmörder zu sein. Obwohl er das heftig bestreitet und der Postbote und ein weiterer Zeuge ihn bei der Gegenüberstellung nicht als Täter identifizieren können, bleibt er in Haft. Als auch Mrs Jones erklärt, sie könne Majczek nicht wiedererkennen, drohen die Vernehmungsbeamten ihr, sie würde wegen des verbotenen Alkoholhandels verfolgt werden und wahrscheinlich die Höchststrafe bekommen. Wenn sie aber den Inhaftierten wiedererkenne, würde man ein Auge zudrücken. Daraufhin identifiziert sie Joe Majczek als einen der Täter und erkennt auch Marcinkiewicz, der sich einige Tage später selbst stellt, als den anderen wieder.

In der Schwurgerichtsverhandlung wiederholt sie das unter Eid. Niemand denkt daran, sie mit ihrer früheren gegenteiligen Aussage zu konfrontieren, auch der Verteidiger nicht. Beide Angeklagten benennen einige Alibizeugen. Joes Schwiegervater und auch der Kohlenhändler beschwören, dass er ihnen zur Tatzeit beim Abladen geholfen hat. Sechs Zeugen bestätigen unter Eid auch Teds Alibi. Obwohl insgesamt neun Alibizeugen beschwören, dass die beiden Angeklagten nicht am Tatort gewesen sein können, folgen die Geschworenen in einer nur zweieinhalb Stunden dauernden Beratung der falschen Aussage von Mrs Jones und verurteilen beide Angeklagten zu 99 Jahren Gefängnis. Sie haben keinen begründeten Zweifel, was nach amerikanischem Strafrecht für eine Verurteilung ausreicht. Die Geschworenen glauben nur der meineidigen Aussage der Mrs Jones und halten neun Alibizeugen für unglaubwürdig.

Joe Majczeks Mutter ist von der Unschuld ihres Sohnes überzeugt. Sie arbeitet zwölf Jahre lang als Putzfrau und spart jeden Cent, um ihren verurteilten Sohn zu retten. Als sie am 11. Oktober 1944 5 000 Dollar zusammen hat, gibt sie in der *Chicago Times* eine Anzeige auf, mit der sie die Summe als Belohnung für die Ergreifung der Mörder des Polizeibeamten Lundy aussetzt. Die Zeitung beauftragt zwei Reporter, den Fall zu untersuchen. Ihre publizierten Berichte erregen großes Aufsehen. Sie weisen nach, dass Mrs Jones auf Betreiben der Polizei einen Meineid geleistet hat und dass weder Majczek noch Marcinkiewicz am Tatort gewesen sein können. Im August 1945 wird Joe Majczek wegen erwiesener Unschuld begnadigt. Für die zwölf Jahre unschuldig verbüßter Haft erhält er eine Entschädigung von 24 000 Dollar. Ted Marcinkiewicz wird erst 1950 freigesprochen und entlassen.

Albert H. Fish, der moderne Marquis de Sade (1934–1936)

Wie die meisten seiner elf Geschwister und auch seine Mutter ist Albert Hamilton Fish, geboren 1870 in Washington, D.C., psychisch gestört. Im Alter von fünf Jahren kommt er in ein Waisenhaus und bekommt dort seine erste Erektion, als die Heimleiterin ihn mit einem Stock züchtigt. Als erwachsener Mann leidet er unter seltsamen Anwandlungen. Er verstümmelt seinen Körper, zerfetzt sich mit Rosendornen die Hoden und steckt sich Nadeln in die Genitalien und den After. Mit 40 tötet er zum ersten Mal. In Delaware ermordet er einen Homosexuellen. Anschließend wird er von einem religiösen Wahn befallen. Er glaubt, er sei der Heiland. Besessen von der Idee, sich und andere für die Sünden der Welt bestrafen zu müssen, gibt es keine sexuelle Perversion, die er nicht ausprobiert. Im »Namen Gottes« kastriert Fish Knaben, quält sie zu Tode und isst ihre Fäkalien und ihr Fleisch. Junge Mädchen zerstückelt er und brät ausgesuchte Fleischstücke, bevor er sie verspeist.

Seine Blutspur zieht sich fast durch ganz Amerika. Nach mehr als 100 Morden an Kindern und Jugendlichen wird Fish 1934 endlich gefasst. Das White-Plains-Gericht in New York erklärt ihn am 22. März 1935 für schuldig, obwohl seine Geistesstörung offensichtlich ist. Es verurteilt den 65-Jährigen zum Tode auf dem elektrischen Stuhl. »Der einzige Thrill, den ich noch nicht ausprobiert habe«, ist Fishs Kommentar zum Urteil. So abscheulich und grausam seine Taten auch sind und so groß und verständlich der Wunsch auch ist, diese Bestie in Menschengestalt zu bestrafen, der Urteilsspruch ist ein Fehlurteil. Denn Fish ist nicht zurechnungsfähig, er hätte in eine geschlossene Psychiatrie überwiesen werden müssen.

Bei seiner Exekution am 16. Januar 1936 im berüchtigten New Yorker Zuchthaus Sing-Sing kommt es zu einem Zwischenfall. Fish sitzt schon festgeschnallt auf dem elektrischen Stuhl, die ersten Stromstöße erreichen seinen Körper. Da gibt es einen Kurzschluss. Die Beamten sind bestürzt und zunächst ratlos. Man entdeckt die Ursache:

27 in Fishs Körper steckende Metallnadeln. Der zweite Versuch führt zum Tode Fishs.

Eine Serie von Vergewaltigungen (1936)

Denver, die Hauptstadt des US-Staates Colorado, wird 1936 von einer Serie von Vergewaltigungen und Vergewaltigungsversuchen heimgesucht. Die Öffentlichkeit ist beunruhigt. Die Opfer sind junge, hübsche Frauen, die meist nachts überfallen und übel zugerichtet werden. Viele Frauen trauen sich in der Dunkelheit nicht mehr ohne Begleitung auf die Straße. Auch Margaret Cyckose hat Angst. Obwohl erst 22 Jahre alt, ist sie schon eine Witwe mit zwei Kindern. Sie arbeitet als Kellnerin bis zwei Uhr nachts in einem Schnellimbiss-Restaurant und muss dann allein durch die menschenleeren Straßen nach Hause gehen.

Als sie in der spätsommerlich milden Nacht des 17. Oktober 1936 auf dem Heimweg ist und gerade eine Kreuzung überqueren will, fährt plötzlich ein Auto über die Kante des Bürgersteigs und hält neben ihr. Die Straßenkreuzung ist hell ausgeleuchtet und Margaret Cyckose kann die beiden Männer in dem PKW gut erkennen. Sie haben weiße, glatt rasierte Gesichter. Der Fahrer kurbelt das Fenster herunter und fragt, wie er am besten zur Fourteenth Street kommt. Er fordert Margaret auf, einzusteigen und ihm den Weg dorthin zu zeigen. Sie will wegrennen, fängt an zu schreien und um Hilfe zu rufen. Aber niemand hört sie. Die Männer zerren sie in den Wagen, fesseln und knebeln sie und fahren mit ihr aus der Stadt hinaus in die einsame Prärie Colorados.

Im Morgengrauen liegt Margaret mit gebrochener Nase und geschwollenem Gesicht in der Nähe ihres Hauses auf dem Bürgersteig. Die Männer haben sie hier aus dem Auto geworfen. Passanten finden sie und rufen die Polizei. Sie sei vergewaltigt worden, sagt sie, von zwei Männern, mehrere Stunden lang. Sie hätten sie geschlagen und abwechselnd immer wieder genommen. Sie kann kaum sprechen. Es ist ihr eine Qual, den Beamten alle Einzelheiten des Geschehens schildern zu müssen. Ein Arzt untersucht sie, der Befund ist eindeutig: beiderseitige Penetration und gewaltspezifische Verletzungen am ganzen Körper. Die Presse berichtet in großer Aufmachung über den Fall.

Schon am nächsten Tag erscheint ein aufgeregtes Elternpaar bei der Polizei und gibt an, ihre beiden minderjährigen Töchter wären von vier Männern in einem Auto angehalten und zu einer Spazierfahrt eingeladen worden. Ihnen sei zwar nichts passiert, die Sache sei aber doch merkwürdig. Der Fahrer des Wagens hätte einen Schnurrbart getragen. Und er habe gesagt, er stamme aus Kanada und heiße Ernest Mattice.

Beim Durchkämmen von Hotellisten stößt die Polizei auf Mattice und nimmt ihn in Gewahrsam. Das sei der Mann, sagt Margaret Cyckose, als sie ihm gegenübergestellt wird. Ernest Mattice bestreitet das Verbrechen. In der besagten Nacht habe ihn der Hotelportier um sechs Uhr früh geweckt, er wäre die ganze Nacht im Bett gewesen, behauptet er. Der Portier bestätigt die Aussage. Dennoch wird Anklage erhoben, gestützt auf die klare Aussage des Opfers. Im Dezember 1936 beginnt der Prozess. Es sei kurz nach zwei Uhr nachts, meilenweit vom Hotel entfernt, geschehen, trägt die Verteidigung vor. Es sei in dieser knappen Zeitspanne einfach unmöglich, eine ausgedehnte Vergewaltigung zu begehen und dann um sechs Uhr im Hotelbett zu sein. Mattice könne deshalb nicht der Täter sein. Außerdem soll der Täter nach der Beschreibung glatt rasiert gewesen sein. Ernest Mattice habe jedoch einen großen Schnurrbart. Das müsste die Geschworenen eigentlich davon abhalten, einen Schuldspruch zu fällen. Doch der Richter verurteilt Mattice zu lebenslänglichem Zuchthaus.

Die Härte der Strafe überrascht selbst Mrs Cyckose. Sechs Geschworene bekommen Gewissensbisse und bitten den Richter, entweder das Urteil aufzuheben oder Mattice ein neues Verfahren zu gewähren. Doch der Richter ignoriert die Bitten. Am 4. Januar 1937 wird Mattice ins Staatsgefängnis von Colorado gebracht.

Die Polizisten Cooney und Williams sind allerdings keineswegs von seiner Schuld überzeugt. Ihnen ist aufgefallen, dass alle Vergewaltigungen der letzten Zeit nach dem gleichen Schema abgelaufen sind. Die Täter haben ihr Opfer stets in einem gestohlenen Auto entführt, das dann später irgendwo in der Stadt aufgefunden wurde. Die Beamten kommen auf die Idee, ihre Verbrecherkartei nach Autodieben durchzusehen. Sie stoßen auf die Brüder Frank und Robert Neill und stellen zu ihrer Überraschung fest, dass die Ähnlichkeit der beiden mit Ernest Mattice sehr groß ist. Sie vernehmen Frank Neill und erhalten schon nach kurzer Zeit ein Geständnis. Als wenn er sich damit brüsten wolle, sagt er verächtlich, Margaret Cyckose habe anfangs nicht gewollt und sich gewehrt. Deshalb sei sie mit Schlägen gefügig gemacht und von beiden ein paar Mal gewaltsam genommen worden. Aber schon einige Stunden später, als ihm bewusst wird, was er da eben gesagt hat, widerruft er seine Aussage. Es folgen weitere Verhöre und Frank Neill gesteht ein zweites Mal. Doch auch dieses Geständnis widerruft er nach ein paar Tagen wieder.

Margaret Cyckose, die Denver inzwischen verlassen hat, wird ausfindig gemacht und Frank Neill gegenübergestellt. Er steht in einer Reihe neben anderen Männern. Margaret tippt sofort auf ihn. Trotzdem leugnet Neill weiterhin. Er hätte der Polizei intime Einzelheiten erzählt, redet sie auf ihn ein, die nur sie beide kennen können. Sie wisse, dass er der Täter ist. Daraufhin gesteht Neill ein drittes Mal und diesmal endgültig. Er gibt nun auch den Namen seines Komplizen preis.

Sechs Monate nach seiner Verurteilung wird Ernest Mattice begnadigt. Colorado bewilligt ihm eine Entschädigung von 4000 Dollar für das Unrecht, das ihm angetan wurde. Dem Richter, der so falsch urteilte und die Bitte der Geschworenen unnachgiebig zurückwies, geschieht nichts. Er bleibt weiter im Amt.

Dr. Samuel Sheppard und der Biss in die Mörderhand (1954 – 1965)

Im US-Bundesstaat Ohio liegt am Südufer des Eriesees in der Nähe von Cleveland das kleine Städtchen Bay Village. Hier lebt im Jahr 1954 in einer komfortablen Villa am Seeufer der erfolgreiche und wohlhabende Arzt Dr. Samuel Sheppard. Er ist ein gut aussehender, großer Mann mit dunklen Haaren, verdient sehr gut, trägt maßgeschneiderte Anzüge und fährt einen teuren Sportwagen. Mit 30 Jahren ist er schon Leiter der neurochirurgischen Abteilung des Krankenhauses in Fairview Park. Die Leute mögen ihn nicht sonderlich. Sie wissen, dass er seine Frau Marilyn, die gerade ein Kind von ihm erwartet, mit seiner Geliebten Susan Hayes betrügt.

Am 4. Juli 1954 ruft er gegen sechs Uhr in der Frühe seinen Nachbarn und Freund, den Bürgermeister Spencer

Houk, an und bittet ihn, sofort zu ihm zu kommen. Ein Einbrecher habe ihn niedergeschlagen, berichtet er mit zitternder Stimme, und oben im Schlafzimmer läge seine tote Frau. Houk und der gleich darauf eintreffenden Polizei bietet sich ein grauenhaftes Bild. In dem blutbesudelten Bett liegt mit völlig zertrümmertem Schädel Marilyn Sheppard. Das Wohnzimmer ist durchwühlt, herausgezogene Schubladen befinden sich auf dem Fußboden und überall liegen verstreute Sachen herum. Aber es fehlen keine Wertgegenstände. Im Garten wird ein Beutel mit unbedeutenden Sachen gefunden, aber es gibt keinerlei Fußspuren. Im Haus finden sich keine fremden Fingerabdrücke, nur die der Bewohner. Dr. Samuel Sheppard blutet aus einer Kopfwunde. Er wird ins Krankenhaus gebracht und dort zum ersten Mal verhört. Er sagt, sie hätten am Abend Gäste gehabt. Er habe sich nicht wohl gefühlt und sich deshalb auf eine Couch gelegt. Dort sei er eingeschlafen. Am frühen Morgen wäre er durch einen Schrei geweckt worden. Als er schlaftrunken nach oben ins Schlafzimmer ging, sei ihm eine weiß gekleidete Gestalt entgegengekommen. Sie habe ihn niedergeschlagen und sei dann hinausgerannt. Am Seeufer habe er den Einbrecher eingeholt. Dann sei er durch einen harten Schlag auf den Kopf ins Wasser gefallen. Er habe sich mühsam ins Haus zurückgeschleppt und gleich seinen Nachbarn angerufen.

Niemand will diese Geschichte glauben. Für die Behörden und die Öffentlichkeit steht alsbald fest: Dr. Samuel Sheppard ist ein Mörder, der aus niedrigen Beweggründen und mit äußerster Grausamkeit seine ahnungs- und wehrlose Frau erschlagen hat. Am 30. Juli wird Sheppard verhaftet, am 18. Oktober beginnt der Prozess gegen ihn. Gleich drei Staatsanwälte vertreten die Anklage. Es gibt keine Beweise, die Mordwaffe wird nie gefunden. Es gibt auch keine Zeugen, keine Hinweise auf andere Täter. Sheppard besitzt ein gutes Motiv. Und die Kopfwunde kann er sich auch selbst beigebracht haben. Die Geschworenen sind von seiner Schuld überzeugt. Sie verurteilen ihn am 22. Dezember 1954 zu lebenslangem Zuchthaus. Alle gegen das Urteil eingelegten Rechtsmittel werden in allen Instanzen zurückgewiesen. Auch der Supreme Court ist nicht der Meinung, dass das Verfahren neu aufgerollt werden muss.

Ein Mann sieht das anders: Professor Dr. Paul Leland Kirk. Er ist Kriminalist und Ordinarius der Universität von Kalifornien. Er untersucht noch einmal den Tatort, studiert aufmerksam alle Untersuchungsprotokolle und stellt Folgendes fest: Im Schlafzimmer fanden sich große Blutlachen, die nicht vom Ehepaar Sheppard stammten. Die Blutgruppen wurden nie ermittelt. Im Gebiss von Marilyn waren zwei Zähne ausgebrochen, es fanden sich abgeplatzte Splitter und typische Bruchkanten. Im verzweifelten Abwehrkampf muss Marilyn den Täter gebissen haben, vermutlich in die Hand, was auch das fremde Blut erklärt. Der Körper von Dr. Sheppard wies keinerlei Bisswunden auf. Im Toilettenbecken war eine Zigarette ohne Mundstück gefunden worden, ein Polizeisergeant hatte sie achtlos hinuntergespült. Aber Marilyn rauchte nur Filterzigaretten und ihr Mann raucht gar nicht.

Nun wird in der Öffentlichkeit Kritik an den schlampigen Ermittlungen laut. Ist Dr. Sheppard Opfer eines Justizirrtums? Im Juli 1957 geschieht etwas Sensationelles. Ein 23-jähriger Berufsverbrecher namens Donald Joseph Wedler gesteht im Gefängnis von Florida den Mord an Marilyn Sheppard. Er erklärt, am Mordtage habe er sich in ein weißes Gewand mit Kapuze gehüllt, um in die Villa einzubrechen. Aus Versehen sei er in das Schlafzimmer geraten, sagt er. Dort habe er der erwachenden Marilyn Sheppard mit einem Bleirohr mehrere Hiebe auf den Kopf versetzt. Danach sei er kopflos geflohen. Er habe auch den ihn verfolgenden Ehemann verletzt und das Bleirohr dann in den See geworfen.

Doch die Behörden glauben ihm ebenso wenig wie den Erkenntnissen von Professor Kirk. Die amerikanische Justiz lässt den Fall auf sich beruhen, obwohl er weit über die Grenzen des Landes hinaus das Interesse der Presse und die Aufmerksamkeit der Öffentlichkeit erregt. Die Kritik, es handle sich um ein Fehlurteil, wird immer lauter. Daraufhin kommt es zu einer Art Kompromiss. Sheppard wird im Sommer 1965 nach elf Jahren Haft wegen guter Führung aus dem Gefängnis entlassen.

Der Fall bietet bis in unsere Tage Anlass zu Diskussionen. Der amerikanische Bestsellerautor Stephen King schreibt darüber eine Short Story und 1994 wird die Geschichte unter dem Titel *The Shawsbank Redemption* (*Die Verurteilten*) sogar verfilmt.

Der Mord an John F. Kennedy (1963–1982)

Kaum ein Attentat in der jüngeren Geschichte hat die Gemüter der Menschen so erregt wie die Ermordung des 35. Präsidenten der USA nach nur zweijähriger Amtszeit an jenem Freitag, dem 22. November 1963, in der texanischen Metropole Dallas. Und um kaum ein Ereignis haben sich mehr Legenden gebildet als um das tragische Ende John F. Kennedys. Über seine Ermordung sind bisher mehr als 2 000 Bücher geschrieben worden. Der 1992 herausgekommene Film *JFK* wurde zu einem überwältigenden Kinoerfolg.

Der Präsident ist zusammen mit seiner Frau Jacqueline nach Dallas gekommen, um in diesem wichtigen Handelszentrum eine Rede zu halten. Als die Wagenkolonne gegen elf Uhr vormittags vom Flugplatz in das Stadtinnere fährt, hat man wegen des sonnigen Wetters das kugelsichere Dach von der Limousine des Präsidenten abgenommen. Als der Wagen um halb eins im Zentrum scharf und aus diesem Grund recht langsam von der Houston Street in die Elm Street abbiegt, fallen die tödlichen Schüsse. Der erste Schuss geht fehl. Die zweite Gewehrkugel, so die offizielle These, durchschlägt Schulter und Hals des Präsidenten und verletzt anschließend den vor ihm sitzenden Gouverneur Conally. Die dritte Kugel trifft Kennedys Kopf und führt zum Tode.

Nur wenige Minuten später wird der fliehende Lee Harvey Oswald als Täter festgenommen. Er bestreitet, die tödlichen Schüsse aus dem Fenster im sechsten Stock eines Schulbuch-Verlagsgebäudes abgegeben zu haben. Zwei Tage später wird er vor den laufenden Kameras zahlreicher Journalisten im Polizeigefängnis, als er in ein Bundesgefängnis überführt werden sollte, von dem Nachtclubbesitzer Jack Ruby erschossen. Die sofort vom nachfolgenden Präsidenten Johnson eingesetzte Warren-Kommission kommt zu dem Ergebnis, Oswald sei der Alleintäter gewesen. Die Regierung verfügt, sämtliche Dokumente dürfen erst 50 Jahre nach dem Mord freigegeben werden. Das heizt die Spekulationen zusätzlich an. Sie sind bis heute nicht verstummt. Im November 1983 sind 74 Prozent der Amerikaner der Meinung, dass es eine Verschwörung gab und Oswald nicht der alleinige Täter war. Die Kommission hätte viel gelogen, getäuscht und unterdrückt.

Irrte die Warren-Kommission tatsächlich? Ist ihre These falsch? Gab es noch einen weiteren Schuss von vorn durch einen zweiten Attentäter, von dem kleinen Grashügel der Straße in Fahrtrichtung der Limousine? Der Film eines zufälligen Augenzeugen zeigt, dass Kennedys Körper nach hinten kippte, nicht nach vorn. Kann ein Schuss in einer ungewöhnlichen Schussbahn aus 63 Meter Entfernung zwei Körper durchbohren? War der einzelgängerische Oswald nur ein unschuldiger Sündenbock ohne ein klares und nachvollziehbares Motiv? Hat er, der bei der Armee als mittelmäßiger Schütze bekannt war, mit einem Versandkatalog-Gewehr für 23 Dollar aus einem fast unmöglichen Winkel überhaupt drei derart präzise Schüsse auf ein fahrendes Ziel abgeben können? Kann die Kugel des zweiten Schusses wirklich einen Bogen geflogen sein und den Präsidenten zweimal, den Fahrer hernach noch dreimal treffen, wie behauptet wird? Später benutzt man hierfür, nicht ohne Ironie, den Begriff »magic bullet«. Hatten Fidel Castro, die Mafia, der sowjetische Geheimdienst oder gar der amerikanische ihre Hände im Spiel? War der Präsidentenmord ein Staatsstreich, ein gemeinsamer und weitverzweigter Komplott von CIA, FBI, des Pentagons und der Polizei von Dallas, weil Kennedy nach dem Desaster in der kubanischen Schweinebucht angeblich beschlossen hatte, die Geheimdienste zu entmachten und vielleicht sogar ganz aufzulösen?

Diese und einige weitere Fragen und nagende Zweifel sind bis heute nicht befriedigend geklärt. Möglicherweise wird es auch nie mehr eine letzte Gewissheit über Motive und Hintergründe der Tat geben, die schon jetzt mehr der Mythologie als der Geschichte anzugehören scheint.

Immerhin stellt eine weitere Untersuchung eines Kongressausschusses 1979 in seinem Abschlussbericht fest, dass die Warren-Kommission sehr schlecht gearbeitet hat und erheblichen Fehlschlüssen und Irrtümern erlegen ist. So hat die Warren-Kommission zum Beispiel einem Tonband keine besondere Bedeutung beigemessen, auf dem ein Polizist der Motorradeskorte der Kennedy-Kolonne rein zufällig alle Geräusche während des Attentats aufnahm. Experten führen jetzt akustische Tests durch. Sie hören auf dem Band vier Schüsse, zwei fast gleichzeitig. Dieser weitere Schuss legt die Vermutung auf einen weiteren Schützen nahe, denn Oswald konnte in der kurzen Zeitspanne mit seinem Gewehr unmöglich vier Schüsse abgegeben haben. Der Ausschuss hält deshalb eine Verschwörung tatsächlich für wahrscheinlich, ohne sie näher bestimmen oder erklären zu können. Allerdings kommt eine weitere Forschungsgruppe nach nochmaliger, sehr detaillierter Analyse des Tonbands 1982 zu dem Ergebnis, die Geräusche seien überhaupt keine Schüsse. Allein aufgrund der fehlerhaften Feststellungen der Warren-Kommission, Oswald sei der Alleintäter gewesen, scheint es gerechtfertigt, von einem Justizirrtum, ja von einem Justizskandal zu sprechen.

Die Ermordung von Martin Luther King (1968–1993)

Der Baptistenprediger Martin Luther King ist der bedeutendste Führer der schwarzen Minderheit in den Vereinigten Staaten. 1959 zum Dr. phil. promoviert, fordert er wie Gandhi den gewaltfreien Umbau der Gesellschaft. Vor dem Abraham-Lincoln-Denkmal in Washington hält er 1963 vor Hunderttausenden seiner Anhänger die berühmt gewordene Rede »I have a dream«. Im Oktober 1964 erhält er den Friedensnobelpreis. Fortan bedrohen ihn weiße Rassisten ebenso wie schwarze Militante. Am

4. April 1968 kommt er nach Memphis in Tennessee, um die seit zwei Monaten streikenden 1300 Müllmänner der Stadt zu unterstützen. Er steht im Hotel »Lorraine« im zweiten Stockwerk auf dem Balkon seines Zimmers und bespricht mit seinen Mitarbeitern die Pläne für die bevorstehende Demonstration. Den Rücken hat er der Straße zugekehrt. Da fällt plötzlich ein Gewehrschuss, abgefeuert aus dem Badezimmer einer 70 Meter entfernt gelegenen Pension. Die Kugel trifft King in den Hals und ist tödlich. Zeugen beschreiben den Schützen als einen groß gewachsenen Weißen mit spitzer Nase und sandfarbener Haut.

Als die Polizei kurz darauf am Tatort eintrifft, findet sie ein Gewehr, eine Remington 30.06, mit Fingerabdrücken. Warum hat der Täter die Tatwaffe zurückgelassen? Ein Vergleich mit gespeicherten Tätermerkmalen ergibt schnell: Die Abdrücke stammen von James Earl Ray, einem Kriminellen, der der Polizei seit längerem wegen zahlreicher kleinerer Delikte bekannt ist. Eine Großfahndung läuft an. Ray erfährt, dass er gesucht wird, und flieht. Nach Monaten kann er auf dem Londoner Flughafen Heathrow festgenommen werden. Er wird wegen Mordes angeklagt und einer der berühmtesten Anwälte Amerikas, Percy Foreman, nimmt sich des Falles an. »Wenn Sie nicht gestehen, landen Sie auf dem elektrischen Stuhl!«, erklärt er ihm. »Ein Geständnis verbessert Ihre Lage erheblich.« Ray befolgt den Rat und wird sofort, ohne Verhandlung, von der aus zehn Weißen und zwei Farbigen bestehenden Jury zu 99 Jahren Haft verurteilt.

Drei Tage später widerruft er das Geständnis und verlangt einen neuen Prozess. Er sei das Opfer einer Verschwörung, sagt er. Der Mord sei ihm angehängt worden. Als er 1967 auf der Flucht vor der Polizei war, hätte er von einem Mann namens Raoul einen gefälschten Pass bekommen. Dafür habe er ihm ein Gewehr abkaufen müssen, eine Remington 30.06, die er für einen Kunden nach Mexiko schmuggeln sollte. Im Hotel »Lorraine« sollte er auf weitere Anweisungen warten. Als der Schuss fiel, habe Ray gerade einen Reifen an seinem Ford gewechselt. Er betont, er habe Martin Luther King nicht getötet. Hätte er es getan, wäre er sicher nicht so dumm gewesen, seine Fingerabdrücke auf der Waffe zu lassen. Er hätte sich die Fingerkuppen mit Heftpflaster abgeklebt, wie es Profikiller machen. Geflohen sei er nur, weil er noch wegen anderer Delikte gesucht wurde.

Eine abenteuerliche Geschichte. Doch immer mehr Leute glauben sie. Rays Papiere sind so perfekt gefälscht, dass ihm offenbar echte Profis geholfen haben müssen. Sein neuer Anwalt stöbert eine Zeugin auf, die behauptet, kurz nach dem Mord dem Expolizisten Lloyd Jowers begegnet zu sein. »Er hielt ein Gewehr in den Händen und sah völlig verstört aus«, gibt sie zu Protokoll. Als die Zeitungen über den neuen Entlastungszeugen berichten, stellt er sich freiwillig der Polizei und gibt zu, tatsächlich mit dem Attentat zu tun zu haben. Aber er habe nicht geschossen, sagt er, sondern nur den Mörder angeheuert, wie seine Auftraggeber es ihm befohlen hätten. Er werde alles aussagen, wenn ihm Straffreiheit zugesichert würde. Das lehnt der Staatsanwalt jedoch ab.

Wenig später meldet sich ein Reporter der *New York Times* und bekundet, er habe kurz nach der Tat einen Mann im Gebüsch verschwinden sehen. Das FBI ist nicht bereit, dieser Spur nachzugehen. Der Reporter wird nicht einmal vernommen. Es kommt heraus, dass die Bundespolizei Ray schon längere Zeit observiert hat, auch am Mordtag. Sie versuchte von Anfang an, die Einzeltäterthese durchzusetzen, und übte auch Druck auf das Justizministerium aus, diese These zu unterstützen. Es meldet sich auch ein Zeuge namens Cowden, der beschwören will, Ray zur Tatzeit an einer Tankstelle beim Wechseln eines Reifens gesehen zu haben.

Im Sommer 1978 befasst sich ein Sonderausschuss des amerikanischen Kongresses mit dem Fall. Alle Zeugen und auch Ray selbst sollen noch einmal vernommen werden. Kurz vor Beginn dieser Untersuchung gelingt Ray jedoch etwas, was Experten für unmöglich gehalten haben. Er kann aus dem Hochsicherheitsgefängnis von Tennessee entkommen. Allerdings nicht aus eigenem Entschluss, sondern mit Hilfe Dritter. Ray ist eventuell auch entführt worden, damit er nicht vor dem Ausschuss aussagen und das FBI und andere Personen belasten kann. Doch nach vier Tagen wird er wieder eingefangen.

Aber die Stimmen, die in Ray das unschuldige Opfer eines Komplotts sehen, verstummen nicht. Das Buch *Wer hat Martin Luther King ermordet? Die wahre Geschichte eines für unschuldig befundenen Mörders* sorgt für neues Aufsehen. Am 4. April 1993, nachdem Ray bereits 25 Jahre im Gefängnis sitzt, geschieht etwas absolut Einmaliges in der amerikanischen Rechtsgeschichte. Am 25. Todestag von Martin Luther King bildet sich aus ehemaligen prominenten Richtern und pensionierten Anwälten in Memphis ein fiktives Schwurgericht und führt in einer aufwendigen Simulation das gesamte Strafverfahren gegen Ray neu durch. Das britische Fernsehen überträgt die Verhandlung live aus dem Gerichtssaal und Ray ist per Video zugeschaltet. Die zur Hälfte aus Farbigen bestehende Jury befindet den Angeklagtem für »nicht schuldig«.

Doch an dem tatsächlichen Urteil ändert dieser Pseudoprozess nichts. Ray bleibt hinter Gittern und wird auch nicht begnadigt. Nach 30 Jahren Haft stirbt er am 23. April 1998 im Gefängnis an einer Leberzirrhose. Ein Jahr zuvor, am 3. März 1997, hat das deutsche Nachrichtenmagazin *Der Spiegel* in einem Bericht geschrieben: »Es gibt Indizien für die ungeheuerliche Vermutung, dass der Farbigenführer Opfer eines Komplotts geworden ist, ein gedungener Killer ihn umgebracht hat. Und womöglich geschah das im Auftrag des FBI ...«

Mullin und die »Rettung Kaliforniens« (1972/1973)

Herbert William Mullin ist zunächst ein fähiger Schüler und Mitglied in der Athletikmannschaft von Santa Cruz. Dann nimmt er verschiedene Drogen und hört imaginäre Stimmen, die ihm den Befehl erteilen, Kalifornien vor einem katastrophalen Erdbeben zu retten. Das könne nur durch Menschenopfer geschehen, sagen ihm die Stimmen. Eine paranoide Schizophrenie beginnt von ihm Besitz zu ergreifen.

Am 13. Oktober 1972 täuscht er eine Autopanne vor und erschlägt einen Tramper mit einem Baseballschläger. Kurz darauf ersticht er eine Studentin und weidet sie mit bloßen Händen aus, weil die Stimmen ihm befehlen, anhand der Organe den Grad der Umweltbelastung zu untersuchen. Als er in der Kirche beichtet, glaubt er zu hören, wie sein Beichtvater ihn auffordert, ihn zu töten. Er bringt ihn in der Kirche um. Bei seinem nächsten Mord im Februar 1973 beobachtet ihn ein Zeuge. Mullin wird von der Polizei gefasst und gesteht weitere Morde an einem verheirateten jungen Paar, zwei älteren Männern, vier Teenagern sowie einer Mutter und ihren zwei Kindern.

Die Anklage lautet auf zehnfachen Mord. Ein Gutachter bescheinigt ihm eine akute paranoide Schizophrenie. Dennoch verurteilt ihn das Gericht von Santa Cruz County zu einer lebenslänglichen Haftstrafe, statt ihn für unzurechnungsfähig zu erklären und in eine Heilanstalt einzuweisen. Das Fehlurteil wird nicht revidiert. Mullin verbüßt zurzeit seine Strafe im Gefängnis von San Quentin.

Taylor ist »nicht gemeingefährlich« (1972–1975)

Die kriminelle Karriere des Maschinisten Gary Addison Taylor aus Michigan beginnt mit einem Fehlurteil. Mit 18 Jahren schlägt er in Florida eine Frau mit einem Schraubenschlüssel nieder. Das Gericht spricht ihn jedoch frei, der Beginn einer Kette schlimmer juristischer und medizinischer Irrtümer, die es ihm ermöglichen, über Jahre schreckliche Verbrechen zu begehen. Im Alter von 21 Jahren kauft sich Taylor ein Gewehr und schießt damit in Detroit wahllos auf Frauen. Zwei werden schwer verletzt. Während des Gerichtsverfahrens bescheinigt ihm ein Psychiater eine »unbegrenzte Feindseligkeit gegenüber Frauen«. Im Gutachten steht der warnende Satz: »Sie macht es wahrscheinlich, dass er eines Tages eine Frau ermordet.« Die Jury erklärt Taylor für nicht zurechnungsfähig und weist ihn ins Ionia State Hospital in Michigan ein. Nach drei Jahren wird er in eine Klinik nach Detroit verlegt, die ihm einige Freizügigkeiten gewährt. Er darf die Anstalt tagsüber sogar verlassen. Taylor nutzt die Freigänge sofort für neue Verbrechen. Er späht allein stehende Frauen aus, dringt in ihre Wohnungen ein, vergewaltigt die Opfer und raubt sie aus. Ein neues Strafverfahren findet nicht statt. Taylor wird lediglich in die geschlossene Abteilung des Ionia State Hospitals zurückverlegt.

Hier verbringt er einige Jahre, bis der Leiter des Michigan Center für Forensische Psychiatrie ein neues Gutachten über Taylor erstellt. Er stellt »keine behandelbare psychische Erkrankung« fest, sondern nur »eine charakterliche Verwahrlosung«. Und dann folgt der verhängnisvolle Satz: Taylor sei »nicht gemeingefährlich«. Taylor wird entlassen. Er heiratet und zerstückelt gleich darauf vier Frauen. Die Körperteile vergräbt er im Vorgarten seines Hauses. Dann zieht das Ehepaar in den Bundesstaat Washington um und er ermordet weitere Frauen, deren Leichen er ebenfalls hinter seinem Haus verscharrt. Nach zwei Jahren trennt Taylor sich von seiner Frau und geht nach Texas. In Houston vergewaltigt er einige Frauen mit äußerster Brutalität. Auch eine schwangere 16-Jährige wird sein Opfer. Nach dem Mord an einer Go-go-Tänzerin nimmt die Polizei ihn fest. Im Verhör gesteht er sieben Morde und sechs Vergewaltigungen. Während des Strafverfahrens widerruft er die Geständnisse. Doch das beeindruckt die Jury nicht. Sie hält ihn für voll zurechnungsfähig und verurteilt ihn zu einer lebenslangen Haftstrafe.

Joseph Kallinger und die Stimme Gottes (1972–1976)

Die Kindheit von Joseph Kallinger aus Philadelphia ist ein einziges Martyrium. Seine Eltern quälen und misshandeln ihn. Als er selbst erwachsen ist und Kinder hat, macht er es ganz genauso. Er foltert im Januar 1972 seine älteste Tochter fast zu Tode, nachdem sie von zu Hause ausgerissen war. Die Verletzungen sind so schlimm, dass ihn die Polizei wegen Kindesmissbrauchs festnimmt. Kallinger wird vor Gericht gestellt, das den Prozess jedoch nicht fortführt, weil der Angeklagte nicht verhandlungsfähig ist.

1975 hört Kallinger ständig Stimmen. Er meint, die Stimme Gottes zu hören, die ihm befiehlt, junge Knaben zu töten und ihnen die Geschlechtsteile abzutrennen. Sein zwölfjähriger Sohn Michael muss ihm bei seinem ersten Sexualmord an einem neunjährigen Jungen aus Puerto Rico helfen. Ein anderer seiner Söhne bezichtigt ihn des sexuellen Missbrauchs. Kallinger erstickt ihn in einem leer stehenden Haus, ohne dass er bei der Polizei in Verdacht gerät. Da er zuvor eine Lebensversicherung abgeschlossen hat, kassiert er für den Tod seines Sohnes eine hohe Summe.

Am 8. Januar 1975 geben er und sein Sohn Michael sich als Vertreter aus und dringen in ein Haus in New Jersey ein. Die acht Hausbewohner sind stundenlang grässlichen Folterungen und sexuellen Perversionen ausgesetzt. Kallinger fordert eine 21-Jährige auf, einem anderen Mann das Glied abzubeißen. Sie weigert sich standhaft. Kallinger tötet sie durch mehrere Stiche mit seinem Messer und hat dabei einen Orgasmus.

Nach diesen Gräueltaten wird Kallinger endlich gefasst. Während der Verhöre hat er Schaum vor dem Mund. Er behauptet, mit Gott in Verbindung zu stehen. Für die Taten macht er »Charlie« verantwortlich, sein anderes Ich. Obwohl er offensichtlich nicht zurechnungsfähig ist, verurteilt ihn der County Court Bergen in New Jersey am 14. Oktober 1976 zu einer lebenslänglichen Haftstrafe. Angesichts der schweren psychopathischen Störungen muss die Entscheidung als Fehlurteil bezeichnet werden.

Erst als Kallinger im Frühjahr 1977 seine Gefängniszelle in Brand steckt, wird er in eine psychiatrische Anstalt eingewiesen. Das Urteil bleibt aber bestehen. Dort versucht er, sich das Leben zu nehmen. Im Mai 1978 verlegt man ihn in eine Klinik für psychisch gestörte Kriminelle nach Pennsylvania, wo er im März 1996 mit 59 Jahren nach einem Herzanfall stirbt.

Die »Ford Heights Four«
(1978–1999)

Ford Heights in Chicago ist einer der ärmsten und mehrheitlich von Schwarzen bewohnten Vororte der USA. Am 12. Mai 1978 wird dort die 23-jährige Carol S. vergewaltigt und anschließend zusammen mit ihrem Verlobten aus kürzester Distanz mit Kopfschüssen getötet. Beide haben bis in die Nacht auf einer Tankstelle gearbeitet, als plötzlich ein Auto mit vier Männern vorfuhr, die sie kidnappten und zum Tatort brachten. Während die Polizei am nächsten Morgen den Platz sichert und absperrt, stehen vier schwarze Männer in der Nähe und sehen neugierig zu. Es sind die miteinander befreundeten J., W., A. und R.

Wenig später sitzen alle vier Männer im Verhörzimmer des Polizeidistrikts von East Chicago. Ihre Vorstrafen sind unbedeutend. J. ist den Behörden als Haschkonsument bekannt und W. hat vor einiger Zeit Süßigkeiten gestohlen. Die Vernehmungsbeamten haben gegen sie nichts in der Hand. Aber Lieutenant V., der Leiter der Ermittlungen, hat seinen Leuten eingeschärft, den Fall zügig aufzuklären und die Täter schnellstens zu finden und zu überführen. Da meldet sich ein 36-jähriger Saxophonspieler namens M. bei der Polizei und behauptet, die vier Beschuldigten in der Mordnacht am Tatort gesehen zu haben. Er habe sich in dieser Nacht im Fernsehen *Kojak* angeschaut, sagt er. Dann habe er etwa eineinhalb Stunden lang selbst komponierte Musik gespielt. Als er danach Schüsse gehört habe, sei er zum Fenster gegangen und habe einen roten Toyota wegfahren sehen. Später, nach der Aufdeckung des Justizskandals, wird M. behaupten, für seine Falschaussage von den Behörden bezahlt worden zu sein.

Schon drei Tage später werden die vier verhafteten Männer wegen Mordes angeklagt, die Staatsanwaltschaft fordert die Todesstrafe für sie. In der Tagespresse werden die Angeklagten bereits als Mörder porträtiert. Die Anklage stützt sich weitgehend auf die Aussage einer weiteren Kronzeugin. Die 17-jährige G. erklärt, sie sei sogar bei der Tat dabei gewesen. Sie habe etwa eine halbe Stunde mit einem Bic-Feuerzeug Licht gemacht, während W. und R. die junge Frau mehrmals vergewaltigt hätten, gibt sie zu Protokoll. »A. habe währenddessen ihren Verlobten festgehalten. Anschließend habe W. beide in den Kopf geschossen. Der Verteidiger Archie W. versäumt es, auf die Widersprüche in den Aussagen der beiden Kronzeugen hinzuweisen. Er hätte zum Beispiel herausfinden können, dass die *Kojak*-Sendung in der Mordnacht um 0.50 Uhr zu Ende gewesen und nach M.s Schilderung der Blick aus dem Fenster um 2.30 Uhr erfolgt ist, zu einer Zeit, als die beiden Getöteten nachweislich noch am Leben waren. Und die Aussage von G. konnte auch nicht stimmen. Denn die Temperatur eines Bic-Feuerzeuges erhitzt sich in wenigen Minuten auf etwa 300 Grad, so dass man es brennend höchstens zehn Minuten in der Hand halten kann. Niemand konfrontiert die Jury mit diesen Unstimmigkeiten. Nach nur fünfwöchiger Prozessdauer verurteilt sie W. und J. zum Tod durch die Giftspritze und R. zu lebenslänglicher und A. zu 75 Jahren Haft.

Die vier Männer sitzen 18 Jahre lang im Gefängnis, zwei von ihnen in der Todeszelle, die jederzeit mögliche Hinrichtung ständig vor Augen. Da wird 1996 durch Zufall ein geheimer und bisher unter Verschluss gehaltener Polizeibericht vom 17. Mai 1978 gefunden. Er enthält schwerwiegende Hinweise auf eine andere Spur. Ein Mann hat vier andere vorbestrafte und mit Namen genannte Männer beschuldigt, den Mord begangen zu haben. Er hat die Täter gesehen und auch das Auto, einen Buick 225, in dem sechs Personen ohne Probleme sitzen können, was bei einem Toyota kaum möglich ist. Die Polizei hat diese Spurenakte geschlossen, ohne den Hinweisen nachzugehen. Als dieser Skandal jetzt aufgedeckt wird, werden die wahren Täter schnell gefasst. Sie gestehen ihr Verbrechen. Außerdem wird ein DNA-Test durchgeführt, der anhand des bei der Frauenleiche gefundenen Spermas eindeutig beweist, dass es nicht von den vier Verurteilten stammt. Am 2. Juli 1996 hebt ein Gericht die Urteile auf, 18 Jahre, 1 Monat und 23 Tage nach ihrer Verhaftung kommen die »Ford Heights Four« endlich frei.

Im März 1999 spricht der Bundesstaat Illinois, in dem Chicago liegt, den vier Männern 36 Millionen Dollar Schadensersatz zu.

Der »Schlafzimmer-Schläger« (1979/1980)

Seit 1973 ereignen sich in den US-Staaten Alaska, Mississippi und North Carolina in regelmäßigen Abständen Sexualverbrechen, die alle nach demselben Schema ablaufen: Der Täter dringt nachts in die Wohnung allein stehender junger Frauen ein, schleicht sich ins Schlafzimmer, fällt über die Opfer her, vergewaltigt sie, meist mehrfach, und schlägt sie anschließend tot. Die Verbrechen erregen großes Aufsehen in der Öffentlichkeit. Die Presse berichtet in Schlagzeilen darüber und nennt den Gesuchten den »Bedroom Basher«, den »Schlafzimmer-Schläger«.

1979 wird eine 21-jährige schwangere Frau überfallen. Als Folge der Vergewaltigung verliert sie ihr Kind und liegt aufgrund der erlittenen Verletzungen mehrere Monate im Koma. Als sie ihr Bewusstsein wiedererlangt, beschuldigt sie ihren Ehemann Kevin Lee Green, die Tat begangen zu haben. Der Mann wird verhaftet und angeklagt. Obwohl Green die Anschuldigungen energisch bestreitet, verurteilt ihn das Gericht wegen versuchten Totschlags. Ein Fehlurteil, wie sich herausstellt. Green sitzt 17 Jahre unschuldig im Gefängnis und wird erst 1997 rehabilitiert, als der wahre Täter ermittelt werden kann.

Im Frühjahr 1980 hat man nach der Vergewaltigung eines 13-jährigen Mädchens den Marineinfanteristen Gerald Parker gefasst und verurteilt. Mit Hilfe der in der Verbrechensbekämpfung gerade eingeführten DNA-Analyse gelingt es den Ermittlern, den im Avenal-State-Gefängnis von Central Valley einsitzenden Parker mit sechs bisher ungeklärten Morden in Zusammenhang zu bringen. Sie ereigneten sich immer dort, wo er stationiert war. Das Beweismaterial ist schließlich so erdrückend, dass Parker die Morde und Vergewaltigungen gesteht, auch die Tat an Greens Ehefrau.

Der »Kannibale von Milwaukee« –
der Fall Jeffrey L. Dahmer (1988–1992)

Die familiären Bedingungen, unter denen der 1960 gebo-rene Jeffrey Lionel Dahmer aufwächst, tragen viel dazu bei, dass er einer der berüchtigtsten und grausamsten Massenmörder wird, die die amerikanische Kriminalge-schichte nach dem Zweiten Weltkrieg kennt. Seine Mut-ter ist psychisch krank. Sie hat hysterische Anfälle und liegt danach tagelang apathisch im Bett. Sein Vater ist Chemiker und verbringt die meiste Zeit mit wissen-schaftlichen Studien und Versuchen in seinem Labor. Der kleine Jeffrey fühlt sich einsam und allein gelassen. Manchmal sieht er seinem Vater zu, wie er auf der Straße gefundene Tierkadaver in chemische Lösungen taucht, entbeint und anschließend konserviert. Später benutzt Jeffrey sein Wissen, um die Schädel seiner Opfer zu kon-servieren und die übrigen Leichenteile auf dem chemi-schen Wege zu entsorgen. Nachdem ein älterer Nachbar sich an ihm vergangen hat, wird Jeffrey immer stiller und in sich gekehrter. Die Eltern nehmen kaum Notiz davon. Sie lassen sich scheiden und der 18-jährige Jeffrey lebt nun für einige Zeit allein in dem Haus in Ohio. Er fängt an zu trinken und raucht Marihuana.

Im Juni 1978 steht der 19-jährige Student Stephen H. an der Landstraße und hält nach einem Autofahrer Aus-schau, der bereit ist, ihn mitzunehmen. Jeffrey hält an und lädt den jungen Mann zu sich nach Hause ein. Sie trinken gemeinsam einige Biere und rauchen ein paar Joints. Dann wird Jeffrey zudringlich und versucht, an seinem Gast sexuelle Handlungen vorzunehmen. Als dieser sich wehrt und die Annäherungsversuche zurückweist, er-schlägt ihn Jeffrey mit einer Hantelstange. Er vergeht sich an der Leiche, zerstückelt sie mit einem Küchenmesser und löst sie in einem Säurefass auf. Die Knochen zersplittert er mit einem Hammer und vergräbt sie unter dem Haus.

Jeffrey Dahmer wird zur Armee eingezogen und ist 1981 einige Zeit in Deutschland stationiert. Wegen seiner häufigen Alkoholexzesse wird er vorzeitig entlassen und kehrt zu seiner Großmutter nach Milwaukee zurück, wo er in einer Schokoladenfabrik arbeitet. Im September 1986 masturbiert er in aller Öffentlichkeit mitten auf der Straße und wird deswegen zu einer Bewährungsstrafe verurteilt. 1988 missbraucht er einen 13-Jährigen. Die Haftstrafe wird später ebenfalls zur Bewährung ausgesetzt, ein folgenschwerer Fehler. Jeffrey kommt frei und ermordet gleich darauf einen jungen Mann in seiner Wohnung. Als die Polizei die übel riechende Wohnung nach seiner Verhaftung durchsucht, stößt sie auf einige Menschenschädel im Eisschrank und im Bücherregal sowie Leichenteile in einem Säurefass. Sie findet jede Menge Fotos mit gefesselten, nackten jungen Männern und zerstückelten Körperteilen.

Im Verhör gesteht Jeffrey Dahmer 17 Morde an jungen Homosexuellen, Anhaltern und Herumtreibern. Er habe Sexualverkehr mit ihnen gehabt, sagt er zu den Beamten, auch, als sie schon tot waren. Von einigen habe er das Fleisch aus ihrem Gesäß gegessen. Die amerikanische Presse berichtet in Schlagzeilen vom »Cannibal of Milwaukee« und widmet dem Prozess, der im Januar 1992 vor dem Milwaukee County Court beginnt, große Aufmerksamkeit. Die Verteidigung plädiert auf »nicht schuldig« wegen Unzurechnungsfähigkeit. Zwei Sachverständige kommen zu dem Ergebnis, dass Jeffrey Dahmer schwer krank ist und an einer tiefen Persönlichkeitsstörung leidet. Die Jury spricht Dahmer dennoch schuldig und verurteilt ihn zu 15 lebenslangen Haftstrafen. Angesichts des medizinischen Befunds ein glattes Fehlurteil. Statt in eine geschlossene Psychiatrie kommt Dahmer in das Hochsicherheitsgefängnis von Wisconsin. Aber er sitzt dort nur zweieinhalb Jahre ein. Im November 1998 wird er im Waschraum von Mitgefangenen mit einer Hantelstange erschlagen.

Der »Happy Face Killer«
(1990 – 1995)

Zwischen 1990 und 1992 häufen sich in fast allen amerikanischen Bundesstaaten grausame Morde an Anhalterinnen. Nach dem Mord an der Tramperin Taunja Benett fasst die Polizei ein verdächtiges Pärchen. Im Verhör gibt die junge Frau den Mord zu. Sie wäre an der Tat beteiligt gewesen, sagt sie. Sie habe das Mädchen mit einem Strick stranguliert, während ihr Freund es vergewaltigt und anschließend getötet habe. Vor Gericht widerruft sie das Geständnis. Sie habe sich die Geschichte nur ausgedacht, um ihren Freund loszuwerden. Aber das Gericht glaubt ihr nicht und verurteilt sie zu mehreren Jahren Haft.

Inzwischen geht die Mordserie weiter. Der Polizei wird mehr und mehr klar, dass ein Serienkiller am Werke ist, ein Mörder, der sehr geltungssüchtig ist. Denn bei der Polizei gehen laufend Bekennerschreiben ein. Dem Text ist jeweils ein Strich-Gesicht vorangestellt. Fortan heißt der fieberhaft gesuchte Täter deshalb »Happy Face Killer«. Die Ermittler verhaften 1992 Keith Jesperson, einen aus Kanada stammenden ehemaligen Fernfahrer und Familienvater, der während der Verhöre die kaum fassbare Zahl von 166 Morden gesteht. Darunter ist auch der Mord an Taunja Benett.

Die Polizei findet bei Jesperson einige Gegenstände, die der Ermordeten gehörten. Damit ist klar, dass eine unschuldige Frau für diese Tat verurteilt worden ist. Dennoch wird sie erst im November 1995 aus der Haft entlassen.

Im Verlaufe des Mordprozesses widerruft Jesperson zwar die Geständnisse, aber zwei weitere Morde an Anhalterinnen in Oregon und Wyoming können ihm nachgewiesen werden. Er wird zu dreimal lebenslänglicher Haft verurteilt, die er zurzeit im Gefängnis von Cheyenne, US-Staat Wyoming, verbüßt. In einigen anderen Bundesstaaten sind noch weitere Mordverfahren gegen ihn anhängig, die mit einem Todesurteil enden können.

Fünf Kinder in der Badewanne ertränkt: Andrea Y. (2001–2003)

Die 36-jährige Andrea Y., von Beruf Kindergärtnerin, ist seit acht Jahren verheiratet. Aus der Ehe sind fünf Kinder hervorgegangen, ein Mädchen und vier Jungen. Die Familie lebt in einem Haus in Houston, Texas. Andrea leidet unter schweren Depressionen und Halluzinationen. So ist sie davon überzeugt, für ihre Kinder keine gute Mutter zu sein, weil die Kinder sich nicht gut entwickeln. Sie möchte sich dafür bestrafen. Die einzige Möglichkeit, das zu tun, sieht sie darin, alle ihre Kinder zu töten. Sie will sie vor ewiger Verdammnis retten und den Klauen des Satans entreißen. Im Juni 2001 lässt sie Wasser in die Badewanne ein und ertränkt darin zunächst den dreijährigen Paul. Dann legt sie ihn auf ein Bett und deckt ihn mit einem Laken zu. Anschließend tötet sie den zweijährigen Luke auf die gleiche Weise und legt ihn ebenfalls ins Bett. Dann ruft sie den fünfjährigen John ins Badezimmer und befiehlt ihm, in die Wanne zu steigen. Als er sich weigert, fasst sie ihn unter den Armen und drückt ihn mit dem Gesicht in das Wasser, bis er nicht mehr lebt. Sie legt ihn zu den anderen Leichen. Die sechs Monate alte Mary sitzt die ganze Zeit weinend auf dem Fußboden des Badezimmers. Jetzt wird sie ebenfalls gepackt und ertränkt. Andrea Y. lässt sie in der Wanne und ruft den siebenjährigen Noah ins Zimmer. Als er die tote Mary in der Wanne sieht, fragt er entsetzt, was denn mit seiner Schwester geschehen sei, und will wegrennen. Aber Andrea Y. holt ihn ein und zieht ihn mit Gewalt in die Wanne. Er wehrt sich heftig, wird aber immer wieder unter Wasser gedrückt. Der Kampf dauert über drei Minuten, dann ist auch er tot. Sie lässt seinen Körper in der Wanne und geht zum Telefon, um zunächst die Polizei und dann ihren Ehemann anzurufen, um ihnen mitzuteilen, dass sie soeben alle ihre Kinder getötet habe.

Einzelheiten dieses grausigen Geschehens und auch die angeblichen Gründe für ihre Tat hat Andrea Y. selbst so wiedergegeben, am 20. Juni 2001 in einem Gespräch mit dem Polizeisergeanten M., dokumentiert auf einem Tonband. Vor einem Schwurgericht wird Andrea Y. nur wegen der Morde an Noah, John und Mary angeklagt; die Morde an Luke und Paul bleiben einem späteren Verfahren vorbehalten. Das kann bedeuten, dass Andrea Y. zweimal wegen desselben Verbrechens vor Gericht stehen muss.

Einer ihrer Verteidiger, George P., sagt: »Sie wusste nicht, was sie tat!« Andrea Y. gesteht alle Morde, behauptet aber, geisteskrank zu sein. Deshalb plädiert die Verteidigung auf nicht schuldig. Einige Ärzte bescheinigen ihr eine Schizophrenie und hochgradige Depressionen. Sie hat bereits zweimal versucht, sich das Leben zu nehmen. Doch das texanische Recht lässt eine Nichtverurteilung wegen Geisteskrankheit nur dann zu, wenn die Jury glaubt, dass der Angeklagte tatsächlich geisteskrank ist und zur Zeit der Tat unfähig war, Recht von Unrecht zu unterscheiden. Der Gutachter der Anklage, Dr. D., bescheinigt Andrea Y. aber genau dies nicht. Er kommt vielmehr zu dem Ergebnis, dass sie sehr wohl wusste, dass sie das, was sie tat, nicht hätte tun dürfen. Die Jury des Schwurgerichts Houston, bestehend aus acht Frauen und vier Männern, berät drei Stunden und 40 Minuten über das Urteil und kommt dann zu dem Ergebnis, Andrea Y. sei des Mordes schuldig. Richterin H. verurteilt sie zu lebenslanger Haft. Wenn Andrea Y. nicht geisteskrank sei in diesem Staat, sagt ihr Verteidiger P. nach dem Urteil, dann sei es niemand.

Weite Teile der amerikanischen Öffentlichkeit sind empört über dieses Urteil und halten es für einen Justizirrtum. Andrea Y. hätte nicht verurteilt werden dürfen, sondern in eine Heilanstalt eingewiesen werden müssen. Für ihre offensichtliche Geisteskrankheit spricht schon allein, dass sie für die Tötung ihrer Kinder kein Motiv hatte – außer eben die von ihr angegebene Angst vor ewiger Verdammnis. Vieles spricht dafür, dass dieses Urteil, gegen das noch die Revision möglich ist, ein Fehlurteil ist. In Amerika schließt die Revision alle Möglichkeiten einer Tatsacheninstanz ein. Im März 2003 erklärt einer der Verteidiger, Wendell O., das Verfahren vor dem Court of Appeal würde wahrscheinlich noch in diesem Jahr stattfinden. Die Familie habe einen Betrag von 50 000 Dollar gesammelt, um es zu ermöglichen; auch viele anonyme Spenden seien darunter. Man wolle vor allem das Gutachten der Anklage angreifen. Es ist daher wahrscheinlich, dass ein Justizirrtum festgestellt wird, der durch ein neues Urteil behoben werden muss, so dass Andrea Y. ihr weiteres Leben nicht in einer Gefängniszelle verbringen wird, sondern in einer Anstalt für Geisteskranke.

Justizirrtümer in verschiedenen Ländern

Der Mysterienprozess von Athen
(415 v. Chr.)

Athen rüstet zum Krieg. Im Jahr 415 v. Chr. ist die Flotte bereit, auszulaufen und erst Syrakus und dann ganz Sizilien zu erobern. Die Athener träumen davon, mit dieser reichen Insel als Nachschubbasis die nordafrikanische Küste bis zu den Säulen des Herakles (Gibraltar) zu unterwerfen und das gesamte westliche Mittelmeer zu beherrschen. Aber als Demostratos dieses Vorhaben als Antrag in der Volksversammlung einbringt, sind die Meinungen geteilt. Viele halten es für waghalsig und unklug, denn an der Grenze steht ein boiotisches Heer und auch spartanische Truppenbewegungen sind beobachtet worden. Nur eine knappe Mehrheit billigt die Expedition. Zu den Leitern des großen Unternehmens werden die Anführer der beiden Parteien bestimmt, Alkibiades und Nikias, und ein Militärstratege, der bewährte Feldherr Lamachos. Während in der Volksversammlung noch gestritten wird, feiern die Athenerinnen ein Frühlings- und Fruchtbarkeitsfest mit dem Tod und der Auferstehung des syrischen Gottes Adonis. Ihre rituellen Klagerufe hallen über die Agora und werden als böses Vorzeichen angesehen. Die Priester und Orakeldeuter erheben Einspruch gegen das kriegerische Unternehmen.

Doch alle Bedenken und Vorahnungen werden noch von einem Ereignis übertroffen. Als die Athener an einem Junimorgen des Jahres 415 v. Chr. erwachen, werden sie eines ungeheuerlichen Frevels gewahr: Die Gesichter aller Hermen sind zerschlagen! Nur die vor dem Hause des Andodikes ist noch unversehrt. Nur wenige Götter sind so beliebt wie Hermes, der Götterbote, der Beschützer der Wege und aller Hirten und Wanderer. Seit Jahrhunderten werden an den Wegen Mahlsteine errichtet, später Pfeiler oder Säulen mit dem Gesicht des Gottes und seinem befruchtenden Phallus. Fast vor jedem Haus in Athen und vor allem auf dem Marktplatz steht eine solche Herme, als Ausdruck der Frömmigkeit und als ein Stück alter Tradition. Nun sind diese heiligen Hermen geschändet!

Hinter einer Untat dieses Ausmaßes muss eine feste Absicht stehen, vielleicht sogar eine Verschwörung. Der Rat der Stadt beschließt, einen Untersuchungsausschuss einzusetzen. Zu dessen Leiter werden Peisandros, Charikles und Diognetos ernannt, sämtlich Intimfeinde von Alkibiades, den sie schon immer beseitigen wollten. Denn er steht ihrer Absicht, eine Oligarchie zu errichten, eine Herrschaft der Besten, im Wege. Sie lenken den Verdacht auf ihn. Aber Beweise fehlen. Alkibiades ist nichts nachzuweisen. Nun werden hohe Belohnungen ausgesetzt für jeden, der irgendein Vergehen gegen die Religion anzeigt. Den Denunzianten wird für den Fall, dass sie selbst an einer Tat beteiligt sind, Straffreiheit zugesichert. Während die drei Kommandanten für die sizilianische Unternehmung in der Volksversammlung die letzten Anweisungen erhalten, wird Alkibiades erneut beschuldigt. Er habe eine der heiligsten religiösen Handlungen, die nur den ehrwürdigsten Priestern vorbehalten ist, mit seinen Freunden in einem Privathaus nachgeahmt, wirft ihm ein Zeuge vor, ein Sklave, der dem Frevel angeblich beigewohnt hat. Er nennt die Namen von zehn vornehmen Männern, darunter den Befehlshaber der athenischen Reiterei.

Die Athener sehen jetzt in jedem Verstoß gegen die Religion auch einen Anschlag auf ihren Staat. Und dieser Vorwurf der Verletzung der Mysterien der Demeter wiegt schwer, viel schwerer als der der Verstümmelung der Hermen. Zweimal im Jahr, im Frühling und im Herbst, werden die heiligen Handlungen in Eleusis zu Ehren der großen Erdmutter und Fruchtbarkeitsgöttin, der Beschützerin des Getreideanbaus, vollzogen. Sie sind nur wenigen Eingeweihten vorbehalten, die dafür auf ein Weiterleben nach dem Tode hoffen dürfen. Die Gläubigen ziehen jeweils in großen Prozessionen an den heiligen Ort. Die eleusischen Mysterien sind ein Staatskult und ein Vergehen gegen ihn richtet sich sogleich gegen den Staat. Es ist ein todeswürdiges Verbrechen.

Die zehn Männer werden angeklagt. Acht fliehen aus Athen und werden in Abwesenheit zum Tode verurteilt, obwohl es keinerlei Beweise gibt, nur die fragwürdige Aussage eines gedungenen Sklaven. Einer versäumt die Flucht und wird sofort hingerichtet. Alkibiades, vorläufig geschützt durch sein Feldherrnamt, bestreitet jede Schuld und holt zum Gegenschlag aus. Er beschuldigt seinerseits eine Gruppe von Aristokraten des Mysterienfrevels. Darunter sind auch der Untersuchungsrichter Diognetos und einige Leute aus dem Freundeskreis von Sokrates.

Aber sein ärgster Feind, Androkles, erweitert vor Gericht die Anklage und beschuldigt Alkibiades, einen Staatsstreich zu planen. Um Unruhe zu stiften, trägt er vor, habe er auch die Hermen verstümmelt und bei einem Gelage die heiligen Mysterien nachgeahmt. Da die Flotte bereit zum Auslaufen ist, geht Alkibiades an Bord. Sie vereinigt sich bei der Insel Kerkyra (Korfu) mit weiteren Bundesgenossen und segelt dann mit insgesamt 136 Schiffen weiter nach Sizilien. Indessen geht in Athen der

Mysterienprozess weiter. Immer mehr Athener denunzieren den abwesenden Feldherrn. Eine vornehme Frau sagt als Zeugin aus, ein solcher Mysterienfrevel habe in Anwesenheit des Alkibiades auch im Haus des Charmides stattgefunden, eines Schülers von Sokrates. Zahlreiche Athener werden kompromittiert und die Bürgerschaft beginnt sich zu ängstigen. Denn immer mehr Bürger werden verhaftet und eingekerkert, darunter vor allem Personen aus dem Verwandten- und Bekanntenkreis von Alkibiades. Sobald der Herold die Agora betritt und die Ratsherrn zusammenruft, verlassen die Bürger eiligst den Platz, aus Angst festgenommen zu werden.

Nun findet sich auch ein Bürger namens Diokleides, der behauptet, die Hermenfrevler selbst bei der Tat beobachtet zu haben. Es seien etwa 300 Mann gewesen, sagt er, darunter Alkibiades. Sie seien in einer Vollmondnacht vom Dionysostheater hergekommen und hätten sich in kleine Gruppen aufgeteilt. Alkibiades habe den Zeugen erkannt und bestochen, nichts zu verraten. Er habe die vereinbarte Summe jedoch nie erhalten. Deshalb erstatte er jetzt Anzeige. Er nennt insgesamt 42 Namen, darunter auch zwei Ratsherrn, die daraufhin sofort zu den Spartanern fliehen. Während sich Diokleides als Retter Athens feiern lässt, bleibt der Rat nun, um sofort Urteile sprechen zu können, ununterbrochen versammelt und übernachtet auf der Akropolis. Die Reiterei wird zusammengezogen und die Bürgerwehr alarmiert. Man befürchtet einen Staatsstreich.

Jetzt zahlt sich die Gegenwehr von Alkibiades aus. Aufgrund seiner Anzeige sind nun auch Androkles selbst sowie die meisten seiner Verwandten unter den Gefangenen. Weinende Frauen kommen zu ihm, klagende Männer, und flehen ihn an, ihr Leben zu retten und die wahren Täter zu nennen. Androkles entschließt sich, die Gefährten seines eigenen Geheimbundes preiszugeben, der Denunziant selbst bleibt ja straflos. Euphiletos habe während eines Trinkgelages vorgeschlagen, die Hermen zu verstümmeln, sagt er vor dem Rat aus. Er wollte damit die Ausfahrt der Flotte verhindern und das Syrakus-Abenteuer vereiteln. Er sei gegen die Tat gewesen. Aber während seiner krankheitsbedingten Abwesenheit haben sie sie in der Neumondnacht ausgeführt. Die Beschuldigung des Diokleides, der von Vollmond gesprochen hatte, ist damit widerlegt. Er muss zugeben, gelogen zu haben. Alkibiades ist rehabilitiert und Diokleides wird hingerichtet.

Ein Schierlingsbecher für Sokrates
(399 v. Chr.)

Wann Sokrates geboren ist, wissen wir nicht genau, vermutlich um 470 vor Christus. Doch sein Todesjahr 399 steht exakt fest, weil er zu diesem Zeitpunkt nach einem Aufsehen erregenden und schriftlich überlieferten Prozess hingerichtet worden ist. Das geschieht in Athen, wo er auch den größten Teil seines Lebens als Philosoph und Lehrer verbringt. In den Augen seiner Frau Xanthippe ist er freilich mehr ein fauler Herumtreiber und Müßiggänger, der auf Märkten und in Sportarenen der Stadt meist barfuß herumspaziert und mit den Leuten schwatzt, statt den vom Vater erlernten Beruf des Steinmetzes auszuüben.

Sokrates' Lehre richtet sich auf das sittliche Handeln und das rechte Denken, das jeder Mensch aus sich selbst heraus entwickeln könne. Als unermüdlicher Querdenker macht er es den Menschen keineswegs leicht. Doch was den Zorn der Obrigkeit auf ihn lenkt, ist etwas anderes: Seine Lehren erschüttern die Ordnung des Staates, da sie das Sittliche aus dem einzelnen Menschen und seiner unbedingten Fähigkeit, Weisheit zu erlangen, heraus begründet und nicht auf die objektive Ordnung, den Staat, die Politik.

Die herrschenden Athener wollen ihn loswerden. Deshalb machen sie dem 70-Jährigen den Prozess. Sie klagen ihn der Leugnung der Staatsgötter und der Verführung der Jugend an. Sokrates verzichtet auf alle Versuche, seine Richter milde zu stimmen. Im Gegenteil, er reizt sie durch seine tapferen Verteidigungsreden sogar. Der Gerichtshof verurteilt ihn zum Tode durch den Giftbecher.

Der unschuldige Sokrates will seinen 50 athenischen Richtern nicht die historische Verantwortung für dieses Urteil abnehmen. Er lehnt das Anerbieten seiner Jünger ab, ihm zur Flucht aus dem Gefängnis zu verhelfen. Ohne Furcht vor dem Tode leert er den Schierlingsbecher.

Grausame Strafe für zwei römische Priesterinnen (216 v. Chr.)

Auch die Justiz im alten Rom hat Fehlurteile gefällt, wie das aus dem Jahr 216 v. Chr. überlieferte. Es ist kurz nach der totalen Niederlage der Römer bei Cannae ergangen und richtet sich gegen zwei Vestalinnen.

Die Vestalinnen sind die höchsten Priesterinnen Roms. Sie haben die Aufgabe, das ewige Herdfeuer im runden Tempel der Göttin Vesta auf dem Forum nicht ausgehen zu lassen. Es wird tatsächlich bis zum Jahre 394 n. Chr. von ihnen gehütet. Das Erlöschen des Feuers gilt als schlimmes Vorzeichen für den römischen Staat. Die Vestalinnen werden schon als kleine Mädchen in den Dienst eingeführt und müssen der Göttin 30 Jahre lang in strenger Keuschheit dienen. Danach können sie den Tempel verlassen und dürfen sogar heiraten. Ihr Ansehen ist groß, sie haben besondere Rechte und können sogar Todesurteile aufheben.

Ist Rom in Not, geraten die Priesterinnen jedoch schnell in den Verdacht, nicht tugendhaft gewesen zu sein und dadurch dem Staat geschadet zu haben. So werden sie auch nach der Niederlage gegen Hannibals Karthager verdächtigt, gesündigt zu haben. Zwei junge Vestalinnen werden der Unzucht bezichtigt und von einem Priesterkollegium verhört. Ihnen wird die Schuld an der Niederlage zugeschoben. Sie werden in einem schnellen Verfahren zum Tode verurteilt und lebendig begraben.

Die Majestätsprozesse unter Kaiser Tiberius (16–37)

Die erste Amtshandlung von Tiberius nach seiner Ernennung zum Nachfolger des Kaisers Augustus im Jahre 15 n. Chr. besteht darin, die so genannten Majestätsgesetze zu erneuern. Während früher in der Republik damit nur Verrat im Heer und Aufruhr unter den Bürgern geahndet werden konnten, werden sie nun auf jeden Fall konspirativer Handlungen angewendet, jetzt ist auch das Wort strafbar. Dieses »Maulkorbgesetz« dient auch späteren Staatsschutzgesetzen noch als Vorlage. »Kein Tag vergeht ohne Hinrichtungen, auch nicht die Feiertage«, beschreibt der Biograph Sueton (75–150) den Rechtszustand im Rom des Kaisers Tiberius. Und für den Geschichtsschreiber Tacitus (55–120) sind die 23 Regierungsjahre des Imperators ein Alptraum. »Ich reihe hier nur tyrannische Befehle, unaufhörliche Prozesse, das Verderben Unschuldiger und die immer gleichen Gründe ihres Untergangs aneinander«, schreibt er. Die Willkür eskaliert, die Todesmaschinerie verselbständigt sich und rottet in blutigen Exzessen fast den gesamten römischen Stadtadel aus.

Eine Anklage kommt in diesen Tagen schnell zustande. Einen Staatsanwalt kennt das römische Recht nicht. Ein Prozess wird nur dann eröffnet, wenn ein römischer Bürger als Ankläger auftritt. Jeder hat auf diese Weise die Möglichkeit, oft als Büttel der Obrigkeit, persönliche Gegner an den Pranger der Öffentlichkeit zu stellen und auszuschalten. Das Rechtssystem gerät völlig aus den Fugen.

Der Prototyp eines solchen Intriganten ist der Quaestor Caepio Crispinus. Auf sein Betreiben finden viele Schauprozesse statt. Einer der ersten ist im Jahre 16 das Verfahren gegen den Praetor Drusus Libo, der in der Gunst von Tiberius steht und oft zur kaiserlichen Tafel geladen wird. Plötzlich wird er jedoch beschuldigt, Umsturzpläne zu hegen. Man verdächtigt ihn der Konspiration mit Astrologen und Magiern, auf die der Kaiser, wie jeder im Lande weiß, überhaupt nicht gut zu sprechen ist. Zeugen sind bald gefunden, die gegen ihn aussagen. Die Sache bekommt staatspolitische Bedeutung, als der Senat mit einer Untersuchung der Anschuldigungen beauftragt wird. Der Praetor nimmt am Anfang das Verfahren überhaupt nicht ernst, doch dann erkennt er, dass er mit einem Todesurteil rechnen muss. Einen Tag vor der Urteilsverkündung nimmt er sich das Leben und kommt damit der öffentlichen Ächtung und dem Einzug des Familienvermögens zuvor.

Im Jahre 23 verfasst der Dichter Clutorius Priscus ein Trauergedicht auf den Tod des kaiserlichen Sohnes Drusus. Er hat es schon fertig, als der schwer kranke Drusus noch am Leben ist, und rezitiert es vor einigen Damen der Gesellschaft. Sicher nicht sehr taktvoll, aber unter Tiberius zugleich ein Verbrechen, das den angeklagten Dichter den Kopf kostet. Mamercus Scaurus schreibt in seiner Tragödie *Atreus* den Satz: »Der Herrscher Torheit muss man tragen.« Das wird ihm als Majestätsbeleidigung ausgelegt und er erleidet das gleiche Schicksal.

Besonderes Aufsehen erregt der Prozess gegen den kaiserlichen Gardepräfekten Aelius Seianus. Er ist einer der wenigen Menschen, denen der Kaiser vertraut. Er steht hoch in seiner Gunst. Sein Geburtstag wird öffentlich gefeiert und seine goldenen Büsten werden verehrt. Im Jahr 31 ist er mit Tiberius zusammen Konsul und manch einer traut ihm sogar zu, Nachfolger des Kaisers zu werden. Umso größer ist des Kaisers Enttäuschung, als man Seian öffentlich beschuldigt, sich des Kaiserthrons bemächtigen zu wollen. Am 18. Oktober 31 wird er in einem Schnellverfahren verurteilt und hingerichtet. Seine Leiche wird in den Tiber geworfen.

Daraufhin erlebt Rom eine Terrorwelle, für Seians Anhänger gibt es kein Entrinnen. Massenverfahren werden inszeniert und die Zahl der Selbstmorde steigt enorm. Der Terror ist erst zu Ende, als Tiberius am 16. März 37 im Alter von 78 Jahren stirbt. Es wird Staatstrauer angeordnet, doch das Volk ruft aufgebracht: »In den Tiber mit Tiberius!«

Der Prozess gegen Jesus Christus (um 30)

Über Jesus Christus sind mehr als 70 000 Bücher geschrieben worden, so viel wie über keinen anderen Menschen. Die Evangelisten der Bibel hielten Einzelheiten seines Lebens und Wirkens fest und die römischen Historiker Tacitus und Sueton haben über ihn ebenso berichtet wie der jüdische Geschichtsschreiber Flavius Josephus.

Doch über den Prozess gegen Jesus Christus ist nichts Schriftliches überliefert, nicht eine einzige Zeile. Es existiert weder ein authentischer Prozessbericht, noch gibt es römische Aktenvermerke, schriftliche Zeugenaussagen oder entlastende Dankesschriften von Kranken, denen Jesus geholfen hat. Hätte Pontius Pilatus, der in den Jahren 26 bis 36 n. Chr. römischer Prokurator in Judäa war und die Verurteilung zu verantworten hatte, nur wenige Sätze darüber aufgeschrieben, wären sie wohl zum wichtigsten Dokument der Weltgeschichte geworden. Aber Jesus war für die römische Besatzungsmacht nur einer von vielen unbedeutenden Aufrührern. So bleibt die Bibel die einzige Quelle für das, was wir über den wohl bedeutsamsten Prozess wissen, der je stattgefunden hat.

Jeder Jude hat von seinem zwölften Lebensjahr an die Pflicht, nach Jerusalem zu pilgern, um »den Altar Jahwes zu schauen«. Auch Jesus ist mit seinen Jüngern zum Passahfest in die Stadt Davids gekommen. Für Kaiphas, den jüdischen Hohepriester, bietet sich eine einmalige Gelegenheit, den Scharlatan, der behauptet, Gottes Sohn und König der Juden zu sein, vor Gericht zu stellen. Doch da alle Geschäfte und jede Gerichtsbarkeit während des sieben Tage dauernden Passahfestes ruhen, muss die Verhaftung und Verurteilung sehr schnell gehen und noch vor den Festtagen erledigt sein. Für die ganze Aktion bleiben nur zwölf Stunden. Jesus wird ergriffen und vor dem Sanhedrin, dem Hohen Rat – einer Art jüdischem Gerichtshof –, von dem Vorsitzenden Kaiphas verhört. Mit allen schon damals bekannten Methoden eines Schauprozesses, auch Schlägen und Folterungen, wird Jesus überführt. Falsche Zeugen belasten ihn und keiner seiner Jünger sagt für ihn aus.

Kaiphas will ein Todesurteil für Jesus. Doch Todesurteile sind jüdischen Gerichten von der Besatzungsmacht untersagt worden. Dass Jesus die Frage, ob er Gottes Sohn sei, bejaht hat, deutet der Hohe Rat als todeswürdige Gotteslästerung. Kaiphas führt Jesus Pontius Pilatus vor, dem römischen Statthalter der Provinz Judäa. Die Anklage lautet auf Anstiftung zum Aufruhr, denn den Römer interessiert die innerjüdische religiöse Fragestellung nicht. Pontius Pilatus führt das Verfahren korrekt durch. Er hält Jesus für nicht schuldig. Kaiphas' Beschuldigungen sind für ihn kein ausreichender Grund, Jesus wegen Volksverhetzung zu verurteilen.

Aber Pontius Pilatus steckt in einer schwierigen Lage: Der Kaiser in Rom verlangt von all seinen Statthaltern, für Ruhe und Stabilität in den Provinzen zu sorgen. Das ist gerade in Judäa eine heikle Aufgabe. Pilatus will unbedingt jeglichen Aufruhr vermeiden. Mit verschiedenen Urteilsoptionen, von der Freilassung Jesu bis zu dessen Geißelung, versucht er, das Todesurteil zu vermeiden. Aber die von Kaiphas und den jüdischen Pharisäern angestachelte und aufgeputschte Volksmenge gibt keine Ruhe und fordert die Todesstrafe für Jesus. Sie schreien: »Lässt du diesen los, so bist du des Kaisers Freund nicht!« (Johannes 19,12). Das ist eine gefährliche politische Drohung für den römischen Prokurator. Auf diese Weise unter Druck gesetzt, gibt er schließlich nach. Er verurteilt Jesus zum Tod am Kreuz, den Cicero »die grausamste und fürchterlichste Todesstrafe« nennt. Pilatus aber »nahm Wasser, wusch sich vor dem Volk die Hände und sagte: Ich bin unschuldig am Blute dieses Gerechten« (Matthäus 27,24).

Der Kreuzigung geht die Geißelung voran, 120 Stockschläge auf den entblößten Körper. Auf dem Weg zur Hinrichtungsstätte, dem nahe bei der Stadt gelegenen

Hügel Golgatha, trägt der Verurteilte eine Dornenkrone sowie den Querbalken des Kreuzes mit der spöttischen Inschrift »I.N.R.I.«, der lateinischen Abkürzung für »Iesus Nazarenus Rex Iudaeorum«, »Jesus von Nazareth, König der Juden«. Den ihm angebotenen Wein mit Myrrhe lehnt Jesus ab, er erträgt bei klarem Bewusstsein die Qualen der Nagelung. »Um die neunte Stunde«, nach unserer Zeiteinteilung etwa drei Uhr nachmittags, schrie Jesus laut »und verschied« (Markus 15, 34–37).

Dieser Justizmord hat Menschen bis ins 20. Jahrhundert hinein veranlasst, mit Revisionsanträgen zu versuchen, das Fehlurteil nachträglich aufzuheben. Im Juli 1972 wird vor dem Obersten Gerichtshof Israels ein Antrag auf ein Wiederaufnahmeverfahren gestellt. Das Gericht lehnt den Antrag mit der Begründung ab, es handele sich nicht um ein juristisches Problem, sondern um ein historisches.

Ritualmord in der Höhle von La Guardia? (1490/1491)

Im Jahre 1490 sind in Spanien viele Pilger nach Santiago de Compostela unterwegs. Deshalb ist der Gasthof in Astorga überfüllt. Der Wollhändler Benito Garcia, ein getaufter Jude, muss sich auf seiner Geschäftsreise ein Zimmer mit anderen Männern teilen. Während er schläft, durchsuchen sie seinen Rucksack und finden eine Hostie. Sie verdächtigen ihn, die Hostie gestohlen zu haben, um sie für üble jüdische Rituale zu benutzen. Gerüchte über derartige Hostienfrevel und rituelle Kindermorde sind in Spanien zu dieser Zeit an der Tagesordnung. Auch der Richter, vor den Garcia geschleppt wird, glaubt, dass er ein solcher Verbrecher sei. Als Garcia seine Unschuld beteuert, wird er ausgepeitscht. Dann steckt man ihm einen Knebel in den Mund und träufelt mit einem Trichter Wasser in seine Kehle. Dem Ersticken nahe, gesteht Garcia, ebenso zum Judentum zurückgekehrt zu sein wie sein Bruder Yucé und der 80-jährige Vater. Beide werden ebenfalls sofort ergriffen und ins Gefängnis von Segovia gebracht.

Dort erkrankt Yucé schwer. Im Fieberwahn erzählt er von einem Kindermord: Vor vier Jahren hätten ihm in La Guardia vier Männer anvertraut, sie hätten einen Christenjungen entführt und am Karfreitag gekreuzigt. Das ist ein Fall für die oberste Behörde, den Generalinquisitor Tomás de Torquemada, einen eifernden Fanatiker und Judenhasser, der sich zum Ziel gesetzt hat, die »Verunreinigung des Christentums« zu bekämpfen und alle Juden aus Spanien zu vertreiben. Er ist Beichtvater des Königs und seinem Namen geht der Schrecken voraus. In seinen 28 »Instruktionen« wird das Verfahren zum geheimen Gericht erklärt, gegen dessen Urteile es keine Berufung gibt. Angeklagte dürfen ohne Angabe von Gründen auf unbestimmte Zeit inhaftiert und Geständnisse dürfen durch Folterungen erpresst werden.

Wieder gesund, widerruft Yucé sein Geständnis. Daraufhin wird er für drei Monate in einen dunklen Kerker gesperrt, ohne dass irgendjemand mit ihm spricht. Dann setzt man das Verhör fort und beschuldigt ihn, selbst an der Kreuzigung des Kindes teilgenommen zu haben. Yucé bestreitet das heftig. Als Jude könne er gar kein Ketzer sein, verteidigt er sich. Er unterstehe nicht der Inquisition. Dennoch bleibt er weiterhin im Gefängnis. Dort findet er heraus, dass Benito Garcia in der Zelle unter ihm sitzt. Die Brüder unterhalten sich durch einen Spalt in der Decke. Garcia fragt, ob Yucé ein Messer oder eine Nadel habe, er wolle damit die Spuren seiner Beschneidung beseitigen. »Wenn du das versuchst, wirst du sterben!«, ruft ihm Yucé zu. Und Garcia antwortet, das sei immer noch besser, als bei lebendigem Leib verbrannt zu werden. Jedes Wort des Gesprächs wird von mithörenden Anwälten aufgezeichnet. Die Ankläger sehen darin ein Schuldgeständnis. Neue Verhöre folgen, bis Yucé zermürbt bereit ist, alles zu sagen, unter der Bedingung, dass ihm und seinem alten Vater nichts geschieht. Torquemada sagt das zu.

Yucé schildert nun, wie fünf Männer das Kind angeblich entführt, gefoltert und, mit einer Dornenkrone gekrönt, gekreuzigt hätten. Er gesteht, er wäre dabei gewesen, wie sie dann das Herz des Kindes aus der Brust geschnitten und zu einem Zauberer nach Zamora gebracht hätten, der daraus ein Gift herstellte. Mit diesem Gift sei die Hostie getränkt worden, um damit möglichst viele Christen und auch den Großinquisitor zu töten.

Torquemada hat sein Ziel erreicht. Der Ritualmord ist nun für ihn erwiesen und das Tribunal wird zum Schauprozess. Alle Juden werden als gefährliche Volksschädlinge dargestellt, die vertrieben oder ausgerottet werden müssen. Einige Jahre später ergehen entsprechende königliche Befehle für die Tötung von Juden.

Garcia, Yucé und ihr Vater werden zum Tode verurteilt, obwohl sie ihre Geständnisse widerrufen. Ihre grausame Hinrichtung findet am 16. November 1491 in Ávila statt.

Der verschwundene Hirte (1913 – 1927)

In Spanien im Jahre 1910 verschwindet der Hirte Grimaldo urplötzlich spurlos von der Bildfläche. Auch seine Kollegen Gregorio Kalero und Leon Sanchez wissen nicht, wo er ist. Sie geraten alsbald in Verdacht, ihn ermordet zu haben. In endlosen Verhören erliegen sie dem Druck und legen ein volles Geständnis ab: Sie hätten Grimaldo getötet, die Leiche zerstückelt und dann den Schweinen vorgeworfen. Den Rest hätten sie verbrannt.

Am 21. Mai 1913 werden sie zu je 18 Jahren Zuchthaus verurteilt. Sie verbringen zwölf Jahre hinter Gittern und werden dann begnadigt. Im Jahr 1927 beantragt ein Pfarrer einen Taufschein für einen gewissen Grimaldo, da dieser heiraten will. An der Identität gibt es keinen Zweifel. Der Ermordete ist am Leben und erfreut sich bester Gesundheit.

Ein übereifriger Kriminalbeamter (1923 – 1925)

Am Morgen des 4. August 1923 wird nahe der holländischen Bahnstation Nieuwkerk ein Bahnwärter mit eingeschlagenem Schädel aufgefunden. Neben ihm liegt ein blutbeschmierter Hammer. Aus der Kasse sind fünfeinhalb Gulden geraubt. Nach dem ärztlichen Befund geschah der Mord zwischen elf und ein Uhr nachts.

Schon in den Mittagstunden des Tattages identifiziert ein Zeuge auf der Polizeistation den sichergestellten Hammer. Er soll dem Ehepaar Kroon gehören, das keinen guten Ruf genießt. Bei der Vernehmung geben die Eheleute an, in der Nacht des 3. August in ihrem Haus mit den Zimmerleuten Klunder, Teunissen und Vermeer getrunken und Karten gespielt zu haben. Alle fünf werden festgenommen. »Diesen Hammer haben wir nie gesehen!«, behaupten sie jedoch. »Außerdem haben wir das Haus nicht verlassen.« Man muss sie wieder freilassen. Alle weiteren Ermittlungen bleiben erfolglos.

Nach anderthalb Jahren wird ein Spezialist für unaufgeklärte Mordfälle, der erfahrene Kriminalbeamte J. F. de Jong, zu Hilfe geholt. Er ist der tüchtigste Kriminalist der Niederlande. Seine Arbeit scheint auch in diesem Mordfall erfolgreich zu sein. Am 2. Oktober 1925 werden Klunder und Teunissen vor dem Landgericht Dordrecht des Mordes angeklagt. Der dritte Gast, der Zeuge Vermeer, erklärt, die beiden hätten das Haus für eine Weile verlassen. Und das Ehepaar Kroon sagt nun aus, der Hammer gehöre doch ihnen. »Die Beschuldigten haben ihn mitgenommen, als sie etwa gegen elf Uhr das Haus verließen«, geben sie zu Protokoll. »Sie sind erst gegen ein Uhr in alkoholisiertem Zustand zurückgekommen und haben uns erzählt, sie hätten in Nieuwkerk jemand erschlagen und dabei den Hammer vergessen. Auf Klunders Hose war ein großer roter Fleck.« Ein Polizist bestätigt, er habe Klunder und Teunissen etwa gegen elf Uhr abends auf der Landstraße gehen sehen, und zwar in Richtung Tatort. Das sei ihm erst bei der gründlichen Befragung durch Herrn de Jong wieder eingefallen.

Der Staatsanwalt beantragt eine lebenslängliche Haftstrafe. Die Todesstrafe ist in Holland abgeschafft worden. Die Angeklagten bestreiten die Tat heftig. Teunissen sagt, er habe an diesem Tag etwa 500 Gulden in der Tasche gehabt, warum hätte er also einen Menschen wegen fünfeinhalb Gulden umbringen sollen? Außerdem hätten beide an diesem Abend ihr Handwerkszeug mit sich geführt, unter anderem ein Beil. Den Hammer der Kroons hätten sie gar nicht gebraucht. Das Gericht ist nicht davon überzeugt, dass die Angeklagten den Tod ihres Opfers gewollt haben, und verurteilt sie nur wegen Raubes und Körperverletzung mit Todesfolge zu jeweils 15 Jahren Gefängnis. Das Oberlandesgericht in Den Haag bestätigt das Urteil, der Kassationshof weist eine Revision zurück. Einem bald darauf eingereichten Gesuch auf Wiederaufnahme wird nicht stattgegeben.

Die Öffentlichkeit hat Zweifel an der Richtigkeit des Urteils. Die Presse nimmt sich des Falles an und erreicht eine neue Verhandlung vor dem Oberlandesgericht in Amsterdam. Fast alle Zeugen rücken nun von ihrer ursprünglichen Aussage ab. Das Ehepaar Kroon bezichtigt sich selbst des Meineids und erklärt, der Polizeibeamte de Jong habe ihre Aussagen erpresst. Er habe mit der Anzeige einer Abtreibung gedroht, die sie kurz zuvor vorgenommen hatte, wenn sie nicht so aussage, wie er wolle, gesteht Frau Kroon. De Jong hätte ihnen die Aussagen sogar auf einem Zettel vorgeschrieben. Und er wäre sogar dabei gewesen, als der Untersuchungsrichter sie vernahm. Frau Kroon sei sich unsicher gewesen, ob das denn legal war. Es stellt sich heraus, dass de Jong die Täter auf einem silbernen Tablett servieren wollte. Das glaubte er seinem Ruf schuldig zu sein. Er beeinflusste noch weitere Zeugen.

Diese Manipulationen fliegen in der neuen Verhandlung auf. Klunder und Teunissen werden wegen erwiesener Unschuld freigesprochen und Holland hat einen großen Justizskandal. Alle Parteien fordern den Rücktritt des Justizministers und eine völlige Reorganisation der Kriminalpolizei. De Jong hatte beschworen, niemals Zwangsmittel angewendet zu haben. Aber er wurde nicht wegen Meineid angeklagt. Der Justizminister bleibt im Amt und veranlasst lediglich, dass de Jong vom Dienst befreit wird.

Der große Mann mit dem Fahrrad:
Arnold Sodeman (1930–1936)

Auf einem Kinderspielplatz in Melbourne sieht die zwölfjährige Mena Griffiths am 9. November 1930 einen hage-
ren, großen Mann mit einem Fahrrad auf sich zukommen. Er spricht sie an und lockt sie unter einem Vorwand
in ein in der Nähe gelegenes leer stehendes Haus. Dort
knebelt er das Mädchen und erwürgt es. Am 10. Januar
1931 wird in einem Melbourner Vorort eine weitere
Mädchenleiche gefunden. Auch diesmal haben Zeugen
einen »großen Mann mit einem Fahrrad« gesehen. Die
Fahndung nach dem Unbekannten läuft auf Hochtouren,
etwa 11000 Männer werden verhört. Darunter ist auch
der Straßenarbeiter Arnold Sodeman, ein netter, fürsorg-
licher Familienvater mit gutem Ruf. Die Polizei lässt ihn
wieder laufen, weil er nicht in ihr typisches Verbrecher-
klischee passt. Zudem sind die Ermittler überzeugt, dass
zwei verdächtige Männer die Morde begangen haben. Sie
werden verhaftet und vor Gericht gestellt. Aber die Beweise reichen nicht aus. Die Jury spricht sie frei.

In den nächsten Jahren geschehen in Melbourne zwei
weitere Sexualmorde an jungen Mädchen mit gleichen
Tatmerkmalen. Das Police Department ist davon überzeugt, dass sie ebenfalls auf das Konto des unheimlichen
Fahrradkillers gehen. Ein Hinweis eines Arbeitskollegen
von Arnold Sodeman führt endlich auf die richtige Spur.
»Wir haben Arnold im Scherz einmal als den Mann mit
dem Fahrrad bezeichnet«, gibt der Kollege zu Protokoll.
»Er besitzt eins und die Beschreibung passt auch auf ihn.
Arnold hat sich darüber furchtbar aufgeregt und äußerst
merkwürdig verhalten.« Zwei Tage später wird Sodeman
verhaftet und verhört. Gleich bei der ersten Vernehmung

gesteht er alle vier Morde. Die Polizei glaubt ihm zunächst nicht, sie will nicht noch einmal einen Unschuldigen vor Gericht bringen. Doch Sodeman erklärt in allen Einzelheiten, wie er die Mädchen umgebracht hat, und berichtet sogar, was die Kinder vor ihrem Tod zuletzt gegessen haben. Die Angaben decken sich mit den pathologischen Befunden. Jetzt besteht kein Zweifel mehr: Sodeman ist der Killer.

Als es zum Prozess gegen ihn kommt, bekennt sich Arnold Sodeman als »nicht schuldig«. »Ich bin geisteskrank und nicht zurechnungsfähig«, sagt er vor der Jury. Sie glaubt ihm jedoch nicht und verurteilt ihn, ohne ein medizinisches Gutachten eingeholt zu haben, zum Tode. Am 1. Juni 1936 wird er im Metropolitan-Gefängnis von Pentridge gehängt. Seine Leiche wird obduziert. Gerichtsmediziner untersuchen sein Gehirn und entdecken eine Lepto-Meningitis, eine chronische Gehirnhautentzündung, die mit größter Wahrscheinlichkeit zu einer Störung der Geistestätigkeit geführt hat. Sodeman war für seine Taten nicht verantwortlich und hätte nicht verurteilt und hingerichtet werden dürfen, sondern untersucht und in eine geschlossene psychiatrische Klinik überführt werden müssen.

Daryl Beamish, taubstummes Opfer der Justiz (1959 – 1972)

In der westaustralischen Großstadt Perth werden 1949 und 1959 zwei Menschen grundlos erschossen. Die Polizei verhaftet einen verdächtigen Mann, der sich zufällig in der Nähe des letzten Tatortes aufhält. Es ist der taubstumme Daryl Beamish. Er wird vor Gericht gestellt und zu einer lebenslangen Haftstrafe verurteilt, obwohl

er die Tat bestreitet und eindeutige Beweise nicht vorliegen.

Vier Jahre später, im Januar 1963, schießt ein Unbekannter in Perth in einer einzigen Nacht fünf Menschen
nieder. Nur zwei überleben. Als im August desselben Jahres ein Kindermädchen zunächst vergewaltigt und dann
mit derselben Waffe erschossen wird, ist die Perther Polizei sicher, dass sie es mit einem Serienmörder zu tun hat.
Aber die Ermittlungen kommen nur schleppend voran.
Dann hilft ein Zufall. Hinter einem Gebüsch wird ein
Kleinkalibergewehr gefunden. Ballistische Untersuchungen ergeben, dass es die gleiche Waffe ist, mit der das Kindermädchen erschossen wurde. Man bringt das Gewehr
zum Fundort zurück und lässt ihn tagelang observieren.
Die Polizei hofft, dass der Eigentümer wiederkommt und
das Gewehr holt.

Am 1. September 1963 taucht am Fundort tatsächlich
ein Mann auf und sucht nach dem Gewehr. Es ist der 32-
jährige Trucker Eric Edgar Cooke. Die Polizei schlägt zu
und verhaftet den Mann. Im Verhör gesteht er sämtliche
Morde, auch die aus den Jahren 1949 und 1959. »Warum
haben Sie das getan?«, fragt man ihn. »Oh«, sagt er, »es hat
mir unheimliche Genugtuung bereitet, unschuldige, wild-
fremde Menschen zu erschießen!« Die Jury hält ihn für
uneingeschränkt schuldfähig und verurteilt ihn zum Tode.
Am 26. Oktober 1964 wird Eric Cooke im Gefängnis von
Fremantle gehängt.

Seine Schuldbekenntnisse enthüllen zugleich die erschütternde Erkenntnis: Seit Jahren sitzt ein unschuldiger
Mann im Gefängnis, verurteilt für Taten, die er nicht begangen hat. Doch nun folgt ein weiterer Justizskandal in
diesem Fall. Statt Daryl Beamish sofort zu entlassen, wird er
noch volle acht Jahre eingesperrt und erst 1972 rehabilitiert.

William McDonald, der »Verstümmler von Sydney« (1961–1963)

Am 4. Juli 1961 schlägt der Killer zum ersten Mal zu. Hinter einer Umkleidekabine eines Sydneyer Stadtbades wird eine blutüberströmte, durch über 30 Messerstiche völlig zerhackte männliche Leiche mit abgetrennten Genitalien entdeckt. Nur wenige Monate später, am 20. November 1961, finden Passanten in einem Vorort von Sydney einen stadtbekannten Herumtreiber auf einer öffentlichen Toilette tot auf, in ähnlicher Weise verstümmelt. Nach dem dritten Mord ist klar, dass man es mit einem psychopathischen Serienkiller zu tun hat, der offenbar grundlos mordet. Die Medien stürzen sich auf den Fall und sagen voraus, dass der »Sydney Mutilator«, der »Verstümmler von Sydney«, bald wieder zuschlagen wird.

Tatsächlich stirbt im März 1962 das nächste Opfer. Und als sich Nachbarn im November 1962 in der Burwood Road über einen Übelkeit erregenden Geruch beklagen, findet man eine weitere grausam zugerichtete Leiche. Die Polizei hält den Toten für den seit einiger Zeit vermissten Allan Brennan. Aber als Brennan ein halbes Jahr später von mehreren Zeugen in den Straßen von Sydney gesehen wird, gerät der Fall erneut in die Schlagzeilen und die Presse spricht vom geheimnisvollen »wandernden Leichnam«. Kurz darauf wird der angeblich Ermordete festgenommen. Es ist der 37-jährige William McDonald, ein homosexueller Sadist, der unter verschiedenen Namen in Sydney lebt.

Als er verhaftet und verhört wird, gesteht er alle Morde. Als 15-Jähriger diente er als Soldat in England. Er sagt aus, dass ihn dort ein Unteroffizier brutal vergewaltigt habe. Seitdem habe er einen Schock. Er verspüre einen

Zwang, nun anderen zuzufügen, was er selbst erlitten hatte. Er sei krank. Als der Prozess gegen ihn im November 1963 beginnt, plädiert sein Verteidiger auf verminderte Schuldfähigkeit. Aber die Jury folgt dem nicht und verurteilt den Angeklagten wegen mehrfachen Mordes zu einer lebenslangen Haftstrafe. Er wird in das Long Bay Penitentiary gebracht. Dort versucht er bald, einen Mithäftling zu töten. Erst jetzt wird er näher untersucht. Mehrere Psychiater kommen zu dem Ergebnis, dass William McDonald an einer paranoiden Psychose leidet. Er wird in eine Spezialklinik für psychisch Kranke überwiesen. Damit steht fest, dass er wegen Schuldunfähigkeit nicht hätte verurteilt werden dürfen.

Der »Patriot von Witebsk« und drei Unschuldige (1971–1987)

Gennadij Mikasewitsch ist als Chef der staatlichen Automotor-Reparaturwerkstätten in Witebsk ein angesehener Bürger und mehrfach ausgezeichneter Parteigenosse der weißrussischen Großstadt. Er fährt sogar einen roten Zaparochec-Kleinwagen, was in der Sowjetunion in den 70er Jahren noch ein seltenes Privileg ist. Außerdem ist er Mitglied der freiwilligen Miliz. Und das ist der Grund, warum er lange Zeit unerkannt und ungehindert insgesamt 36 Frauen ermorden kann. Denn er ist an den Ermittlungen in den Fällen seiner eigenen Sexualmorde beteiligt.

Mikasewitsch fährt kreuz und quer durch Weißrussland und hält nach jungen Anhalterinnen Ausschau, die er mitnehmen kann. Er fährt mit ihnen auf abgelegene Landstraßen, hält unter einem Vorwand an und erdrosselt die jungen Frauen mit einer Krawatte. Die Mordserie beunruhigt die Bevölkerung. Unter Erfolgsdruck verhaftet die

Miliz 1974 einen Verdächtigen namens Glushakow. Obwohl es keine eindeutigen Beweise gibt, wird er wegen der bisherigen Morde zu einer zehnjährigen Lagerhaft verurteilt. Bis zu seiner Rehabilitierung vergehen sechs lange Jahre.

Als die Morde weitergehen, wird ein neuer Verdächtiger verhaftet und vor Gericht gestellt. Oleg Adamow wird unschuldig zu einer 15-jährigen Freiheitsstrafe verurteilt und nimmt sich in der Haft das Leben. Doch immer weitere Frauen werden nach immer der gleichen Methode ermordet. Bei der Miliz geht ein Bekennerschreiben ein, in dem sich der Serienkiller als »Patriot von Witebsk« bezeichnet und als Grund für seine Taten angibt, dass ehebrecherische Frauen kein anderes Los verdient hätten, als auf diese Weise bestraft zu werden. Die Miliz arbeitet fieberhaft und verhaftet erneut einen Falschen. Der unschuldige Mann wird diesmal sogar zum Tode verurteilt und hingerichtet. Drei Fehlurteile gegenüber drei völlig Unschuldigen in ein und derselben Sache.

1984 eskaliert die Mordserie, allein 14 Anhalterinnen werden in diesem Jahr erdrosselt aufgefunden. Inzwischen hat Nikolai Iguatowitsch, der Leiter der Mordkommission, rund 200 000 Kraftfahrzeuge und die handschriftlich ausgefüllten Kfz-Lizenzen überprüft und mit dem Bekennerschreiben verglichen. Endlich landen die Ermittler einen Treffer, Gennadij Mikasewitsch wird gefasst. Er legt im Verhör ein umfangreiches Geständnis ab. Vor Gericht bescheinigt ihm ein Gutachter sexuelle Minderwertigkeitsgefühle. Aber eine verminderte Schuldfähigkeit billigt er ihm nicht zu. Mikasewitsch ist für seine Taten voll verantwortlich und wird 1986 in Witebsk zum Tode verurteilt und 1987 hingerichtet.

Opfer der »Brillenschlange« – Alexander Krawtschenko und Andrej Tschikatilo (1974–1994)

Am 20. Oktober 1936 wird in dem ukrainischen Dorf Jablonjewka als Sohn armer Landarbeiter Andrej Romanowitsch Tschikatilo geboren, der mit 53 Morden an Frauen und Kindern als »Ripper von Rostow« und größter Massenmörder der Sowjetunion in die russische Kriminalgeschichte eingegangen ist. Bis zum Beginn der Pubertät ist er Bettnässer. Tschikatilo ist stark kurzsichtig und wird deswegen von seinen Klassenkameraden gehänselt. Sie nennen ihn »Otschkarik«, Brillenschlange, und möchten nichts mit ihm zu tun haben. Für erste sexuelle Erfahrungen ist er viel zu schüchtern. Auch während des dreijährigen Wehrdienstes hat er keine Freunde. Danach geht er nach Neswetajewskoje, einem kleinen Ort bei Rostow, und arbeitet dort als Fernmeldetechniker. Mit 27 Jahren heiratet er die drei Jahre jüngere Faina, eine Friseuse. Aus der Ehe gehen zwei Kinder hervor. Tschikatilo bildet sich an der Rostower Universität in Sprachen und Literaturwissenschaften weiter und übt ab 1972 den Beruf eines Lehrers aus.

Der bis dahin ganz normale Lebenslauf verändert sich 1974, als Tschikatilo einige minderjährige Schülerinnen sexuell belästigt. Er muss die Schule verlassen und geht nach Schachty, um dort am Polytechnikum zu unterrichten. Vier Jahre später begeht er seinen ersten Mord. In seiner Laube in Schachty versucht er die neunjährige Lena Sakotnowa zu vergewaltigen. Als das misslingt, verstümmelt er das Mädchen in einem Anfall von Blutrausch mit über 100 Messerstichen und entdeckt dabei, dass es ihn sexuell erregt, wenn er jemandem Schmerzen zufügen und ihn töten kann. Die Leiche wirft er in einen nahe gelegenen Fluss, wo sie zwei Tage später von der Miliz gefunden wird. Tschikatilo gehört zwar zu den Verdächtigen und wird mehrfach verhört. Er hat Blutspuren im Schnee hinterlassen und das Licht in seiner Laube nicht ausgemacht. Aber das auf der Mädchenleiche gefundene und untersuchte Sperma passt nicht zu seiner Blutgruppe, so dass er wieder freigelassen wird. Ein verhängnisvoller Irrtum. Erst später wird aus einer japanischen Studie bekannt, dass es seltene Fälle gibt, in denen Blut- und Spermaproben eines Menschen nicht identisch sind.

Der Verdacht fällt auf Alexander Krawtschenko, einen Kriminellen, der gerade aus dem Gefängnis entlassen worden ist und sich in der Nähe des Tatortes aufgehalten hat. Er wird des Mordes angeklagt und zum Tode verurteilt. Sicherlich hat bei diesem Fehlurteil eine Rolle gespielt, dass der grausame Mädchenmord in der Ukraine großes Aufsehen erregte und die Behörden schnell einen Täter präsentieren wollten. Krawtschenko wird 1984 unschuldig hingerichtet.

Tschikatilo, nur knapp den Fängen der Justiz entronnen, hält sich einige Zeit zurück. Aber dann tötet und verstümmelt er 1981 ein 17-jähriges Mädchen und 1982 hintereinander sieben junge Frauen. 1982 steigt die Zahl auf acht an und 1983 sind es 15 Morde, die so grausam sind, dass der Öffentlichkeit Einzelheiten verschwiegen werden. Zu dieser Zeit sitzt Krawtschenko schon einige Jahre im Gefängnis. Da die unheimliche Mordserie weiterging, hätten spätestens jetzt Zweifel an seiner Schuld aufkommen müssen. Auch nach seiner Hinrichtung geschehen in den Jahren 1985 bis 1990 weitere Morde im ganzen Land, alle zwei Monate einer. Nach seinem 53. Mord wird der »Ripper von Rostow« im November 1990 vor einem Café in Nowotscherkassk endlich gefasst und vor Gericht gestellt. Der Prozess in Rostow dauert 15 Monate und bringt ungeheuerliche Einzelheiten ans Licht. Am 14. Oktober 1992 wird Andrej Tschikatilo zum Tode verurteilt und 1994 durch Genickschuss hingerichtet.

Wer erschoss Olof Palme? (1986 – 1989)

Am Abend des 28. Februar 1986 beschließt der schwedische Ministerpräsident Olof Palme, sich zusammen mit seiner Frau Lisbeth im Kino »Grand« den Film *Gebrüder Mozart* anzusehen. Beide verlassen um 20.35 Uhr ohne Leibwächter ihre Wohnung, fahren drei Stationen mit der U-Bahn und reihen sich in die nach Karten anstehende Schlange ein. Nach dem Ende des Films macht sich das Paar um 23.17 Uhr zu Fuß auf den Heimweg. Vor dem Farbengeschäft Dekorima wartet seit ein paar Minuten ein Mann. Als die Palmes an ihm vorbei sind, tritt er von hinten an Olof Palme heran und schießt ihm mit einer großkalibrigen Waffe zweimal in den Rücken. Der Ministerpräsident ist sofort tot.

Nun folgt eine Fahndungspanne nach der anderen. Zeugen wählen vergeblich den Notruf, er ist nicht besetzt. Um 23.26 Uhr wird der Mord über die Direktleitung der Taxizentrale durchgegeben, doch die Polizei schickt nicht einen einzigen Streifenwagen, auch nicht, als die Meldung wiederholt wird. Erst um 2.05 Uhr wird Großalarm ausgelöst, volle drei Stunden nach der Tat, und der Chef der Mordkommission erfährt erst beim Frühstück aus dem Radio, dass Olof Palme tot ist. Der Tatort wird viel zu spät abgesperrt. Das Aufklärungsfahrzeug, das ihn fotografieren soll, hat zu wenig Filme an Bord. Alle Zeugen sprechen von einem skandinavisch aussehenden Mann, doch man fahndet nach zwei Kroaten, die angeblich der rechtsgerichteten Ustascha-Bewegung angehören sollen. Der Generalstab der Streitkräfte erfährt erst durch einen Anruf aus Washington von dem Mord und das schwedische Radio verbreitet die Nachricht eine Stunde später als die ausländischen Sender. Der Stockholmer Bezirkspolizeichef übernimmt die Ermittlungen, was er gar nicht darf. Er setzt falsche Täterbeschreibungen in Umlauf. Es sieht so aus, als wolle er die Mörder gar nicht finden. Vor einigen Jahren hat er die berüchtigte »Baseball-Liga« gegründet, eine rechtsradikal durchsetzte Polizeieinheit, deren Mitglieder ständig wegen ihrer brutalen Vorgehensweise angezeigt, jedoch nie verurteilt werden. Die Liga hat einen Todfeind: Olof Palme.

Die Ermittlungen und Recherchen dauern Jahre. Die Rekonstruktion des Tathergangs ergibt folgendes Bild: Zeugen beobachten einen Mann mit einem Walkie-Talkie auf dem U-Bahnhof, an dem Palme um 20.39 Uhr Fahrkarten kauft. 100 Meter entfernt in einem Hauseingang steht ein weiterer Mann mit einem Walkie-Talkie. Zwei Männer verfolgen Palme, steigen in denselben Waggon. Vor dem Kino befinden sich weitere Männer mit Walkie-Talkies. 200 Meter entfernt steht ein Auto mit laufendem Motor, darin sitzen Männer mit Walkie-Talkies. Daneben parkt eine Polizeistreife. Um 23.12 Uhr rasen mehrere Polizeifahrzeuge Richtung Kino, die Einsatzleitung weiß nichts davon. Um 23.17 Uhr, kurz vor der Tat, sieht ein Zeuge einen Polizisten mit einem Walkie-Talkie am Tatort. Um 23.23 Uhr, nach der Tat, wird dieser Mann von einer Zeugin beobachtet, wie er etwas in eine Plastiktasche mit Reißverschluss verstaut. In solchen Taschen tragen Zivilpolizisten im Dienst ihre Schusswaffen. Vier Minuten nach den Schüssen springt der Mann in einen Bus. Als der Mord geschieht, befinden sich 30 Polizisten in einem Umkreis von 400 Metern am Tatort. Man versucht, ihre Anwesenheit damit zu erklären, dass der Alarm schon früher ausgelöst wurde, und legt entsprechende Tonbänder mit Einsatzzeiten vor. Doch diese Bänder sind gefälscht.

Erst 1992 werden die Beobachtungen zweier finnischer Augenzeuginnen bekannt: Sie treffen am Tatort einen Bekannten, den sie aus einem Fitnessstudio kennen, und fragen ihn nach der Uhrzeit. Aus dem Walkie-Talkie des Mannes, der eine Pistole trägt, hören sie auf Finnisch die Worte: »Jetzt kommen sie!« Er antwortet: »Ich bin erkannt, was soll ich machen?« Daraufhin kommt die Antwort: »Scheiß drauf, mach, was du sollst!« Die Frauen gehen weiter und hören nach Metern zwei Schüsse, können aber nichts weiter erkennen.

Die schwedischen Ermittler weigern sich hartnäckig, die vielversprechende, direkt ins Polizeipräsidium führende Spur zu verfolgen. Es gibt noch andere Spuren. Eine davon führt nach Südafrika, dessen Apartheidpolitik vom schwedischen Ministerpräsidenten scharf bekämpft wurde. Erst eine Woche vor dem Mord hat er eine Verschärfung des Embargos angekündigt. Viele südafrikanische Agenten sollen in das Attentat verwickelt sein, darunter auch der Superspion Craig Williamson. Er wohnt in der Mordnacht in einem Gästehaus der Polizei, nur 200 Meter vom Tatort entfernt. Man präsentiert sogar den Namen des angeblichen Mörders, eines Söldners: Anthony White. Er sieht dem Phantombild, das nach den Angaben von Lisbeth Palme angefertigt wurde, tatsächlich sehr ähnlich. Aber gefasst wird er nie, er lebt jahrelang unbehelligt in Mosambik. Kurz nach dem Mord schickt der britische Geheimdienst einen Bericht an die schwedische

Regierung, in dem es heißt, südafrikanische Agenten seien zusammen mit schwedischen Polizisten für den Mord verantwortlich.

Die Ermittler konzentrieren sich auf eine andere Spur. Zeugen haben am Tatort auch den alkohol- und drogensüchtigen Christer Pettersson gesehen, der 1970 einen Mann mit einem Bajonett erstach. Er wird auch dabei beobachtet, wie er auf seinem Balkon kurz nach dem Attentat auf Olof Palme eine Jacke und eine Hose verbrennt. Obwohl er in den Verhören die Tat heftig bestreitet, klagt man ihn wegen Mordes an. Ein Stockholmer Schwurgericht spricht ihn am 27 Juli 1989 schuldig. Die sechs Laienrichter stimmen dafür, die zwei Berufsrichter dagegen. Die Verteidigung legt Berufung ein und die zweite Instanz spricht Petterson aus Mangel an Beweisen frei.

Der Mörder Olof Palmes ist bis heute nicht überführt, der Fall bleibt ungelöst.

Steinigungsurteile: Safia Hussaini und Amina Lawal (2001/2002)

Safia Hussaini aus dem westafrikanischen Staat Nigeria ist etwa 30 Jahre alt, als ihr 60-jähriger Cousin Yahaya Abubakar sie sexuell belästigt. Als die hübsche Safia seine dreisten Annäherungsversuche zurückweist, vergewaltigt er sie dreimal. Als Folge davon gebiert sie ein Mädchen. Im Jahr 2001 sucht sie ein Gericht auf, um den Vater ihres unfreiwillig empfangenen Kindes auf Unterhaltszahlungen zu verklagen. Doch die Richter werfen sie ins Gefängnis und machen ihr wegen Ehebruchs den Prozess. Denn nach der Scharia, dem alle Lebensbereiche erfassenden Gesetz des Islam, gilt eine Frau als Ehebrecherin, wenn sie ein uneheliches Kind bekommt. Im Oktober verurteilt sie das Gericht zu einer der barbarischsten Todesarten, die das islamische Recht kennt. Safia soll bis zu den Schultern in die Erde eingegraben werden und so lange mit faustgroßen Steinen beworfen werden, bis der Tod eintritt. Nach dem Urteil sagt der Vorsitzende Richter Mohammed Bello Sanyiniawal in einem Interview, er sei froh, wenn die Frau gesteinigt werde.

Die Scharia gilt in zwölf nigerianischen Bundesstaaten. Steinigungsurteile sind auch in anderen islamischen Ländern an der Tagesordnung und nehmen sogar zu, vor allem im Iran. Hier ist erst kürzlich eine vermeintliche Ehebrecherin im Teheraner Evin-Gefängnis gesteinigt worden. Die Anwendung der Scharia ist nicht das Ergebnis einer von den Moslems gelebten Kultur, sondern eher Machtausdruck einer politischen Front. Es unterliegt keinem Zweifel, dass derartige Steinigungsurteile nach internationalem Recht als Justizmord anzusehen sind. Sie sind mit der UNO-Menschenrechtskonvention nicht zu vereinbaren, die sowohl von Nigeria als auch vom Iran unterschrieben worden ist.

In Nigeria, das kein rein islamisches Land ist, sind in den vergangenen zwei Jahren etwa 2000 Menschen Opfer von barbarischen Todesurteilen geworden. Alle diese Urteile sind nach internationalem Recht auch aus einem weiteren Grund rechtswidrig. Tat und Strafe stehen in keinem angemessenen Verhältnis. Eine vergewaltigte Frau zum Tode zu verurteilen, weil sie ein nicht gewolltes Kind bekommt, verstößt gegen alle Prinzipien und Ordnungen des Rechts.

Nach dem Steinigungsurteil gegen Safia Hussaini erhebt sich deshalb auch eine weltweite Welle des Protestes. Die Menschenrechtsorganisation Amnesty International in London sieht es als unglaubliche Diskriminierung an,

444

dass dem Vergewaltiger, einem verheirateten Mann, nichts geschieht. Ein Prozess gegen ihn findet nicht statt. Und die Europäische Union erklärt: »Wir drängen die nigerianischen Behörden, die Rechte und Würde von Menschen zu achten, besonders im Hinblick auf Frauen.« Safia selbst legt Berufung gegen das menschenunwürdige Urteil ein.

Am 25. März 2002 hebt das Berufungsgericht im nigerianischen Bundesstaat Sokoto das Steinigungsurteil auf und spricht Safia Hussaini frei. Vielleicht haben die scharfen Proteste doch etwas genützt. Aber kurz darauf ergeht ein weiteres Steinigungsurteil. Im nordnigerianischen Staat Katsina wird die 32-jährige Amina Lawal wegen Ehebruchs zum Tod durch Steinigen verurteilt. Sie hat zwei Jahre nach ihrer Scheidung eine Tochter geboren. Das gilt nach islamischen Recht als Ehebruch, weil Frauen bis zur neuen Ehe als verheiratet angesehen werden. Ein Berufungsgericht bestätigt im August 2002 das Urteil. Die Vollstreckung wird jedoch ausgesetzt, damit die Frau ihr Kind stillen kann. Das Oberste Gericht in Abuja soll nun über den Fall befinden. Amnesty International sammelt indes Unterschriften zur Rettung Amina Lawals.

Dong Wei und der Schlag mit dem Ziegelstein (2001–2003)

Am Maifeiertag des Jahres 2001 geht es fröhlich zu in der Stadt Yan'an. Sie liegt in der Provinz Shaanxi, westlich des Huang He, des Gelben Flusses, der mit 5464 Kilometern fast so lang ist wie der Jangtsekiang, Asiens längster Strom. Die Kreisstadt Yan'an ist arm wie alle Städte und Dörfer in dem kargen, ockerfarbenen Löss-Land. Auch der stattliche, hübsche, 26 Jahre alte Bauernsohn Dong

Wei aus dem Dorf Zishou will heute feiern. Er hat zwar nur die Volksschule besucht und ist zurzeit arbeitslos, seinen Job als Wachmann hat er gerade verloren. Aber die Mädchen der Umgebung liegen ihm zu Füßen, so gut sieht er aus.

Gestern hat er eine hübsche Lehrerin kennen gelernt und sich in sie verliebt. Er will mit ihr tanzen gehen und nennt sie schon Mei, »Pfläumchen«. Am Eingang der Tanzhalle pöbelt sie der 19-jährige Song Yang an. Er ist ebenfalls groß und kräftig, tagsüber fährt er Tanklaster. Während die Frau schon den Saal betritt, ruft Song Yang: »Komm, Mann, überlass mir die Frau. Dann besorg ich's ihr mal richtig!« Er verweigert Dong Wei den Zutritt und schlägt ihm mit seinem Ledergürtel ins Gesicht. Dong Wei wehrt sich. Aber als Song Yangs Freunde hinzukommen, läuft er weg. Sie folgen ihm bis zum Ende der Straße. Song Yang packt ihn an den Haaren und drückt ihn zu Boden. Dong Wei greift nach einem neben ihm liegenden Ziegelstein und schlägt Song Yang damit über den Kopf. Es kracht fürchterlich, der Schädel ist gespalten. Song Yang wird tödlich verletzt.

Das ist die Darstellung des Tathergangs nach der Aussage von Dong Wei, die er kurz darauf vor dem Kreisgericht macht. Er wird des »vorsätzlichen Mordes« beschuldigt. Das Gericht glaubt ihm nicht. Statt eine Notwehrsituation zugrunde zu legen und den Angeklagten freizusprechen, folgt es der Aussage des einzigen Zeugen. Seine Angaben sind so widersprüchlich und unglaubhaft, dass sie den Urteilsspruch, für den das Gericht nur zwei Stunden braucht, nicht tragen können. Doch das Gericht verurteilt Dong Wei zum Tode. Er soll durch Genickschuss, der in China üblichen Todesstrafe, hingerichtet werden.

Dong Weis Vater, der arme Bauer Dong Yuxiong, kann zwar weder schreiben noch lesen. Aber er hat von Gesetzen gehört, nach denen in China jeder zum Tode Verurteilte das Recht auf ein Berufungsverfahren hat. Also macht er sich auf den weiten Weg in die Provinzhauptstadt Xi'an. Der Vater sucht einen Anwalt auf, von dem man sich in seiner Heimat Wunderdinge erzählt: den berühmten Zhu Zhanping. Als er in seinen abgerissenen Kleidern vor ihm steht und ihm den Fall erzählt, horcht der Anwalt auf und besorgt sich die Akte. Er studiert sie sorgfältig und sucht auch den Tatort auf. Dann steht seine Meinung fest. »Anklage und Urteil sind grob fahrlässig!«, sagt er und reicht Ende Januar 2002 einen Bericht an die nächste Instanz ein, dem Höchsten Volksgericht der Provinz Shaanxi.

Aber er erhält keine Antwort. Mehrere Male fährt er selbst hin, vergeblich. Man bittet ihn um Geduld. Zhu Zhanping wartet mehrere Monate, ohne von einer anberaumten Verhandlung zu erfahren. Nicht einmal die Namen der Richter werden ihm genannt. Als er am 27. April 2002 das Gericht erneut anruft, erhält er die Auskunft, das Todesurteil gegen Dong Wei sei vor vier Tagen bestätigt worden. Der Anwalt ist fassungslos und setzt sich sofort in den Zug in das 1500 Kilometer entfernte Peking. Nur das Oberste Gericht in der Hauptstadt Chinas kann jetzt noch helfen! Doch es ist Eile geboten. Dong Wei sitzt schon in der Todeszelle und soll einen Tag nach Zhu Zhanpings Ankunft in Peking um halb elf hingerichtet werden. An diesem Tag gelingt es Zhu Zhanping endlich, bis zum Büro des Obersten Richters Li Wuqing vorzudringen. Kurz vor zehn Uhr liest der Richter die Akte und nickt dann mit dem Kopf. »Sie haben Recht!«, sagt er zu dem Anwalt und versucht sofort, das Provinzgericht telefonisch zu erreichen. Zur gleichen Zeit erhält Zhu Zhanping einen Anruf auf seinem Handy von Dong Weis Vater vom Hinrichtungsort. »Sie haben ihm schon eine Maske vor das Gesicht gebunden!«, schluchzt er. »Es ist zu spät, gleich wird man auf seinen Hinterkopf zielen!«

Um 10 Uhr 24 erreicht Li Wuqing den zuständigen Richter, der die Exekution überwacht, und befiehlt einen Aufschub. Die chinesischen Medien nehmen sich des Falles an und schildern das Drama in allen Einzelheiten. Übers Internet wird der Fall im ganzen Riesenreich bekannt. »Rettung vor dem Lauf der Pistole!« lauten die Schlagzeilen der Presse, die den tapferen Anwalt und weisen Richter in höchsten Tönen loben.

Allgemeine Irrtümer
zum Strafrecht

Ablehnung und Ausschließung von Gerichtspersonen

Es ist eine weitverbreitete Meinung, dass der Angeklagte in einem gegen ihn angestrengten Strafverfahren zu jeder Zeit das Recht hat, den Richter wegen Befangenheit abzulehnen, wenn entsprechende Besorgnisse und Gründe vorgebracht werden. Das ist aber nicht richtig. Das Ablehnungsrecht steht dem Beschuldigten – und auch dem Staatsanwalt und dem Privatkläger – nur bis zum Beginn der Vernehmung des ersten Angeklagten über seine persönlichen Verhältnisse zu. Danach ist es unzulässig.

Ebenso oft wird irrtümlich angenommen, über dieses Ablehnungsgesuch entscheide ein anderes Gericht, das mit der Sache nicht befasst ist. Dem ist keineswegs so. Darüber entscheidet das Gericht, dem der Abgelehnte angehört, allerdings ohne dessen Mitwirkung. Dies erscheint prozessökonomisch, zumal die Gefahr unberechtigter Zurückweisungen dadurch gemindert ist, dass gegen einen Beschluss, der das Gesuch als unzulässig oder unbegründet verwirft, nach § 28 unserer Strafprozessordnung (StPO) die sofortige Beschwerde zulässig ist. Über sie entscheidet dann ein anderes Richtergremium.

Das Gleiche gilt im Übrigen für die Ablehnung von Schöffen. Sogar der Protokollführer oder Urkundsbeamte kann wegen Befangenheit abgelehnt werden. Hier entscheidet der Vorsitzende des Gerichts über das Gesuch.

Manchmal ist der Glaube anzutreffen, auch der Staatsanwalt könne wegen Befangenheit abgelehnt werden. Ein solches gesetzliches Recht gibt es nicht. Allerdings kann seine Ausschließung dienstrechtlich begründet sein, zum Beispiel weil er ein Angehöriger des Beschuldigten ist.

Der Unterschied zwischen Ablehnung und Ausschließung ist vielen Menschen nicht klar. Die Ausschließungsgründe sind in den §§ 22 und 23 Strafprozessordnung geregelt. Sie bestimmen, wann ein Richter gar nicht erst mit einem Strafprozess befasst werden darf. Das ist zum Beispiel der Fall, wenn er selbst durch die Straftat verletzt ist oder zum Beschuldigten in naher verwandtschaftlicher Beziehung steht. Er darf sein Richteramt auch nicht ausüben, wenn er in der Sache als Beamter der Staatsanwaltschaft, als Polizeibeamter oder als Verteidiger des Beschuldigten tätig gewesen oder als Zeuge oder Sachverständiger vernommen worden ist. Ebenso ist ein Richter, der in der früheren Instanz bei einer angefochtenen Entscheidung mitgewirkt hat, von weiteren Entscheidungen ausgeschlossen. Das gilt entsprechend für ein Wiederaufnahmeverfahren. Unser Gerichtsverfassungsgesetz (§ 140 a) lässt nicht zu, dass ein Richter im gleichen Fall noch einmal entscheiden darf.

Begnadigungsrecht

Durch eine Begnadigung wird die Strafe nach Rechtskraft eines Urteils völlig oder teilweise erlassen. Sie ist immer eine Einzelentscheidung, die der Exekutive zusteht (§ 452 Strafprozessordnung), nicht etwa den Gerichten, wie vielfach irrtümlich angenommen wird. Nach unserem Grundgesetz steht dem Bundespräsidenten das Begnadigungsrecht in Staatsschutz-Strafsachen zu (Artikel 60 II), er kann es aber auch auf bestimmte Gnadenbehörden übertragen. Sonst haben die Länder das Begnadigungsrecht, deren Gerichte im ersten Rechtszug entschieden haben. Der Inhaber des Gnadenrechts wird durch die Landesverfassungen bestimmt. Meistens obliegt es der jeweiligen Justizbehörde, in der eine besondere Gnadenabteilung über Gnadengesuche entscheidet. Sie ist in der Regel mit einem Regierungsrat, einem Staatsanwalt und einem Justizbehörden-Mitarbeiter des gehobenen Dienstes besetzt.

Nun sollte man meinen, dass es ausgeschlossen ist, dass ausgerechnet die Anklagebehörde als Strafverfolgungsorgan über Gnadenfälle von Straftätern entscheidet. Doch in der Mehrzahl der Bundesländer wird so verfahren. Als Begründung wird angegeben, dass bei der Staatsanwaltschaft sachnähere Entscheidungen über Gnadenfälle möglich seien.

Bemessung der Strafe

In der Strafzumessung ist der Richter nicht weitgehend frei, wie oft geglaubt wird, sondern er hat einige gesetzliche Vorgaben zu beachten. Grundlage für die Bemessung ist die Schuld des Täters. Die Wirkungen, die von der Strafe für das künftige Leben des Täters in der Gesellschaft zu erwarten sind, müssen berücksichtigt werden. Der Richter muss die Umstände, die für und gegen den Täter sprechen, gegeneinander abwägen. Dabei kommen, wie § 46 Abs. 2 Strafgesetzbuch festlegt, namentlich in Betracht: die Beweggründe und die Ziele des Täters, die Gesinnung, die aus der Tat spricht, und der bei der Tat aufgewendete Wille. Ferner das Maß der Pflichtwidrigkeit, die Art der Ausführung und die verschuldeten Auswirkungen der Tat, das Vorleben des Täters, seine persönlichen und wirtschaftlichen Verhältnisse sowie sein

Verhalten nach der Tat, besonders sein Bemühen, den Schaden wieder gutzumachen, sowie das Bemühen des Täters, einen Ausgleich mit den Verletzten zu erreichen.

Führt der Täter seine Tat zum Beispiel mit besonderer krimineller Energie aus oder ist er vorbestraft, so kann das zu einer härteren Strafe führen. Hat er andererseits durch ein Geständnis zur Aufklärung des Verbrechens beigetragen oder zeigt er aufrichtige Reue, so wird der Richter das im Sinne einer milderen Strafe berücksichtigen. Denn innerhalb dieser und einiger weiterer gesetzlicher Vorgaben steht die Höhe der Strafe in seinem Ermessen. Stellt er nur eine geringe Schuld fest, so muss er keineswegs immer, wie häufig irrtümlich geglaubt wird, eine Strafe aussprechen. Er kann das Verfahren auch einstellen.

Einen solchen Ausgang nimmt, für viele unerwartet, im Jahr 2001 zum Beispiel ein Strafprozess vor dem Landgericht Köln wegen des schweren Zugunglücks von Brühl im Februar 2000, bei dem neun Menschen getötet und 149 verletzt wurden. Auf der Anklagebank sitzen der Lokführer B. sowie drei Kollegen. Der 29-jährige B. verliert durch den Unfall sein Lebensglück, er ist seitdem in psychiatrischer Behandlung. Der Prozess dauert vier Monate. Er fördert unglaubliche Zustände bei der Bahn zutage, bei der offenbar die eine Hand nicht wusste, was die andere tat. Dennoch werden die Angeklagten nicht verurteilt, weil eben, wie das Gericht feststellt, ihre persönliche Schuld gering ist. Eine Ermessensentscheidung, die man wohl kaum als Fehlurteil bezeichnen kann.

Berufung im Strafverfahren

Es ist allgemein bekannt, dass es im Strafrecht, wie im Zivilrecht auch, das Rechtsmittel der Berufung gibt. Mit diesem Wissen wird vielfach die irrtümliche Vorstellung verbunden, dass eine Berufung gegen alle Urteile der ersten Instanz eingelegt werden kann.

Wer ein kleines Delikt begangen hat, einen Diebstahl etwa oder eine Unterschlagung, kommt vor das Amtsgericht. Hält er sich für unschuldig oder ist ihm die Strafe zu hoch, so kann er Berufung gegen das Urteil einlegen und sein Fall wird von einer höheren Instanz noch einmal untersucht. Gegen ein solches Berufungsurteil ist dann auch noch eine Revision möglich.

Wird aber jemand einer schweren Straftat bezichtigt und mit einer langen oder gar lebenslangen Haftstrafe bedroht und kommt er vor ein Schwurgericht, steht ihm das Rechtsmittel der Berufung nicht mehr zu. Unsere Strafprozessordnung sieht in § 333 vor, dass gegen im ersten Rechtszug ergangene Urteile der Strafkammern und Schwurgerichte nur noch Revision möglich ist. Die Revision ist eine Art Rechtsbeschwerde mit begrenzten Prüfungsmöglichkeiten. Das Revisionsgericht prüft das Urteil lediglich auf Rechtsfehler, eine Neuverhandlung ist ausgeschlossen. Da die Beweisaufnahme nicht wiederholt wird, ist das Revisionsgericht an die Feststellungen des Tatrichters gebunden.

Das ist eine schwer zu begreifende Situation. Dem »kleinen« Angeklagten stehen mehr Rechtsmittel zur Verfügung als dem »großen«, bei dem es um viele, wenn nicht alle verbleibenden Lebensjahre geht. Jeder gute Richter wird versuchen, sein Urteil revisionsfest zu machen, so dass die meisten schweren Fälle nur einmal geprüft werden. Vielleicht wäre so manches Fehlurteil und so manches Wiederaufnahmeverfahren vermieden worden, wenn für Kapitalverbrechen auch die Möglichkeit der Berufung bestünde.

Diese Regelung ist schon seit Jahrzehnten umstritten und ständiger Ansatzpunkt für Reformbestrebungen. Immer wieder wird vorgebracht, unsere aus dem Jahr 1877 stammende Strafprozessordnung sei ein verstaubtes Gesetz, das grundlegend reformiert werden müsse. Aber von allen Änderungsentwürfen konnte sich bisher keiner durchsetzen.

Ein Gedanke gewinnt in dieser Diskussion immer mehr an Bedeutung: Der Gesetzgeber sollte erwägen, auch für die erstinstanzlichen Urteile der Landgerichte eine zweite Tatsacheninstanz zu schaffen, wie das zum Beispiel auch im angloamerikanischen Strafprozess der Fall ist. Oft macht erst die zweite Instanz die Sache richtig klar. Um zu verhindern, dass die Oberlandesgerichte mit einer Unzahl von überflüssigen Berufungen überhäuft werden, könnte ihnen die Möglichkeit eingeräumt werden, eine Berufung ohne Hauptverhandlung durch Beschluss zu verwerfen, wenn eine erste Prüfung ergibt, dass sie in keiner Weise begründet ist.

Blinde Richter

Am 14. Februar 1990 ist ein Angeklagter, nennen wir ihn A, vom Amtsgericht Kaiserslautern wegen zweifachen gemeinschaftlichen Diebstahls in einem besonders schweren Fall zu einer Gesamtfreiheitsstrafe von zwölf Monaten verurteilt worden. Ein simpler Fall. Dennoch müssen sich mehrere Instanzen damit befassen. Und sogar das Bundesverfassungsgericht muss für Klarheit sorgen.

Die 6. Große Strafkammer des Landgerichts Kaiserslautern hat A's Berufung verworfen. Weil der Vorsitzende dieser Berufungskammer blind ist, fühlt A sich benachteiligt und sieht darin einen Revisionsgrund. Dabei kann er

sich auf Urteile des 3. und 4. Strafsenats des Bundesgerichtshofs aus den 80er Jahren stützen. Beide Senate
sind der Auffassung, ein absoluter Revisionsgrund gemäß
§ 338 Nr. 1 der Strafprozessordnung liege vor, wenn ein
blinder Richter den Vorsitz in einer erstinstanzlichen
Hauptverhandlung führt. »Zur Verhandlungsleitung und
zur Wahrnehmung seiner sitzungspolitischen Aufgaben
bedarf er der Sehkraft. Ein Richter kann die Glaubwürdigkeit von Personen und die Persönlichkeit eines Angeklagten nur vollständig erfassen, wenn er in der Lage ist,
sie auch optisch wahrzunehmen. Deshalb ist sogar ein nur
beisitzender blinder Richter in der ersten Instanz nicht
statthaft.«

A muss sich jedoch in seinem Fall eines Besseren be-
lehren lassen. Das Oberlandesgericht Zweibrücken teilt
diese Meinung nicht. »Es gibt keinen Erfahrungssatz«,
meint das Revisionsgericht in seinem Urteil vom
26. 7. 1991 (NJW 92/2437), »wonach der Sehende zu einem objektiv richtigeren Urteil über die Glaubwürdigkeit
eines Zeugen oder die Besserungsbereitschaft eines Angeklagten gelangt als der Blinde, der doch täglich üben
muss, sich seinen Eindruck von Menschen auch ohne Ansehen der Person zu bilden. Deshalb kann ein blinder
Richter durchaus Vorsitzender einer zweitinstanzlichen
Strafkammer sein. Dem steht die Rechtsprechung des
Bundesgerichtshofs nicht entgegen. Sie bezieht sich nur
auf erstinstanzliche Fälle.«

Anfang 1992 stellt das Bundesverfassungsgericht fest,
durch die Mitwirkung eines blinden Richters in einer Berufungsverhandlung werde weder das Verfahrensgrund-
recht auf den gesetzlichen Richter (Art. 101 I 2 Grundgesetz) noch der Gleichheitsgrundsatz verletzt. Eine solche
Kammerbesetzung verstoße auch nicht gegen das Recht

auf ein faires Strafverfahren oder den Anspruch auf rechtliches Gehör. Denn ein blinder Richter besitze durchaus die Fähigkeit, den mündlichen Vortrag der Beteiligten entgegenzunehmen und gedanklich zu verarbeiten.

Bundeszentralregister

Unter dem Begriff »Strafregister« können sich die meisten Menschen etwas vorstellen. Aber über Inhalt und Umfang bestehen vielfach falsche Vorstellungen. Auch herrscht noch immer der Irrtum vor, ein Strafregister werde von jeder Staatsanwaltschaft beim Landgericht über die im Landgerichtsbezirk geborenen Verurteilten geführt. Das ist schon seit einiger Zeit nicht mehr der Fall. Im Interesse einer schnellen und einheitlichen Bearbeitung der Mitteilungen und Auskünfte wurden nach dem Bundeszentralregistergesetz in der Fassung vom 31. 8. 1998 alle Register zu einem Bundeszentralregister in Bonn (§ 2) zusammengefasst. Es untersteht dem Generalbundesanwalt beim Bundesgerichtshof.

Dieser Registerbehörde sind alle Verurteilungen mitzuteilen, durch die wegen einer Straftat eine Strafe oder eine Maßregel der Sicherung und Besserung verhängt oder eine Verwarnung mit Strafvorbehalt ausgesprochen worden ist. Dort sind auch Entmündigungen und Fälle festgestellter Schuldunfähigkeit sowie Gnadenerweise und Amnestien eingetragen. Alle im Zentralregister vermerkten Verurteilungen (ausgenommen lebenslange Freiheitsstrafe, Unterbringung in Sicherungsverwahrung oder in einem psychiatrischen Krankenhaus) werden im Register nach bestimmten Fristen gelöscht: nach fünf Jahren bei Geldstrafe bis zu 90 Tagessätzen, wenn das Register keine Freiheitsstrafe enthält, bei Freiheitsstrafe bis zu drei

Monaten als einziger Strafe, ferner bei Jugendstrafe bis zu einem Jahr bzw. bis zu zwei Jahren bei Strafaussetzung oder nach Beseitigung des Strafmakels sowie bei Entziehung der Fahrerlaubnis auf Zeit. Die Frist beträgt zehn Jahre bei höheren Jugendstrafen sowie den nicht unter die kürzere Frist fallenden Geldstrafen und Freiheitsstrafen bis zu drei Monaten, ferner bei einzigen Freiheitsstrafen von mehr als drei Monaten bis zu einem Jahr bei Strafaussetzung. In allen übrigen Fällen, insbesondere bei höheren Freiheitsstrafen, ist die Frist 15 Jahre zuzüglich der Dauer der Freiheitsstrafe, § 46 Abs. 3 Bundeszentralregistergesetz. Sind mehrere Verurteilungen eingetragen, wird grundsätzlich erst dann getilgt, wenn alle Vermerke tilgungsreif sind.

Jedermann ab 14 Jahren kann über den ihn betreffenden Inhalt des Registers bei der für ihn zuständigen polizeilichen Meldebehörde ein Führungszeugnis beantragen. Darin werden geringere Verurteilungen nicht aufgenommen, insbesondere wenn sie einzige Bestrafung sind, so zum Beispiel Freiheitsstrafen bis zu drei Monaten, Geldstrafen bis zu 90 Tagessätzen, ferner Jugendstrafen bis zu zwei Jahren bei Strafaussetzung oder nach Beseitigung des Strafmakels. Andere Verurteilungen erscheinen nach Ablauf von drei bzw. fünf Jahren nicht mehr, abgesehen von lebenslanger Freiheitsstrafe und Unterbringung in Sicherungsverwahrung oder in der Psychiatrie. Über Eintragungen, die wegen geringer Höhe oder nach Fristablauf nicht in das Führungszeugnis aufgenommen werden, erteilt das Bundeszentralregister nur an Gerichte, Strafverfolgungsbehörden, oberste Bundes- und Landesbehörden sowie Sicherheitsbehörden Auskunft, ferner in Einbürgerungs-, Ausländer-, Gnaden-, Waffen- und Sprengstoffangelegenheiten sowie im Erlaubnisverfahren nach dem Betäubungsmittelgesetz.

Falsche Vorstellungen herrschen auch darüber, wann sich jemand als unbestraft bezeichnen darf. Ein Verurteilter darf das immer tun, soweit Verurteilungen in das Führungszeugnis nicht aufgenommen werden oder getilgt sind. Getilgte Verurteilungen dürfen ihm in der Regel im Rechtsverkehr nicht mehr vorgehalten und nicht zu seinem Nachteil verwertet werden.

Diebstahl geringwertiger Sachen

Noch heute ist die irrige Auffassung anzutreffen, wer zum alsbaldigen Verbrauch bestimmte Nahrungs- oder Genussmittel bzw. Gegenstände des hauswirtschaftlichen Verbrauchs von unbedeutendem Wert aus Hunger oder Not stiehlt, begehe »Mundraub« und werde nicht wegen Diebstahls bestraft. Tatsächlich hat es bis 1974 in unserem Strafgesetzbuch eine solche Regelung in § 370 I Nr. 5 gegeben. Der »Mundraub« war nur eine Übertretung, kein Vergehen. Er wurde ebenso wie die »Notentwendung« (§ 248a StGB alter Fassung) durch die neue Vorschrift des § 248a StGB ersetzt. Danach werden der Diebstahl und die Unterschlagung geringwertiger Sachen nur noch auf Antrag verfolgt, es sei denn, die Strafverfolgungsbehörde hält wegen des besonderen öffentlichen Interesses an der Strafverfolgung ein Einschreiten von Amts wegen für geboten. Die Änderung erfolgte, um den Aufwand mit der steigenden Bagatellkriminalität bewältigen zu können.

Ob Sachen geringwertig sind, bestimmt sich nach ihrem Verkehrswert. Die Grenze lag bis Ende 2001 nach der Rechtsprechung zwischen 50 und 100 DM. Ist der Diebstahl entdeckt, zum Beispiel durch Detektive oder durch Sicherungsetikette an der Ware, wird insbesondere von Kaufhäusern meistens Strafantrag gestellt. Der Strafrahmen wird von den einzelnen Gerichten sehr unterschiedlich gesetzt. So sprach ein Amtsgericht bei einem Diebstahl von vier Musik-CDs im Gesamtwert von 105,81 DM zum Beispiel nur eine Geldstrafe aus. Ein anderer Langfinger, der in einem Fotogeschäft seine entwickelten Bilder abholen wollte und die Fototüte im Wert von 30,68 DM ohne Bezahlung unter seine Jacke steckte, erhielt dagegen eine Freiheitsstrafe von fünf Monaten. Das Urteil wurde von einem Landgericht bestätigt und auch die Revision blieb erfolglos.

Entschädigung für unrechtmäßig erlittene Haft

Wird in einem Wiederaufnahmeverfahren eine Verurteilung aufgehoben oder gemildert, so kann der Verurteilte von der Staatskasse eine Entschädigung für den ihm durch die Verurteilung entstandenen Vermögensschaden verlangen, bei Freiheitsentziehung auch für immateriellen Schaden. Es ist ein weit verbreiteter Irrtum, anzunehmen, die Höhe dieser Entschädigung werde gleichfalls durch das Gericht festgelegt, das das frühere Urteil geändert hat. Das Gericht muss eine Entschädigungspflicht zwar ausdrücklich feststellen, aber die Höhe wird ausschließlich durch das Gesetz über die Entschädigung für Strafverfolgungsmaßnahmen aus dem Jahre 1971 geregelt. Sie richtet sich nach bundeseinheitlichen Allgemeinen Verfügungen sowie nach Art. 5 Abs. 5 der Menschenrechtskonvention vom 4. 11. 1950. Darin ist auch festgelegt, dass die durch die Haft ersparten Ausgaben des Verurteilten für Unterkunft und Verpflegung im Wege der Vorteilsausgleichung abzusetzen sind.

Geisteskranke Zeugen

Ein Geisteskranker ist in eigener Sache nicht verhandlungsfähig und kann auch nicht bestraft werden. Das steht so im Gesetz. Deshalb glauben die meisten Menschen, ein Geisteskranker könne auch kein geeigneter Zeuge sein. Das ist jedoch ein Irrtum.

Unser Verfahrensrecht geht von den Grundsätzen der materiellen Wahrheit, der Unmittelbarkeit und der freien Beweiswürdigung aus, so dass es schlechthin keine ungeeigneten Zeugen gibt. Das hat das Reichsgericht schon früh in mehreren Urteilen festgestellt. Nach dieser Rechtsprechung konnte auch ein geisteskranker Zeuge ein geeignetes Beweismittel sein. »Auch wer wegen Geisteskrankheit einer gegen ihn gerichteten Verhandlung nicht zu folgen oder in ihr seine Verteidigung nicht in verständiger Weise zu führen vermag und deshalb in jenem Sinn verhandlungsunfähig ist, kann doch imstande sein, eine zur Aufklärung der Sache dienende Angabe zu machen, und kann als Zeuge vernommen werden.«

Von der Rechtslehre wurde diese Begriffsjurisprudenz mit dem Argument stark angegriffen, ein solcher Zeuge könnte selbst unter Eid jede bewusste Lüge und jede erfundene Aussage vorbringen, weil er ja wegen Meineids nicht verfolgt werden kann. Eine derartige Rechtsprechung vergrößere daher die Gefahr von Fehlurteilen.

Haftbefehl

In unserer Bevölkerung macht sich zunehmend Unmut darüber breit, dass festgenommene Straftäter häufig sofort wieder freigelassen werden. Man sieht darin eine zu lasche Richterpraxis und einen übertriebenen Täterschutz. Die

Behörden dürfen aber gar nicht anders handeln. Seit der Habeas-Corpus-Akte, einem englischen Verfassungsgesetz von 1679, darf niemand ohne gerichtliche Nachprüfung in Haft gehalten werden. Die Freiheit der Person ist ein Grundrecht, das auch in unserer Verfassung für jeden garantiert ist (Artikel 2 und Artikel 104 des Grundgesetzes). Eine Einschränkung dieses Grundrechts ist der Haftbefehl. Er ist an strenge gesetzliche Voraussetzungen gebunden.

Ein Haftbefehl darf nur erlassen werden, wenn ein dringender Tatverdacht gegeben ist und außerdem ein Haftgrund besteht. Das ist der Fall, wenn sich aus bestimmten Tatsachen ergibt, dass der Beschuldigte flüchtig ist oder sich verborgen hält oder dass Fluchtgefahr oder Verdunkelungsgefahr besteht. Ein Haftgrund ist ferner die Wiederholungsgefahr bei schweren Sittlichkeitsdelikten oder in schweren Fällen wiederholter oder fortgesetzter Begehung folgender Straftaten: schwerer Landfriedensbruch, Körperverletzung, Diebstahl, Raub, Erpressung, Hehlerei, Betrug, Brandstiftung, Autostraßenraub oder Betäubungsmittelvergehen. Dieser Haftgründe bedarf es allerdings nicht, wenn der Beschuldigte eines Mordes, Totschlags, Völkermordes, der Unterstützung einer terroristischen Vereinigung oder der lebensgefährdenden Herbeiführung einer Explosion dringend verdächtig ist.

Der Haftbefehl muss schriftlich erlassen werden, den Beschuldigten genau bezeichnen sowie die ihm zur Last gelegte Straftat und die Gründe der Verhaftung angeben. Er ist dem Beschuldigten bekannt zu geben. Der Festgenommene ist unverzüglich, spätestens am folgenden Tag dem Richter vorzuführen. Dieser hat ihn ebenfalls unverzüglich, spätestens am nächsten Tag zu vernehmen und ihm unter Vorhalt der Beschuldigung Gelegenheit zur

Verteidigung zu geben, das besagt Artikel 104 Abs. 3 des Grundgesetzes. Angehörige sind zu benachrichtigen.

Der Richter kann den Vollzug des Haftbefehls aussetzen, also Haftverschonung anordnen, wenn weniger einschneidende Maßnahmen ausreichen, zum Beispiel Sicherheitsleistung. Das sieht unsere Strafprozessordnung (§§ 116, 116a) ausdrücklich vor. Vielen ist bekannt, dass es so etwas gibt. Die meisten wissen aber nicht, dass nach dem Gesetz eine Haftverschonung geboten ist, wenn der Haftgrund nur Fluchtgefahr ist und der Haftzweck durch andere Maßnahmen erreicht werden kann, wie zum Beispiel Meldepflicht und Aufenthaltsbeschränkungen.

Der Beschuldigte kann jederzeit die gerichtliche Prüfung beantragen, ob der Haftbefehl aufzuheben oder der Vollzug auszusetzen ist (Haftprüfung, § 117 Strafprozessordnung). Er hat auch das Rechtsmittel der Beschwerde. Der Haftbefehl wird aufgehoben, wenn der Verhaftungsgrund wegfällt oder eine weitere Untersuchungshaft außer Verhältnis zu der erwartenden Strafe stehen würde oder wenn der Beschuldigte freigesprochen oder die Eröffnung des Hauptverfahrens abgelehnt wird. Auch zu diesem Punkt sind unter Laien irrige Auffassungen anzutreffen. Verzögert sich die Eröffnung des Verfahrens zum Beispiel aus irgendwelchen Gründen und sitzt der Festgenommene schon längere Zeit in Untersuchungshaft, so muss er freigelassen werden, wenn die für die begangene Straftat zu erwartende Strafe nicht wesentlich höher oder gar geringer ist als die bereits verbüßte Untersuchungshaft. Der Beschuldigte darf überhaupt nur, solange ein Urteil noch nicht ergangen ist, höchstens sechs Monate in Haft gehalten werden, darüber hinaus nur, wenn bestimmte wichtige Gründe, namentlich besonderer Umfang oder besondere Schwierigkeit der Ermittlungen, eine Urteilsentscheidung noch nicht zulassen und die weitere Haft rechtfertigen. Bei Untersuchungshaft wegen Wiederholungsgefahr beträgt die Frist ein Jahr.

Vielfach wird auch fälschlich geglaubt, ein Haftbefehl sei dasselbe wie ein Steckbrief. Ein Steckbrief setzt einen Haftbefehl voraus. Die Staatsanwaltschaft oder der Richter kann ihn aufgrund eines Haftbefehls erlassen, wenn der Beschuldigte flüchtig ist oder sich verborgen hält. Der Suchvermerk wird im Strafregister, dem Bundeszentralregister, niedergelegt.

Haupt- und Nebenstrafen

Im Volksmund heißt es heute noch »Der hat im Zuchthaus gesessen!«, obwohl es diese Strafe in unserem Land schon seit Jahrzehnten gar nicht mehr gibt. Nach Abschaffung der Todesstrafe und nach Zusammenfassung der früheren Strafarten Zuchthaus (1 bis 15 Jahre), Einschließung (1 Tag bis 15 Jahre), Gefängnis (1 bis 5 Jahre) und Haft (1 Tag bis 6 Wochen) durch das 1. Strafrechtsreformgesetz von 1969 zu einer einheitlichen Strafart kennt unser Strafgesetzbuch nur noch die Freiheitsstrafe und die Geldstrafe.

Die Freiheitsstrafe wird als lebenslange oder als befristete Strafe von einem Monat bis zu 15 Jahren verhängt und die Geldstrafe seit dem 1. 1. 1975 nicht mehr nach Geldbeträgen, sondern in Tagessätzen, mindestens fünf, höchstens 360. Diese bestimmen sich entsprechend § 40 StGB nach den persönlichen und wirtschaftlichen Verhältnissen des Täters unter Zugrundelegung seines Nettoeinkommens und betragen mindestens 1, höchstens 5 000 Euro.

Immer wieder hört man die Frage: »Warum werden so

viele Geldstrafen verhängt?« Dann kommt nicht selten die Antwort: »Weil unsere Gefängnisse voll sind und kein Geld da ist, neue zu bauen!« Richtig ist, dass kurze Freiheitsstrafen in aller Regel wenig wirksam sind und sich sogar schädlich auswirken können. Deshalb sieht § 47 unseres Strafgesetzbuches vor, dass eine Freiheitsstrafe unter sechs Monaten nur verhängt wird, wenn besondere Umstände in der Tat oder in der Person des Täters dies zur Einwirkung auf den Täter oder zur Verteidigung der Rechtsordnung unerlässlich machen.

Gesetzliche Strafschärfungs- oder Strafmilderungsgründe bestehen vor allem für besonders schwere oder minder schwere Fälle. Früher war auch eine Straferhöhung für rückfällige Täter vorgesehen (§ 48 StGB). Diese Vorschrift ist weggefallen.

Als Nebenstrafen kennt unser Strafrecht nur noch das Fahrverbot bis zu drei Monaten (§ 44 StGB). Ferner können Gegenstände eingezogen werden, die zur Ausführung einer vorsätzlichen Straftat gedient haben bzw. dazu bestimmt waren oder durch sie hervorgebracht worden sind, §§ 74 ff. StGB. Außerdem kann der durch die Tat erlangte Vermögensvorteil oder der Wertersatz für verfallen erklärt werden.

Nebenstrafen und Nebenfolgen sind übrigens zu unterscheiden. Letztere sind keine Strafen, sondern im Strafgesetz vorgesehene Rechtsfolgen, die kraft Gesetzes mit einer Verurteilung verbunden sind. Dazu zählt der Verlust oder die Aberkennung der Amtsfähigkeit oder des passiven Wahlrechts sowie die Aberkennung des aktiven Wahl- und Stimmrechts, § 45 StGB. Die bürgerlichen Ehrenrechte können seit dem 1. 4. 1970 nicht mehr aberkannt werden.

Kindestötung

Wenn eine Mutter ihr nichteheliches Kind während oder gleich nach der Geburt tötet, sind ihr angesichts des besonderen psychischen Zustands besondere Umstände zuzubilligen, die ihre Tat gegenüber den Verbrechen Mord und Totschlag privilegieren. Seit Inkrafttreten unseres Strafgesetzbuches im Jahre 1871 hat dies § 217 StGB in einer besonderen Vorschrift mit einem milderen Strafrahmen ausdrücklich berücksichtigt. Auch heute noch glauben viele Menschen, dass der Straftatbestand der Kindestötung weiterhin gilt. Das ist jedoch nicht der Fall. Die Vorschrift ist im Januar 1998 vom Gesetzgeber ersatzlos gestrichen worden. Er hielt sie für nicht mehr zeitgemäß. Er war der Auffassung, die psychische Ausnahmesituation einer Mutter könne in diesen Fällen durch Anwendung des § 213 Berücksichtigung finden, der einen minder schweren Fall des Totschlags regelt und einen Strafrahmen von sechs Monaten bis zu fünf Jahren Freiheitsstrafe vorsieht.

Kreuzverhör

Durch viele Kriminalfilme aus Amerika und England haben wir einen guten Eindruck davon bekommen, wie es in diesen Ländern in den Gerichtssälen zugeht und wie die Rollen im Strafprozess verteilt sind. Anders als bei uns ist dort das Prinzip der Waffengleichheit bis zur Grenze der Durchführbarkeit verbürgt. Ankläger und Verteidiger bringen von sich aus ihre be- bzw. entlastenden Beweismittel bei und jede Partei vernimmt die von ihr benannten Zeugen. Dann hat der Gegner das Recht auf ein Kreuzverhör (cross examination) mit der Möglichkeit eines abschließenden Verhörs des ursprünglich Vernehmenden.

Aus dieser Andersartigkeit der Zeugenvernehmung, ja des gesamten angloamerikanischen Strafverfahrens, folgt nun häufig die irrige Annahme, dass es ein solches Kreuzverhör in unserem Strafverfahren überhaupt nicht gibt. Unsere Strafprozessordnung sieht es in § 239 jedoch tatsächlich vor: »Die Vernehmung der von der Staatsanwaltschaft und dem Angeklagten benannten Zeugen und Sachverständigen ist der Staatsanwaltschaft und dem Verteidiger auf deren übereinstimmenden Antrag von dem Vorsitzenden zu überlassen. Bei den von der Staatsanwaltschaft benannten Zeugen und Sachverständigen hat diese, bei den von dem Angeklagten benannten der Verteidiger in erster Reihe das Recht zur Vernehmung.«

Allerdings wird in der Praxis von der Möglichkeit dieser Art des Verhörs so gut wie kein Gebrauch gemacht. Denn das Schwergewicht liegt bei der Sachaufklärung durch den Vorsitzenden und das Gericht.

Kronzeuge

Der Begriff des Kronzeugen, der als Straftäter sein Wissen gegen Zusicherung der Straffreiheit offenbart, ist auch hierzulande bekannt. Aber viele verbinden ihn mit dem angelsächsischen Rechtskreis und glauben, eine solche gesetzliche Regelung gäbe es bei uns nicht. Das ist nur bedingt richtig.

Früher war ein »Staatszeuge« oder ein »Aufklärungsgehilfe« dem deutschen Recht in der Tat völlig fremd. Das änderte sich erst, als die Bundesrepublik zwischen 1970 und 1990 von einer Welle terroristischer Straftaten überzogen wurde, initiiert von der Baader-Meinhof-Gruppe, der späteren RAF. Im Juni 1989 wurde durch Gesetz die Kronzeugenregelung eingeführt, um künftige Straftaten zu verhindern, begangene besser aufklären zu können und die Mitglieder terroristischer Vereinigungen durch Schwächung des gegenseitigen Vertrauens zu verunsichern. Nach § 1 dieses Kronzeugengesetzes kann der Generalbundesanwalt mit Zustimmung eines Strafsenates des Bundesgerichtshofs von der Strafverfolgung absehen, »wenn die Bedeutung dessen, was der Täter oder Teilnehmer offenbart hat, insbesondere im Hinblick auf die Verhinderung künftiger Straftaten, dies im Verhältnis zu der eigenen Tat rechtfertigt«. Weder die Zustimmung noch die Ablehnung durch den BGH (in nichtöffentlicher Sitzung) bedarf einer Begründung. Bis 1999 hat es erst zwei Anwendungsfälle gegeben. Einmal hat der BGH die Zustimmung versagt, einmal erteilt.

Dieses Kronzeugengesetz gilt also nur für solche Personen, die selbst in terroristische Straftaten verwickelt oder der Mitwirkung an solchen Taten verdächtig sind. Bei Mord und Totschlag darf eine völlige Straffreiheit nicht gewährt werden, sondern nur eine Milderung bis zu einer Mindeststrafe von drei Jahren. Außerdem ist das Gesetz befristet. Die Geltungsdauer ist allerdings mehrmals verlängert worden.

Mit dieser eingeschränkten »kleinen Kronzeugenregelung« hat sich der Gesetzgeber den erheblichen Bedenken gebeugt, die gegen die Übernahme ausländischer Vorbilder geltend gemacht worden sind. Nach übereinstimmender Auffassung gefährdet eine unbegrenzte Kronzeugenregelung wie etwa in Amerika das Rechtsbewusstsein der Bevölkerung. Sie berührt auch das Rechtsstaatsprinzip und den Gleichbehandlungsgrundsatz, indem sie schwerster Straftaten Verdächtige von der Strafverfolgung und überführte Täter von der Bestrafung ausnimmt. Das Bundesverfassungsgericht hat die Frage, ob eine solche Regelung mit dem Grundgesetz vereinbar ist, mit Rücksicht darauf offen gelassen, dass ihre Anwendung den Angeklagten nicht benachteiligt, sondern begünstigt. Auch kriminalpolitisch ist die Kronzeugenregelung fragwürdig, da stets starke Zweifel an der Glaubwürdigkeit der Angaben eines Kronzeugen, der sich durch seine Aussage erhebliche Vorteile erwerben will, bestehen müssen.

Maßregeln der Besserung und Sicherung

»Der gehört für immer weggesperrt!« Solche oder ähnliche Sätze hört man in der Bundesrepublik immer öfter, insbesondere wenn nach Sexualverbrechen an Kindern der Unmut in der Bevölkerung groß ist und die Menschen nicht verstehen, wie es möglich ist, dass gefährliche Hang- und Triebtäter nach vorzeitiger Entlassung aus der Haft erneut derartige Verbrechen begehen konnten. Die oft geforderte Sicherungsverwahrung steht allerdings nicht einfach im Ermessen der Gerichte, das Gesetz knüpft eine solche Maßregel an ganz bestimmte formelle und materielle Voraussetzungen.

Wird jemand wegen einer vorsätzlichen Straftat zu einer Freiheitsstrafe von mindestens zwei Jahren verurteilt, so ordnet das Gericht neben der Strafe zusätzlich die Sicherungsverwahrung an, wenn erstens der Täter wegen vorsätzlicher Straftaten, die er vor der neuen Tat begangen hat, schon zweimal jeweils zu einer Freiheitsstrafe von mindestens einem Jahr verurteilt worden ist und wenn er zweitens wegen einer oder mehrerer dieser Taten vor der neuen Tat mindestens zwei Jahre Freiheitsstrafe verbüßt hat oder sich im Vollzug einer freiheitsentziehenden

Maßregel der Besserung und Sicherung befunden hat. So sagt es der § 66 StGB.

Außerdem muss die Gesamtwürdigung des Täters und seiner Taten ergeben, »dass er infolge eines Hanges zu erheblichen Straftaten, namentlich zu solchen, durch welche die Opfer seelisch oder körperlich schwer geschädigt werden oder schwerer wirtschaftlicher Schaden angerichtet wird, für die Allgemeinheit gefährlich ist«. Daraus ergibt sich, dass aus dem Anwendungsbereich der Sicherungsverwahrung nicht nur alle Bagatelltaten ausscheiden, sondern weitgehend alle Taten der unteren und mittleren Kriminalität.

Angeordnet werden kann auch eine Unterbringung in einem psychiatrischen Krankenhaus bei Schuldunfähigkeit (statt Strafe) oder verminderter Schuldfähigkeit (neben der Strafe), wenn es die öffentliche Sicherheit erfordert. Neben einer Bestrafung wegen einer Rauschtat oder Volltrunkenheit kann auch die Unterbringung in einer Entziehungsanstalt angeordnet werden oder eine Führungsaufsicht (Bewährungshelfer) bei einer Verurteilung zu einer Freiheitsstrafe von mindestens sechs Monaten, wenn die Gefahr besteht, dass der Täter weitere Straftaten begehen wird.

Letztlich zählen auch noch die Entziehung der Fahrerlaubnis bei Verkehrsdelikten sowie das Berufsverbot bei Verletzung beruflicher Pflichten zu den gesetzlich vorgesehenen Maßregeln der Besserung und Sicherung. Sie sind keine Strafen, wie ebenfalls häufig irrtümlich angenommen wird, sondern sollen die Allgemeinheit für die Zukunft schützen.

Motivirrtum

»Strafbar ist nur vorsätzliches Handeln, wenn nicht das Gesetz fahrlässiges Handeln ausdrücklich mit Strafe bedroht.« So steht es in § 15 unseres Strafgesetzbuches. Die Vorschrift hat nur technische Bedeutung, denn sie sagt nicht, was »Vorsatz« eigentlich ist. Es blieb der Rechtsprechung überlassen, eine Begriffsbestimmung zu entwickeln. Danach bedeutet Vorsatz schlicht »Wissen und Wollen«. Das heißt, der Täter muss subjektiv alle äußeren, objektiven Merkmale eines gesetzlichen Tatbestandes verwirklichen. Tut er das nicht, zum Beispiel infolge eines Irrtums, ergibt sich die Frage, ob dann der Vorsatz ausgeschlossen ist und eine Verurteilung wegen eines Vorsatzdelikts folglich nicht in Betracht kommt.

Nehmen wir folgenden Fall: A will B erschießen, weil dieser ihn mit seiner Frau betrogen hat. In dessen Haus sieht er im Dunkeln durch das geöffnete Fenster einen Mann im Wohnzimmer stehen, von dem er glaubt, es sei B. Er erschießt den Mann. Doch es ist nicht B, sondern dessen zu Besuch weilender Bruder C.

Entfällt eine Bestrafung wegen Mord oder Totschlag und kann A nur wegen fahrlässiger Tötung verurteilt werden, weil sein Vorsatz sich ja nicht auf C bezog? Nein, dieser so genannte »error in persona«, die Verwechslung mit einem anderen gleichwertigen Angriffsobjekt, berührt den Vorsatz nicht. Der Bundesgerichtshof hat entschieden, dass ein solcher Irrtum über die Identität des Tatobjekts ein bloßer, unbeachtlicher Motivirrtum ist. Er liegt vor, wenn das vermeintlich angegriffene dem wirklich betroffenen Objekt nach der Tatsachenvorstellung des Handelnden tatbestandlich gleichwertig ist. A kann also wegen Mordes bestraft werden.

Aber wie ist die Rechtslage in folgendem Fall: A schießt mit seinem Luftgewehr auf Spatzen in einer Wiese, trifft aber versehentlich den dort lagernden B ins Auge. Kann A wegen vorsätzlicher Körperverletzung bestraft werden? Nein, hier weicht der Kausalverlauf wesentlich von der Vorstellung des Täters ab, die Tat ist nicht mehr vom Vorsatz gedeckt. Dieser so genannte »error in objecto«, der fehlgeleitete Angriff, muss beachtet werden. A wollte ja gar keinen Menschen verletzen. Hier kommt, weil subjektiv nicht alle Tatbestandsmerkmale verwirklicht sind, nur Versuch in Tateinheit mit fahrlässiger Körperverletzung in Frage. Der Fall ist allerdings anders zu beurteilen, wenn A den dicht neben den Spatzen lagernden B durchaus gesehen, dennoch geschossen und dabei eine mögliche Verletzung des B in Kauf genommen hat. Dann liegt ein »dolus eventualis«, ein bedingter Vorsatz vor, der ausreicht, um B wegen vorsätzlicher Körperverletzung zu bestrafen.

Nebenklage

In bestimmten Fällen kann sich der oder die Verletzte der öffentlichen Anklage anschließen, zum Beispiel in Fällen von Beleidigung, Körperverletzung oder gar Tötung. Der Nebenkläger hat in der Hauptverhandlung alle wesentlichen Rechte des Staatsanwalts. Er kann insbesondere Beweisanträge stellen, Erklärungen abgeben und das Fragerecht ausüben. Und er kann sogar Rechtsmittel gegen das Urteil einlegen. Infolge dieser weitgehenden Befugnisse ist auch die Ansicht verbreitet, einer vom Gericht beabsichtigten Einstellung des Verfahrens müsse außer Staatsanwalt, Verteidiger und Angeklagtem auch der Nebenkläger zustimmen. Dass dem aber nicht so ist, wurde den als

Nebenkläger beteiligten Opfern im Eschede-Prozess schmerzlich bewusst.

Am 3. Juni 1998 entgleist der ICE »Wilhelm Conrad Röntgen« in Höhe von Eschede im Landkreis Celle bei Tempo 200, weil ein gummigefederter Radreifen einreißt, bricht und sich im Drehgestell verkeilt, das dann mit dem Radlenker einer Weiche kollidiert. Das Rad »überklettert« das Gleis und stellt eine weitere Weiche um, wodurch die folgenden Waggons nach rechts ziehen. Der ICE entgleist und rast gegen eine Brücke. 101 Personen werden getötet und 105 zum Teil schwer verletzt. Es ist das bisher größte Zugunglück in der Geschichte der Bundesrepublik. Im Jahre 2002 wird vor der 1. Großen Strafkammer des Landgerichts Lüneburg Anklage gegen drei Ingenieure der Bahn erhoben. Eine Vielzahl von Sachverständigengutachten soll die Schuld der Angeklagten beweisen. Aber sie widersprechen sich und der Nachweis, dass die Ingenieure den Fehler hätten erkennen und das Unglück somit hätten voraussehen können, ist schwer zu führen. Deshalb will die Kammer nach acht Monaten Prozessdauer das Verfahren im April 2003 zügig beenden. Sie schlägt eine Einstellung gegen eine Zahlung von 10 000 Euro je Angeklagten vor, weil die Feststellung der individuellen Schuld, wenn überhaupt, nur mit jahrelangem weiterem Aufwand möglich sei und sie auf jeden Fall nicht schwer wiege. Das öffentliche Interesse an der Strafverfolgung sinke, wenn das Maß der Schuld gering sei, erklärt der Vorsitzende Richter.

Damit löst er bei den Nebenklägern Empörung aus. Sie können nicht verstehen, dass der Prozess unaufgeklärt abgebrochen werden soll, ohne dass man sie gefragt hat. Nebenkläger haben zwar eine Menge Rechte, aber eben nicht alle. Sie haben vor allem nicht das Recht, eine Einstellung zu blockieren, wenn die anderen Verfahrensbeteiligten einverstanden sind.

Putativnotwehr

Während eines Streites und heftigen Wortgefechts zweier Männer hebt der eine plötzlich seinen Arm. Er will nur eine abfällige Handbewegung machen, erweckt damit bei dem anderen jedoch den Eindruck, er werde angegriffen. Mit einem gezielten Faustschlag schlägt er dem vermeintlichen Angreifer zwei Zähne aus und streckt ihn zu Boden. Hat er sich wegen fahrlässiger oder gar vorsätzlicher Körperverletzung strafbar gemacht?

Die Tat wäre nicht rechtswidrig, wenn er in Notwehr gehandelt hätte. Nach § 32 StGB ist Notwehr diejenige Verteidigung, die erforderlich ist, um einen gegenwärtigen rechtswidrigen Angriff von sich oder einem anderen abzuwenden. An einem solchen Angriff fehlt es hier, objektiv ist eine Notwehrlage nicht gegeben. Der Täter irrt über die tatsächlichen Voraussetzungen der Notwehr, er hat das Verhalten des anderen irrig als Angriff aufgefasst.

Unser Strafgesetzbuch kennt zwei Irrtumstatbestände, den in § 16 geregelten Irrtum über Tatumstände und den so genannten Verbotsirrtum des § 17 StGB. In § 16 StGB heißt es: »Wer bei der Begehung der Tat einen Umstand nicht kennt, der zum gesetzlichen Tatbestand gehört, handelt nicht vorsätzlich. Die Strafbarkeit wegen fahrlässiger Begehung bleibt unberührt.« Doch in unserem Fall irrt der Täter nicht über ein Tatbestandsmerkmal der in § 223 StGB geregelten Körperverletzung, sondern er irrt über das Vorliegen eines Rechtfertigungsgrundes. Er begeht einen Irrtum eigener Art. Die Juristen machen da sehr feine Unterschiede.

Das Problem ist nur, dass letzterer Irrtum nirgendwo im Gesetz geregelt ist. Bleibt damit ein Fall der Putativnotwehr völlig außerhalb des Gesetzes und gänzlich ohne Strafe? Nein. Da ein solcher Irrtum eng mit dem Tatbestandsirrtum des § 16 StGB verwandt ist, wird, solange eine gesetzliche Regelung fehlt, der Irrtum über einen Erlaubnistatbestand bzw. Rechtfertigungsgrund den Rechtsfolgen des § 16 StGB unterworfen. Das heißt, man behandelt ihn genauso. Eine Bestrafung wegen vorsätzlicher Tat ist ausgeschlossen.

Ob in dem geschilderten Fall auch eine Bestrafung wegen fahrlässiger Körperverletzung entfällt, hängt davon ab, ob dem Täter sein Irrtum vorzuwerfen ist. Fahrlässig handelt, wer die Sorgfalt außer Acht lässt, zu der er nach den Umständen und seinen persönlichen Verhältnissen verpflichtet und fähig ist. Sind die Umstände im obigen Fall so, dass der Täter tatsächlich annehmen durfte, zum Beispiel, weil die Armbewegung sehr plötzlich und heftig war, der andere wolle ihn schlagen, kommt auch eine Bestrafung wegen fahrlässiger Körperverletzung nicht in Betracht und der Täter geht straffrei aus.

Zur Putativnotwehr zählen auch die Fälle, in denen der Angegriffene die Stärke eines Angriffs überschätzt oder die tatsächliche Möglichkeit, den Angriff durch ein weniger gefährliches Mittel abzuwehren, nicht erkennt. Ob auch der Fall dazugehört, dass mittels einer »Scheinwaffe« ein besonders intensiver Angriff vorgetäuscht und der Angegriffene zu einer Überreaktion veranlasst wird, ist in Lehre und Rechtsprechung umstritten.

Nicht zu verwechseln ist dieser Fall mit dem so genannten Notwehrexzess nach § 33 StGB: »Überschreitet der Täter die Grenzen der Notwehr aus Verwirrung, Furcht oder Schrecken, so wird er nicht bestraft.«

Rechtsmittel im Strafprozess

Fragt man zehn juristische Laien, ob es ihrer Ansicht nach für alle in der Bundesrepublik gefällten Strafurteile eine zweite Tatsacheninstanz gibt, sie also mit dem Rechtsmittel der Berufung angefochten werden können, so wird diese Frage wahrscheinlich von über der Hälfte der Kandidaten bejaht werden. Die Antwort lautet jedoch nein.

Gegen Urteile des Amtsgerichts (entweder ein Strafrichter als Einzelrichter oder ein Schöffengericht mit einem Richter und zwei Schöffen) ist eine Berufung an das Landgericht möglich, wo eine kleine Strafkammer (mit einem Richter und zwei Schöffen) über Urteile eines Amtsrichters oder eine Große Strafkammer (mit drei Richtern und zwei Schöffen) über Urteile des Schöffengerichts entscheidet. Gegen Berufungsurteile des Landgerichts ist eine Revision (keine Tatsacheninstanz) beim Oberlandesgericht (Senat mit drei Richtern) möglich.

Nun gibt es allerdings auch den Fall, dass ein Prozess schon in erster Instanz beim Landgericht beginnt. Dies sind besondere, im Gerichtsverfassungsgesetz festgelegte Fälle (zum Beispiel, wenn mehr als drei Jahre Freiheitsstrafe oder Unterbringung in einem psychiatrischen Krankenhaus oder in Sicherungsverwahrung zu erwarten ist), für die eine Große Strafkammer zuständig ist. Eine Große Strafkammer kann auch als Schwurgericht bei besonders schweren Verbrechen fungieren, die auf Tötung gerichtet sind (Mord, Totschlag, Kindstötung) oder den Tod eines Menschen zur Folge hatten (insbesondere Geiselnahme, Vergewaltigung, Raub, räuberischer Diebstahl oder räuberische Erpressung) oder die auch ohne Todesfolge nach der Begehensweise ein besonders schweres Delikt darstellen.

Gegen Urteile der Großen Strafkammer in erster Instanz gibt es keine Berufung und damit auch keine zweite Tatsacheninstanz, in der der Sachverhalt und die einzelnen Beweismittel noch einmal vorgetragen werden könnten. Gegen diese Urteile ist nur eine Revision beim Bundesgerichtshof möglich, die lediglich darauf gestützt werden darf, dass das Urteil auf einer Gesetzesverletzung beruhe.

Fragen wir die Laien noch einmal, ob sie glauben, dass auch ein Oberlandesgericht in erster Instanz tätig werden könne, so werden sie dies wahrscheinlich alle verneinen. Aber: Strafsenate (mit sogar fünf Richtern) der Oberlandesgerichte sind in der Tat in erster Instanz zuständig für bestimmte schwerwiegende Strafsachen wie zum Beispiel Friedens-, Landes- oder Hochverrat, Nötigung von Verfassungsorganen und Völkermord sowie außerdem für die Verfolgung terroristischer Gewalttaten, wenn der Generalbundesanwalt wegen der besonderen Bedeutung die Verfolgung übernimmt. Gegen diese Urteile ist ebenfalls nur die Revision beim Bundesgerichtshof möglich.

Ein anderer Fall: Ein Mann wird vor dem Amtsgericht wegen einfachen Diebstahls verurteilt. Der Verteidiger legt Berufung ein mit dem Ziel einer geringeren Bestrafung, weil er glaubt, dass die Wegnahme noch nicht abgeschlossen und die Tat deshalb im Versuchsstadium stecken geblieben war. Das Landgericht folgt dem nicht und sieht sogar einen Fall des schweren Diebstahls mit einem höheren Strafrahmen als gegeben an. Darf es nun den Täter zu einer höheren Strafe als der in erster Instanz ausgesprochenen verurteilen? Man könnte meinen, ja. Aber das wäre ein Irrtum. Denn hier gilt das Verbot der schon aus dem römischen Recht stammenden und jetzt in § 331 Strafprozessordnung geregelten »reformatio in peius«:

Das angefochtene Urteil darf nicht zum Nachteil des Angeklagten geändert werden, wenn das Rechtsmittel lediglich zu seinen Gunsten eingelegt worden ist.

Richteramt

Die Befähigung zum Richteramt kann nur erwerben, wer ein rechtswissenschaftliches Studium an einer Universität mit der ersten Staatsprüfung und einen darauf folgenden Vorbereitungsdienst mit der zweiten Staatsprüfung abgeschlossen hat. Das ist im »Deutschen Richtergesetz« so vorgesehen. Auch ein Universitätsprofessor der Rechte darf ein Richteramt ausüben. Nun gibt es in unserem Land zunehmend Ausländer, die Jura studieren und beide Staatsexamen erfolgreich absolvieren. Sie dürfen jedoch keine Richter werden, § 9 des Richtergesetzes verbietet das. Ins Richteramt darf zudem nur berufen werden, wer die Gewähr dafür bietet, dass er jederzeit für die freiheitliche demokratische Grundordnung im Sinne unseres Grundgesetzes eintritt. Ein Richter ist unabhängig und nur dem Gesetz unterworfen (§ 25 Richtergesetz).

Falsch ist der weit verbreitete Glaube, die rechtsprechende Gewalt werde in der Bundesrepublik nur durch Berufsrichter ausgeübt. Es gibt auch ehrenamtliche Richter. In der Strafgerichtsbarkeit heißen sie »Schöffen« und bei den Kammern für Handelssachen »Handelsrichter«. Auch an einem für besonders schwere Delikte zuständigen Schwurgericht sind zwei Schöffen beteiligt.

Auch wird ein Berufsrichter nicht immer auf Lebenszeit ernannt. Er kann als Richter auf Zeit, auf Probe oder kraft Auftrags berufen werden.

Schöffen

Viele Menschen in der Bundesrepublik glauben, es gäbe in unserer Gerichtsbarkeit noch »Geschworene«. Vielleicht sind die Gerichts- und Kriminalfilme aus den USA der Grund dafür. Dort sind bei Kapitalverbrechen Schwurgerichte tätig, bei denen Laienrichter allein über die Schuldfrage entscheiden und zu einem einstimmigen Ergebnis kommen müssen. Das gibt es bei uns schon seit 1924 nicht mehr. Bis 1974 existierten noch Schwurgerichte, die mit drei Berufsrichtern und sechs Laienrichtern besetzt waren. Aus den sechs Geschworenen sind zwei Schöffen geworden, vom früheren Schwurgericht ist nur noch der Name geblieben.

Schöffen wirken in der Hauptverhandlung und bei der Urteilsberatung mit gleichem Stimmrecht wie die Berufsrichter mit. Es gibt sie beim Amtsgericht (Schöffengericht, ein Berufsrichter, zwei Schöffen) und beim Landgericht (Strafkammer, drei Berufsrichter, zwei Schöffen). Die Strafprozessordnung (§ 263) schreibt für die Entscheidung über die Schuldfrage eine Zweidrittelmehrheit vor. Wenn die Schöffen (oder Schöffinnen) einer Meinung sind, können sie daher einen Schuldspruch verhindern und einen Freispruch auch gegen die Meinung der Berufsrichter durchsetzen.

Die Schöffen werden alle vier Jahre von einem beim Amtsgericht gebildeten Schöffenwahlausschuss gewählt, und zwar aufgrund einer von der Gemeindevertretung erstellten Vorschlagsliste. Sie soll alle Bevölkerungsgruppen nach Alter, Beruf, Geschlecht und sozialer Stellung enthalten. Im Gesetz ist geregelt, wer zum Schöffenamt unfähig oder ungeeignet ist und unter welchen Voraussetzungen das Schöffenamt abgelehnt werden kann. Die

Schöffen sollen grundsätzlich nicht zu mehr als 12 Sitzungstagen im Jahr herangezogen werden. Ausgenommen sind Großverfahren, wo vorsorglich Ersatzschöffen bestimmt werden. Da die Schöffentätigkeit ehrenamtlich ist, wird vielfach angenommen, die Schöffen würden keinerlei Geld erhalten. Das stimmt aber nicht. Sie erhalten eine gesetzlich geregelte Entschädigung. Ebenso irrig ist die Annahme, die Reihenfolge der Schöffen, in der sie an den Hauptverhandlungen teilnehmen müssen, würde vom Gericht festgelegt. Sie wird vielmehr durch Auslosung bestimmt. Anders als in den USA hat der Verteidiger bei uns keinerlei Einfluss auf die Auswahl der Schöffen.

Sterbehilfe

Ein Arzt, der Sterbehilfe leistet, macht sich strafbar. Das ist eine weit verbreitete Meinung, die allerdings in dieser Allgemeinheit nicht richtig ist. Wie leicht man hier irren kann und wie sehr einzelne Sachverhalte differenziert werden müssen, mögen drei Beispiele verdeutlichen.

Nehmen wir an, die 65-jährige Frau F ist unheilbar an Krebs erkrankt. Als ihre Schmerzen unerträglich werden, beendet der Arzt A ihre Qualen mit einer tödlich wirkenden Überdosis Morphium. A macht sich auch dann wegen Totschlags (§ 212 StGB) oder Tötung auf Verlangen (§ 216 StGB) strafbar, wenn sein Handeln dem Wunsch der F oder der nächsten Angehörigen entspricht. Der Bundesgerichtshof hat in ständiger Rechtsprechung entschieden, dass der strafrechtliche Lebensschutz bis zum Tode dauert und auch dem unheilbar Todgeweihten zugute kommt. Aktive Euthanasie zum Zwecke der schmerzlosen Tötung eines Sterbenden oder hoffnungslos Dahinsiechenden ist daher widerrechtlich und strafbar.

Das Verbot, andere zu töten, untersagt jedem, auch dem Arzt, alle aktiven Maßnahmen zur Sterbehilfe. Jede Lockerung, die wiederholt gefordert worden ist, ist nach herrschender Meinung unannehmbar, weil sie die Achtung vor dem Leben untergraben und reinen Nützlichkeitserwägungen Raum geben würde.

Ändert sich die Beurteilung, wenn A der F bis zum natürlichen Lebensende nur zum Zwecke der Schmerzlinderung Morphium verabreicht, die erforderliche Einzeldosis aber nach und nach steigern muss und dies im Einvernehmen mit F auch auf die Gefahr einer damit verbundenen Lebensverkürzung hin tut? Ja, hier fehlt es an einer Tötungshandlung. Die echte Sterbehilfe, die indirekte Euthanasie, ist auch dann erlaubt, wenn Art und Dosierung der Medikamente bei höhergradigen und lang anhaltenden Schmerzen das Risiko lebensverkürzender Nebenwirkungen in sich birgt. Die voraussehbare und eventuell eintretende Beschleunigung des Ablebens darf allerdings nicht Zweck des ärztlichen Handelns sein, sondern nur dessen unbeabsichtigte und unvermeidbare Nebenfolge, die allein deshalb in Kauf genommen wird, weil schmerzlindernde Mittel ohne derartige Nebenwirkungen nicht zur Verfügung stehen. Im Gesetz steht das nirgendwo so, die Rechtsprechung hat diese Grundsätze entwickelt. Der Bundesgerichtshof hat am 15. November 1996 anerkannt: »Die Ermöglichung eines Todes in Würde und Schmerzfreiheit gemäß dem erklärten oder mutmaßlichen Patientenwillen ist ein höherwertiges Rechtsgut als die Aussicht, unter schwersten, insbesondere so genannten Vernichtungsschmerzen noch kurze Zeit länger leben zu müssen.«

Und wie ist die Rechtslage, wenn der Zustand der F sich bei zunehmenden Atemstörungen hoffnungslos verschlechtert und A unter Verzicht auf kreislaufanregende

Injektionen und auf den Einsatz eines Beatmungsgeräts dem Sterbeprozess seinen Lauf lässt? Diese passive Euthanasie, die Sterbehilfe durch Sterbenlassen, ist nach herrschender Meinung ebenfalls nicht strafbar. Denn dem Recht auf Leben (Artikel 2 II 1 des Grundgesetzes) entspricht ein Recht des Menschen auf seinen natürlichen Tod und auf ein menschenwürdiges Sterben. Es muss immer eine zumindest mutmaßliche Einwilligung des Patienten vorliegen, wenn der Todeszeitpunkt durch Behandlungsmaßnahmen hinausgeschoben werden soll. So wenig der Arzt sich dem Verlangen des Todgeweihten nach der erlösenden Spritze fügen darf, so wenig darf er ihm eine Lebens- und Leidensverlängerung aufzwingen. Der Bundesgerichtshof hat klar gesagt, die Pflicht des Arztes auf Lebenserhaltung endet, sobald jede Aussicht auf Rettung oder Besserung geschwunden ist und der Krankheitsverlauf die unmittelbare Phase des Sterbens erreicht hat. Nicht die Effizienz der medizinischen Technologie bestimmt die Grenzen der ärztlichen Behandlungspflicht, sondern die an der Achtung des Lebens und der Menschenwürde ausgerichtete Entscheidung im Einzelfall.

Die Einstellung einer medizinisch sinnlos gewordenen Weiterbehandlung Sterbender unter Berücksichtigung ihres mutmaßlichen Willens (zum Beispiel nach einem nicht reparablen Verlust des Bewusstseins) ist rechtlich sogar dann zulässig, wenn es sich in einem aktiven Tun äußert, wie etwa im Abschalten eines Beatmungsgerätes durch einen dafür zuständigen Arzt oder in der Einstellung einer bis dahin erfolgten künstlichen Ernährung. Auch hierüber herrschen in der Bevölkerung oft falsche Vorstellungen. Um diese Unsicherheiten und Irrtümer künftig zu verringern oder gar zu vermeiden, wäre eine gesetzliche Regelung sinnvoll. Die Richtlinien der Bundesärztekammer für die ärztliche Sterbebegleitung reichen nicht aus. Doch über einen Alternativentwurf eines Gesetzes über die Sterbehilfe aus dem Jahre 1986 sind die Bemühungen bisher nicht hinausgekommen. Vielleicht liegt das auch daran, dass sich die katholische Kirche beharrlich weigert, den Ausweg in einen selbstbestimmten Tod anzuerkennen.

Erstmals am 29. April 2002 hat der Europäische Gerichtshof für Menschenrechte in Straßburg über die Zulässigkeit der aktiven Sterbehilfe entschieden. Den sieben Richtern lag der Fall der 43-jährigen Britin Diane Pretty vor, Mutter zweier Kinder, die infolge einer Erkrankung des zentralen Nervensystems (Amyotrophe Lateralsklerose) seit mehr als zwei Jahren vollständig gelähmt war. Sie konnte nicht mehr artikuliert reden, kaum noch schlucken, musste künstlich ernährt werden und war nicht in der Lage, sich selbst das Leben zu nehmen. Um einem drohenden qualvollen Erstickungstod zu entgehen, hatte sie ihren Ehemann Brian gebeten, ihr dieses demütigende und entwürdigende Ende zu ersparen und ihr beim Sterben zu helfen. Sollte er dem Wunsche seiner Frau nachkommen, drohten ihm allerdings bis zu 14 Jahre Gefängnis. Aktive Sterbehilfe ist in allen europäischen Ländern mit Ausnahme von Holland verboten. Ein englisches Gericht hat dem Ehemann die aktive Sterbehilfe untersagt. Das verletze ihre Menschenrechte, begründete Diane Pretty ihre gegen dieses Urteil gerichtete Klage vor dem Europäischen Gerichtshof für Menschenrechte.

Das ist nicht der Fall, entschieden die sieben Straßburger Richter einstimmig in letzter Instanz. Die Europäische Menschenrechtskonvention garantiere kein Recht auf aktive Sterbehilfe. Das Grundrecht auf Leben schließe nicht das Recht auf Selbsttötung ein. Der Staat sei verpflichtet, Leben zu schützen und zu erhalten, meinten die Richter. Euthanasie dürfe nicht legalisiert werden. Diane Pretty zeigte sich tief enttäuscht von dem Straßburger Urteil. Im Mai 2002 ist sie in einem Hospiz gestorben.

Straf- und Zivilprozess

Menschen, die noch niemals in ihrem Leben einen Prozess verfolgt, geschweige denn selbst vor einem Gericht gestanden haben, neigen zu der Vorstellung, zwischen einem Zivil- und einem Strafprozess gäbe es in Deutschland eigentlich keinen wesentlichen Unterschied. Was im Zivilverfahren die streitenden Parteien seien, das seien im Strafprozess Staatsanwalt und Verteidiger. Alles laufe im Prinzip nach den gleichen Regeln ab.

Richtig ist, dass es in den ersten Anfängen unseres Rechtswesens tatsächlich keine Trennung von Straf- und Zivilprozess gegeben hat. Der germanische Prozess war ein reiner Parteiprozess. Im Thing versammelten sich alle Stammesgenossen, um Recht zu sprechen und über einen Streit zu entscheiden. Die Parteien traten in der Mitte zusammen und kämpften mit allen erlaubten Mitteln und Argumenten gegeneinander um ihr Recht. Die Stammesgenossen hörten zu und fällten dann ihr Urteil.

Richtig ist auch, dass dieses so genannte Akkusationsprinzip bei uns bis heute im Zivilprozess erhalten geblieben ist. Falsch ist dagegen die Annahme, dass dies auch für das Strafverfahren gelte. Das ist zum Beispiel in England und in den USA der Fall. In unserem Strafprozess begann sich schon in der zweiten Hälfte des Mittelalters das Offizialverfahren durchzusetzen, in dem die Obrigkeit von sich aus mit Hilfe der Erklärungen und Aussagen des

Beschuldigten den tatsächlichen Sachverhalt zu erforschen hat. Im 15. Jahrhundert verhalf das neben dem römischen Recht übernommene kanonisch-italienische Strafverfahrensrecht dem schon in Entwicklung befindlichen Inquisitionsprozess endgültig zum Sieg.

Unsere Strafprozessordnung vom 1. Februar 1877 enthält von beiden Prinzipien etwas. Aber ein Parteiprozess ist unser Strafverfahren, im Gegensatz zum angloamerikanischen Strafprozess, nicht. Der Staatsanwalt steht nicht auf der gleichen Ebene mit dem Beschuldigten wie Kläger und Beklagter im zivilen Rechtsstreit, sondern er ist als »ein der dritten Gewalt zugeordnetes Organ der Rechtspflege« dem Beschuldigten eindeutig übergeordnet und genießt die Autorität der den Staat vertretenden Behörde. Er ist nicht als Vertreter eines einseitigen Parteiinteresses gedacht, denn er ist zu objektiver Amtsführung verpflichtet. Auch hat der Staatswanwalt nicht eine Verurteilung schlechthin anzustreben, sondern eine gerechte richterliche Entscheidung.

Und der Strafrichter selbst hat nicht wie im angloamerikanischen Recht dem Kampf der Parteien als ein auf Einhaltung der Regeln achtender Schiedsrichter lediglich schweigend zuzuhören, sondern er ist ein aktiver, inquirierender Richter. Nach § 238 unserer Strafprozessordnung hat er die Pflicht, den Angeklagten zu vernehmen und die Beweisaufnahme zu führen. Durch diese Untersuchungspflicht darf er aber nicht seine Unparteilichkeit verlieren.

Strafunmündigkeit

Die zwölfjährige Schülerin Nadja wünscht sich sehnlichst ein Klappmesser. Der 15-jährige Matthias, ihr Freund, klaut ein solches zehn Zentimeter langes Messer aus einem Supermarkt in Mönchengladbach und schenkt es ihr. Nadja ist happy. Beide hängen in den ersten Januartagen des Jahres 2002 zusammen mit ein paar Freunden auf dem Parkplatz vor dem Supermarkt herum, wie fast immer in der schulfreien Zeit. Nadja hält das Messer in der Hand. Sie wollen eine Sterbeszene wie im Film spielen. »Du traust dich ja doch nicht!«, ruft Matthias. Nadja stößt mit dem Messer nach vorne, während Matthias gleichzeitig einen Schritt auf sie zu macht. Er sackt zusammen. Der Stich trifft ihn mitten ins Herz. Matthias ist sofort tot.

Die Ermittlungen werden schon nach kurzer Zeit eingestellt. »Jeder Erwachsene, der eine solche Tat begangen hätte, wäre zumindest wegen fahrlässiger Tötung belangt worden«, sagen die Nachbarn. »Warum dieses Mädchen nicht? Es kann doch Jugendstrafrecht angewendet werden, sie darf keinesfalls einfach so davonkommen!«

Doch, sie darf. Denn Nadja ist noch nicht strafmündig. Nach § 19 unseres Strafgesetzbuchs ist schuldunfähig, wer bei der Begehung der Tat noch nicht 14 Jahre alt ist. Dabei kommt es auf den Zeitpunkt der Tat an, nicht des Verfahrens. Diese gesetzliche Vermutung der absoluten Schuldunfähigkeit von Kindern ist unwiderleglich.

Todesstrafe

Immer wieder wird in unserem Land, insbesondere bei schweren Verbrechen wie Kindes- oder Polizistenmord, der Ruf nach der Todesstrafe laut. Dabei wird manchmal irrtümlich angenommen, dass es sie in Deutschland seit der Reichsgründung nur während der Hitlerdiktatur gegeben hat. Die Todesstrafe wurde bereits 1871 in das Strafgesetzbuch aufgenommen. Erst im Jahre 1949 wurde sie durch Artikel 102 des Grundgesetzes abgeschafft. Anträge auf Wiedereinführung fanden nicht die erforderliche Zweidrittelmehrheit.

Nach wie vor ist die abschreckende Wirkung der Todesstrafe in der Kriminalistik sehr umstritten. Ihre Anhänger, zu denen ja auch der amerikanische Präsident George W. Bush zählt, argumentieren, sie sei der einzige und wirklich sichere Schutz des gesunden und wertvollen Teiles der Gesellschaft vor abnormen Schwerkriminellen, die nie und durch nichts gebessert werden könnten. Zahlreiche Fälle würden beweisen, dass zu milde Urteile nur neuen Morden Vorschub leisteten. Ein Lebenslänglicher habe doch nichts mehr zu befürchten, sagen sie, selbst wenn er bei einem Ausbruch seinen Wärter töte und neue Morde begehe. Die Todesstrafe sei die härteste und endgültige Unschädlichmachung, das einzige und letzte Mittel, mit dem man auf völlig Amoralische einwirken könne. Es gibt viele erfahrene Juristen und Kriminalisten, die die Wiedereinführung der Todesstrafe für Trieb- und Serienverbrecher fordern. Zweifel über die Anwendung der Todesstrafe können ihrer Meinung nach eigentlich nur in jenen Fällen entstehen, in denen es sich um eine einmalige Tat handelt und zudem keine lückenlose Beweiskette vorhanden ist.

Aber: Angesichts der vielen, aufgrund von Fehlurteilen erfolgten Hinrichtungen in fast allen Ländern kann eine Wiedereinführung der Todesstrafe nicht ernsthaft erwogen werden. Ein Fehlurteil sei schändlicher als das Verbrechen selbst, hat Voltaire gesagt. Umso unverständlicher ist das immer wieder anzutreffende Argument, der Steuerzahler müsse letztlich all die Kosten für die teure Unterbringung der Schwerverbrecher tragen, weshalb es besser wäre, sie auf möglichst humane Art zu töten. Es gibt aber keine humane Art der Hinrichtung.

Deshalb ist die Todesstrafe auch in den meisten westlichen Demokratien abgeschafft worden, in Frankreich erst 1981. In der Schweiz ist sie nur noch im Militärstrafrecht für Kriegszeiten vorgesehen und auch in der ehemaligen DDR war sie noch zulässig. In den USA wurde sie 1972 beseitigt, aber 1976 hat der Oberste Gerichtshof sie wieder zugelassen. Nach Wiedereinführung der Todesstrafe in den meisten Bundesstaaten dort wurden bis zum Jahr 2002 genau 820 Verurteilte exekutiert. Viele Menschen in unserem Lande glauben, dass in den USA der elektrische Stuhl die häufigste Hinrichtungsart ist. Tatsächlich wurden in dem angegebenen Zeitraum 150 Menschen auf diese Weise hingerichtet. Aber noch häufiger wurde die Giftspritze eingesetzt (613 Fälle). In der Gaskammer starben elf Menschen, durch Erhängen drei und durch Erschießen zwei. In den Todeszellen warten zurzeit noch über 3500 Menschen auf ihre Hinrichtung.

Wie viele Menschen seit 1976 unschuldig hingerichtet worden sind, lässt sich nicht exakt feststellen. Erst vor vier Jahren hat der Psychiater Dr. Edmund Higgins von der Universität South Carolina mit dem Aufbau einer Datenbank von Fehlurteilen in der USA und Kanada begonnen und sie kostenlos und für jedermann zugänglich ins Internet gestellt (www.dredmundhiggins.com). Sie ist die erste dieser Art in Amerika. Von den bisher enthaltenen 316 Fällen (Kapitalverbrechen) unschuldig Verurteilter entfallen weitaus die meisten (42) auf Illinois, der Fall der »Ford Heights Four« ist nur einer davon. 58 Fälle sind Todesurteile (18 Prozent) und 98 lebenslängliche Haftstrafen (31 Prozent). Auffällig ist auch, dass in 103 Fällen, also fast einem Drittel, neue DNA-Analysen zur Aufhebung der Fehlurteile geführt haben. Über die Hälfte (58 Prozent) sind auf irrtümliche Angaben von Augenzeugen zurückzuführen, 31 Prozent auf falsche Informationen (inklusive falscher Gutachten) und immerhin 17 Prozent auf ein falsches Geständnis. In acht Fällen war der angeblich Ermordete noch am Leben.

Von den in den USA in den Jahren 1972–2003 zum Tode Verurteilten hat sich in 107 Fällen später herausgestellt, dass sie unschuldig sind. Im Jahr 2002 waren es vier Fälle und 2003 bisher fünf Fälle. Allein im Staat Illinois mussten bis Ende 2002 13 Menschen aus dem Todestrakt entlassen werden, weil sich ihre Unschuld herausgestellt hat. Angesichts dieser grauenhaften Zahlen hat der Gouverneur von Illinois, George Ryan, ursprünglich ein glühender Verfechter der Todesstrafe, am Ende seiner Amtszeit im Januar 2003 alle 167 Todeskandidaten in den Gefängnissen seines Bundesstaates begnadigt. Er hätte erkannt, erklärte der Gouverneur in seiner Rede in Chicago, »dass das System willkürlich und unberechenbar und daher unmoralisch ist, und ich bin nicht bereit, das Risiko zu tragen, dass wir einen unschuldigen Menschen hinrichten könnten«. Es sei ein Unding, dass die Vereinigten Staaten als älteste funktionierende Demokratie der Welt »Leute gesetzlich umbringen«.

Das Land mit den meisten Todesurteilen ist jedoch die Volksrepublik China. Amnesty International hat allein 2001 2468 Hinrichtungen in China konstatiert – und das sind nur die an die Öffentlichkeit gelangten Fälle. Die wahre Zahl ist strengstes Staatsgeheimnis. Man schätzt, dass pro Jahr etwa 1500 Menschen in China durch Kopfschuss exekutiert werden. Nach dem Gesetz werden 68 Delikte mit dem Tod bestraft. Wer beispielsweise einen Rassehund stiehlt oder eine Steuererklärung fälscht, kann hingerichtet werden. Mutige Stimmen fordern in China die Abschaffung der Todesstrafe. Es deutet aber nichts darauf hin, dass dies in absehbarer Zeit geschieht.

Verbotsirrtum

Aus Spaß benutzt X den Fernsprechnotanschluss einer Polizeidienststelle und täuscht dort vor, in der Wohnung seines Nachbarn werde gerade eingebrochen. Er glaubt, dies sei nicht strafbar. Aber »wer absichtlich oder wissentlich Notrufe oder Notzeichen missbraucht oder vortäuscht, dass wegen eines Unglücksfalles oder wegen gemeiner Gefahr oder Not die Hilfe anderer erforderlich ist, wird mit Freiheitsstrafe bis zu einem Jahr oder mit Geldstrafe bestraft«, sagt § 145 I StGB.

Das hat X nicht gewusst. Ein solcher Anruf ist jedoch strafbar, weil er wegen der technischen Besonderheiten des Notrufsystems die Einleitung von Hilfsmaßnahmen auch ohne weitere Erklärungen des Anrufers ermöglicht. X befand sich in einem so genannten »Verbotsirrtum«.

Der »Verbotsirrtum« ist in § 17 StGB geregelt: »Fehlt dem Täter bei der Begehung der Tat die Einsicht, Unrecht zu tun, so handelt er ohne Schuld, wenn er diesen Irrtum nicht vermeiden konnte. Konnte der Täter den Irrtum vermeiden, so kann die Strafe nach § 49 I StGB gemildert werden.«

Ob X sich nach § 145 I StGB strafbar gemacht hat, ist folglich Tatfrage und nach den Umständen des Falles zu entscheiden. Es kommt darauf an, ob X »nach seinen individuellen Fähigkeiten und bei Einsatz aller seiner Erkenntniskräfte und sittlichen Wertvorstellungen zur Unrechtseinsicht hätte kommen können« (BGH). Dabei ist es nach der Rechtsprechung unerheblich, ob der Täter die verletzte Rechtsnorm im Einzelnen kennt. Ebenso ist die Ursache des Irrtums unerheblich.

Konnte der Täter den Irrtum nicht vermeiden, so bleibt der Vorsatz unberührt, schließt jedoch seine Schuld aus. Zur Frage der Vermeidbarkeit ist in der Rechtsprechung eine umfangreiche Kasuistik entstanden, die nicht frei von Widersprüchen ist. Nicht zu verwechseln ist der Verbotsirrtum mit dem in § 16 StGB geregelten Tatumstandsirrtum, der im Gegensatz zum Verbotsirrtum den Vorsatz ausschließt.

Vollrausch als Auffangtatbestand

Einige spektakuläre Fälle sexuellen Missbrauchs von Kindern haben gerade in jüngster Zeit die Aufmerksamkeit der Öffentlichkeit erregt. Die Empörung über skrupellose Kinderschänder hält nach wie vor an. Umso größer ist das Unverständnis in der Bevölkerung, wenn diese Täter nicht oder viel zu milde bestraft werden. In solchen Urteilen wird schnell ein Fehlurteil gesehen, obwohl die Rechtsfindung in juristischer Hinsicht völlig in Ordnung ist. Ein Beispiel aus der jüngeren Zeit verdeutlicht dies. Da die prozessbeteiligten Personen noch leben, sind die Namen geändert worden und der Ort des Geschehens bleibt ebenso unerwähnt wie das zuständige Gericht.

Tanja sieht sehr hübsch aus. Obwohl sie erst 13 Jahre alt ist, wirkt sie nicht kindlich, sondern fast schon fraulich. Als Tante Alma im Nachbarort Geburtstag hat, erlaubt ihre Mutter ihr, dort über Nacht zu bleiben. Aber Tanja findet die Feier gar nicht nett. Die Frauen klatschen und tratschen und geraten sogar in Streit. Und Onkel Paul spielt bei einer Flasche Kirschwasser mit zwei Freunden

den ganzen Nachmittag Skat. Nach dem Abendbrot wird eine weitere Flasche geleert und dazwischen ein ganzer Kasten Bier. Tanja darf am Computer spielen und im Internet surfen.

Als die Gäste alle gegangen sind, legt sich Tante Alma ins breite Ehebett. Tanja kommt auf die Besucherritze in der Mitte. Onkel Paul sitzt noch allein vor dem Fernseher und trinkt weitere Biere. Gegen ein Uhr nachts wird Tanja aus dem Schlaf gerissen. Schwer atmend greift der Onkel nach ihren Brüsten und reißt ihr das Nachthemd vom Leib. Tanja schreit auf und weint, wodurch Alma wach wird. Doch statt einzugreifen und ihren Mann von weiteren Tätlichkeiten abzuhalten, nimmt sie ihre Bettdecke, torkelt schlaftrunken ins Wohnzimmer und legt sich auf die Couch.

Tanja wird geknebelt und mit einer Kordel, die Paul von der Gardine abreißt, an die Bettpfosten gebunden. Er legt sich auf sie und versucht vergeblich, in sie einzudringen. Er ist zu betrunken dazu. Vor Wut schlägt er sie mit seinem Gürtel und beißt in ihre Brüste, während er mit den Fingern in ihrer Scheide hin und her reibt. Als er bemerkt, dass Tanja blutet, lässt er von ihr ab, rollt sich zur Seite und schläft ein. Das Mädchen kann sich befreien, verlässt schluchzend das Haus und erzählt alles ihren Eltern. Sie gehen sofort zur Polizei und Onkel Paul wird schon am nächsten Morgen verhaftet.

Im Prozess kann er sich an nichts erinnern. Aufgrund der Zeugenaussagen über den Alkoholkonsum errechnet ein Sachverständiger zum Tatzeitpunkt einen Blutalkoholgehalt von mindestens 3,7 Promille. Tanja erleidet Weinkrämpfe, als sie dem Richter alle Einzelheiten des Geschehens erzählen muss. Ein weiterer Gutachter stellt fest, dass ein Mann in diesem Zustand durchaus die geschilderten sexuellen Handlungen und Tätlichkeiten vornehmen kann. Zweifel daran gibt es nicht, denn die ärztliche Untersuchung hat die Spuren der Schläge und Bisse sowie die Verletzung des Hymens bestätigt.

Paul wird allerdings nicht wegen sexuellen Missbrauchs von Kindern nach § 176 StGB bestraft, sondern lediglich wegen fahrlässigen Vollrauschs entsprechend § 323 a StGB. Er wird zur Zahlung von 100 Tagessätzen à 120 Mark verurteilt, also 12 000 Mark zuzüglich Gerichtskosten. In der lokalen Presse schreibt ein Reporter einen scharfen Artikel unter der Überschrift »Skandalurteil« und schilt den Richter, dass er den sexuellen Missbrauch überhaupt nicht berücksichtigt habe. Aber § 323 a StGB (früher § 330a) besagt: »Wer sich vorsätzlich oder fahrlässig durch alkoholische Getränke oder andere berauschende Mittel in einen Rausch versetzt, wird mit Freiheitsstrafe bis zu fünf Jahren oder mit Geldstrafe bestraft, wenn er in diesem Zustand eine rechtswidrige Tat begeht und ihretwegen nicht bestraft werden kann, weil er infolge des Rausches schuldunfähig war oder weil dies nicht auszuschließen ist.«

Im Strafmaß hat der Richter zwar einen Ermessensspielraum, wobei das Verschulden des Berauschens geringer ist, wenn der Täter nicht damit gerechnet hat, dass er im Rausch irgendwelche rechtswidrigen Taten begehen werde. Doch hinsichtlich der weiteren Straftatbestände sind dem Richter die Hände gebunden. Für die Rauschtaten kann Onkel Paul nach geltendem Recht nicht verantwortlich gemacht werden. Sie liegen zwar tatbestandlich vor, doch der Vollrausch schließt die Schuld dafür aus.

Vorläufige Festnahme

Fast jeder weiß, dass jemand sofort festgenommen werden kann, wenn er auf frischer Tat ertappt wird. Dabei wird gemeinhin unterstellt, dass dies nur Polizeibeamte tun dürfen. Das stimmt nicht. Die vorläufige Festnahme kann durch jedermann erfolgen. Unsere Strafprozessordnung sieht das in § 127 StPO ausdrücklich vor. Beobachtet ein Kunde zum Beispiel in einem Juwelierladen, wie ein Dieb einen wertvollen Ring einsteckt, ohne ihn zu bezahlen, so darf er ihn mit angemessener körperlicher Gewalt festhalten, bis die Polizei eintrifft.

Eine solche vorläufige Festnahme ohne richterliche oder polizeiliche Anordnung kann auch erfolgen, wenn jemand verfolgt wird oder fluchtverdächtig ist. Allerdings gilt dies nicht bei Ordnungswidrigkeiten. Der Festgenommene ist spätestens am Tage nach der Festnahme dem Richter des Amtsgerichts zur Vernehmung vorzuführen. Der Richter entscheidet über Aufhebung oder Fortdauer der Haft. Er ordnet entweder die Freilassung an oder erlässt einen Haftbefehl.

Vorschriftsmäßige Besetzung der Richterbank

Eine Hauptverhandlung in einem schwierigen, langen Strafverfahren kann sehr ermüdend sein. Da kann es durchaus vorkommen, dass jemand einnickt und laute Schnarchtöne von sich gibt. Das kann schließlich jedem mal passieren. Auch einem Richter? Allerdings ist der Schlaf eines Richters während der Verhandlung durchaus von Belang für das laufende Verfahren.

Das Gericht muss vorschriftsmäßig besetzt sein. Das ist es nicht, wenn ein Richter abwesend ist. Eine solche

Abwesenheit ist ein absoluter Revisionsgrund im Sinne des § 338 Abs. II, Ziff. 5 der Strafprozessordnung. Er kann auch vorliegen, wenn der Richter zwar körperlich anwesend, für einen längeren Zeitraum aber unaufmerksam, abgelenkt oder gar eingeschlafen ist. Schon die frühere Rechtsprechung hat allerdings erklärt, zwischen Schlaf und bloßen Ermüdungserscheinungen sei schwer zu unterscheiden. Auch ein Schnarchton beweise noch nicht, dass ein Richter geschlafen habe. Der Bundesgerichtshof ist dem grundsätzlich gefolgt. Ein kurzes Einnicken ist noch kein Revisionsgrund. Das Gleiche gilt für einen Richter, der für eine kurze Zeit während der Verhandlung Akten studiert oder Gefangenenbriefe liest.

Vortäuschung einer Straftat

Auf dem Hamburger Frühjahrsdom wird A eine Geldbörse mit 300 Mark aus seiner Hosentasche entwendet. Auf dem nächsten Polizeirevier erstattet er Anzeige. Der Beamte bedeutet ihm, er sei heute schon der Fünfte, der einen solchen Taschendiebstahl anzeige. Die Aussichten, den Täter zu fassen, seien sehr gering, weil zu wenig Personal da sei, in all diesen Fällen zu ermitteln. Daraufhin erklärt A, um seinem Anliegen mehr Nachdruck zu verleihen, der unbekannte Täter habe ihn am Rand des Festgeländes von hinten angefallen, zu Boden geschleudert und dann das Portemonnaie an sich genommen. Hat A sich strafbar gemacht?

Mancher würde wahrscheinlich denken, A habe sich nicht strafbar gemacht, da ja tatsächlich eine Straftat vorgelegen hat. Nach § 145 d I StGB wird aber mit Freiheitsstrafe bis zu drei Jahren oder mit Geldstrafe bestraft, »wer wider besseres Wissen einer Behörde oder einer zur

Entgegennahme von Anzeigen zuständigen Stelle vortäuscht, dass eine rechtswidrige Tat begangen worden sei«. Hier hat zwar eine rechtswidrige Tat vorgelegen (Diebstahl), sie stimmt jedoch nicht mit der vorgetäuschten (Raub) überein. Die neuere Rechtsprechung verneint eine Strafbarkeit, wenn die falsche Darstellung nur eine Übertreibung einer tatsächlich begangenen rechtswidrigen Tat darstellt, z. B. wenn zu einem begangenen schweren Raub ein Faustschlag hinzugedichtet oder eine im Versuchsstadium stecken gebliebene Tat als vollendet dargestellt wird. Das Gleiche gilt, wenn beim Diebstahl ein höherer Beutewert vorgespiegelt wird. Erhält die Tat jedoch durch die hinzugefügten unrichtigen Angaben ein völlig anderes Gepräge, einen anderen Charakter, so ist die Grenze zu § 145 d StGB überschritten.

Das ist hier der Fall. Zwischen einfachem Diebstahl und Raub besteht ein erheblicher Unterschied. A hat sich deshalb strafbar gemacht.

Vorzeitige Entlassung

Viele Straftäter werden entlassen, bevor sie ihre Strafe restlos verbüßt haben, wenn eine angeordnete Sicherungsverwahrung dem nicht entgegensteht. Das ist für die meisten Menschen ein wachsender Anlass zur Sorge, weil diese vorzeitig entlassenen Strafgefangenen nicht selten rückfällig werden und erneut Straftaten begehen. Nun ist es allerdings nicht so, wie häufig angenommen wird, dass die Vollstreckungsbehörden dies nach Belieben und eigenem Gutdünken verfügen können. Die Entscheidung ist an eine ganze Reihe von Voraussetzungen gebunden.

Nach § 57 Strafgesetzbuch setzt das Gericht die Vollstreckung des Restes einer Freiheitsstrafe zur Bewährung aus, wenn erstens zwei Drittel der verhängten Strafe, mindestens jedoch zwei Monate, verbüßt sind, wenn zweitens verantwortet werden kann, zu erproben, ob der Verurteilte außerhalb des Strafvollzugs keine Straftaten mehr begehen wird, und wenn drittens der Verurteilte einwilligt. Bei der Entscheidung sind namentlich die Persönlichkeit des Verurteilten, sein Vorleben, die Umstände seiner Tat, sein Verhalten im Strafvollzug, seine Lebensverhältnisse und die Wirkungen zu berücksichtigen, die von der Aussetzung für ihn zu erwarten sind. Die Strafaussetzung ist obligatorisch, wenn alle Voraussetzungen dafür sprechen.

Ausnahmsweise kann der Gefangene schon nach Verbüßung der Hälfte der Strafe, mindestens jedoch von sechs Monaten, entlassen werden, wenn er erstmals eine Freiheitsstrafe verbüßt und diese zwei Jahre nicht übersteigt oder die Gesamtwürdigung von Tat, Persönlichkeit des Verurteilten und seiner Entwicklung während des Strafvollzugs ergibt, dass besondere Umstände vorliegen. Sitzt ein Verurteilter zum Beispiel erstmals in Haft und hat er von dem einen Jahr, zu dem er verurteilt worden ist, bereits sechs Monate abgesessen und innerhalb dieser Zeit sogar eine Ausbildung begonnen, so kann er vorzeitig entlassen werden.

Auch bei einer lebenslangen Freiheitsstrafe ist eine bedingte Aussetzung nach Strafverbüßung von 15 Jahren unter sonst gleichen Voraussetzungen zulässig, allerdings erst nach Einholung eines Sachverständigengutachtens insbesondere zu der Frage ob keine Gefahr mehr besteht, dass die durch die Tat zutage getretene Gefährlichkeit fortbesteht. Man war sich bei der Einführung dieser Vorschrift durchaus darüber im Klaren, dass in diesem Bereich der Hochkriminalität bei der Erarbeitung der Prognose äußerste Sorgfalt geboten ist. Aus den Gesetzes-materialien (vgl. Bundestags-Drucksache 8/3218 S. 6) geht hervor, dass auch ein nur entferntes Risiko, dass der Verurteilte erneut ein Tötungsdelikt oder ein anderes schweres Verbrechen begeht, nicht eingegangen werden darf.

Eine Aussetzung ist nicht möglich, wenn die besonde-re Schwere der Tatschuld die weitere Vollstreckung gebie-tet. Die Schuld wiegt besonders schwer, wenn sie das Schuldmindestmaß so erheblich übersteigt, dass der Ver-zicht auf eine Unterscheidung aus Gründen der Gleich-behandlung nicht mehr akzeptabel wäre. So wiegt zum Beispiel die Schuld eines Massenmörders sicherlich schwerer als die Schuld eines Täters, der in einer Kon-fliktlage einen Mord zur Verdeckung einer vorangegange-nen Straftat begangen hat.

Diese Schuldschwereklausel ist allerdings sehr umstrit-ten. Ihre Gegner werfen ihr vor, sie habe im Strafvollzug eine resozialisierungshemmende Wirkung. Sie ist aber nicht verfassungswidrig, wie das Bundesverfassungsgericht entschieden hat.

Wahndelikt

Zwei Männer über 50 lernen sich im Jahr 2001 in einer Hamburger Kneipe kennen und erliegen der gleichge-schlechtlichen Liebe. Da Homosexualität früher unter Strafe gestellt war, glauben sie beide, dass die sexuellen Handlungen, die sie fortan aneinander vornehmen, straf-bar sind. Seit dem 31. 5. 1994 ist das jedoch nicht mehr der Fall, der § 175 StGB wurde ersatzlos gestrichen.

Die beiden Männer halten also ihr Handeln irrtümlich für verboten. Sie begehen ein so genanntes Wahnverbrechen. Haben sie sich strafbar gemacht? Nein, ihr Irrtum ist unschädlich. Das Wahndelikt ist straflos. Dies steht zwar ausdrücklich in keinem Paragraphen, wurde aber von der Literatur und Rechtsprechung im Umkehrschluss zum so genannten Verbotsirrtum (§ 17 StGB) entwickelt.

Wiederaufnahmeverfahren

Unser Zivilrecht sieht bei Verfahrensmängeln eine Nichtigkeitsklage vor. Nun ist hier und da der irrige Glaube anzutreffen, so etwas gäbe es auch im Strafrecht. Hier können Verfahrensmängel nach Rechtskraft des Strafurteils mit ordentlichen Rechtsmitteln nicht mehr geltend gemacht werden. Unsere Strafprozessordnung räumt die Möglichkeit eines Wiederaufnahmeverfahrens nur unter ganz bestimmten Möglichkeiten ein.

Es müssen neue Tatsachen und Beweismittel beigebracht werden, die allein oder in Verbindung mit den früher erhobenen Beweisen die Freisprechung des Angeklagten oder in Anwendung eines milderen Strafgesetzes eine geringere Bestrafung oder eine wesentlich andere Entscheidung über eine Maßregel der Besserung und Sicherung zu begründen geeignet sind, § 359 Strafprozessordnung. Über den Antrag entscheidet ein anderes Gericht (gleicher Ordnung) als dasjenige, das in der Sache entschieden hat, § 140 a Gerichtsverfassungsgesetz. Dem Verurteilten wird auf Antrag bei schwieriger Sach- oder Rechtslage ein Verteidiger bestellt. Das gilt schon für die Vorbereitung der Wiederaufnahme, wenn tatsächliche Anhaltspunkte dafür vorliegen, dass bestimmte Beweiserhebungen einen Wiederaufnahmeantrag begründen können, und wenn der Antragsteller mittellos ist (§§ 364 a und 364 b Strafprozessordnung).

Es wird zudem oft fälschlich angenommen, dass es für die Wiederaufnahme nur ein Verfahren gebe. Aber: Zunächst wird in einem Zulassungsverfahren entschieden, ob ein gesetzlicher Wiederaufnahmegrund geltend gemacht und unter Beweis gestellt wird (§§ 367, 368 Strafprozessordnung). Erst nach Zulassung der Wiederaufnahme wird in einer Hauptverhandlung erneut durch Urteil entschieden, gegen das wiederum alle gesetzlichen Rechtsmittel gegeben sind. So kann es durchaus vorkommen, dass einem Wiederaufnahmegesuch zunächst stattgegeben wird, in dem neuen Hauptverfahren aber das erste Urteil bestätigt wird und ein Freispruch nicht erfolgt. In der Rechtsgeschichte der Bundesrepublik gibt es für ein derartiges Hin und Her einige spektakuläre Beispiele, wie die Mordprozesse Vera Brühne und Monika Weimar.

Vielfach herrscht auch die irrige Meinung vor, ein Wiederaufnahmeverfahren sei nur zu Lebzeiten des Verurteilten möglich. Unsere Strafprozessordnung (§ 361) sieht vor, dass dies auch nach dem Tode möglich ist. Um die nationalsozialistischen Unrechtsurteile zu beseitigen, wurde 1990 extra ein besonderes Gesetz geschaffen.

Ebenso ist die Entschädigung, die nach einem aufgehobenen Urteil verlangt werden kann, in einem speziellen Gesetz geregelt.

Häufige Ursachen für Fehlurteile

»Übt Vorsicht, Menschen, dass nicht Unheil stiften vorschnelle Urteilssprüche!«, hat schon Dante allen Richtern ins Stammbuch geschrieben. Sie sind zwar auch nur Menschen und können irren, wie jeder andere. Aber sie sind in besonderer Weise gezwungen, aus Fehlern zu lernen und sich Gewissheit von der Schuld des Angeklagten zu verschaffen. Eine bloße Wahrscheinlichkeit reicht nicht. Es gibt keine unvermeidbaren Justizirrtümer. Fehlurteile sind keine Schicksalsschläge, die hingenommen werden müssen, wie einmal ein amerikanischer Richter fälschlich behauptet hat.

Wo liegen nun die typischen Ursachen für Fehlurteile? Denn nur, wenn aus ihnen die rechten Schlüsse gezogen werden, lassen sich künftige Irrtümer vermeiden.

Ignorieren des Grundsatzes
»Im Zweifel für den Angeklagten!«

Viele Menschen sind zum Tode oder zu langen Haftstrafen verurteilt worden, weil sie vor Gericht ihre Unschuld nicht nachweisen konnten und nicht etwa, weil ihre Richter ihnen ihre Schuld bewiesen. Ein Verstoß gegen diese wichtigste Beweisregel im Strafrecht ist wohl die häufigste Ursache für Fehlurteile und Justizirrtümer, zu allen Zeiten und in den Gerichtssälen aller Länder und Völker.

Schon im römischen Recht durfte ein Strafrichter nicht gefühlsmäßig entscheiden, sondern er musste sich an bestimmte Beweisregeln halten. Eine davon war der Grundsatz »in dubio pro reo«. Ein Angeklagter musste freigesprochen werden, wenn ihm der Vorsatz für die Tat nicht nachgewiesen werden konnte und Zweifel an seiner Schuld bestanden. »Die Beweise für die Schuld müssen zweifelsfrei und klarer sein als das Tageslicht«, heißt es in einem Kodex der kaiserlichen Gesetzgebung in Rom.

Aber wann hat ein Richter schon absolute Klarheit? Bleibt er nicht häufig bei der Wahrscheinlichkeit stehen, statt sich Gewissheit zu verschaffen? Ein Wort von Voltaire kann uns hier immer wieder die Dimensionen verdeutlichen: »Wie?! Man verlangt einen strengen Beweis für die Behauptung, dass die Oberfläche einer Kugel gleich dem Vierfachen der Fläche des Kreises um ihren Mittelpunkt ist, und es soll kein strenger Beweis erforderlich sein, um einem Mitbürger das Leben für ein Kapitalverbrechen zu rauben?« (»Certitude«, in *Dictionaire Philosophique*)

So wie ein Arzt eine falsche Diagnose stellen kann, kann auch ein Richter ein Fehlurteil fällen. Doch er darf es im Grunde genommen nicht. Justizirrtümer wären nur vermeidbar, wenn die Schuld des Angeklagten stets mit absoluter Gewissheit feststünde. Aber wann ist das schon der Fall? Und ist solche Gewissheit überhaupt möglich? Würden sich die Richter danach richten, müssten sie in der Mehrzahl der Fälle freisprechen. Weil damit der Gerechtigkeit letztlich auch nicht Genüge getan wäre, müssen sie sich mit »einem hohen Grad von Wahrscheinlichkeit« begnügen, wie schon das Reichsgericht in einigen Grundsatzurteilen formuliert hat. Ein solcher Grad von Wahrscheinlichkeit gilt als Wahrheit. Es ist also eine Fiktion, die einen Angeklagten lebenslang hinter Gitter bringen und seine Existenz vernichten kann.

Auch in der angloamerikanischen Strafjustiz muss nicht jeder Zweifel an der Schuld des Angeklagten ausgeschlossen sein. Die Schuld muss bewiesen sein »beyond any reasonable doubt«. Es genügt zur Verurteilung, dass kein vernünftiger Zweifel besteht. Nun ist zwar, wie Bertolt Brecht gesagt hat, von den sicheren Dingen der Zweifel das Sicherste. Aber er wird schon geringer, wenn er »vernünftig« sein muss. Ob und wann das der Fall ist, müssen die Richter und vor allem die oft nach dem Gefühl urteilenden Geschworenen bestimmen. Wie groß die Gefahr ist, zu irren, beweisen die dargestellten Fälle zur Genüge.

Also lieber einen Schuldigen laufen lassen als einen Unschuldigen hinter Gitter bringen? Im Prinzip ja, wenngleich damit feststünde, dass derartige Freisprüche ebenfalls Fehlurteile wären, deren Kosten die Staatskasse ebenso tragen müsste wie die notwendigen Auslagen des Angeklagten, wie zum Beispiel die Kosten für den Verteidiger. Es gibt in der Tat bekannte Fälle, in denen zu Unrecht Freisprüche oder auch zu milde Strafen ausgesprochen wurden. Häufig waren dafür allerdings politische Gründe ausschlaggebend, wie zum Beispiel in den Prozessen gegen Madame Caillaux, Hitler und Ludendorff, den Reichspräsidenten Ebert oder gegen die Mörder von Rosa Luxemburg und Karl Liebknecht.

Das fehlende Motiv

Eine weitere Ursache für Fehlurteile ist zumeist mit der obigen alten Beweisregel verquickt: die Frage nach dem Motiv. Schon in der römischen Rechtsprechung war sie von Bedeutung. »Cui bono?«, schärfte Lucius Cassius, der im Jahr 125 Centurio in Rom war, bei Mordfällen den Richtern ein. »Wem zum Nutzen?« Die Richter sollten nachforschen, für wen die Tat von Vorteil war. Doch bis in unsere Zeit hinein gibt es immer wieder Verurteilungen, obwohl der Angeklagte gar kein Motiv für die Tat besaß. Der Fall Otto Götz ist nur ein Beispiel dafür.

Das falsche Geständnis

Schon im römischen Recht galt das Geständnis als die Krone des Beweises. Daran hat sich bis heute im Grunde nichts geändert. Für viele Richter ist es noch immer ein seelischer Reinigungsakt des Angeklagten, er gibt auf angesichts der staatlichen Macht. Das stimmt aber leider in vielen Fällen nicht. Die Verfahren, in denen falsche Geständnisse zur Verurteilung geführt haben, sind gar nicht so selten. Die dargestellten Fälle Bratuscha und Gawenda sowie die Beispiele aus dem angloamerikanischen Rechtsraum führen das eindringlich vor Augen. Die Gründe dafür sind vielfältig: Furcht vor dem Tode oder der Haft, seelische Qual der Verhöre, psychopathische oder geisteskranke Beschuldigte, Suggestion, Einschüchterung oder gar Erpressung, Verdeckung eines weiteren schweren Verbrechens oder die Absicht, einen anderen zu beschützen. Es kommt auch immer wieder vor, dass Geständnisse durch Anwendung oder Androhung körperlicher Gewalt herbeigeführt werden. Manchmal wird dies noch vor dem Urteil offenbar, wie das im Frühjahr 2003 in dem Mordprozess gegen einen Jurastudenten geschehen ist, der durch die Entführung eines Millionärssohns ein hohes Lösegeld erpressen wollte. Die Frankfurter Ermittlungsbeamten haben in diesem Fall durch Androhung von Schlägen und anderen Gewaltmitteln das Versteck des Jungen in Erfahrung bringen wollen. Vor Gericht hatte dieses Geständnis keinen Wert, obwohl es ein »richtiges« Geständnis war.

Oft wird aber im Prozess ein falsches Geständnis nicht aufgedeckt, die Jury glaubt dem geständigen Angeklagten und das Fehlurteil ist vorprogrammiert. Der Richter muss daher jedes Geständnis kritisch würdigen. Er darf es nicht ohne sorgfältiges Hinterfragen ungeprüft zur Grundlage seiner Entscheidung machen, etwa weil der Prozess dadurch schnell zu Ende gebracht werden kann.

Die Lüge als Schuldbeweis

Wenn der Richter einen Angeklagten bei einer Lüge ertappt, ist seine Reaktion »Jetzt glaube ich Ihnen überhaupt nichts mehr!« verständlich. Aber es ist nicht so, dass nur der schuldige Angeklagte lügt. Oft lügt gerade der unschuldig Angeklagte, weil er hofft, dadurch dem Netz zu entrinnen, das sich immer enger um ihn knüpft. Wird er der Lüge überführt, finden seine Unschuldsbeteuerungen kein Gehör mehr und das Fehlurteil ist schnell gefällt. Ein klassisches Beispiel dafür ist der schon über 100 Jahre alte Fall Gietzinger.

Unrichtige Zeugenaussagen

Über die Unsicherheit von Zeugenaussagen gibt es in der Kriminalpsychologie fast aller Länder ausreichend Literatur und genug praktische Beispiele, insbesondere, wenn es sich um Aussagen von Kindern handelt. Selbst wenn der Zeuge vereidigt wird, muss seine Aussage nicht richtig sein. Die Fälle, in denen Meineide geschworen werden, sind recht zahlreich. Auch in diesem Buch ist eine Reihe von Fällen enthalten, in denen unrichtige Zeugenaussagen zu einem Fehlurteil geführt haben, wie zum Beispiel im Fall Cauvin.

Die Gefahr des falschen Wiedererkennens durch einen Zeugen ist groß. Viele Zeugen gehen hier geradezu leichtfertig mit ihrer Aussage um. Wenn der Richter sie unkritisch entgegennimmt, kann es zu tragischen Fehlurteilen kommen wie zum Beispiel in den Fällen Joseph Lesurques, Leopold Hilsner und Lorenz Rettenbeck. Das falsche Wiedererkennen ist eine der häufigsten Ursachen für Fehlurteile. In einem Wiedererkennen sollte niemals allein ein voller Schuldbeweis gesehen werden. Jedem kann es passieren, dass er zufällig dem Täter ähnlich sieht und deshalb mit einer Anklage wegen eines schweren Verbrechens konfrontiert wird.

Falsche Sachverständigengutachten

Zu allen Zeiten sind die Fälle, in denen Fehlurteile durch falsche Gutachten zustande gekommen sind, zahlreich gewesen. Das war im Dreyfus-Prozess und im Garfield-Prozess nicht anders als in den Fällen Otto Götz und Johann Pfeuffer sowie in vielen anderen auch. In der Bundesrepublik sind die Strafverfahren Maria Rohrbach und Hans Hetzel (»Kälberstrickprozess«) als spektakuläre Fehlurteile in die Rechtsgeschichte eingegangen. Besonders zahlreich sind die falschen psychiatrischen Gutachten, die gerade in jüngster Zeit zu einigen Justizskandalen geführt haben.

Eingleisige Ermittlungen und Vernehmungen

In der Vorhalle des Römers zu Frankfurt am Main ist zu lesen: »Eyns manns redde eine halbe redde, Man sal sie billich verhören bede.« Wie oft wird in Gerichtssälen noch heute dagegen verstoßen? Diese Erkenntnis gehörte schon zum Richtereid im alten Athen, sie war im ganzen Altertum bekannt: »Audiatur et altera pars«, es möge auch der andere Teil gehört werden. Die Urteile, in denen gegen diesen Rechtsgrundsatz verstoßen wurde, oft und besonders in politischen Prozessen, könnten ganze Bibliotheken füllen. Eingleisige Ermittlungen, die entlastende Fakten und Beweismittel kaum oder gar nicht berücksichtigen, sind ein recht häufiger Grund für Fehlurteile.

Es fehlt seit Jahrzehnten auch nicht an kritischen Stimmen, die in der Übertragung der Vernehmung des Angeklagten sowie der Beweiserhebung auf den Vorsitzenden Richter einen schwerwiegenden Mangel im deutschen Strafverfahren sehen. Der Richter hat sich durch das Studium der Akten meist schon eine vorläufige Meinung von der Schuld des Angeklagten gebildet und ist oft lediglich darauf bedacht, ihn nun auch zu überführen. Entlastende Beweise und Argumente können dabei auf der Strecke bleiben. Aber ob es wirklich wünschenswert ist, die Vernehmung des Angeklagten und der Zeugen wie im angloamerikanischen Recht dem Staatsanwalt und Verteidiger zu übertragen, mag hier dahinstehen. Allerdings können Mängel des Gesetzes durchaus auch Ursachen für Fehlurteile sein.

Die Rolle des Staatsanwaltes

Im gänzlich anders gearteten angloamerikanischen Verfahrensrecht steckt eine der Ursachen für Fehlurteile in dortigen Strafprozessen. Die Problematik beginnt mit der Rolle des Staatsanwaltes, der in den USA, anders als in Deutschland, nicht zum Richteramt befähigt sein muss.

Als staatliche Untersuchungs- und Anklagebehörde bei den Gerichten hat die Staatsanwaltschaft in Deutschland die Aufgabe, strafbare Handlungen zu ermitteln, die öffentliche Anklage zu erheben und in der Hauptverhandlung zu vertreten sowie die Strafe zu vollstrecken. Staatsanwälte sind zwar nichtrichterliche Beamte, aber sie sind ebenso wie Richter an die Rechtsordnung gebunden. In einem Verfahren müssen sie gegenüber einem Angeklagten auch entlastende Beweismittel berücksichtigen. In den USA dagegen kann jeder zugelassene Anwalt die Rolle des Staatsanwaltes übernehmen. Das birgt besondere Gefahren des Missbrauchs in sich. Immer wieder ereignen sich Fälle, in denen ehrgeizige, skrupellose und verantwortungslose Ankläger auftreten (zum Beispiel im Fall James Montgomery).

Ein anderer Fall von Rechtsbeugung durch einen Staatsanwalt ist nach einer dpa-Meldung vom 5. Januar 2002 im US-Staat Florida aufgeflogen. Ein inzwischen verstorbener Zeuge hatte dem wegen Mordes Angeklagten ein einwandfreies Alibi gegeben. Der zuständige Staatsanwalt unterdrückte diese wichtige Aussage, die zu einem Freispruch hätte führen müssen, jedoch vollkommen. Der unschuldige Mann wurde zum Tode verurteilt und saß 17 Jahre in der Todeszelle, bevor er wieder freigelassen wurde.

Es existiert zwar ein »Canon of Legal Ethics«, der vorschreibt, die vorrangige Pflicht eines Rechtsanwaltes, der als öffentlicher Ankläger auftrete, sei nicht, anzuklagen, sondern dafür zu sorgen, dass Recht und Gerechtigkeit geschehen; die Unterdrückung von Fakten oder das Vorenthalten von Zeugenaussagen, die die Unschuld des Angeklagten beweisen könnten, seien in hohem Maße verwerflich. Die Verlockung, unbedingt den Fall zu gewinnen und dadurch vielleicht berühmt zu werden und viel Geld zu verdienen, ist aber häufig größer.

Auch in Deutschland ist es nicht auszuschließen, dass Staatsanwälte ihre Dienstpflicht verletzen, das Recht beugen und damit zu Fehlurteilen entscheidend beitragen. Aufgrund des anderen Rechtssystems und der völlig anderen Funktion des Staatsanwaltes, der als Beamter und Organ der Rechtspflege in den Diensten des Staates steht, sind solche Fälle jedoch selten.

Suggestive Beeinflussung

Menschen lassen sich psychisch von anderen beeinflussen und übernehmen, besonders wenn Gefühle ins Spiel kommen, Äußerungen oder Emotionen oft unbewusst ohne Kritik und Widerstand. Auch in einem Strafverfahren besteht diese Gefahr – Suggestivfragen gefährden die Wahrheitsfindung, Verteidiger und Staatsanwalt können durch ihre Redekunst die Beteiligten beeinflussen.

Eine besonders starke suggestive Wirkung entfalten die Medien. In der Zeitung, im Rundfunk und Fernsehen wird ein größeres Verbrechen schon lange vor dem Urteil in allen Einzelheiten geschildert. Und nicht selten äußern Journalisten ihre Meinung über die Schuld des Angeklagten, so dass eine suggestive Wirkung auf die Jury nicht ausbleibt und einem Fehlurteil Tür und Tor öffnet.

In den USA werden die Geschworenen zwar vom Vorsitzenden ermahnt, vor der Beratung keine Berichte über den Fall zu lesen oder anzusehen und ihn auch nicht unter sich oder mit anderen zu besprechen. Aber dennoch ist vornehmlich in Sensationsprozessen die Gefahr groß, dass sich in den Medien und beim Publikum Emotionen breit machen, die nicht nur Zeugen und Geschworene suggestiv beeinflussen, sondern auch das rationale Denken des Richters beeinträchtigen können. Zahlreiche Fälle beweisen dies (zum Beispiel für die USA der Mordprozess Henry Olson und für Deutschland die Fälle Berchtold, Brühne und Weimar).

Irrlehren

Bisweilen sind es auch wissenschaftliche Irrlehren, die die Strafjustiz in ihrer Beurteilung und Entscheidung beeinflussen und Fehlurteile herbeiführen. Ein Beispiel dafür ist die Lehre des 1836 in Verona geborenen Italieners Cesare Lombroso. Er gilt als Begründer der Kriminologie, der Lehre vom Verbrechen. 1864 schrieb er eine Untersuchung über *Genie und Irrsinn*. Von Beruf war er zwar Arzt und Anthropologe, doch er beschäftigte sich schon früh damit, die Entstehungs- und Erscheinungsformen von Verbrechen zu erfassen. Er kam zu der Überzeugung, jeder Mensch sei ein geborener Verbrecher. Es gebe bestimmte Merkmale des Körpers, besonders des Kopfes, aus denen man auf verbrecherische Anlagen schließen könne.

Diese Auffassung bestimmte für Jahrzehnte die Kriminalistik. Angeregt durch Sigmund Freud und seine Psychoanalyse kam die moderne Kriminalpsychologie dann allerdings zu ganz anderen Ergebnissen. Sie sah in Lombrosos Theorie eine Irrlehre, nach der Beethoven zum Beispiel ein großer Verbrecher hätte sein müssen oder werden können. Wie viele in Ermittlungs- und Strafverfahren beteiligte Beamte von dieser falschen Lehre beeinflusst worden sind und dadurch selbst Irrtümern unterlagen, die zu Fehlurteilen führten, lässt sich nicht feststellen. Ihre Zahl dürfte allerdings recht groß sein.

Fehlurteile basieren zumeist auf denselben, immer wiederkehrenden Ursachen. Es sind nur wenige. Umso erstaunlicher ist die hohe Zahl der Fehlurteile. Die genaue Zahl kennt niemand. Das mag auch daran liegen, dass es bis heute keine amtliche Sammlung aller Fehlurteile gibt, keine Chronik oder Kodifikation, anhand derer die Fehlurteile und ihre häufigsten Ursachen untersucht werden könnten.

Das ist gewiss bedauerlich und sollte schnellstens geändert werden. Denn eine solche Sammlung von Fehlurteilen gäbe den Richtern die Möglichkeit, sich an lehrreichen Fällen zu orientieren und sie genauestens zu studieren, um dadurch weitere Justizirrtümer zu vermeiden.

Hohe Arbeitsbelastung der Richter

Für einen Richter, der zu viele Fälle auf einmal erledigen muss und nachts Akten studiert oder Urteile schreibt, um mit dem Termindruck klarzukommen, wächst die Gefahr eines Irrtums ständig. Er hat keine Zeit mehr, sich fortzubilden oder in Ruhe über einen Fall nachzudenken. Die Aktenflut und die Routinearbeiten erschlagen ihn. Deshalb mag auch die durch leere Staatskassen bedingte Sparsamkeit der Justiz eine Ursache für so manches Fehlurteil sein.

Fazit

Die in diesem Lexikon geschilderten Fälle sind nur eine kleine Auswahl. Würde man alle bekannten Fälle zusammentragen, kämen wahrscheinlich einige Buchmeter zustande. Aber selbst die Reihe der hier wiedergegebenen Fehlurteile könnte den Schluss zulassen, dass die Richter aus ihnen nichts gelernt haben. Das ist umso erstaunlicher, als die Ursachen für Fehlurteile in allen Ländern im Grunde immer die gleichen sind. Das ist entmutigend. Aber es muss auch gesagt werden, dass das Recht in den allermeisten Fällen »funktioniert«, die ausgleichende Gerechtigkeit triumphiert und der Balken an Justitias Waage tatsächlich wieder vollkommen waagerecht ist. In den weitaus meisten Fällen wird das Ziel des Rechts, der Friede, erreicht. Außerdem bleibt die Hoffnung und die Verpflichtung, dass die Richter und alle, die in einem Strafverfahren an der Suche nach der Wahrheit beteiligt sind, den Kampf um das Recht niemals aufgeben. Eingedenk der Erkenntnis von Friedrich Schiller: »Nie verlässt uns der Irrtum, doch zieht ein höher Bedürfnis. Immer den strebenden Geist leise zur Wahrheit hinan.«

Danksagung

Ich möchte folgenden Personen danken, die mir bei der Realisierung dieses Buches geholfen haben:

Barbara Laugwitz, München
Dirk R. Meynecke, Clenze
Dr. Christoph Steskal, München
Jürgen von Werder, Stadtbücherei Ahrensburg

Quellen und Literatur

Literatur

Max Alsberg: *Justizirrtum und Wiederaufnahme*, Langenscheidt, Berlin 1913

Manfred Barthel: *Was wirklich in der Bibel steht*, Ullstein, Berlin 1982

Edward Berenson: *The Trial of Madame Caillaux*, University of California Press, 1992

Christian Bolte, Klaus Dimmler: *Schwarze Witwen und Eiserne Jungfrauen*, Aufbau, Berlin 2000

Edwin M. Borchard: *Convicting the Innocent*, Yale University Press, 1932

Georg Büchmann: *Geflügelte Worte*, Knaur, München 1977

Alexander Demandt (Hg.): *Das Attentat in der Geschichte*, Böhlau, 1996

Joachim Fest: *Hitler*, Propyläen, Berlin 1973

Joachim Fest: *Staatsstreich*, Siedler, Berlin 1994

Jerome und Barbara Frank: *Not guilty*, Da Capo Press, New York 1971

Norbert Frei: *Karrieren im Zwielicht*, Campus Verlag, Frankfurt/Main 2001

Heinrich Hannover: *Die Republik vor Gericht*, Band I (1954–1974), Aufbau, Berlin, 2. Auflage 2001

Helmut Heiber (Hrsg.): *Der ganz normale Wahnsinn unterm Hakenkreuz*, Herbig, München 1996

Albert Hellwig: *Justizirrtümer*, Brunsverlag, Minden 1914

Horst Herrmann: *Sex & Folter in der Kirche*, Orbis, 1998

William Lewis Hertslet, Winfried Hofman: *Der Treppenwitz der Weltgeschichte*, Ullstein, Berlin, 7. Auflage 1995

Thomas Hettche: *Der Fall Arbogast*, DuMont Verlag, Köln 2001

Eike Christian Hirsch: *Expedition in die Glaubenswelt*, dtv, München 1989

Max Hirschberg: *Das Fehlurteil im Strafprozess*, Fischer, Frankfurt/Main 1962

Hans-Christian Huf (Hg.): *Sphinx, Geheimnisse der Geschichte*, Lübbe, Bergisch-Gladbach 1998

Natalie Kaufmann: *Das kleine Buch der großen Toten*, Ullstein, München 1998

Jürgen Kehrer: *Mord in Münster*, Waxmann, 3. Auflage 2000

Werner Keller: *Und die Bibel hat doch recht*, Rowohlt, Reinbek, 10. Auflage 1970

Kleinknecht/Meyer-Goßner: *Strafprozessordnung*, Beck, München, 44. Auflage 1999

Fritz Langour: *Von Hitler zu Adenauer*, Verlag für geschichtliche Dokumentation, Hamburg

Rüdiger Liedtke: *Skandal-Chronik*, Eichborn, Frankfurt/Main 1987

Stefan Maiwald: *Ungelöst*, Knaur, München 1999

Herrmann Mostar: *Unschuldig verurteilt*, Ullstein, Berlin 1990

Peter und Julia Murakami: *Lexikon der Serienmörder*, Ullstein, München, 7. Auflage 2001

Janusz Piekalkiewicz: *Weltgeschichte der Spionage*, Komet, 1993

Gerhard Prause: *Niemand hat Kolumbus ausgelacht*, Econ, München, 7. Auflage 1995

Thomas Ramge: *Die großen Politskandale. Eine andere Geschichte der Bundesrepublik*, Campus, Frankfurt/Main 2003

Peter Schäfer, Ulrike Skorsetz: *Die Präsidenten der USA*, Propyläen, Berlin 1999

Franz von Schmidt: *Vorgeführt erscheint*, Stuttgarter Hausbücherei, 1955

Hermann und Georg Schreiber: *Geheimbünde*, Cormoran, München 2000

Wolfgang Schüler: *Verbrecher im Netz*, Militzke Verlag, Leipzig, 2. Auflage 1999

Erich Sello: *Die Irrtümer der Strafjustiz und ihre Ursachen*, Deckers, Berlin 1911

Gerhard Strate: »Der 21. Tag des Mariotti-Prozesses«, in: Albers u. a. (Hg.): *Recht und Juristen in Hamburg*, Carl Heymanns, 1994

Gerhard Strate: »Mordfall Weimar – Kraft und Gefahren des Sachbeweises«, in: *Zeitschrift für Kriminalistik*, 1997

Ulrich Suerbaum: *Das Elisabethanische Zeitalter*, Reclam, Stuttgart 1991

Helga Thoma: *Madame, meine teure Geliebte …*, Piper, München 1998

Jörg von Uthmann: *Attentat*, Siedler, Berlin 1996

Clive Walker, Keir Starmer: *Miscarriages of Justice*, Blackstone Press Limited, London 1999

Wilhelm Weischedel: *Die philosophische Hintertreppe*, Nymphenburger, München, 19. Auflage 1998

Wessels/Beulke: *Strafrecht Allgemeiner Teil*, C.F. Müller, Heidelberg, 28. Auflage 1998

Wessels/Hettinger: *Strafrecht Besonderer Teil*, C. F. Müller, Heidelberg, 23. Auflage 1999

Stefan Zweig: *Menschen und Schicksale*, Fischer, Frankfurt/Main 1981

Zeitungen, Zeitschriften etc.

»15 Jahre unschuldig im Gefängnis«, *Hamburger Abendblatt*, 26. 4. 2002

»17 Jahre schuldlos in der Todeszelle«, *Hamburger Abendblatt*, 5. 1. 2002

»1945 neu geboren«, *Hamburger Abendblatt*, 18. 4. 2002

»BGH: Disco-Blutbad war kein Mord«, *Hamburger Abendblatt*, 10. 5. 2002

»Blinder Richter als Vorsitzender einer Strafkammer«, *NJW* 1992/1437 (*NJW = Neue Juristische Wochenschrift*)

Damals, Zeitschrift für geschichtliches Wissen, 7/76, 8/76, 5/77

»Darum konnte Sexmörder wieder töten«, *Hamburger Abend-blatt*, 16./17. 11. 2002

»Das Recht mit Füßen getreten«, *Hamburger Abendblatt*, 12. 2. 2002

»Der lange Blick in den Lauf einer Pistole«, *Süddeutsche Zeitung*, 6. 11. 2002

»Der Steinigung entkommen«, *Hamburger Abendblatt*, 26. 3. 2002

»Er saß 30 Jahre im Gefängnis«, *Hamburger Abendblatt*, 4. 1. 2002

Eschede-Prozess, *Welt*, 29. 4. 2003

»Frei nach 26 Jahren britischer Ungerechtigkeit«, *The Star*, 27. 6. 2002

»Gouverneur holt 167 Menschen aus Todeszelle«, *Hamburger Abendblatt*, 13. 1. 2003

»Gutachter haftbar?« und »Wenn Gutachter zu Besserwissern werden«, *Hamburger Abendblatt*, 31. 7. 2002

»Hamburger saß für Bruder im Gefängnis«, *Hamburger Abend-blatt*, 14. 1. 2002

»Ich hole ihn raus!«, *Hamburger Abendblatt*, 29. 4. 2003

»Krebskranker Kaufmann saß fünf Jahre unschuldig im Knast«, *Bild*, 12/2001

»Lahme Justiz«, *Hamburger Abendblatt*, 20. 11. 2002

»Landgericht Münster hebt nach 16 Jahren Schuldspruch auf«, *Lippische Landeszeitung*, 26. 2. 2002

»Lebenslang für Monika Böttcher«, *Rhein-Zeitung*, 22. 12. 1999

»Les procès en révision de P. D.«, *Le Monde*, 21. 6. 2001 u. 10. 4. 2002

»Letzter Vorhang vor Gericht«, *Hamburger Abendblatt*, 1. 2. 2002

»Mann saß fast fünf Jahre unschuldig in Haft«, *Welt*, 11. 7. 2001

»Mitwirkung eines blinden Richters im Strafverfahren«, *NJW* 1992/2074

»Mord ohne Leiche – Der zweite Prozess«, *Hamburger Abend-blatt*, 23. 4. 2002

»Mord ohne Leiche: Lebenslang gefordert«, *Hamburger Abend-blatt*, 16. 4. 2003

»Mordfall Weimar«, *Tagesspiegel*, 1. 9. 1999

»Mutter droht wieder Steinigung!«, *Hamburger Abendblatt*, 24./25. 8. 2002

»One year later, Andrea Y.'s legal case may not be over«, Sendung in KTRK TV Houston, *Eyewitness news*, abc13.com, 12. März 2003

»Opfer starb vor Gram, Täter geht spazieren«, *Hamburger Abendblatt*, 28. 1. 2002

»Pfeiffer: Darum bleibe ich im Amt«, *Hamburger Abendblatt*, 19. 11. 2002

»Plötzlich will er Freispruch«, *Hamburger Abendblatt*, 24. 4. 2003

»Presumed guilty«, *Times*, 7. 10. 2000

»Rechtsbeugung durch DDR-Richter«, *NJW* 1996/857

»Rechtsbeugung und BGH – eine Kritik«, *NJW* 1996/809

»Schwachsinn erheblichen Grades«, *Welt*, 16. 5. 2003

»Schwerer Justizirrtum«, *Hamburger Abendblatt*, 16. 1. 2002

»Strafbarkeit von DDR-Richtern wegen Rechtsbeugung«, *NJW* 1998/2585

»Supreme Court gegen Hinrichtung geistig Behinderter«, *Frankfurter Allgemeine Zeitung*, 21. 6. 2002

»The modest crusader«, *Guardian*, 20. 11. 2000

»Todkranke Britin bittet um das Recht zu sterben«, *Hamburger Abendblatt*, 20. 3. 2002

»Tödliches Ende einer Affäre«, *Hamburger Abendblatt (Stadt-magazin)*, 18. 4. 2002

»Transcript of Andrea Y.'s confession«, *Houston Chronicle*, 21. Februar 2002

»Triebtäter lässt Prozess platzen«, *Hamburger Abendblatt*, 27. 2. 2003

»Um die Opfer kümmert sich keiner!«, *Hamburger Abendblatt*, 30. 7. 2002

»Unschuldig in der Todeszelle«, *Sonntagszeitung*, 23. 5. 1999

»Verurteilt zum Leben«, *Hamburger Abendblatt*, 30. 4. 2002

»Wie Richard S. um seine Unschuld kämpft«, *Welt am Sonntag*, 17. 2. 2002

»Y. found guilty of murdering her children«, *Law Center, CNN. com*, 13. 3. 2002

»Zehn Jahre Haft für K.«, *Hamburger Abendblatt*, 10. 1. 2002

»Zu Unrecht 18 Jahre lang im Gefängnis«, *Rhein-Zeitung*, 23. 2. 1997

Internet-Adressen

www.dredmundhiggins.com
www.innocentinmates.org
www.jurist.law.pitt.edu
www.justiz.bayern.de
www.richtervereinigung.at

Wie kommt ein Mensch dazu,
scheinbar ohne Motiv in Serie
zu morden, sich bestialisch an
seinen Opfern zu vergehen und
gar ihr Fleisch zu essen?
Diese erstmalig gesammelten
Fallstudien liefern eine
fundierte und weitgehend
vollständige Typologie des
Serienmörders
aus allen Teilen der Welt.
Vorgestellt werden Täter, die,
abstoßend und faszinierend
zugleich, mitten unter uns
leben und berühmt-berüchtigte
Filme wie »Das Schweigen der
Lämmer«, »Copykill«, »Sieben«
oder »Psycho« inspirierten.
Unter Berücksichtigung neuer
soziologischer und kriminal-
psychologischer Forschungen
dokumentieren Peter und Julia
Murakami die zentralen
Elemente einer unfassbaren
Verbrechensart. Mit vielen
Querverweisen, großem
Index und umfangreichen
Literaturangaben.

Peter & Julia Murakami

**Lexikon der
Serienmörder**

450 Fallstudien einer pathologischen Tötungsart

Originalausgabe

ULLSTEIN TASCHENBUCH

Begeben Sie sich auf eine aufregende und unterhaltsame Reise durch die Verbrechensgeschichte der Menschheit! Erleben Sie die spannendsten und spektakulärsten Kriminalfälle hautnah mit – von Jack the Ripper über Al Capone bis zu Dr. Crippen. Folgen Sie den Spuren berühmter Detektive, und erfahren Sie alles über Scotland Yard, FBI, Sûreté und das BKA. *Verbrecher im Netz* lüftet die Schleier dunkler Geheimnisse – Spannung inklusive.

»Spektralanalyse statt Gottesurteil, Fingerabdruck statt Folterkammer: Aufregend!«
Bild

Wolfgang Schüler
Verbrecher im Netz
Fälle – Fakten – Fahnder

»Spektakuläre Fakten und Details,
die jede Fiktion übertreffen«
Kölnische Rundschau

Politische Morde veränderten
den Lauf des 20. Jahrhunderts
entscheidend. *Tod auf*
Bestellung beleuchtet
die Hintergründe zu den
Attentaten auf
Dag Hammarskjöld, Patrice
Lumumba, Martin Luther King,
Robert F. Kennedy, Aldo Moro,
Lord Louis Mountbatten,
Anwar el Sadat und Roberto
Calvi. Es wird gezeigt, welche
politischen Interessengruppen
oder sogar Regierungsapparate
hinter den Morden standen
und wie sie geplant und später
vertuscht wurden.

Heribert Blondiau (Hg.)

Tod auf Bestellung

Politischer Mord
im 20. Jahrhundert

ULLSTEIN TASCHENBUCH

Freie Bahn für Meuchelmörder

»Jeder zweite Mord bleibt unentdeckt.« Diese Kurzmeldung aus dem Jahr 1998 ließ der Reporterin Sabine Rückert keine Ruhe: Monatelang recherchierte sie merkwürdige Todesfälle, sprach mit Richtern, Ärzten, Anwälten, Kriminologen, Hinterbliebenen und Tätern – und schließlich musste sie die alarmierende Nachricht bestätigen: Mörder haben es leicht bei uns! Denn Tote interessieren nicht mehr. Ein brisantes Buch über die Misere der Rechtssicherheit in Deutschland.

Sabine Rückert

TOTE HABEN KEINE LOBBY

Die Dunkelziffer der vertuschten Morde

ULLSTEIN

Sabine Rückert

Tote haben keine Lobby

Die Dunkelziffer
der vertuschten Morde

»Eine gründlich recherchierte Kombination aus Thriller und Analyse.«
Der Tagesspiegel

ULLSTEIN TASCHENBUCH